Horst Gabriel

Sauen
Hirsche
Hundsgeläut

Horst Gabriel

Sauen
Hirsche
Hundsgeläut

NEUMANN - NEUDAMM

Bildnachweis:
P. Bachmann: Seite 67, 68, 185 und 253 unten; H. Meynhardt: Seite 203 unten;
R. Roosen: Seite 271.
Alle übrigen Abbildungsvorlagen entstammen dem Archiv des Verfassers.

Die Deutsche Bibliothek – CIP-Einheitsaufnahme
Gabriel Horst:
Sauen, Hirsche, Hundsgeläut / Horst Gabriel. – Morschen-Heina: Neumann-
Neudamm, 1993
ISBN 3-7888-0660-5

© 1993 Verlag J. Neumann-Neudamm GmbH & Co. KG
Untere Straße 3, 34326 Morschen-Heina
Printed in Germany
Titelgestaltung: Philipp Schneider unter Verwendung eines Dias von Manfred
Danegger
Reprotechnik: Firma Layout & Scann, 36043 Fulda
Satz: EDV-Schreibbüro, J. Ehle-Kornfeld, 34326 Morschen-Heina
Druck: Silber Druck, 3501 Niestetal-Heiligenrode
Buchbinderei: Willi Keller, 36137 Kleinlüder
Schrift: 10/12 Garamond
Papier: Bildteil 115 g Bilderdruck, Textteil 90 g Werkdruck
Umschlag: Pappband, Polylein-Kaschierung
Druck: Offset, Roland
Verabeitung: Fadenheftung, begazt, Deckenband.

Inhaltsverzeichnis

Jäger und Gejagter
in Oberschlesiens Wäldern

Nichts möchte ich mir vormachen und die Vergangenheit verteufeln oder gar vergolden oder mich zum Helden in dieser Geschichte stilisieren – ich will bei der Wahrheit bleiben.
Den Krieg hatte ich überlebt. Trotz dreimaliger Verwundung einigermaßen heil. Die herausragendsten Kriegserlebnisse, von denen der Kampf um Monte Cassino, die Abwehrschlachten in der Normandie sowie der Kampf um Berlin die wichtigsten Stationen waren, hatten mich um Jahre altern lassen. Mit einem der letzten Lazarettzüge, die Berlin im Artillerie- und Bombenhagel verließen, erreichten wir die Stadt Pilsen in der jetzigen Tschechei. In der Nacht wurde der Bahnhof Pilsen von alliierten Bombern konzentriert angegriffen und einschließlich des dort haltenden Lazarettzuges in Schutt und Asche geworfen. Wie durch ein Wunder überlebte ich auch dieses Inferno, zwischen zwei Weichen gepreßt, eingewühlt in losen Bahnschotter. Ohne Ziel wanderten die wenigen Überlebenden in Richtung Böhmerwald.
In dem kleinen Bergdörfchen Schießnetitz konnten wir für ein paar Tage zur Ruhe kommen. Wenig später, am 8. Mai 1945, ergaben wir uns den heranrückenden Amerikanern. Man verlud uns auf LKW's und brachte uns in das Gefangenenlager Weiden in der Oberpfalz. Es begann eine furchtbare Leidenszeit. Die Amis waren nicht in der Lage, die Hunderttausende von Kriegsgefangenen auch nur annähernd zu ernähren. Da ich damals ein recht gutes Schulenglisch sprach, verdingte ich mich als Hilfsdolmetscher, was mir einige Vorteile verschaffte. So erfuhr ich, daß sofort alle Eisenbahner aus dem Bezirk Furth im Walde entlassen werden sollten, um dort eine zerstörte, wichtige Eisenbahnbrücke unverzüglich wieder instandzusetzen. Mit der

Adresse eines Mitgefangenen aus Furth im Walde meldete ich mich bei einer der inzwischen eingerichteten drei Entlassungsstationen als Eisenbahner aus Furth im Walde. Hier kam ich nicht durch. Man glaubte mir nicht. Aber irgendwie schaffte ich es doch, indem ich mich bei der nächsten Station anstellte. Die Fragen kannte ich ja inzwischen, und so war es eine Kleinigkeit, diese in der gewünschten Form zu beantworten. Es ging gut. Zwei Tage später wurde ich mit einigen anderen Eisenbahnern über Lautsprecher ausgerufen. Wir erhielten amerikanische Entlassungspapiere ausgehändigt; man fuhr uns etwa 10 km aus der Stadt heraus, die Klappen der LKW's öffneten sich: Wir waren frei. Auf dem Entlassungsschein fehlte noch der Stempel des Bürgermeisters von Furth im Walde. Also mußten wir dorthin marschieren. Aber auch da gab es keine Schwierigkeiten. Den größten Teil der entlassenen, angeblichen Eisenbahner konnte man gar nicht gebrauchen, und so löste sich der Haufen sehr schnell auf.

Von diesem Zeitpunkt an begann für mich der Marsch in meine oberschlesische Heimat. Mit zwei Kameraden hatte ich diesen Weg ins Ungewisse angetreten, allein kam ich am 12. Juni 1945 in nächtlichen ununterbrochenen Fußmärschen, ausgezehrt bis auf die Knochen und völlig zerlumpt, an. Meine Begleiter gerieten beide in russische Gefangenschaft. Ich habe nie wieder etwas von ihnen gehört.

Meine Eltern, Tante und jüngeren Bruder fand ich nach langem Suchen in einer kümmerlichen Behausung in dem Dorf P. Das Forsthaus inmitten der herrlichen Kiefernwälder war niedergebrannt. Es gab ein ergreifendes Wiedersehen mit meinen Angehörigen, hatten wir doch schon monatelang nichts voneinander gehört.

Ich war schon immer ein heimatverbundener Mensch und meinem Elternhaus sehr zugetan. So fühlte ich mich die nächsten Stunden wieder mal so richtig glücklich. Aber in dieser Zeit konnte es für die Deutschen keine glücklichen Stunden geben. Hatte ich mich unter ungeheuren Strapazen bis hierher durchgeschlagen, so war ich nun, mehr denn je, den Verfolgern der Deutschen ausgesetzt; denn jeder junge Mann wurde sofort verhaftet und eingesperrt. Die erste Hausdurchsuchung überstand ich glimpflich, aber schweißgebadet auf dem Heuboden des Nachbarn. Doch diese nervliche Belastung wollte ich nicht länger aushalten. Mein, durch die Erlebnisse des Krieges zum Zerreißen gespanntes Nervenkostüm ließ mir keine andere Wahl. Ich mußte fort – fort in die Wälder. Es zog mich mit einer magischen Kraft dorthin; ich wollte wieder frei atmen können. Schon in der nächsten Nacht nahm ich Abschied von meinen Lieben und schlich, mit ein paar Habseligkeiten versehen, in den Wald. Zunächst in mein einstiges Lehrrevier R. im damaligen Forstamt Sch.

Angrenzend war das ehemalige Revier meines Vaters – und die anderen Reviere kannte ich ebenfalls. Dies sollte also für die nächsten Monate mein Zuhause sein. Trotz geringen Mondlichtes durchstreifte ich noch in derselben Nacht kreuz und quer beide, mir vertrauten Reviere, suchte meine Lieblingsplätze auf – alte Erinnerungen wurden wach. Auch diesmal fühlte ich mich recht froh und glücklich. Besonders als ich im Morgengrauen am Rand einer Wiese stand. Die „Erbsenberge" nannte man dieses Fleckchen im Volksmund. Hier hatte ich in meinem letzten Fronturlaub im Beisein meines Vaters einen guten Gabelbock geschossen. Das pechschwarze Gehörn hat mir damals viel Freude gemacht. Jetzt lag es unter Schutt und Asche im zerstör-

ten Forsthaus. Noch manches Erlebnis verband mich mit diesem herrlichen Fleckchen Erde. Aber was sollte das Träumen – es konnte doch so nicht bleiben, es mußte doch alles wiederkommen, es ist doch unsere Heimat! Weiter kam ich an diesem Morgen mit meinen wehmütigen Träumen und Erinnerungen nicht. Der peitschende Knall eines Schusses in unmittelbarer Nähe zerstörte brutal die andächtige Stille. Instinktiv lag ich in der nächsten Sekunde flach auf dem Waldboden. Wem mag das gegolten haben und wer war der Störenfried? Auf der Wiese konnte ich kein Wild erkennen. Waren es Wilderer, Russen oder Polen? Ich traute mich nicht, mich zu erheben. Sollte ich einfach fortlaufen? Aber wohin, ich wußte gar nicht, in welcher Richtung der Schuß gefallen war.

Da – mein Herz hämmert wie wahnsinnig – drei bewaffnete Gestalten kommen durchs Altholz auf 20 Schritt an mir vorbei. Ich drücke mich ins Blaubeerkraut, traue mich nicht einmal, den Kopf zu heben. Erst als sie lange vorbei sind, wage ich es. Da schleichen sie dahin. Einer trägt deutsche Wehrmachtsuniform, die anderen sind in abgewetztem Räuberzivil. Der eine Zivilist führt eine Maschinenpistole, die anderen jeder einen deutschen Karabiner. Allem Anschein nach sind es deutsche Soldaten – soll ich mich verständlich machen? Vielleicht sind es aber auch wildernde Polen – dann wäre mein Schicksal besiegelt. So blieb ich doch vorsichtshalber liegen. Es war dies meine erste Begegnung mit Menschen im Wald und es sollte nicht meine letzte sein. Ohne Waffe fühlte ich mich doch recht unbehaglich. Also mußte ich mir schnellstens eine beschaffen. Ohne große Mühe fand ich noch am selben Morgen etliche Gewehre, die von den zurückflutenden deutschen Soldaten weggeworfen waren. Doch bei allen fehlten die Schlösser, und so waren sie nicht zu gebrauchen. Als die Sonne aufging, schob ich mich in eine Dickung und versuchte, den versäumten Schlaf nachzuholen. Aber was ich auch anstellen mochte, ich konnte nicht einschlafen. Unzählige und nervenaufreibende Begebenheiten von der Kriegsfront, der nächtlichen Flucht durch das russisch und polnisch besetzte Gebiet in meine Heimat und vieles andere gaukelte mir vor. Es erschien mir wie ein Wunder, daß ich es bis hierher geschafft hatte. Doch noch wollten sich meine Nerven nicht beruhigen. Jeder Laut eines Vogels, jedes noch so leise Knacken eines

Ästchens ließen mich hochfahren. Kurz entschlossen stand ich auf, ließ Proviant und Mantel (beides hatten mir meine Eltern mitgegeben) zurück und machte mich auf den Weg, das heißt auf den Pirschweg nach meiner einstigen Lehrrevierförsterei R. Das Forsthaus stand dicht am Wald, so daß man ungesehen bis dorthin gelangen konnte. Zunächst mußte ich erkunden, ob mein Lehrchef dort überhaupt noch wohnte. So blieb ich in Deckung und beobachtete aus sicherer Entfernung das Haus. Gegen 7 Uhr stieg der erste Rauch aus dem Schornstein, und kurze Zeit später trat Frau W. aus dem Haus. Sie hatte einen Holzkorb in der Hand und ging in Richtung Holzschuppen. Ich schlich näher heran, um mich ihr auf kurze Entfernung verständlich zu machen. Leider hatte ich übersehen, daß auch ein Dackel mit herausgewischt war, der mich natürlich sofort spitz hatte und ein wüstes Gekläff begann. Frau W. sah mich in meiner wilden Kleidung und flüchtete ins Haus zurück. Ich rief ihr noch zu, daß ich es doch sei, aber das hörte sie wohl nicht mehr. Man mußte die Angst dieser geplagten Menschen verstehen. Traurig schlich ich wieder fort. Wie gut es war, daß ich nicht ins Haus gegangen bin, erfuhr ich erst später. Dort wohnte schon ein angeblich polnischer Förster, der mich natürlich gleich würdig empfangen hätte. Meinen Lehrchef hatten die Polen regelrecht zu Tode geprügelt. Dies haben mir mehrere ehemalige Waldarbeiter bestätigt, und ich sehe keinen Grund, daran zu zweifeln. Im Wald selbst hatte man die polnischen Förster kaum zu fürchten, denn diese hatten eine panische Angst davor, den Wald allein zu betreten.

Den ersten Tag in meinen oberschlesischen Heimatwäldern verbrachte ich mit dem Abgehen der alten Pirschwege, die ich zum Teil selbst mit angelegt hatte, ich bestieg diesen und jenen Hochsitz, überprüfte einige wohlbekannte Wechsel und war so den ganzen Tag auf den Läufen. Mit Wild war ich schon mehrmals zusammengestoßen. Die alte Jagdleidenschaft erwachte in mir stärker denn je. Ich mußte wieder ein Gewehr haben, um mir Wildbret zu beschaffen. Schließlich mußte ich ja von irgend etwas leben. Mein Proviant reichte keine 2 Tage mehr. Wieder meinte es das Schicksal gut mit mir. Noch am gleichen Tag sollte eines der bestschießendsten Mausergewehre in meinen Besitz übergehen und das kam so:

Gegen Abend zog es mich wieder zu meiner Lehrförsterei hin. Ich wollte unbedingt etwas über das Schicksal meines Lehrchefs erfahren. Als ich noch etwa 500 Meter vor der Försterei bin und kurz den dorthin führenden Weg entlangschaue, sehe ich auf diesem vier Männer auf mich zukommen. Natürlich will ich nicht gesehen werden und nehme 10 Meter vom Weg unter einer tiefbeasteten Fichte Deckung, bis die Kerle an mir vorbei sind. Sie unterhalten sich in polnischer Sprache, wahrscheinlich sind es Polen.

Während ich den Vieren noch nachschaue, knackt es plötzlich ganz nahe an meinem Versteck im Bestand. Vor mir steht ein etwa zwölfjähriger Junge mit einem Gewehr unter dem Arm. Mit einem Hechtsprung bin ich über ihm und presse ihm die Hand auf den Mund, damit er nicht schreien kann. Dann warte ich erstmal, bis die Entfernung zwischen den vier Gestalten und uns sich entsprechend vergrößert hat, bevor ich langsam die Hand lockere. Der Junge schreit nicht, er blickt mich nur ängstlich an. Mein erster Griff ist nach dem am Boden liegenden Gewehr. Es ist eine fast neue Mauser-Repetierbüchse mit Fernrohrmontage. Im Magazin sind 5 Schuß abgefeilter Militärmunition, wohl präpariert zum Wildern. Das Gewehr ist durchgeladen und gesichert. Während ich noch mit der Repetierbüchse beschäftigt bin, ergreift der Junge die Flucht. Laß ihn laufen, denke ich – Hauptsache, ich habe ein anständiges Gewehr. Was wollte der kleine Kerl nur mit dem Gewehr – wollte das Bürschchen schon wildern gehen? Noch kann ich mir keinen Reim daraus machen, bis es mir wie Schuppen von den Augen fällt. Der Junge gehört zu den vier Männern auf der Straße. Diese wollten wildern und trauten sich am Anfang des Waldes nicht so recht, das Gewehr selbst zu tragen. So mußte es ihnen der Junge im Bestand hinterher tragen, um nötigenfalls sofort zur Stelle zu sein. Also können es nur Deutsche sein, denn die Polen haben eine derartige Heimlichtuerei nicht nötig. Schon in der nächsten Minute finde ich meinen Verdacht bestätigt. Die vier Männer kommen jetzt, halb ausgeschwärmt, in Begleitung des Jungen durchs Kiefernaltholz direkt auf mich zu. Also hat das Bürschchen einen Bogen gemacht und die Kerle auf mich gehetzt. Den Bruchteil einer Sekunde denke ich an Flucht, aber dann spüre ich die neue Mauser in meiner Hand. Eine zuversichtliche Ruhe

überkommt mich. Irgendwie reizt es mich doch, den Wilderern einen gehörigen Schrecken einzujagen. Geduckt hinter einer dicken Kiefer stehend, lasse ich die ganze Bande bis auf 10 Schritt auflaufen. Dann schreie ich ihnen ein „Halt – Hände hoch" entgegen. Sichtlich verblüfft kommen sie sofort meiner Aufforderung nach. Weitere Waffen kann ich nicht sehen, also ist die Sache nicht so gefährlich; doch bei näherem Betrachten läuft es mir heiß den Rücken herunter. Diese Kerle kenne ich ja, zumindest zwei von ihnen. Es sind ganz üble Subjekte, die für eine Zigarette jeden verraten würden. „Ich bin der Bürgermeister von R.", stellt sich jetzt der eine – mir bekannte – vor. Herrgott, so einen Menschen hat man zum Bürgermeister gemacht. Ich kann es nicht fassen. Auf keinen Fall darf ich jetzt erkannt werden, sonst hätten es meine Eltern zu büßen. So drückte ich mich weiter hinter den Stamm des Baumes, um nicht viel von meinem Gesicht erkennen zu lassen. „Geben Sie uns das Gewehr zurück", schreit mich der Herr Bürgermeister an, nimmt dabei die Hände runter und kommt auf mich zu. „Halt", brülle ich wieder, „noch einen Schritt weiter und ich schieße dich über den Haufen." Er zögert kurz, kommt aber dann langsam näher. Die Situation wird brenzlig, will er vor seinen Genossen Mut beweisen? Das setzte ich ihm die Kugel kaum 20 Zentimeter neben sein linkes Bein in den Waldboden. Dreck und Nadelstreu spritzt auf. Damit hatte er wohl nicht gerechnet. Das blitzschnelle Durchrepetieren und Wiederanschlag hat ihn wohl begreifen lassen, daß sein Gegenüber etwas von Waffen versteht. Langsam, unter ständigen Flüchen und Verwünschungen, zieht sich der mutige Bürgermeister mit seinen Kumpanen zurück. Doch nach 20 Schritt bleiben sie stehen und palavern. Da reitet mich der Teufel. Ich jage eine Kugel ganz dicht an der Gruppe vorbei als Streifschuß in die nächststehende Kiefer. Rinde und Holzteile splittern – die Wirkung ist ungeheuer – die Genossen sind auf der Flucht. Dann gebe auch ich Fersengeld und laufe, was meine Lungen hergeben, der nächstgrößeren Dickung zu.
Bald war ich in Sicherheit und konnte verschnaufen. Immer wieder betrachtete ich das eben ergatterte Gewehr. Es gehörte bestimmt einem Jäger oder Forstbeamten der Umgegend. Wie mochten diese üblen Burschen wohl in dessen Besitz gelangt sein?

Besonders günstig war für mich auch das Kaliber dieser Waffe. Man konnte aus ihr die Infantriemunition für den deutschen Karabiner verschießen. Diese lag damals an Wegerändern und vor allem im Wald herum. Das richtige Präparieren der Geschosse zu Jagdmunition war ein kleines Kunststück, was aber schnell zu erlernen war und dann mit besonderer Sorgfalt und Liebe durchgeführt wurde.

In dieser Nacht konnte ich besser schlafen. Das entsicherte Gewehr neben mir gab mir ein angenehmes Gefühl der Sicherheit. Als ich erwachte, begann der Morgen schon langsam zu grauen. Eine Uhr hatte ich nicht, die hatten mir schon die Amerikaner bei der Gefangennahme abgenommen. So schätzte ich die Zeit auf etwa 3 Uhr. Das karge Frühstück wollte nicht recht schmecken – das Brot war trocken und hart – das bißchen Butter hatten die Ameisen angenommen. Es machte kein Vergnügen, die kleinen Tierchen dort herauszupulen, so überließ ich ihnen dann auch den Rest. Nun hatte ich den ganzen Tag vor mir. Was sollte ich anderes machen, als zu pirschen und zu jagen? Da ich aus Sicherheitsgründen die Wege meiden mußte, zog ich mir zum Pirschen Schuhe und Strümpfe aus und lief barfuß. Der alte Vater Kneipp hätte seine Freude daran gehabt. Aber wir waren ja als Kinder den ganzen Sommer über barfuß gelaufen und so hatte ich mich wieder schnell daran gewöhnt. Auf diese Art konnte ich auch vollkommen lautlos pirschen, nutzte jede Deckung aus und kam nur langsam vorwärts. Oft verhielt ich minutenlang und lauschte in den erwachenden Morgen. Auf keinen Fall wollte ich mich überraschen lassen. Nur zu gut wußte ich, wie leicht aus dem Jäger ein Gejagter werden konnte. Im Bestand war es noch recht dunkel. Einige Male stieß ich auf kurze Entfernung mit einziehendem Wild zusammen. Ich hörte nur das plötzliche Fortbrechen – dann war wieder lautlose Stille. Jetzt befand ich mich in der Nähe der sogenannten „großen Wiese". Es ist dies eine etwa 20 Hektar große Waldwiese, an die sich noch ein Wildacker anschloß. Rings um sie zog sich wie ein Band ein Pirschsteig, der früher ständig sauber und astrein gefegt werden mußte. Man konnte hier zu jeder Tages- und Nachtzeit Wild antreffen. Mehrere Ansitzschirme waren durch die Pirschsteige lautlos zu erreichen. Vorsichtig näherte ich mich dem ersten Schirm und spähte durch die Luken auf die Wiese.

Aber so sehr ich auch jeden Winkel in näherer Entfernung absuchte, noch konnte ich kein Wild erkennen. Doch da – weiter hinten an der Kieferndickung in 200 Meter Entfernung – steht da nicht ein Stück Wild? Allem Anschein nach ist es ein Stück Damwild. Ohne Glas kann ich es jedoch noch nicht ansprechen. So bleibe ich erstmal ein paar Minuten sitzen. Vielleicht tritt ja noch ein Bock aus, den ich so dringend für meine Verpflegung brauche. In Gedanken versunken schaue ich nochmals nach dem vermeintlichen Stück Damwild. Das hat jetzt aufgeworfen und äugt in die Kieferndickung. Da stimmt doch etwas nicht! Jede weitere Mutmaßung wird durch den Donner eines Schusses unterbrochen. Das Damwild flüchtet in panischem Schrecken auf mich zu. Zwei weitere Schüsse werden hinter ihm hergejagt. Einmal sehe ich ein Stück Rasen fliegen, aber mindestens 10 Meter neben dem Stück. Jetzt – Heiliger Hubertus hilf – bellt eine Maschinenpistole auf. Ich kann das Mündungsfeuer aus der Kieferndickung sehen. Doch das Stück Damwild ist schon viel zu weit vom Schützen entfernt.

Die Geschosse schlagen planlos in den Wiesenboden ein, ohne Schaden anzurichten. Schon hat das beschossene Stück etwa 30 Meter neben meinem Schirm die schützende Dickung erreicht, ohne den geringsten Kratzer. Verdammt nochmal – wer schießt denn um diese Jahreszeit auf ein Muttertier? Ich konnte ganz deutlich die Spinne erkennen. Das Kalb wird irgendwo abgelegt sein. Am liebsten hätte ich in die Kieferndickung, aus der die Kanonade kam, einige Kugeln gejagt. Aber das traute ich mich dann doch nicht, meiner eigenen Sicherheit wegen. Gegen Maschinenpistolen kann man mit einem Gewehr schlecht ankämpfen. Deshalb mußte ich mich an diesem Morgen wieder still und leise davonmachen.

Wie ein vergrämter Keiler schob ich mich in eine größere Dikkung ein und verbrachte den Tag mit Schlafen und Dösen.

Der Hunger quälte mich. Bald mußte ich mal wieder etwas zwischen die Rippen bekommen. Am späten Nachmittag trieb es mich hoch von meinem Lager. Nach Entledigung von Schuhen und Strümpfen begann eine neue Barfußpirsch. An einer Ricke mit zwei Kitzen konnte ich unbemerkt auf wenige Meter Entfernung vorbeipirschen. Die Kitze waren noch nicht reif für die Speisenkarte. Also ging es weiter.

Endlich – eine halbe Stunde später – entdecke ich einen sitzenden Bock im Kiefernaltholz, der vor sich hindöste. Vorsichtig pirsche ich näher, gehe hinter einer Kiefer in Anschlag – kurz gehustet – der Bock wird hoch und schon ist der Schuß raus. Nach zwei Fluchten bricht er zusammen. Wie ein Windhund bin ich auch schon heran, packe ihn an Gehörn und Hinterläufen. Da fängt er noch wie wild an zu schlagen. Zum Abnicken habe ich hier im Altholz keine Zeit. Erstmal mit dem Bock in die nächste Dickung. Schweißtriefend komme ich dort an, lege ihn ab und lausche mit klopfendem Herzen. Aber nichts rührt sich. Erst dann beginnt das Aufbrechen.

Dies war die Erlegung meines ersten Nachkriegsbockes in meiner oberschlesischen Heimat. Es sollte nicht der letzte sein. Das Gehörn war übrigens nichts Besonderes, ein etwa vierjähriger Sechser mit dünnen Stangen. Später legte ich es in einen Ameisenhaufen zur natürlichen Reinigung. Leider fand ich es nie wieder. Fuchs oder Dachs müssen wohl auch Gefallen daran gefunden haben. Meine wenigen Habseligkeiten hatte ich in einer etwa 50 Hektar großen Kieferndickung abgelegt. Der Transport des Bockes dorthin war gar nicht so einfach. Es waren immerhin so um die drei Kilometer, die ich beladen, unter äußerster Vorsicht, zurücklegen mußte. Aber es ging alles gut, und bei einbrechender Dunkelheit kam ich bei meinen Utensilien an. Sofort entfachte ich mitten in der Dickung ein kleines Feuer. Dazu mußte ich erst einige Kiefern von Armesstärke mit dem Messer umsäbeln, um so einen kleinen freien Platz zu schaffen, in dessen Mitte die Feuerstelle angelegt wurde. Auch mußte ich wegen der Brandgefahr ringsum den Erdboden freikratzen. Dies geschah mit bloßen Händen. Feuermachen, vor allen Dingen ohne große Hilfsmittel, ist nicht jedermanns Sache. Mir machte es keine Mühe, denn schon als Schulbub hatte es mir in den Winterferien immer enormen Spaß gemacht, den Waldarbeitern das Frühstücksfeuer zu entfachen. Dafür bekam ich dann häufig ein Stück von ihrer selbstgemachten Wurst. Um einer großen Rauchentwicklung, die meinen Standort hätte verraten können, vorzubeugen, durfte ich diesmal nur ganz trockenes Holz verwenden. Nach einer halben Stunde war so viel Glut und Flamme vorhanden, daß ich mit dem Fleischbraten beginnen konnte. Zunächst spießte ich ein Stück von der Leber auf ein

16

Stöckchen und hielt es über das Feuer. Das ging überhaupt nicht. Es gab einen fürchterlichen Gestank nach angebranntem Fleisch, das Leberstück verschrumpelte fast vollständig und war ungenießbar. Dann versuchte ich es mit kleinen, aus der Keule herausgeschnittenen Fleischstückchen, die ich vorher mit etwas noch vorhandenem Speck bestrichen hatte. Das ging schon besser, aber der Weisheit letzter Schluß war es auch nicht. Es dauerte jedenfalls stundenlang, bis ich einigermaßen gesättigt war. So konnte das natürlich nicht weitergehen. Ich brauchte richtige Töpfe und Pfannen für die Herrichtung dieser Fleischgerichte. Beim anschließenden Halbschlaf mußte ich an die Jagdhütte im Revier meines Vaters denken. Bei meinem letzten Genesungsurlaub hatte ich ihm geholfen, unter dieser, in ca. 1 Meter Tiefe, einige Kisten mit Wertgegenständen zu vergraben. Vielleicht ist da etwas Brauchbares für mich dabei. Nach unruhiger Nacht machte ich mich auf den Weg zu besagter Hütte und stand im Morgengrauen vor einem Schutthaufen. Also war auch diese nicht der Zerstörungswut einiger verruchter Elemente entgangen. In diesem Durcheinander brauchte ich ohne entsprechendes Werkzeug gar nicht anfangen zu wühlen, das wäre ein sinnloses Unterfangen. Also mußte ich zunächst aufgeben. Den ganzen Tag verbrachte ich mit dem Absuchen von verlassenen oder zerstörten Häusern am Waldrand bis mir endlich das richtige Werkzeug in die Hände fiel. Dann begann ein stundenlanges, systematisches Graben und Wühlen zwischen dem Schutt und den verkohlten Holzteilen. Das entsicherte Gewehr lag griffbereit neben mir, nach jedem dritten Spatenstich warf ich auf und sicherte wie ein Stück Wild. Trotzdem fühlte ich mich nicht so richtig wohl, zumal es noch nicht dunkel war. Aus der Unsicherheit und dem damit verbundenen Angstgefühl heraus, habe ich wohl auch dementsprechend schnell und hastig gearbeitet, schwitzte daher umso mehr und sah in dem aufwirbelndem Staub bald wie ein Müllmann aus. Tatsächlich stieß ich in etwa 1 Meter Tiefe auf die erste Kiste. Wie ein Maulwurf scharrte ich sie frei und war beim hastigen Öffnen derselben maßlos enttäuscht. Sie enthielt nur Schuhe und Wäsche. Die Schuhe waren durch die ungeheure Hitze, die beim Abbrennen der Hütte entstanden sein mußte, auf Minigröße zusammengeschrumpft. Das Leder war hart und brach beim näheren Betasten wie Bruchschokolade auseinander. Die Wäsche sah gelblich aus, und man konnte sie wie Zeitungspapier auseinanderreißen. Schweißtriefend arbeitete ich weiter und hatte bald die zweite Kiste freigelegt. Dies war die Kiste mit den Gewehren – da war die Spannung besonders groß und die Enttäuschung noch größer. Alle Waffen – es handelte sich um einen Drilling, eine Doppelflinte, eine Kleinkaliberbüchse und dem Lieblingsgewehr meines Vaters, einen Mannlich-Schönauer Stutzen – waren total verrostet. Die sorgfältige Einbalsamierung mit Öl und Staucherfett vor dem Vergraben hatte nicht viel geholfen. Nach dem Abbrennen der Hütte muß Regenwasser in das Erdreich gedrungen sein und dann natürlich auch in die Kisten. Somit konnte das Verrotten beginnen. Wer hatte damals schon eine große Ahnung und Erfahrung wie man Gewehre über längere Zeit sicher im Erdreich aufbewahren konnte. Heute wüßte ich mit Sicherheit, wie man das bewerkstelligen könnte. Nachher ist man ja bekanntlich immer klüger! Selbst die Zielfernrohre für den Drilling und den Mannlicher waren so verkommen, daß sie für den jagdlichen Gebrauch nicht mehr infrage kamen. Das einzig Brauchbare in dieser Kiste war ein Prismenglas 8 x 30 der Firma Hensoldt. Na, dachte ich, wenigstens ein kleines Erbstück aus dem Waffenschrank meines Vaters. Wahrscheinlich war sein guter Zustand einem alten Autoschlauch zu verdanken, in dem es steckte. Plastik gab es damals leider noch nicht. Auch das Ausbuddeln und Öffnen der dritten Kiste brachte nichts Erfreuliches zutage. Sie enthielt nur Geschirr, das am wenigsten unter der Hitze und den anschließenden Witterungseinflüssen gelitten hatte. Töpfe und Pfannen konnte ich nirgends finden. So war die ganze Ausbeute der Wühlaktion nur das Fernglas. Dies sollte mir aber in den nächsten Tagen und Wochen noch gute Dienste leisten. Nachdem ich die Fundgrube wieder einigermaßen zugeschaufelt hatte, schlich ich müde und mit knurrendem Magen in meine Dickung. Das Feuer, das ich mühsam entfachte, machte anfangs einen furchtbaren Qualm, und es dauerte lange, bis es eine lodernde Flamme gab. Alles wirkte hier mitten in der Dickung bei völliger Dunkelheit gespenstisch. Das Märchen vom Rumpelstilzchen fiel mir ein. Doch fand ich es diesmal nicht so lustig. Wieder begann das mühsame Spießbraten der ausgetrennten Filetstücke vom

18

erlegten Bock. Etwas mehr Routine hatte ich schon, und so dauerte es nicht mehr ganz so lange wie am Abend zuvor.

In dieser Nacht ging ein heftiges Gewitter nieder. Ich wurde bis auf die Haut durchnäßt und begann zu frieren. Das machte mich ziemlich mißmutig. Zum Glück gelang es mir, das Feuer in Gang zu halten und so war ich dann den Rest der Nacht mit dem Trocknen meiner Klamotten am offenen Feuer beschäftigt. Das nasse Holz machte jetzt natürlich einen noch größeren Qualm. Mir war nicht ganz wohl dabei, und so packte ich im Morgengrauen meine winzigen Habseligkeiten zusammen, nahm die besten Teile des Bockes mit und machte Stellungswechsel. Doch so einfach war das gar nicht. Wo sollte ich hin – ein festes Ziel hatte ich nicht. So jagte ich auf äsendes Rot- und Rehwild, manchmal pirschte ich mich bis auf wenige Meter heran. An Schießen dachte ich nicht, Fleisch hatte ich noch genug. Inzwischen war es ganz hell geworden. Wieder hatte ich mich der Schuhe entledigt und schlich auf einem alten Pirschsteig durch eine Kieferndickung. Da – plötzlich lautes Poltern und Brechen; auf 50 Metern Entfernung kommt mir eine Rotte Sauen in panischer Flucht entgegen. Jetzt hat sie mich weg, ändert die Richtung und braust nun wie der Sturmwind unter fürchterlichem Krachen kaum fünf Meter an mir vorbei. Was mag sie bloß so in Schrecken versetzt haben, sollte da noch jemand unterwegs sein? Vorsichtshalber springe ich erst einmal seitwärts in Deckung und warte ab. Und ich brauche keine 5 Minuten zu warten – da sehe ich zwei menschliche Gestalten wieder auf demselben Weg wie die Sauen, auf mich zukommen. Ich liege in Deckung und erwarte sie, habe also im Augenblick die besseren Karten. Noch kann ich nichts Genaues erkennen, dazu ist es zu dunkel in der Dickung. Auf jeden Fall sind beide bewaffnet, das kann ich schon ausmachen. Irgendwie kommen mir die Kerle bekannt vor – sind es nicht die vom ersten Tag meines Waldaufenthalts? Aber das waren doch drei Mann, kommt da noch einer hinterher? Diese Gedanken jagen mir sekundenschnell durch den Kopf. Jetzt kann ich bei dem Größeren eine Maschinenpistole erkennen, der andere hat ein Gewehr unterm Arm. Zu langem Überlegen bleibt mir keine Zeit mehr. Die beiden sind nun bis auf zehn Schritte heran. Da nehme ich den mit der Maschinenpistole aufs Korn und mit einem markerschütternden Schrei

19

„Hände hoch – Waffen weg" übernehme ich durch den Überraschungseffekt blitzschnell die Rolle des Handelnden.

Doch so schnell geben die beiden nicht auf. Der Schall meines Anrufes mochte sich überschlagen haben – denn beide gehen zwar sofort in Anschlag, aber in die entgegengesetzte Richtung. Auf meinen zweiten, drohenden Anruf lassen sie zwar die Waffen auf den Waldboden fallen und wenden sich in meine Richtung, nehmen aber nicht die Hände hoch. Erst einem dritten Kommando „Hände hoch – drei Schritt zurück" kommen sie zögernd nach. Verdammt, die Burschen sind gefährlich; sicher haben sie noch Pistolen bei sich. Wenn die merken, daß ich ihnen allein gegenüberstehe, werden meine Chancen rapide sinken. Deshalb zögere ich noch aus der Deckung zu treten. Da kommt mir wieder zur rechten Zeit ein Blitzgedanke. Ich tue so, als ob ich nicht allein wäre, rufe irgend einen Namen fordere ihn auf, mir Deckung zu geben und bei der geringsten Gefahr sofort zu schießen. Das scheint zu wirken. In den resignierenden Gesichtszügen der beiden kann ich es erkennen. Sie scheinen aufzugeben. Langsam erhebe ich mich, keine Sekunde lasse ich die beiden aus den Augen, gehe langsam vor – Schritt für Schritt.

Das Herz schlägt mir bis zum Hals, ich kann es kaum noch bändigen. Jetzt bin ich bis auf drei Meter heran, stehe vor dem abgelegtem Gewehr und der Maschinenpistole, sehe die Angst in den Gesichtern der beiden. Diesen angstverzerrten Gesichtsausdruck kenne ich, habe ihn hunderte Male im Krieg gesehen und auch am eigenen Leib gespürt. Trotzdem, ich darf keine Schwäche zeigen. „Wer seid Ihr?" herrsche ich die beiden an. Keine Antwort! Wieder vergehen Sekunden, die Lage wird mulmig. Der kleinere von beiden scheint mißtrauisch zu werden, läßt die erhobenen Hände leicht sinken. Ich reiße die Mauser an die Wange – das scheint zu wirken, die Hände gehen wieder nach oben. Nun kann es der Größere wohl nicht mehr länger ertragen – die Spannung ist zu groß. Er brüllt mich an: „Wir sind deutsche Soldaten, schieß uns doch endlich über den Haufen!" Noch heute, während ich das niederschreibe, kann ich das Glücksgefühl, das mich in dieser Sekunde durchströmte, kaum beschreiben. Ich hatte nicht den geringsten Zweifel an diesen Worten. Ausschlaggebend waren in diesem Satz die echt bayerischen Laute „daitsch" und „schiaß". Mein MG-Schütze II während des Krieges war ein waschechter Bayer, und deshalb war mir dieser Dialekt so vertraut. Meine Mauser sinkt zu Boden, ich gehe auf die Kameraden zu: „Nein, ich werde euch nicht erschießen, ich bin selbst deutscher Soldat." Wie die fröhlichen Kinder umarmten wir uns, jedes Mißtrauen ist beseitigt. Der Kleinere weint unaufhörlich, die Anspannung der letzten Minuten war wohl doch zu groß. Dann zieht er aus seiner Brusttasche eine Pistole, eine deutsche 08, geladen und entsichert. Unter Tränen schluchzt er immer wieder: „Ich hätte es versucht, ich hätte es zumindestens versucht, dich umzulegen!" Mein Gott, wir hätten uns fast gegenseitig umgebracht, allein der Gedanke daran erschütterte mich noch heute bis ins Mark.

Dann setzten wir uns nieder, und das große Erzählen begann. Der mit der Pistole in der Tasche hieß Herbert und stammte aus Leipzig. Sein Vater hatte dort eine große Spedition. Er war der einzige Sohn und hatte seine Heimat schon seit über zwei Jahren nicht gesehen. Da er den väterlichen Betrieb einmal übernehmen sollte, hatte er dort auch schon eine Lehre absolviert. Man sah es seiner kräftigen Statur an, daß er schon in seinem jungen Leben tüchtig zupacken mußte. Der Größere war Josef aus Bayern. Seine Eltern besaßen dort einen größeren Bauernhof, und er war der Hoferbe. Auch seine Eltern waren schon einige Jahre ohne Nachricht von ihm. Alle beide hatten großes Heimweh und schon mehrere Rückmarschversuche unternommen, die aber jedesmal kläglich gescheitert waren. Sie hatten sich im Frühjahr von den russischen Truppen überrollen lassen und hausten seitdem mit noch zwei anderen Soldaten im Wald. Dann erzählten sie mir, daß zwei oder manchmal sogar drei von ihnen, ständig auf der Jagd nach etwas Eßbarem seien. Leider meist ohne Erfolg. Sie waren es auch, die auf der großen Wiese das Damtier beschossen hatten und dann wenig später an mir vorbeigeschlichen waren. Dann erzählte ich ihnen von meinem Schicksal, daß dies meine Heimat sei und ich hier einen Teil meiner Forstlehre absolviert habe. Sie baten mich, ja sie flehten mich fast an, mit ihnen in ihr Lager zu kommen. Natürlich war ich neugierig, wie und wo die Kameraden wohl hausten. Also machten wir uns auf den Weg. Vorher machte ich sie noch darauf aufmerksam, wie plump und unvorsichtig sie sich bisher im Wald benommen hätten. Sie sahen das ein und waren mit meinen Vorschlägen betreffs des Rückmarsches ins Lager sofort einverstanden. Danach ließ ich Herbert zuerst losmarschieren, Josef in 50 Meter Abstand zur Absicherung hinterher und ich bildete die Nachhut. So konnten wir nie alle zusammen gestellt werden, und einer mußte den anderen, im Falle einer Gefangennahme durch polnische oder russische Streifen, wieder raushauen. Diese Maßnahme habe ich auch später immer stur eingehalten, und sie hat mir mit Sicherheit einmal das Leben gerettet. Nach den Beschreibungen meiner neuen Kameraden sollte ihr Lager in der Nähe eines großen Feuerwachturms im Revier T. in einer riesengroßen Kieferndickung liegen. Das war noch ein ganz schöner Fußmarsch. Wir brauchten über drei Stunden bis ich den Feuerwachturm herausragen sah. Am Dickungsrand erwarteten mich Herbert und Josef. „Hier in der Mitte etwa ist unser Lager", sagte er. Mein Gott, wie will man sich in diesem riesigen Dickungskomplex nur zurechtfinden? Doch mein geschultes Auge sah sofort die kleinen, ausgetretenen Pfade, abgebrochene Ästchen und noch mehr Pirschzeichen, die zum Verräter werden konnten. Ein Fachmann würde bald merken, daß in dieser Dickung Leben herrschte. Wahrscheinlich hätte ich damals auch ohne Führung von Herbert und Josef anhand der vielen, verräterischen Merkmale zum Lagerplatz der Truppe gefunden. Die beiden fanden es natürlich mit einer traumwandlerischen Sicherheit. Von den beiden übrigen Lagerbewohnern wurden wir zunächst mißtrauisch empfangen. Mißmutig waren sie auch, denn wir hatten kein Fleisch mitgebracht. Josef klärte sie über unser Zusammentreffen auf. Dann stellte er mir Ferdi vor – Ferdi war Österreicher und legte ein besonderes Mißtrauen mir gegenüber an den Tag. Noch immer hielt er die eine Hand in der Hosentasche, in der unschwer der Abdruck einer Pistole zu erkennen war. Dann war da noch Paule mit seiner früherkämpften Halbglatze. Er schien ein ruhiger Krieger zu sein, der Typ eines deutschen Obergefreiten. Es war jedenfalls ein bunt zusammengewürfelter Haufen, zerlumpt, mit ungepflegten Haaren und Bärten, die sicher voller Läuse steckten.

Genauso sah auch das ganze Lager aus. Die Kameraden hatten durch Abholzen der kleinen Kiefern einen freien Platz von etwa 20 x 20 Meter geschaffen. In der nördlichen Ecke dieses freien Platzes war eine Grube von 3 x 5 Meter ausgehoben. Die Grube war nicht tiefer als 80 bis 100 Zentimeter. Darüber befand sich ein Dachgerüst aus Kiefern- und Fichtenstangen, das seitlich über die Grube hinausragte. Dann war alles, der Boden der Grube, die Seitenwände und das überragende Dach, mit Teppichen ausgeschlagen bzw. überdeckt. Eine tolle Konstruktion bot sich da meinem Anblick. Die vielen Teppiche, unter denen bestimmt auch einige wertvolle Stücke waren, hatte man aus den verlassenen Häusern der Umgegend organisiert. Auf dem Dachgerüst lagen sie doppelt und dreifach, so daß es wohl nicht einregnen würde. Die Inspektion der Grubenschlafstelle war trotzdem nicht sehr erfreulich. Der sogenannte Teppichfußboden war mit sehr viel losem Sand überdeckt, den man automatisch beim Einschliefen mitbrachte, der aber auch durch das ständige Verschieben der einzelnen Teppiche auf den Boden rieselte. Dementsprechend waren natürlich auch die Zudecken mit Sand durchsetzt. Der übrige Platz war ausgefüllt mit allerlei Unrat und Geräten; auch einige Sitzgelegenheiten konnte ich entdecken. An einem Baum hing der ausgehöhlte Schädel einer Kuh. Auf meine Frage, wer die erlegt hätte, erzählte man mir folgendes: Ende März hatte man das Rindvieh, an der Waldgrenze herumirrend, entdeckt. Da man auf der Jagd kaum Erfolg hatte, sollte dieses nun dran glauben. Paule soll es gewesen sein, der auf die Idee kam, das Schlachtfest direkt im Lager zu veranstalten. Es muß den Kameraden gelungen sein, die Kuh lebend dorthin zu bugsieren. Wie sie es geschafft hatten, sie durch die bürstendichte Dickung zu quälen, blieb mir allerdings ein Rätsel. Doch sie müssen es geschafft haben, denn das Schlachtfest fand nicht unmittelbar nach Einzug des Rindviehs statt, sondern erst einige Wochen später. Wieder soll es Paule gewesen sein, der entdeckte, daß das Euter der Kuh voller Milch war. So wurde sie zunächst gemolken. Dann kam man auf die Idee, das täglich zu tun und ließ sie am Leben. Täglich wurde nun Heu aus den verlassenen Scheunen und Wildfütterungen herangeschafft, um die Kuh zu versorgen und die Milchproduktion zu fördern. Wahrscheinlich hätte sie sich noch lange ihres Waldlebens erfreuen können, wenn sie nicht ab und zu gebrüllt hätte. War es die Sehnsucht nach ihren Artgenossen oder die nicht fachgerechte Fütterung? Auf jeden Fall soll das Brüllen täglich zugenommen haben und alle sausten jedesmal raus, um ihr das Maul zuzuhalten. Dem verräterischen Brüllen mußte ein Ende gemacht werden und so fand dann doch das allerdings verspätete Schlachtfest statt.

So erzählte mir dann jeder von den zerlumpten Gestalten seine Geschichte der letzten Wochen und Monate. Ich will das hier nicht alles ausführlich beschreiben, das würde zu weit führen. Die Vier waren auch nicht etwa aus einer gemeinsamen Gruppe oder Kompanie, nein, es waren alles zufällige Zusammentreffen in chaotischen Rückzugsgefechten und Kampfhandlungen. Hier im Wald lebten sie seit März und ernährten sich so recht und schlecht. Jeder von ihnen hatte schon mal den Versuch unternommen, den Rückweg in die Heimat anzutreten, war aber gescheitert. Wir standen lange im Kreis herum und diskutierten. Ich konnte ihnen viel Neues erzählen über den Verlauf der letzten Kriegstage, die Kapitulation und über die teilweise furchtbare Rache der Siegermächte. Wieder baten sie mich inständig, doch bei ihnen zu bleiben. Sie hatten gemerkt, daß ich mich in den Wäldern gut auskannte und vor allen Dingen für ihr leibliches Wohl sorgen könnte. Lange überlegte ich nicht. Ich war allein und lange würde ich das nicht durchhalten. Aber gleichzeitig sah ich die Gelegenheit, bei Zustimmung auch einige Bedingungen zu stellen. Ohne lange zu zögern, stimmten alle meinen Forderungen zu, selbst Ferdi, der Österreicher, schloß sich an. Zu meinen Hauptbedingungen gehörte, daß sich jeder meinen Anordnungen zu fügen hatte. Sie sahen ein, daß irgend etwas geschehen mußte, um nicht im Dreck zu verkommen.

Das Wichtigste war zunächst einmal das Wasser. Dies hatten die Vier bisher aus den Gräben und Fahrspuren geschöpft. Ständigen Vorrat gab es nicht, man holte es je nach Bedarf und ging sehr sparsam damit um. Jeder stank sich gegenseitig an. Für mich, der ich noch einigermaßen frisch duftete, war das unerträglich. Die nächste Wasserstelle war auf der sogenannten „Großen Wiese". Zum Glück waren eine alte Milchkanne und mehrere Eimer im Lager vorhanden. So stellte ich am Abend die Wasserholkolonne zusammen. Alle mußten mit. In der Nacht brauchten wir keine so große Vorsicht walten lassen. So ging ich einige Meter vor, die anderen folgten mit dem Gerät. Die zwei Tümpel auf der Wiese fand ich sofort. Wir schöpften die Milchkanne und vier Wassereimer voll. Die Wasserträger wollten

gleich den Rückweg antreten, aber damit war ich nicht einverstanden. Ich kramte ein Stück Kernseife aus meiner Hosentasche, hielt es ihnen hin und forderte sie auf, nach Ablegen aller Klamotten, ein tüchtiges Bad zu nehmen. Sie starrten mich zunächst ungläubig an. Als sie jedoch merkten, daß ich es durchaus ernst meinte, taten sie mir den Gefallen und fanden nachher sogar Spaß daran. Natürlich hatte ich zunächst Bedenken, in dem Tümpel, aus dem wir in 2 bis 3 Tagen wieder unser Trinkwasser holen wollten, die verdreckten Gestalten baden zu lassen; doch hoffte ich auf die natürliche Regenerationskraft des Wassers. Wie sich beim nächsten Wasserholen herausstellte, war das Wasser auch wieder klar und geschmacklos. Die Milchkanne und die Eimer wurden dann an eine Stange gehängt, vorn und hinten je ein Träger, und ab ging der Transport, allen voraus ich zur Sicherung. Gegen Mitternacht waren wir wieder zurück im Lager, mit fast voller Milchkanne aber halbleeren Eimern. Durch das Hin- und Herschaukeln hatten die Eimer viel Wasser verloren. Es mußte also so schnell wie möglich noch eine Milchkanne her. Zunächst mußte ich jedoch die Verpflegungsprobleme in Angriff nehmen. Mit den Jagderfolgen der Vier sah es nach deren eigenen Angaben und meinen Feststellungen recht mau aus. Sie ballerten auf jedes Stück Wild auf die unmöglichsten Entfernungen und das nicht nur mit Gewehren, sondern auch mit Maschinenpistolen. Außerdem gab es jetzt viele Muttertiere, die ihren Nachwuchs groß zogen und auf keinen Fall geschossen werden durften. Da im Lager kaum noch etwas Eßbares vorhanden war, machte ich mich schon am nächsten Tag in aller Frühe auf die Pirsch.
Herbert aus Leipzig und der Österreicher Ferdi begleiteten mich. Unterwegs gab ich ihnen nochmals Verhaltensmaßregeln – sie sollten in etwa 50 Meter Abstand hinter mir bleiben und hatten vorläufig nichts weiter zu tun, als für meine Sicherheit zu sorgen. Der ganze Morgen und der Vormittag brachten keinen Erfolg. Es waren nur führende Muttertiere, die wir in Anblick bekamen. Gegen Mittag hatten wir schon einige Kilometer zurückgelegt und waren rechtschaffen müde. Der nächtliche Wassertransport steckte wohl noch in den Knochen. So winkte ich meine beiden Beschützer heran, und wir beschlossen, ein bis zwei Stunden Mittagsruhe zu halten. Ferdi schob sich etwa 30

Meter links von mir, Herbert im selben Abstand rechts am Rande einer Dickung ein. Ich setzte mich am Dickungsrand an den Stamm eines Kiefernüberhälters und versuchte etwas zu schlafen. Vor mir war Kiefernaltholz mit unterständigen Fichten, wie man sie in den oberschlesischen Wäldern recht häufig antreffen konnte.

Mal hatte ich die Augen auf, mal blinzelte ich nur, mal fielen sie mir ganz zu. An richtiges Schlafen war natürlich nicht zu denken. Eine halbe Stunde mochte vergangen sein – da, eine Bewegung im Blaubeerkraut in etwa 50 Meter Entfernung. Sofort sind alle Sinne hellwach. Glas an den Kopf, die Stelle ins Auge gefaßt und hingestarrt. Nichts – wahrscheinlich eine Täuschung! So setze ich das gute Erbstück meines Vaters wieder ab. Trotzdem, meine Augen suchen die nächsten Minuten immer wieder die verdächtige Stelle. Jetzt – wieder diese schnelle Bewegung am gleichen Ort. Es könnte ein Stück Wild sein, das dort im Blaubeerkraut ruht oder ein Vogel, der die ersten reifen Blaubeeren pickt. Ich richte mich etwas auf. Das Fernglas kommt wieder an den Kopf und dann starre ich minutenlang dorthin. Tatsächlich – der Vorgang wiederholt sich in unregelmäßigen Abständen. Jetzt kann ich das unbekannte Objekt endlich erfassen. Es ist eine menschliche Hand, die da ab und zu herumfuchtelt. Es gibt keinen Zweifel, dort liegt ein Mensch im Blaubeerkraut. Trotzdem beobachte ich noch weiter, bis ich meiner Sache sicher bin. Dann schleiche ich zu Herbert und Ferdi – beide schlafen fest -, wecke sie und erzähle ihnen von meinen Beobachtungen. Wir könnten weiterziehen. Das wäre das Einfachste. Aber auch meine Begleiter wollen nun wissen, wer da noch den Wald zu seiner Heimstätte gemacht hat. Schnell sind die Rollen für diese kleine Aktion verteilt. Herbert und Ferdi geben mir Deckung, und ich versuche das noch unbekannte, menschliche Wesen anzupirschen. Es hätte diesmal keiner großen Vorsichtsmaßnahmen bedurft, denn schon wenige Minuten später stehe ich vor einem fest schlafenden, verwahrlost aussehenden Mann in abgerissener deutscher Wehrmachtsuniform. Eine Schußwaffe kann ich nicht entdecken. Sein Kopf ruht auf einem halbgefüllten Rucksack. Der halbe Körper ist mit einem Fetzen von Uniformmantel bedeckt. Ab und zu saust seine rechte Hand durch die Luft und vertreibt die Fliegen vom Gesicht. Das war wohl die

Bewegung, die ich von meinem Ruheplatz aus entdeckt hatte. Jetzt muß er meine Anwesenheit gespürt haben, er blinzelt mit den Augen, reißt sie erschreckt auf, schießt wie von der Tarantel gestochen hoch und starrt mich wortlos an. Ich will ihm nicht unnötige Angst einjagen. „Bleib ruhig Kamerad, ich bin auch deutscher Soldat, hab' keine Angst, ich tue dir nichts." So versuche ich ihn zu beruhigen. Das wirkt; wie eine Erlösung überzieht ein Lächeln sein ausgemergeltes Gesicht.

So lernten wir Ernst kennen. Ohne Aufforderung erzählte er anschließend sein Schicksal. Er stammte aus Düsseldorf. Sein Vater war Apotheker. Als Feldwebel der deutschen Wehrmacht hatte er den Rußlandfeldzug mitgemacht. Seine Kompanie wurde vor etwa drei Monaten von den Russen aufgerieben. Es mußte so ungefähr 100 Kilometer von hier entfernt gewesen sein. Seit dieser Zeit war er unterwegs und irrte durch die Landschaft, lebte von Speisenresten aus den verlassenen Häusern und bettelte auch ab und zu bei den zurückgebliebenen deutschen Familien. Es war ein würdeloses Dasein. Nachdem wir ihm von unserem Lagerleben erzählt hatten, schien neuer Lebenswille in ihm zu erwachen. Wir konnten seine Bitte, ihn bei uns aufzunehmen, nicht abschlagen. Auch Ferdi und Herbert stimmten sofort zu. Hätten wir ihn damals nicht aufgenommen, wäre ihm sicher viel Leid und körperlicher Schmerz erspart geblieben. Aber das wußten wir zu diesem Zeitpunkt noch nicht.

Trotzdem wollten wir an diesem Tag unsere Pirsch fortsetzen. Es mußte unbedingt etwas Wildfleisch her, zumal wir jetzt auch noch einen Fresser mehr hatten. Ernst schloß sich, mit seinen wenigen Habseligkeiten auf dem Rücken, unserer Jagdgesellschaft an. Am späten Nachmittag hatten wir die sogenannte „Graserei" in der ehemaligen Försterei H. erreicht. Dieses Gebiet war damals von der zurückflutenden deutschen Wehrmacht vermint worden, um so den Vormarsch der Russen etwas aufzuhalten. Als Panzersperren türmten sich auf dem Verbindungsweg nach O. umgesägte Kiefern- und Fichtenstämme haushoch. Rings herum sollten sich nach Aussagen meiner Lagerkameraden eine Unzahl von Sprengminen befinden. Mir war deshalb die Sache nicht ganz geheuer, und ich wollte schon den Rückzug antreten, da sah ich wie etwas Rötliches hinter einer abgesägten

Kiefer äsend hervorzog. Donnerwetter – ein Schmaltier! So etwas hatten wir doch schon den ganzen Tag gesucht. Ohne lange zu überlegen, riß ich die Mauser an die Backe, kurz gezielt, und tödlich getroffen stürmte das Stück in die angrenzende, mannshohe Dickung; zum Glück nicht in das verminte Gelände zurück. Ohne große Mühe fanden wir es hier nach etwa 50 Metern. Es war bereits verendet. Die Augen der Kameraden leuchteten – soviel Fleisch hatten sie bisher noch nicht erbeutet. Schnell ließ ich mich von Ferdi und Herbert absichern und brach das Schmaltier auf. Ernst mußte mir dabei zur Hand gehen, und ich hatte manchmal das Gefühl, daß er sich übergeben wollte. Zweimal würgte er verdächtig, doch wahrscheinlich hatte er nichts im Magen und so konnte auch nichts herauskommen.

Nachdem Kopf und Läufe des Stückes abgetrennt und gleich an Ort und Stelle verbuddelt waren, wurden die Stümpfe der Vorder- und Hinterläufe zusammengebunden, eine Fichtenstange durchgesteckt, der Abtransport konnte beginnen. Der Transport am hellen Tag war gefährlich, aber bis zur Dunkelheit wollte ich nicht warten. Unser neuer Kumpel Ernst wurde gleich mit eingespannt. Er erhielt von Ferdi die MP und mußte die Rücksicherung übernehmen. Ich selbst erkundete die Lage schon 100 Meter im voraus. Alle 300 Meter mußten die beiden Träger Herbert und Ferdi verschnaufen. Es war verdammt schwül. Aufkommendes Grollen im Westen ließ auf ein heranziehendes Gewitter schließen. Lange brauchten wir nicht zu warten, dann waren wir mitten drin. Es blieb uns gerade noch Zeit, unter einer tiefbeasteten Fichte Schutz zu suchen, da prasselte auch schon der Regen erbarmungslos auf uns nieder, begleitet von heftigen Blitz- und Donnerschlägen. Aber wie das damals so war in Oberschlesien, wie sie kamen, so schnell verschwanden die Gewitter auch wieder. Und kurze Zeit später war die Sonne wieder da. Danach dampfte der ganze Wald. Wir machten uns sofort mit unserer schweren Last auf den Weg in Richtung Lager. Dabei durchstreiften wir auf einem Grasweg eine völlig abgebrannte, etwa 20jährige Kieferndickung. Deren kohlrabenschwarze, beastete Stümpfe sahen geisterhaft aus – ein richtiger Gespensterwald. Lange hatte ich so etwas nicht mehr gesehen. Wie von Geisterhand gezogen, schiebt sich plötzlich ein gewaltiger Wildkörper aus der verkohlten Dickung, steht kaum 30 Meter gegenüber und äugt mich an. Der Wildkörper ist durch die Berührung mit den verkohlten Ästen pechschwarz. Der ganze Körper dampft in der Sonne, ein Gespensterhirsch. Nein, es ist Wirklichkeit!

So stehen wir uns einige Sekunden gegenüber, ich rühre mich nicht, kann sogar die Enden in den Stangen mit bloßem Auge zählen. Es ist ein Eissprossenzehner mit noch ungefegten, ebenfalls pechschwarz gefärbten Stangen. Es fehlt nur noch das Kreuz zwischen den Stangen, dann ist es der Hubertushirsch. Ich bin unfähig mich zu rühren, so sehr ergreift mich dieses Bild. Endlich zieht er weiter, ganz gemächlich, ein leises Knacken noch, dann ist der Spuk vorbei. An Schießen hatte ich keine Sekunde gedacht. Meine Kameraden, die das ganze Schauspiel etwa 50 Meter hinter mir mit angesehen hatten, machten mir heftige Vorwürfe. „Warum hast du so einen Mordshirsch nicht geschossen? Wir hätten Fleisch für lange Zeiten!" Es war nicht leicht sie zu überzeugen, daß ich das Jagen von Kindesbeinen auf gelernt hatte und dies nicht um des sinnlosen Tötens willen tue. So sollte es auch in diesen wilden Zeiten nach Möglichkeit bleiben. Ohne Zwischenfälle erreichten wir das Lager. Die zwei zurückgebliebenen Kameraden waren über die Beute hocherfreut. Weniger erfreut waren sie zunächst über den unerwarteten Zuwachs, den verwahrlosten Ernst. Aber das gab sich bald. Paule machte sich gleich an die Arbeit, schlug das Stück aus der Decke und zerwirkte es unter meiner Anleitung. Dann schnitt er das zarte Filet und das Rückenstück heraus und machte es bratfertig. Uns lief das Wasser im Munde zusammen, hatten wir doch den ganzen Tag kaum etwas zu uns genommen. Da es noch zu hell war, mußten wir mit dem Feuermachen noch fast zwei Stunden warten. Umso größer war dann der Hunger, jeder verzehrte eine Unmenge Fleisch. Aber der Mensch lebt nicht von Fleisch allein. Es fehlten die Zutaten wie Kartoffeln, Brot, Gemüse usw. Bei zwei Lagergenossen machte sich schon die einseitige Ernährung bemerkbar, jedenfalls führte ich das darauf zurück. Sie bekamen unnatürlich dicke Bäuche, die Zähne saßen nur noch ganz locker im Kiefer.

Die Nacht verbrachte ich sehr unruhig. Abgesehen von dem Geschnarche, war es in diesem sandigen Schlafgemach durch die Enge nicht angenehm. Wahrscheinlich hatte ich auch zu viel

Fleisch „gegessen. Bei diesen nächtlichen Grübeleien war mir schon so manch guter Gedanke gekommen. So auch in dieser Nacht. Zunächst wollte ich mir am nächsten Tag eine neue Schlafstätte schaffen, zusammen mit Ernst. Dann mußte eine Lösung mit der Zutatenbeschaffung gefunden werden. Dabei konnte nur mein Vater oder der gute Silvester S. helfen. Am nächsten Morgen schon hoben Ernst und ich eine Grube für ein Zweimannschlafgemach aus. Es sah zunächst wie ein Doppelgrab aus. Als wir jedoch ein Dach darüber errichteten und alles schön abdeckten, machte es einen freundlicheren Eindruck. Nach Einbruch der Dunkelheit schlich ich mich mit dem Leipziger Herbert, der inzwischen rührend an mir hing, unter Mitnahme einer Wildkeule in das Elendsquartier meiner Eltern nach P. Mutter, Vater und Tante weinten vor Freude, daß ich noch am Leben war. Sie sahen alle sehr verängstigt aus und erzählten, daß die Schikanen der Polen immer schlimmer würden. Tägliche Plünderungen seien an der Tagesordnung. Immer wieder bekundeten sie, wie gut es gewesen wäre, daß ich nicht im Haus geblieben sei, denn sonst hätte man mich schon gefunden und verhaftet.

Dann unterbreitete ich Vater meinen gefaßten Plan über die Errichtung eines Lebensmitteltauschhandels mit einem zuverlässigen ehemaligen deutschen Waldarbeiter. Wir wollten mindestens zweimal wöchentlich Wildfleisch liefern und erwarteten als Gegenleistung Brot, Butter, Speck, Eier, Gemüse und was sonst noch zum täglichen Lebensunterhalt gehört. Schon am nächsten Tag machte sich mein Vater mit dem getreuen Silvester S. auf den Weg nach G., um die ganze Angelegenheit mit dem ihm sehr ergebenen Waldarbeiter und Kleinlandwirt M. zu besprechen. Dieser war sofort einverstanden, und so konnte nach drei Tagen unsere erste Tauschaktion stattfinden. Und es klappte; es klappte sogar vorzüglich. In der Zwischenzeit hatte ich noch ein Schmalreh und einen Überläuferkeiler geschossen, so daß wir allerhand anzubieten hatten. Beladen mit dem größten Teil der gewünschten Lebensmittel, kehrten wir nach diesem ersten Tauschhandel in unser Lager zurück. Dort erwartete uns schon sehnsüchtig unser neuernannter Lagerkoch Paule. Als Obergefreiter einer Nachschubkompanie war er geradezu prädestiniert dafür. Paule hatte das Lager bisher kaum einmal verlassen. Nur zum Wasserholen mußte er mit. Nun hatte er eine Aufgabe und tat wirklich alles, um die ganze Meute satt zu bekommen. Seine Eltern wohnten gar nicht weit von hier, hatten dort einen Bauernhof. Vor Monaten soll er es mal versucht haben, dorthin zu gelangen. Dabei hatten ihn die Polen erwischt und halbtot geschlagen. Seitdem hatte ihn der Mut verlassen. Durch meinen Vater ließ ich seinen Eltern die Nachricht zukommen, daß ihr Sohn noch am Leben wäre und im Wald hauste. Die nächsten Tage vergingen ohne besondere Vorkommnisse. Unser körperlicher Zustand besserte sich von Tag zu Tag. Vor allen Dingen machte Ernst diesbezüglich gute Fortschritte. Noch schonten wir ihn, und er brauchte zu den Pirschgängen und zum Wasserholen noch nicht mitzugehen.

Eines Morgens kehrte ich mit meinen zwei Begleitern nach erfolgreicher Pirsch ins Lager zurück. Ich hatte auf der „Erbsenbergen" einen guten Sechserbock und auf dem Heimweg noch einen Frischling geschossen. Wir hängten beides je in eine Astgabel zur weiteren Verwendung durch unseren Paule. Den Bock hatte ich am Gehörn aufgehängt, das bot sich wegen der guten Sechservergabelung so an. Dann legten wir uns in unsere Erdbunker, um den versäumten Schlaf nachzuholen. Kaum waren wir eingeschlafen, gab es draußen einen fürchterlichen Schrei mit anschließenden wüsten Verwünschungen. Alles griff sofort automatisch zur MP und stürzte raus. Dort bot sich uns ein ebenso komisches, wie ergreifendes Schauspiel. Paule routierte im Kreis, die Hände schützend vors Gesicht haltend. Zwischen den Fingern spritzte das Blut heraus. Gemeinsam packten wir den armen Paule, rissen ihm die Hände vom Gesicht, da sahen wir die Bescherung: Zwei erbsengroße Löcher in etwa 10 Zentimeter seitlichem Abstand am einst gewesenen Haaransatz, dann zwei parallel verlaufende Furchen von dort nach unten über die Augenbrauen, die Wangen, auf einer Seite sogar bis zur Kinnspitze hin. Aus allen Verletzungen quoll das Blut und verbreitete dadurch einen furchterregenden Anblick. Zum Glück schienen die Augen nicht verletzt zu sein. Wir legten ihn auf den Rücken und begannen mit der Wundbehandlung, die sich bei der Gegenwehr von Paule doch recht schwierig gestaltete. An Verbandsmaterial fehlte es uns nicht. Zur damaligen Zeit lagen ganze Warenlager davon im Gelände herum, die von zurückflutenden deutschen Truppen nebst anderem Kriegsmaterial einfach weggeworfen worden waren. Nach kurzer Zeit war der Patient so verpackt, daß nur noch Mund, Nase und ein Auge zu erkennen waren. Nach gütigem Zureden rückte er endlich mit der Sprache heraus und erzählte, wie es zu diesen Verletzungen gekommen war. Er hatte sich, während wir noch schliefen, an die Abhäutung des an einem Ast hängenden Bockes gemacht. Beim Abziehen der Decke mußte er ziemliche Kraft anwenden und dabei war wohl der Ast, an dem der Bock hing, gebrochen und dann heruntergesaust. Dabei hatte das Gehörn mit seinen spitzen Enden Paule genau in die Stirn getroffen und beim weiteren Abwärtsfallen das Gesicht zerfurcht. Wir alle waren froh, daß es nochmals gut gegangen war und vor allen Dingen keine Augenverletzung vorlag. Es sah alles viel schlimmer aus, als es in Wirklichkeit war. Schon nach drei Tagen hatte Paule den Schrecken überwunden und nahm seine Tätigkeit als Lagerkoch wieder voll wahr. Inzwischen war auch Ernst so gut im Futter, daß wir ihn bei allen Tätigkeiten voll einsetzen konnten. Es ging uns allen gut – vielleicht zu gut. Das war wahrscheinlich auch der Grund, weshalb einige Kameraden unvorsichtig wurden. Sie machten sich allein auf den Weg, um auf Erkundungspirsch zu gehen. Besonders Ferdi, der Österreicher, lief manchmal herum wie ein brunftiger Hirsch. Es gab oft Differenzen. Auch ein gewisser Lagerkoller stellte sich ein. Nicht immer fiel es mir leicht, den richtigen Ton zu finden, um die Leute zusammenzuhalten. Auch hatte es sich in der Zwischenzeit in der Umgebung herumgesprochen, daß in den Wäldern versprengte deutsche Soldaten lebten. Mein Name wurde damit in Verbindung gebracht. Wahrscheinlich hatte mich der Bürgermeister von R. oder einer seiner Komplizen bei unserem Zusammentreffen im Wald doch erkannt. Der gute Silvester S. ließ mir diese Nachricht anläßlich einer unserer wiederholten Tauschaktionen zukommen. Wir sollten uns in acht nehmen, es seien von Seiten der Polen große Vorbereitungen zum Durchkämmen der Wälder getroffen worden. Ein paar Tage später sollte diese Vorwarnung ihre Bestätigung finden. An diesem Morgen sollten die Jäger zu Gejagten werden. Da die anderen Kameraden in der Nacht unter erheblichen Anstrengungen unsere Wasservorräte ergänzt hatten und noch fest schliefen, nahm ich ausnahmsweise nur Herbert aus Leipzig zur Morgenpirsch mit. Nach dem Motto: „vor dem eigenen Bau jagt der Fuchs nicht" hatten wir unsere Pirschgänge in den letzten Tagen mehr und mehr in die Forstamtsbezirke Sch. und P. verlegt. Diese waren etliche Kilometer von unserem Standort entfernt. Wieder waren wir im Morgengrauen auf dem Weg dorthin, als wir näherkommendes Motorengeräusch vernahmen. Natürlich machte uns das stutzig, waren doch die bisherigen Morgenpirschen stets von einer heiligen Ruhe umgeben. In sicherer Deckung warteten wir ab, und tatsächlich, das Brummen der Motoren wurde stärker und kam näher. Dann verstummte es fast. Ein Geräusch wie beim Öffnen einer Ladeklappe war zu hören. Kurz danach hörten wir das typische Aufheulen eines Motors beim Anfahren. Verdammt, da war was im Gang! Lange brauchten wir in unserem Versteck nicht zu warten, da sahen wir das Fahrzeug den holprigen Weg entlang geschaukelt kommen. Durchs Glas konnte ich erkennen, daß auf der Ladefläche des Lastwagens mehrere Menschen saßen. Für einen Rückzug war es zu spät. Es war zwar noch nicht ganz hell, aber wir hätten dabei einige geradlinige Schneisen überqueren müssen und uns da der Gefahr ausgesetzt, entdeckt zu werden. Der Laster kam näher. Schon konnte ich das deutsche Firmenzeichen auf dem Kühler erkennen. Es war ein Opel Blitz der deutschen Wehrmacht, ein Beutestück. Im Führerhaus neben dem Fahrer saßen noch zwei Mann in polnischer Uniform. Auf der Ladefläche konnten wir zwölf halbuniformierte, etwa 16- bis 18jährige Jungen erkennen. Alle trugen auf dem Arm eine Binde mit den polnischen Nationalfarben. Jeder hielt ein Gewehr in der Hand, Maschinenpistolen sahen wir nicht. Vor diesen Halbsoldaten sind wir schon des öfteren gewarnt worden. Sie sollten sich oft gegenseitig in ihren Grausamkeiten an Deutschen überbieten. Der Wagen rumpelte an uns vorbei bis zur nächsten Wegekreuzung. Dort hielt er an, die hintere Ladeklappe wurde geöffnet und drei der Halbsoldaten sprangen herunter. Ein Volluniformierter aus dem Führerhaus war ausgestiegen und gab den Dreien kurze Anweisungen. Dann wurde die Ladeklappe wieder hochgemacht, der Offizier stieg vorn ein, und der LKW setzte seine Fahrt fort. Wahrscheinlich bis zur nächsten Wegekreuzung, wo sich der gleiche Vorgang wiederholte. Zwei der

Zurückgelassenen hockten sich an den linken Dickungsrand, einer nahm auf der rechten Seite Platz. Die Entfernung zu unserem Versteck betrug kaum 50 Meter. Kein angenehmes Gefühl! Längst war uns die Taktik dieses polnischen Manövers klar geworden. Man besetzte im Morgengrauen die wichtigsten Wegekreuzungen und wartete dann ab, ob jemand von den so gefürchteten deutschen Banden in die aufgestellte Falle liefe. Ein systematisches Durchkämmen der Dickungen schien nicht geplant zu sein. Auf dem LKW konnten sich anfangs höchstens 20 Mann befunden haben. Mehr faßte dieser Typ nicht. Zu einer Großaktion hätte man jedoch ganze Hundertschaften aufbieten müssen. Für uns hieß es nun, in unserem Versteck auszuharren, bis diese Aktion beendet war. Hoffentlich machten die drei Halbstarken keine Privatausflüge und entdeckten uns, dann sähe es bitter für sie aus! Bald schien es jedoch so, als ob sie sich gegenseitig Mut zusprechen müßten. Zunächst begann eine flüsternde, dann eine immer lauter werdende Unterhaltung der Drei. Sicherlich hätte man diese Posten schon weit wahrnehmen und sich so in Sicherheit bringen können. Die Zeit verlief schleppend. Herbert drängte auf einen geräuschlosen Rückzug. Er wäre uns nicht schwer gefallen. Aber ich war mir nicht sicher, ob nicht noch mehr Fahrzeuge mit diesen Halbsoldaten im Einsatz waren und an irgend einer Wegekreuzung lauerten. Unsere Geduld wurde auf eine lange Probe gestellt. Nach vier Stunden hörten wir endlich das Brummen eines herannahenden LKWs. Die drei Kreuzungsposten vor uns wurden aufgenommen, und der ganze Rummel schien beendet zu sein. Trotzdem blieben wir noch eine Stunde in Deckung. Erst dann schlichen wir unter äußerster Vorsicht heimwärts in unser Lager. Das Pirschen war mir für diesen Tag verleidet. Einen kleinen Schock hatte uns diese, an sich plumpe, aber für uns doch nicht ganz ungefährliche Aktion der Polen versetzt. Wir mußten noch vorsichtiger werden. Wieder mußte ich ein ernstes Wort mit meinen Lagerkameraden reden. Es ging schließlich um unser Leben. Wir hielten Kriegsrat. Keiner durfte fortan das Lager allein verlassen, Feuer nur noch bei stockdunkler Nacht entfacht werden. Zum Brennen durfte nur noch ganz trockenes Holz Verwendung finden, damit kein unnötiger Rauch entstand, der uns hätte verraten können. Noch am selben Tag wurden die durch das viele Belaufen am Dickungsrand entstandenen Pfade in den Urstand zurück versetzt. Jedes von uns gesetzte Zeichen zur Auffindung des Lagerplatzes wurde beseitigt, so daß selbst ein Fachmann kein Leben in dieser Dickung vermuten konnte. Natürlich wurde von nun an auch für uns das Orientieren in diesem großen Dickungskomplex etwas schwieriger. Bei Tageslicht dienten uns als Orientierungspunkte der etwa fünf Kilometer entfernte Feuerwachturm und zwei eingewachsene Kiefernüberhälter. Nachts ahmten wir beim Anmarsch den Ruf des Waldkauzes nach. In kurzer Zeit hatte ich dies allen Lagerkameraden beigebracht. Nur in den ersten Tagen, und vor allen Dingen wenn wir bei Dunkelheit zurückkehrten, gab es mit dem Zurechtfinden einige Schwierigkeiten. Das gab sich aber bald, und fortan fand jeder seinen Schlafplatz mit einer schlafwandlerischen Sicherheit. Im Wald war wieder Ruhe eingekehrt. Die üblichen Pirschgänge wurden fortgesetzt und verliefen reibungslos; ebenso wie der Abtransport des erlegten Wildes, das Wasserholen und die gut florierenden Tauschgeschäfte. Unser Sicherheitsgefühl hatte sich wieder gefestigt. Es würde zu weit führen, wenn ich über jedes Jagderlebnis berichtete. Diesbezüglich war es eine wunderbare Zeit. Da gab es keine Abschußpläne, keine Trophäenschauen und keine Jagdneider.

Seit einigen Tagen war Ernst wieder im Vollbesitz seiner Kräfte, so daß wir es wagen konnten, ihn beim Wassertransport mitzunehmen. Auch zu den Pirschen und dem Abtransport des erlegten Wildes wurde er kontinuierlich eingesetzt. Er hatte sich gut der Gemeinschaft angepaßt und war bei allen beliebt. Seine Art war nicht so rauhbeinig wie die unsrige; er hätte einen guten Lehrer oder Pfarrer abgeben können. Trotz aller Harmonie und Vorsicht, die in diesen Tagen unter uns herrschte, schlug das Schicksal schneller zu, als wir glaubten. Eine unserer nächtlichen Tauschaktionen sollte uns zum Verhängnis werden, jedenfalls für drei von uns. Die Polen begannen plötzlich, in nächtlichen Blitzaktionen bestimmte Dörfer zu umstellen und die deutsche Bevölkerung aus den Häusern zu jagen. Dann wurden diese verschreckten Menschen, kaum mit dem Nötigsten bekleidet und unter Zurücklassung sämtlichen Eigentums, unter strenger Bewachung in stunden-, ja oft tagelangen Märschen in das berüchtigte Lager Lamsdorf getrieben.

Mit wieviel Glück und wie haarscharf wir drei, Herbert, Ernst und ich, diesem Vernichtungslager entgangen sind, ist kaum zu glauben. In dieser Nacht wickelten wir wieder ein Tauschgeschäft bei dem alten, vertrauten Waldarbeiter und Kleinlandwirt M ab. Für Ernst war dies der erste Einsatz auf diesem Gebiet. Nach der Transaktion machte uns die Hausfrau noch ein paar Spiegeleier. Es war zwei Uhr morgens, was sollte da noch groß geschehen. So rief ich Ernst, der vor der Tür Wache gehalten hatte, zum Essen herein. Dies war einer meiner größten Fehler und hätte uns allen fast das Leben gekostet. Wir hatten unser Mahl beendet und wollten gerade aufbrechen, als draußen plötzlich mehrere Schüsse fielen, begleitet von fürchterlichem Schreien und Jammern. Ein Blick durchs Fenster ließ uns erschauern. Auf unser Haus stürmten mindestens sechs Mann in polnischen Halbuniformen mit schußbereiten Gewehren zu. Zurück in den Stall, vielleicht können wir noch durch die angrenzende Scheune entkommen. Doch auch dieser Fluchtweg blieb uns versperrt. Am Scheunentor vernahmen wir schon polnische Stimmen. An ein unbemerktes Entkommen war nicht mehr zu denken. Es blieb uns nur die Möglichkeit, uns den Weg freizuschießen. Wir hatten jeder eine Maschinenpistole und wußten damit umzugehen. Also entschieden wir uns für den Ausbruch unter wildem MP-Feuer. Aber es sollte alles anders kommen. Sekunden vor der geplanten Aktion kam die Hausfrau schreiend und lamentierend durch den Gang in die Scheune gestürmt. Die Polen wären schon in der Küche, hätten ihren Mann und selbst den Opa fürchterlich zusammengeschlagen und der Tochter die Kleider vom Leib gerissen. „Ergebt euch!" rief sie immer wieder, „ergebt euch, sonst bringen sie uns alle um." Schon hörten wir das Getrappel der Polen auf dem Gang. Es wäre uns ein Leichtes gewesen, diese mit unseren MP's zu empfangen, aber die Frau klammerte sich verzweifelt an meinen Arm und jammerte zum Erbarmen. Heute, wo ich dieses niederschreibe, weiß ich immer noch nicht, warum ich damals dieser verängstigten Frau nachgegeben habe. Wenn ich gewußt hätte, was uns danach erwartete, hätte ich es wahrscheinlich nicht getan. Wir drei Soldaten wären mit Sicherheit durchgekommen, aber die ganze Familie M., was wäre aus ihr geworden? Man hätte sie zu Tode geprügelt oder wer weiß was für Foltermethoden ausgesetzt. Dies muß mir damals blitzschnell durch den Kopf gegangen sein, als ich meine Kameraden bat, ihre MP's in den wassergefüllten Trog zu werfen und sich den anstürmenden Polen zu ergeben. Sie taten es nur widerwillig und erst in allerletzter Sekunde. Was dann mit uns geschah, läßt sich kaum beschreiben. In den nächsten Stunden habe ich die größten Erniedrigungen und Demütigungen meines Lebens hinnehmen müssen. Sie haben einen sonst nie gekannten Haß gegen die brutalen Peiniger in mir entfacht, den ich bis zum heutigen Tag nicht überwinden konnte. Die wilde Horde stürzte sich auf uns und schlug blindlings zu. Als ersten erwischte es den kaum genesenen Ernst. Er hielt beide Hände schützend vor seinen Kopf, als die furchtbaren Schläge auf ihn niederprasselten. Dann schlug ein halbuniformiertes Bürschlein von etwa 17 Jahren mit dem Gewehrkolben zu und traf den linken Oberarm von Ernst mit voller Wucht. Wir hörten ein fürchterliches Krachen von gesplitterten Knochen, ein Geräusch, das mich noch Jahre danach im Traum verfolgt hat. Ernst gab einen fast tierischen Schrei von sich. Der getroffene Arm baumelte sofort an ihm herunter wie ein Mehlsack. Dann brach er zusammen und verlor das Bewußtsein. Doch die Hiebe auf den bewußtlosen Menschen gingen weiter. Mich selbst erwischte es an fast jedem Körperteil. Rippen und vor allen Dingen mein Rücken wurden so malträtiert, daß auch ich zusammenbrach, das Bewußtsein jedoch noch nicht verlor. Man schlug weiter auf mich ein mit irgendeinem Stück Holz, begleitet von unzähligen Fußtritten in den ganzen Körper. Mit schmerzverzerrtem Gesicht konnte ich noch erkennen, wie drei oder vier von dieser Horde den Leipziger Herbert in eine Ecke der Scheune drängten und wild auf ihn einschlugen. Dann schwanden auch mir die Sinne, nachdem ein Hieb meinen Hinterkopf getroffen hatte. Als ich wieder verschwommen zur Besinnung kam, lag ich in einer großen Wasserlache und fühlte, daß mein zerschlagener Körper völlig durchnäßt war. Bei näherem Hinsehen hatte das Wasser keine normale Farbe: Es war rosarot und getränkt mit dem vielen Blut meiner Kameraden und von mir. Diese hatte man an meine Seite geschleift und ebenfalls mit Wasser begossen, damit sie wieder aus der Bewußtlosigkeit erwachten. In meinem zerschlagenen Kopf begann es zu arbeiten. Hatte man das Wasser aus dem Trog genommen, in den wir unsere Maschinenpistolen geworfen hatten und diese dabei gefunden? Dann würde man uns jetzt völlig fertigmachen und erschlagen. Doch der Bottich mußte tief genug sein, man hatte sie offensichtlich nicht entdeckt. Vorsichtig strich ich über mein Gesicht, meinen Kopf, alles war schleimig und verklebt von Blut. Meine beiden Leidensgenossen erwachten nach etlichen Fußtritten und erneutem Wasserbad ebenfalls. Ernst brüllte sofort wieder wegen seines zerschmetterten Armes.

Mit weiteren Fußtritten und Stockschlägen deutete man uns an aufzustehen. Die wahllose Prügelei ging weiter – immer und immer wieder. Ich versuchte mich zu erheben, kam gerade bis in die Knie. Mein ganzer Körper schien eine einzige Wunde zu sein, das Blut rann über mein Gesicht, da traf mich wieder ein Fußtritt von hinten in den Rücken begleitet von höhnischem Gelächter der Peiniger. Erneut brach ich zusammen. Da packte mich einer am zerfetzten Kragen, zog mich hoch. Es gelang mir, mich mühsam auf den Beinen zu halten. Ich torkelte in Richtung Scheunentor, da traf mich ein Schlag mit einer Latte voll in den Bauch. Wieder ging ich zu Boden, wieder wurde ich hochgerissen, die Tortur ging weiter. Verschwommen konnte ich Herbert wahrnehmen. Er war der Kräftigste und Standhafteste von uns Dreien, wurde getreten und geschlagen wie wir auch. Sein Kopf war eine blutige Masse, aber er hielt sich besser auf den Beinen als ich. Das größte Leid von uns hatte jedoch Ernst zu ertragen. Er mußte furchtbare Schmerzen haben, er schrie und schrie, und ich dachte, daß er schon wahnsinnig sei. Der zerschmetterte Arm baumelte an ihm herunter. Die Polen fanden das lustig, schlugen noch mit Stöcken darauf, zogen ihm am Ärmel, lachten und grölten dabei. Immer wieder brach auch er zusammen, wurde wieder hochgerissen, und die Tortur ging weiter. So etwas kann sich ein zivilisierter Mensch überhaupt nicht vorstellen. Dann stand plötzlich ein polnischer Offizier in der Scheune. Man sah es seiner Kleidung an, daß er etwas Höheres war und nicht unbedingt zu diesem haßerfüllten Haufen gehörte. Er hat uns damals vielleicht das Leben gerettet. In kurzem Befehlston gab er Anweisungen, uns aus der Scheune zu schaffen. Während seiner Gegenwart ließen die Stockschläge und Fußtritte nach, setzten aber mit unverminderter Härte nach seinem Weggang wieder ein. Unter ständigen Fußtritten und

Stockhieben trieb man uns zu einer etwa 200 Meter entfernten Straßenkreuzung. Dort lagen oder standen schon etwa 50 bis 60 ebenfalls malträtierte Menschen, meist Frauen, Kinder und Greise. Durch meine verquollenen Augen konnte ich einige bekannte Gesichter aus diesem Dorf erkennen. Auch unsere Handelspartner, das Ehepaar M., war dabei. Beide sahen furchtbar entstellt aus durch Beulen und Blutergüsse an den Köpfen. Die Tochter sah ich nicht, der Opa fehlte ebenfalls. Später erfuhr ich, daß der Tochter halbnackt die Flucht gelungen war, dem Opa hatte man nach heftiger Gegenwehr kurzerhand mit einem Beil den Schädel eingeschlagen.

Rings um dieses übel zugerichtete Häuflein Menschen standen etwa zwanzig halbuniformierte polnische Soldaten oder solche, die es dem Anschein nach sein wollten, und fuchtelten wild mit Gewehren oder Maschinenpistolen herum. Zwei davon führten je einen Schäferhund an der Leine. Mühsam schleppte ich mich an die Böschung des Straßengrabens, holte ein Verbandspäckchen aus der Tasche. Eine ältere Frau setzte sich zu mir und verband mir notdürftig meine blutenden Wunden am Kopf. Dann hielt ich nach Ernst Ausschau. Er lag auf der anderen Seite der Straße im Graben und wurde von Herbert versorgt. Immer noch wurden blutig geschlagene Menschen aus allen Richtungen her zu unserem Sammelpunkt getrieben; meist ganze Familien mit Kindern und alten Angehörigen. Es war ein Schreien und Jammern zum Gotterbarmen. Der Anblick dieser geschundenen Menschen war fruchtbar und ließ mir meine eigene Situation erträglicher erscheinen. Nach etwa einer weiteren Stunde schien die Aktion beendet zu sein. Unter großem Palaver, Fußtritten und Kolbenhieben mußten wir uns erheben und zu einer Kolonne formieren. Schleppend setzte sich diese in Bewegung in eine Richtung, die wohl die meisten ahnten, in das berüchtigte Lager Lamsdorf. Der Elendszug bestand nun etwa aus 70 bis 80 Menschen, darunter mindestens 30 Kinder und alte Leute. Während des dahinschleichenden Marsches versuchte jeder, möglichst in der Mitte des Zuges zu bleiben, weil diejenigen, die an die Ränder gedrängt wurden, weiter den ständigen Hieben und Fußtritten der Bewacher ausgesetzt waren. Am schlimmsten erging es jedoch den Gebrechlichen und Kranken, die am Ende des Zuges kaum mithalten konnten. Rücksichtslos hieben die

Peiniger auf sie ein, bis sie zusammenbrachen. Ich suchte die
Nähe meines Waldkameraden Ernst, um ihm etwas beizustehen.
Er taumelte mehr, als er ging. Fast ohnmächtig vor Schmerzen,
versuchte er dennoch mitzuhalten. Herbert war hinter mir,
drängte sich nun auch neben Ernst. Viel helfen konnten wir zur
Zeit nicht. Vor uns trotteten drei Männer in etwa meinem Alter.
Man konnte sie ohne große Menschenkenntnis gleich als ehemalige deutsche Soldaten erkennen. Auch sie waren übel zugerichtet. Der eine humpelte stark, ein anderer faßte sich ständig an die
rechte Rippenpartie. Alle drei hatten mehrere Kopfwunden.
Diese drei hatten irgend etwas vor, das spürte ich sofort, sie
würden mit Sicherheit nicht das Endziel dieses Marsches erreichen wollen. Sie tuschelten ständig untereinander und warteten
sicher nur auf eine günstige Gelegenheit zum Ausbrechen. Ich
machte Herbert und Ernst darauf aufmerksam, beide verstanden
sofort. Ernst jedoch deutete mit schmerzverzerrtem Gesicht auf
seinen herunterbaumelnden Arm und schüttelte den Kopf. Der
Zug kam nur mühsam voran, zumal viele alte Leute, Gebrechli-
che und Kinder dabei waren. Vielen war es noch gelungen, vor
dem Heraustreiben aus dem Haus ein Wäschebündel oder einen
Koffer zu erwischen und mitzunehmen. Kinder hatten ihre
Spielsachen auf dem Arm. Die Kleineren mußten von den Müttern auf den Armen getragen werden, die etwas größeren wurden an der Hand mitgeschleppt. Die zusammengerafften Bündel
und Koffer wurden immer schwerer. Viele davon landeten im
Straßengraben. Den gepeinigten Menschen schien alles gleich-
gültig zu sein. Es dauerte nicht lange, bis einige nicht mehr
mithalten konnten. Obwohl die Begleitmannschaften sie durch
Kolbenstöße und sonstiges Traktieren zum Weitermarschieren
antrieben, blieben sie einfach liegen, teilweise mitten auf der
Straße oder an den Rändern. Es fielen einige Schüsse. Mit Sicherheit kann ich jedoch nicht behaupten, ob dies Gnadenschüsse
für die Liegengebliebenen oder nur Warnschüsse waren.
Wenig später näherte sich ein ehemaliger deutscher Wehr-
machts-Lastkraftwagen dem hinteren Ende unserer Kolonne.
Zurückblickend konnte ich sehen, wie einige liegengebliebene
Gestalten auf die Pritsche des Wagens gezerrt oder geworfen
wurden. Fortan blieb das Fahrzeug hinter uns und sammelte die
Halbtoten auf. Außer den Schmerzen plagte mich ein unwahr-

scheinlicher Durst. Meine Kehle war wie ausgedörrt. Natürlich ging es den anderen Gefährten des Leidenszuges ebenso. Wir waren fast am Ende unserer Kräfte angekommen und hatten jedes Zeitgefühl verloren. Trotz der Entkräftung und der starken Schmerzen waren meine ganzen Sinne auf eine Flucht konzentriert. Bisher schien sie wegen des übersichtlichen Geländes nicht ratsam. Sorgen machten mir die beiden Polen mit den Schäferhunden. Wenn das abgerichtete Tiere waren, konnte es uns schlecht ergehen. Nach meinen damals noch bescheidenen Hundekenntnissen waren es jedoch junge Hunde. Man konnte sehen, daß sie noch nicht mal richtig leinenführig waren und sich oft grundlos wie wild gebärdeten. Es hieß abzuwarten, bis sich zur Flucht eine günstige Gelegenheit bot. Diese sollte für die meisten von uns eher kommen, als wir dachten.

Im Lauf des Vormittags kam unser Leidenszug an der Ziegelei des Dorfes S. vorbei. Nicht weit vom Weg, am Rand des Fabrikhofes stand eine alte, mit der Hand zu bedienende Wasserpumpe. Ich kannte diese Einrichtung und auch das Gelände ringsum genau; hatten wir doch dort als Kinder oft unsere Spielchen gemacht. Wie eine Oase in der Wüste kam dieser Platz mit der Pumpe den geschundenen Menschen vor. Selbst unsere Bewacher schienen Durst zu haben. Ob sie eingesehen hatten, daß dieses Häuflein geschundener Menschen dringend einer Erfrischung bedürfe, möchte ich bezweifeln. Es ging wohl mehr um ihr eigenes Wohlergehen. Wie Vieh trieb man uns zur Tränke. Wasser gab es zunächst nur für unsere Peiniger, die sich an die Pumpe drängten, Hände und Gesicht wuschen und dann das kühle Naß tranken. Die Pumpe mußte ein etwa 13jähriger Junge betätigen. Wir mußten herumstehen und warten. Den Polen machte es unheimlichen Spaß, uns jetzt auf diese Art und Weise zu quälen. Vor der Wasserstelle hatte sich der eine mit dem Schäferhund aufgebaut und wenn ein Deutscher in die Nähe kam, hetzte er den Hund an. Die anderen lachten und spornten den Hundeführer noch an. So ging das etwa zwanzig Minuten lang. Eine ungeheure Wut stieg in mir hoch ob solcher Demütigung und Schikanen. Am liebsten wäre ich einem an die Gurgel gesprungen. Aber das wäre unklug und die Chance gleich Null gewesen. Dann mußte der 13jährige den Bottich, in dem noch zur Hälfte das abgelaufene Waschwasser der Polen stand, vollpumpen. Danach durfte aus der Pumpe kein frisches Wasser mehr gepumpt werden. Unter hönischem Gelächter unserer Peiniger wurde diese Dreckbrühe endlich für uns Deutsche freigegeben. Wer einigermaßen konnte, stürzte sich an den Bottich und versuchte mit bloßen Händen etwas von der rostbraunen Brühe zu ergattern. Die Polen sahen dem Kampf um das Naß erheitert zu. Mir gelang es nur mit Mühe in die Nähe des Wassertrogs zu kommen. Zwischen den Beinen eines schöpfenden Mannes konnte ich meinen Arm durchzwängen und mit der hohlen Hand etwas Wasser holen. Das konnte ich mehrmals wiederholen bis mein Durst etwas gestillt war. Dann ging alles blitzschnell und hat unsere Peiniger so überrascht, daß sie vollkommen hilflos wirkten. Zwei der in der Reihe vor mir marschierenden Soldaten hatten sich bis zum Bottich durchgezwängt, packten diesen mit einer ungeheuren Kraftanstrengung und kippten ihn um. Nun war der Teufel los! Es gab ein Geschrei von den Umstehenden. Die Polen wollten sich auf die zwei Attentäter stürzen, doch schon waren diese im Gewühl untergetaucht. Die Bewacher waren dieser Situation nicht gewachsen. Die beiden Hunde kläfften wie verrückt und fielen jeden im Umkreis an, selbst die eigenen Genossen waren vor ihnen nicht sicher. Das war das Zeichen für den Ausbruch – der Zwischenfall war von den Soldaten absichtlich herbeigeführt worden. Der Überraschungseffekt war gelungen. Alles strömte auseinander. Die Polen wußten nicht, wohin sie schießen sollten. Um ihre eigenen Leute nicht zu gefährden, schossen sie wild in die Luft. Wer von den geschundenen Gefangenen noch einigermaßen Kraftreserven mobilisieren konnte, versuchte die Flucht – planlos in alle Richtungen. So sehr ich meine Augen auch bemühte, in diesem Wirrwarr konnte ich weder Ernst noch Herbert entdecken. Jetzt noch zu zögern, wäre Selbstmord, also stürmte auch ich los, aber nicht planlos. Es gab nur einen sicheren Fluchtweg, und der führte durch den Abbauschacht der Ziegelei. Dort stürmte ich hinein, gefolgt von einigen anderen Flüchtenden. Hinter uns setzte nun wüstes Geschieße ein, eine Frau stürzte zu Boden. Ob gestolpert oder getroffen, konnte ich nicht feststellen. Hilfe war nicht möglich, – nur weg von hier – wollte man dem sicheren Tod entgehen. Wie ein Roboter rannte ich weiter, ließ alle hinter mir. Die körperlichen Schmerzen spürte ich in dieser Situation kaum noch. Das Ende des Schachtes kam näher, der Ausgang war erreicht. Dahinter ein Stück Brachland, dann ein Kornfeld. Mit Volldampf dort hinein. Doch es gab mir nicht genügend Deckung, ich fühlte mich wie auf einer Bühne. Auch in gebückter Stellung hatte ich noch das Gefühl über das Kornfeld hinauszuragen. Also runter auf alle Viere und dann weiter gehetzt. Nie hätte ich es für möglich gehalten, daß ein Mensch in dieser Stellung so schnell vorwärts kommen kann, wenn es um sein Leben geht. Das Ende des Kornfeldes war erreicht, jetzt kam ein lückiger Weiden-/Erlenbestand. Dort war ein Robben nicht möglich. Wieder aufgerichtet, ging es weiter, was der Körper und die Lungen hergaben. Der Wald ging zuende, es kamen wieder Kornfelder, wieder hinein in diese und auf allen Vieren weiter, nichts als weiter. Nur weit weg von dem Gemetzel an der Ziegelei. So bin ich gelaufen, gekrochen, gerobbt, was mein Körper in wahnsinniger Todesangst hergab, bis ich völlig erschöpft und fast besinnungslos in irgendeinem Kornfeld liegenblieb. Lange Zeit war es mir nicht möglich, mich zu erheben, so ausgepumpt war ich. Die Schmerzen, besonders in der Rippengegend und am Kopf, kamen nun verstärkt wieder. Die Kopfwunden fingen stark an zu bluten. Weitere Verbandspäckchen hatte ich nicht mehr. Dreckige, mit Blut getränkte Schweißtropfen rannen mir über Gesicht und Körper. Ich kam mir vor wie in eine klebrige Masse gepackt. Von der Ziegelei her konnte ich noch einige Schüsse hören. Es ist mir nie gelungen festzustellen, wieviel Menschen bei diesem Ausbruch damals ihr Leben lassen mußten. Über eine Stunde blieb ich zunächst in Deckung liegen, bis ich mich einigermaßen erholt hatte und mein Herz wieder etwas ruhiger schlug. Dann lugte ich vorsichtig über den Ährenrand hinweg. Alles war ruhig. Ich sah nichts. Eine seltsame Stille war wieder eingekehrt. Langsam kroch ich weiter bis an einen Kartoffelacker, spähte vorsichtig hinaus. Schon wollte ich es wagen, diesen im Fluchttempo zu überqueren, als ich das Geräusch eines herannahenden Motorrads vernahm. Schnell kroch ich in die Mitte des Kornfeldes zurück und wartete ab. Das Motorrad kam näher und fuhr jetzt auf einem Feldweg etwa 50 Meter an meinem Liegeplatz vorbei. Bisher hatte ich es nicht gewagt, den Kopf über den Ährenrand zu heben. Zu groß war die Gefahr, entdeckt zu werden. Erst als es weiter weg war, schob ich mein Haupt langsam hoch. Auf dem Motorrad saßen zwei von den halbuniformierten Polen mit der üblichen Armbinde. Beide waren mit Gewehren bewaffnet und suchten mit den Blicken die Umgebung ab. Der auf dem Sozius Sitzende hatte sein Gewehr schußbereit auf den Knien liegen. An eine Fortsetzung der Flucht war unter diesen Umständen am hellen Tag nicht zu denken, ich mußte den Einbruch der Nacht abwarten. Je länger ich lag, umso elender fühlte ich mich. Mein Körper hatte bei dieser Hetze das Letzte hergegeben, jetzt war er wie gelähmt und völlig ausgemergelt. Hinzu kam die Sonne, die in dieser Jahres- und Tageszeit unbarmherzig auf ihn niederbrannte. Die Fliegen, vom Schweiß und Blut der offenen Wunden angelockt, überfielen mich scharenweise, Durst und Hunger machten sich brutal bemerkbar. In meiner Verzweiflung riß ich die Ähren von den Halmen, zerrieb sie auf den Handflächen und stopfte das so gewonnene Korn in den Mund. Langsam zermalmte ich es mit den Zähnen und das minderte zunächst das Hunger- und Durstgefühl. Unendlich langsam schlichen die Stunden dahin. Trotz der quälenden Wunden und der Überanstrengung muß ich wohl irgendwann eingeschlafen sein. Als ich wieder erwachte, war es zwar noch hell, aber die Sonne stand schon recht tief am Himmel. Also mußte ich bis zur völligen Dunkelheit nicht mehr lange warten. Beim schmerzhaften Dahindämmern zogen die letzten Stunden nochmals in mein Gedächtnis. Wie war es möglich, daß wir uns so übertölpeln ließen? Ich konnte an keinen Zufall mehr glauben, daß sich ausgerechnet so viele Polen auf das Haus, in dem wir unsere Tauschgeschäfte tätigten, stürzten. Irgend jemand mußte von diesen Aktionen gewußt und uns verraten haben. Doch wer war der Judas? Ernst hatte doch vor dem Haus Wache gehalten, er hätte doch schon bevor er ins Haus gerufen wurde, irgend etwas wahrnehmen müssen. Fragen über Fragen, auf die ich nie eine Antwort bekommen habe. Wo mochten Herbert und vor allem Ernst jetzt sein? Waren auch sie auf der Flucht, erschossen oder gefangen? Mir wurde ganz elend bei dem Gedanken, daß ich durch mein Hereinrufen von Ernst ins Haus, vielleicht die Hauptschuld an dieser Misere trug. Wie ein Anfänger hatte ich gehandelt. Lieber Gott, laß die beiden durchkommen! Das betete ich wohl an die hundertmal.

Endlich war es so dunkel, daß ich meine Flucht fortsetzen konnte. Meine zerschundenen Knochen waren steif geworden. Alle Glieder taten mir weh. Das Erheben fiel mir unsagbar schwer. So muß es einem alten Hirsch ergehen, wenn er sich aus seinem Bett erhebt, dachte ich bei mir. Aber die Angst und ein gesunder Lebenswille trieben mich hoch in Richtung Wald, in unsere Heimstätte. Da ich mich in dieser Gegend gut auskannte, fiel mir die Orientierung nicht schwer. Trotzdem nutzte ich jede Deckung aus, schlich weiter in gebückter Haltung an den Kornfeldern entlang, mied jedes Gehöft und lauschte oft minutenlang in die Nacht hinein. Ohne den geringsten Zwischenfall erreichte ich den Waldrand. Es war wie eine Erlösung. Hier konnte ich das erste Mal richtig durchatmen, hier wich das beklemmende Angstgefühl, hier kannte ich mich aus, hier war ich gerettet. All das fühlte ich in diesen Minuten. Ohne große Mühe fand ich mich schnell zurecht. Nach Möglichkeit mied ich die Hauptwege und Kreuzungen, benutzte fast nur die Graswege, lauschte bei jedem schreckenden Reh längere Zeit, auf einem Fleck verharrend. Allzu große Gefahr bestand ja in der Nacht an sich nicht, denn Polen und Russen trauten sich nachts nicht in die Wälder. Gefährlicher waren die Morgende. Das hatten wir ja schon am eigenen Leibe gespürt. Der Morgen begann schon zu grauen, als ich den großen Dickungskomplex, in dessen Mitte etwa unser Lager war, erreichte. Die drei zurückgelassenen Kameraden schliefen fest. Ich ahmte unser verabredetes Zeichen, den Ruf des Waldkauzes, nach. Wie der Blitz schnellten alle von ihren Lagerplätzen hoch und kamen aus der Höhle geschossen, blieben betroffen vor mir stehen. „Mein Gott, wie siehst du denn aus?" kam es fast gleichzeitig aus aller Munde. Ich muß in dem noch herrschenden Zwielicht, mit den zerfetzten Kleidern, dem dreckigen Kopfverband, den blutverschmierten Gesicht und Händen wohl auch wie ein Gespenst ausgesehen haben. „Was ist passiert, wo sind die anderen?" Die Fragen der drei überstürzten sich. In ausführlichen Worten informierte ich sie über die Vorkommnisse der letzten Stunden. Schrecken und Angst stand in ihren Gesichtern. Nun war ich mit meinen Kräften am Ende, warf mich ungewaschen auf mein Lager. In wenigen Minuten hatte mich der Schlaf übermannt. Aber schon nach zwei Stunden war es vorbei mit dieser Erlösung aus der Wirklichkeit. Gepeinigt von Schmerzen, wachte ich wieder auf, und auch der Gedanke an meine vermißten Kameraden hatte die Müdigkeit mit einem Schlag vertrieben. Mühsam kam ich auf die Beine, wusch mich, so gut es ging und ließ mir die Wunden von meinen Kameraden verbinden. Wenn man jung ist, erholt sich der Körper nach solchen Schindereien und Strapazen recht schnell. So war es auch bei mir. Das Gefühl der Geborgenheit tat das Übrige dazu. Durch die Schläge auf den Kopf muß ich eine leichte Gehirnerschütterung davongetragen haben. Manchmal flimmerte es vor meinen Augen vor Übelkeit. Die Kopfschmerzen ließen nicht nach. Auch mit der linken Rippe war etwas nicht in Ordnung. Da konnte ich gar nicht hinfassen, ohne vor Scherzen aufzuschreien. Wahrscheinlich war sie angebrochen. Die zahlreichen Blutergüsse am ganzen Körper machten mir die wenigsten Sorgen. Die würden ohne Folgen sicher bald abheilen. Nun saßen wir herum, kauten an den letzten Stückchen Brot, warteten und warteten. Es war eine apathische Stimmung. Der Vormittag verging und nichts rührte sich. Diese Spannung konnte ich nicht aushalten, nahm eine MP aus unserem Waffenarsenal, mein Fernglas und schlich aus der Dickung bis zur nächsten Wegekreuzung. Immer wieder suchte ich mit dem Glas die Wege ab, bis ich einsehen mußte, daß es ein unsinniges und gefährliches Unterfangen war. So kehrte ich wieder zurück ins Lager. Dort war Paule gerade dabei, aus der letzten Rehkeule, die an einem Ast hing und durch Reisig nur mühsam vor den vielen Schmeißfliegen geschützt wurde, kleine Fleischstücke herauszuschneiden. Dieses Geschnetzelte schoben wir uns dann zusammen mit dem trockenen Brot in den Mund. Da am Tage kein Feuer gemacht werden konnte, blieb uns nichts anderes übrig als gelegentlich auf Rohkost umzusteigen. Es sah in dieser Beziehung überhaupt nicht allzu rosig für uns aus. Nach dem geplatzten Tauschhandel in der letzten Nacht würden wir wohl lange Zeit auf die so schmackhaften Beilagen verzichten müssen. Die Zeit der Blaubeerreife war jetzt da. In den Kiefernalthölzern und an den Wegerändern gab es massenhaft dieser wohlschmeckenden Beeren. Irgendwie würden wir es schon hinbekommen, etwas davon für den täglichen Bedarf heranzuschaffen. Es mochte so gegen 16 Uhr gewesen sein, als wir alle fast gleichzeitig ein leises Knacken in der Dickung vernahmen. Sofort lag jeder feuerbereit in Anschlag und wartete. Doch schon in den nächsten Sekunden wich die Anspannung einer großen Freude. Vor uns stand der Leipziger Herbert in voller Größe, zerlumpt und blutverschmiert, die Augen tief in den Höhlen liegend, so wie ich einige Stunden zuvor. Er beachtete uns gar nicht, taumelte zu seinem Schlafplatz, warf sich auf seine speckige, versandete Matratze und weinte, weinte wie ein kleines Kind. Nie hätte ich geglaubt, daß dieser kräftige, wortkarge Mann so herzerschütternd weinen konnte. Wir standen hilflos um ihn herum. Josef versuchte, ihm die verkrusteten Wunden am Kopf zu reinigen und zu verbinden. Doch Herbert wies ihn ab und drehte sein Gesicht zur Seite. Als ich nach etwa zehn Minuten leise nach ihm sah, war er fest eingeschlafen. Ich blieb in seiner Nähe sitzen. Zunächst schlief er tief und fest, doch das dauerte nicht lange. Schon nach einer halben Stunde begann sein Körper zu zucken, die Hände legten sich schützend um seinen Kopf und plötzlich schnellte er wie angestochen in die Höhe. Er begann zu schreien. Gemeinsam versuchten wir ihn zu beruhigen, packten ihn an den Armen, und erst jetzt schien er in die Wirklichkeit zurückzufinden. Langsam wurde er ruhiger. Dann begann er zu erzählen, erst stockend, dann immer flüssiger werdend. Seine Flucht war ähnlich verlaufen wie die meinige. Als der Tumult an der Wasserstelle der Ziegelei begann, hatte er sich sofort durch das Menschengewühl durchgezwängt, rannte um die Fabrik herum und in ein angrenzendes Kornfeld hinein. Es war aber nicht dasselbe Feld, in welches ich Minuten später geflüchtet war. Von Ernst hatte auch er nichts gesehen, der müßte noch vor ihm geflohen sein. Im Unterschied zu mir war er aber in dem Kornfeld liegen geblieben, bis es völlig dunkel war. Die Nervenanspannung muß für ihn furchtbar gewesen sein. Noch zwei Stunden nach unserem Ausbruch suchten die Polen systematisch sämtliche umliegenden Kornfelder nach Geflüchteten ab. Nur um Haaresbreite war er einer Entdeckung entgangen. Die Polen müssen die wieder eingefangenen Menschen anschließend furchtbar mißhandelt haben. Die gequälten Schreie hat Herbert in dem Kornfeld deutlich hören können. Noch jetzt klängen diese Laute in seinen Ohren. Erst gegen Mitternacht traute er sich, seine Flucht fortzusetzen. Den Wald hatte auch er ohne Schwierigkeiten erreicht. Leider kam er sich dann zunächst ziemlich hilflos vor, da er sich dort nicht so gut auskannte wie ich. So irrte er zunächst orientierungslos umher. Erst im Morgengrauen gelangte er an die abgebrannte Försterei Hubertushaus. Hier begann sein Orientierungsvermögen wieder einzusetzen. Hier waren wir schon oft auf unseren Pirschen vorbei gekommen, hatten auch schon manches Stück Wild hier in der Nähe geschossen und es dann zum Lager transportiert. Obwohl es gefährlich war, bei Tageslicht allein durch den Wald zu schleichen, wollte er den Abend nicht abwarten. Hunger und Durst waren zu groß, und die Wunden mußten dringend versorgt werden. Er versicherte uns immer wieder, daß ihn niemand beobachtet hätte und er bestimmt ungesehen in unser Lager gelangt sei. Nun konnten wir ihn endlich verbinden. Auch er war übel zugerichtet. Seine beiden Arme waren total blau und blutunterlaufen. Wie er sagte, habe er damit immer die Schläge auf den Kopf abwehren können. Zwei Finger der linken Hand schienen gebrochen zu sein. Der übrige Körper war natürlich auch grün und blau von den Schlägen der Peiniger. Sein Kopf schien nicht allzu viel abbekommen zu haben. Außer einer klaffenden Wunde unterhalb des Haaransatzes, konnten wir nichts mehr entdecken. Zum Glück brauchten wir mit Verbandsmaterial nicht zu geizen, so daß die Wunden einigermaßen fachgerecht behandelt werden konnten. Nun fehlte noch Ernst mit seinem zerschmetterten Arm. Der machte uns große Sorgen. Allzu große Hoffnung, ihn jemals wiederzusehen, hegten wir nicht.

Das tatenlose Herumsitzen machte mich nervös. Hinzu kamen die anhaltenden Schmerzen in Kopf und Gliedern. Gegen 18 Uhr hielt ich es nicht mehr aus, ich mußte es zumindest versuchen. Josef aus Bayern wollte mit. Er sollte immer 50 Meter hinter mir bleiben und Deckung geben. Die Aktion glich der bekannten Suche nach einer Stecknadel in einem Heuhaufen. Die Chance, einen herumirrenden Menschen in diesem großen Waldkomplex zu finden, war wirklich sehr gering. Hier konnte nur der Zufall oder das Glück helfen. Eines von beiden sollte uns diesmal wirklich zur Hilfe kommen. Zwei Stunden lang hatten wir schon die in diesem ebenen Gelände meist geradlinig verlaufenden Wege und Schneisen mit dem Glas abgesucht. Ab und zu bekamen wir mal ein Stück Wild zu Gesicht – sonst absolute

In der alten Ziegelei gelang mir die Flucht.

Das ist vom einstigen Forsthaus übrig geblieben.

Axel nach erfolgreicher Nachsuche.

An diesen starken Bassen läßt Strolch – außer mir – keinen mehr heran.

Fehlanzeige. Dann kamen wir an eine Wegekreuzung, von der aus man sternförmig fünf gradelinige Wege einsehen konnte. Ich setzte mich dort, gut gedeckt nieder und winkte Josef heran. So saßen wir ungefähr eine halbe Stunde und beobachteten die Wege. Plötzlich packt mich Josef am Arm, reißt die andere Hand hoch und deutet mit ausgestrecktem Finger die eine Schneise entlang. „Dort hinten am rechten Rand war eben ein Mann", flüstert er mir zu. Ich konnte nichts sehen. Wahrscheinlich hatte meine Sehkraft doch etwas gelitten. Jetzt versuche ich es mit dem Glas. Tatsächlich – in etwa tausend Meter Entfernung eine Bewegung am rechten Dickungsrand! Teilweise von überhängenden Randästen verdeckt, erkenne ich eine wankende, menschliche Gestalt, die auf uns zutaumelt. Mein Gott gib, daß es Ernst ist! Gott hatte ein Einsehen, denn es war unser Lagerkamerad Ernst, der da fast vier Kilometer Luftlinie von unserem Lager entfernt durch den Wald torkelte. Offenbar hatte er jede Orientierung verloren. Ohne Rücksicht auf unsere Sicherheit stürmten Josef und ich vorwärts und hatten bald die endgültige Gewißheit, daß es wirklich der vermißte Ernst war. Als er uns sah, machte er einen Fluchtversuch in die Dickung. Aber er kam nicht weit. Schon nach 10 Schritten brach er zusammen. Nun standen wir vor dem wimmernden, menschlichen Wrack, das immer wieder bat: „Schießt mich tot, schießt mich doch endlich tot!" „Aber Ernst, wir sind es doch, deine Freunde und Kameraden!" Er erkannte uns nicht. Gemeinsam packten wir zu und schleiften ihn zunächst weiter in die Dickung. Bei diesem Transport wurde er ohnmächtig, das Wimmern war verstummt. Mein Gott, wie sah dieser Mensch aus! Die Augen lagen unnatürlich tief in den Höhlen und waren blutunterlaufen. Das Gesicht zerkratzt und zerschunden, blutverschmiert und dreckig. Die Kleidung hing in Fetzen an ihm herunter. Am schlimmsten aber war wohl der zerschmetterte Arm, der am Körper baumelte und dick angeschwollen war. Gemeinsam mit Josef versuchte ich den lädierten Arm mit abgeschnittenen Stöcken zu schienen und mit einer Mullbinde zu umwickeln. Dabei kam Ernst wieder zur Besinnung und brüllte auf wie ein weidwundes Tier. Dann konstruierten wir mit Hilfe eines Gewehrriemens eine Art Trageschlinge, die wir Ernst um den Hals legten und mit dem kranken Arm verbanden. Viel half das allerdings nicht. Er hatte uns jetzt erkannt und wurde ruhiger. „Wasser, Wasser, habt ihr was zu trinken?" lallte er. Leider hatten wir nichts Trinkbares dabei; so mußte ich etwas besorgen. Es dürfte wohl nicht allzu schwer sein, denn erst vor zwei Nächten war ein kräftiges Gewitter niedergegangen und davon müßte eigentlich noch etwas in den Gräben stehen. So war es auch. Schon nach wenigen Minuten fand ich einen vergrasten Abzugsgraben, in welchem noch genügend Wasser stand. Nun fehlte allerdings das Gefäß für den Transport. Es blieb mir nichts anderes übrig, als mein schmutziges Taschentuch in diesem Wasser vollsaugen zu lassen und damit schnellstens zu Ernst zu starten. Er riß mir mit der gesunden Hand das nasse Tuch förmlich aus den Händen und saugte daran wie ein Verdurstender. Viel Flüssigkeit war sicher nicht mehr drin aber eine kleine Linderung hat es doch gebracht. So gut es ging, richteten wir für Ernst eine kleine Lagerstätte aus Moos und Nadelstreu her. Wir mußten noch bestimmt über eine Stunde bis zur völligen Dunkelheit warten. Es wäre leichtsinnig, mit diesem verwundeten Menschen den mindestens einstündigen Marsch in unser Hauptquartier bei Tageslicht anzutreten. Während des Wartens auf das Eintreten der Dunkelheit hofften wir, daß Ernst über seine Flucht erzählte. Aber aus seinem unzusammenhängenden Gestammel konnten wir nicht schlau werden. Er konnte oder wollte sich an nichts mehr erinnern. So dösten wir bis zur Dunkelheit vor uns hin. Dann kam der schwierigste Teil. Josef stützte Ernst unter dem gesunden Arm, der lädierte hing in der selbstgebastelten Schlinge. Wir konnten nur Wege benutzen, denn querwald zu gehen war bei Dunkelheit und dieser Last nicht möglich. Jede unvermeidbare Berührung des verwundeten Armes mit einem Ast bereitete Ernst unsagbare Schmerzen und wurde mit einem qualvollen Stöhnen quittiert. Wir brauchten über zwei Stunden bis wir endlich mit dem geschundenen und am Ende seiner Kräfte angelangten Ernst unser Lager erreichten. Freudig empfingen uns die zurückgebliebenen Kameraden, als sie sahen, daß wir Ernst anschleppten. Paule, unser Lagerkoch, entfachte sofort das Feuer und machte uns aus den letzten Vorräten etwas zu essen. Ernst trank etwas Brühe und machte sich auf seinen Schlafplatz. Ich lag daneben. An Schlafen war jedoch in dieser Nacht nicht zu denken. Immer wieder wurde ich von dem lauten Stöhnen und den Schmerzensschreien wachgerüttelt. So konnte das nicht lange weitergehen. Ernst mußte in die Behandlung eines Arztes – aber wie und wohin? Die ganze Nacht hindurch zermarterte ich mir den Kopf. Wieder konnte ich nur auf die Hilfe zweier Menschen außerhalb des Lagers hoffen, das war mein Vater oder der gute Silvester S. Einer von beiden würde sicher einen Ausweg finden. Doch inzwischen war es heller Tag, und an einen Transport von Ernst in ein Dorf oder zu einem Arzt war nicht zu denken. Im Lauf des Vormittags verschlechterte sich sein Zustand zusehens. Er hatte wohl hohes Fieber und redete wild durcheinander. Ich konnte das nicht länger mit ansehen. Obwohl ich mich selbst hundeelend fühlte, entschloß ich mich, den Weg nach dem jetzigen Wohnsitz meines Vaters, nach P., zu wagen. Diesmal ging ich allein, nur bewaffnet mit einer MP und ohne Rückendeckung. Ganz wohl fühlte ich mich dabei nicht, war ich doch erst vor wenigen Stunden einem Massaker entkommen. Umso größer war meine Vorsicht. Gute Dienste leistete mir dabei das Beuteglas meines Vaters. Mit diesem konnte ich jeweils das zu überquerende Gelände oder Waldstück vorher genau absuchen. Ohne Schwierigkeiten erreichte ich das unmittelbar an den Wald grenzende Dorf P. Doch wie sollte ich von hier ungesehen in das von meinen Eltern bewohnte Haus kommen, zumal schon polnische Familien von einzelnen Häusern Besitz ergriffen hatten. Ich schlich weiter bis in die Nähe eines kleinen Siedlungshauses, das meines Wissens von einem früheren Waldarbeiter meines Vaters bewohnt wurde. Dort lag ich lange auf der Lauer, bis ich festgestellt hatte, daß inzwischen kein Besitzerwechsel stattgefunden hatte. Dann versteckte ich die MP an einer markanten Kiefer, übersprang den Zaun und stand vor dem Haus. Gerade als ich auf die Klinke drücken wollte, wurde die Haustür von innen verriegelt. Da half kein Klopfen und Bitten, die Tür blieb zu. Resigniert wollte ich schon den Rückzug antreten, als sich im oberen Stock vorsichtig ein Fenster öffnete. Heraus schaute das unrasierte, zerfurchte Gesicht des alten Waldarbeiters W., der mich mißtrauisch musterte. Dann plötzlich schien es bei ihm zu dämmern – „Bist du nicht der Horst vom Förster Gabriel?" „Ja, der bin ich, laßt mich schnell rein, ich brauche eure Hilfe!" Keine Antwort, das Fenster wurde wieder geschlossen. Es vergingen einige Minuten. So freistehend fühlte ich mich auf dem Hof nicht besonders wohl und verdrückte mich in den Holzstall. Endlich klickte der Riegel, und ich konnte ins Haus schlüpfen. Besonders freundlich war der Empfang der beiden alten Leute nicht. Die Angst stand ihnen ins Gesicht geschrieben. Wahrscheinlich hat es zwischen den beiden vor dem Öffnen der Haustür heftige Debatten gegeben, ob man mich reinlassen sollte. Mit wenigen Worten klärte ich sie über meine Lage auf und bat sie inständig, meinen Vater zu holen, damit ich mit ihm sprechen könne. Aber alles Reden half nichts. Die Angst, in eine unangenehme Sache verwickelt zu werden, hatte bei diesen verängstigten Menschen jegliche Risikobereitschaft und jede Eigeninitiative zunichte gemacht. Und natürlich wußten sie auch Bescheid, daß ich seit Monaten mit versprengten Soldaten im Wald lebte und die polnische Miliz wie der Teufel hinter uns her war. Derartiges spricht sich in einer ländlichen Gegend schnell herum. Verzweifelt suchte ich nach einem Ausweg. Das Haus meiner Eltern war kaum 500 Meter entfernt, ich mußte dorthin, koste es, was es wolle. Da kam mir ein Gedanke, der, so abenteuerlich er auch klingen mag, blitzartig von mir Besitz ergriff. „Gebt mir ein paar Frauenkleider und ein Kopftuch, ich werde mich als alte Frau verkleiden!" Ungläubig starten mich die beiden an. Das konnten sie so schnell nicht begreifen, und so mußte ich mein Vorhaben nochmals erklären. Die Frau verschwand in einer Kammer. Es dauerte lange, bis sie mit den gewünschten Sachen erschien. Es waren sogar mehrere Teile, so daß ich auswählen und anprobieren konnte. Ein verwaschener blauer Rock ging mir bis über die Knie und verdeckte meine Beine. Der war richtig. Eine schwarze, ausgefranste Bluse war zwar für meine damalige, zierliche Figur recht groß, aber wer schaut schon nach einer alten Frau. Von besonderem Wert war das schwarze Kopftuch, das ich tief ins Gesicht zog und auch meinen schmutzigen Kopfverband verdecken konnte. Ich versprach den beiden Alten, die Sachen bald wieder zurückzubringen. Aber davon wollten sie nichts wissen. Ich glaube, daß sie froh waren, als ich endlich ihr Haus verlassen hatte. Auf eine Wiederbegegnung legten sie aus Angst wohl keinen Wert mehr. Dann trippelte ich durchs Tor hinaus, zunächst in den Wald, in dem ich meine MP versteckt hatte. Es war ein Leichtes diese zwischen Rock und der fülligen Bluse zu deponieren. Nachdem ich mir noch einen Stock gesucht hatte, machte ich mich mit kleinen, unsicheren Schritten auf den Weg ins Elternhaus. Dabei achtete ich unentwegt auf die Beibehaltung eines leicht gekrümmten Rückens und die trippelnden Schritte einer alten Frau. Es beachtete mich niemand. Unbehelligt kam ich ans Ziel. Selbst meine Tante, die gerade beim Wasserschöpfen am Brunnen war, hielt mich für eine alte Frau und erkannte mich nicht. In der Küche, in der sich meine Eltern aufhielten, riß ich das Kopftuch herunter. Staunen und Freude waren unbeschreiblich. Natürlich hatte es sich schon herumgesprochen, daß man in der vorletzten Nacht das Dorf, in dem unsere Tauschaktionen stattfanden, ausgeplündert und alle deutschen Bewohner in einem Elendszug in das Lager Lamsdorf getrieben hatte. Auch der Ausbruch in der Ziegelei von S. hatte sich herumgesprochen. Es soll mehrere Tote gegeben haben, darunter viele Frauen und Kinder. Eine genaue Zahl wußte man nicht. Auch meine Angehörigen lebten schon seit Tagen in ständiger Angst vor dem Abtransport in das inzwischen berüchtigte Höllenlager Lamsdorf. So war das Wiedersehen von einer unsicheren, hektischen Atmosphäre geprägt. Von unzähligen Zwischenfragen unterbrochen, erzählte ich meinen Lieben von den schrecklichen Erlebnissen der letzten Tage und auch den Zweck meines riskanten Hierseins. Wie erhofft, hatte mein Vater nach kurzer Überlegung eine einleuchtende Lösung gefunden. An eine ärztliche Behandlung von Ernst war nicht zu denken, denn in der Umgegend gab es keinen deutschen Arzt. Der einzige Mensch, der hier helfen konnte, war die katholische Ordensschwester Berta. Sie lebte im Pfarrhaus hier in P. und betreute schon jahrelang die Kranken. Besonders jetzt wäre sie unentbehrlich. Man sagte ihr ungeahnte, medizinische Fähigkeiten nach. Mein Vater machte sich unverzüglich auf den Weg ins Pfarrhaus. Für ihn, der damals über 50 war und die polnische Sprache gut beherrschte, außerdem einen Bart trug und dadurch um 10 Jahre älter aussah, war es kaum gefährlich, zumal in dieser Zeit viele Menschen den gütigen Pfarrer Jonietz aufsuchten, um bei ihm etwas Trost und Hilfe zu finden. Es dauerte nicht lange, bis mein Vater wieder zurück war. Wie erwartet waren der Pfarrer und Schwester Berta sofort bereit, zu helfen. Wir sollten den Verwundeten heute Nacht ins Pfarrhaus bringen, auf dreimaliges Klopfen würde man uns öffnen. Also mußte ich unverzüglich den Rückweg antreten, um das Lager noch vor Eintritt der Dunkelheit zu erreichen. Wiederum hatte ich in der Großmutterverkleidung nicht die geringsten Schwierigkeiten.

Kurz vor Erreichen des Waldes kam mir ein Motorrad mit zwei Milizsoldaten entgegen. Mein Herz hämmerte zum Zerspringen. Doch sie fuhren achtlos an mir vorüber. Im Wald angekommen, verwandelte ich mich wieder in ein männliches Wesen. Die Frauenkleidung nahm ich mit. Man konnte nie wissen, wofür diese nochmal nützlich sein könnte. Im Lager hatte sich in der Zwischenzeit nicht viel ereignet. Die Kameraden saßen stumm herum. Paule kaute an einer Speckschwarte. Ernst saß an einen Baum gelehnt und redete immer noch dummes Zeug. Man hatte ihn trotz der warmen Temperaturen in Decken gewickelt. Das Fieber schien noch gestiegen zu sein. Er trank Unmengen von dem herangeschafften, aber abgekochten Teichwasser. Zu allem Unglück ging auch unsere Verpflegung zur Neige. Doch zunächst mußten wir Ernst zur Behandlung ins Pfarrhaus schaffen. Da stand uns noch ein schönes Stück Arbeit bevor. Bis dahin mußte ich noch etwas schlafen. Die Schmerzen und Müdigkeit machten sich jetzt verstärkt bemerkbar. Diesmal mußten alle, bis auf Paule, mit. Wegen Ernst konnten wir wiederum nur die Wege benutzen. Die Vorhut übernahm ich selbst, zusammen mit dem Bayern Josef. Dann folgte nach etwa 50 Metern Herbert, der den verwundeten Ernst stützte und mitschleppte. Die Nachhut bildete der Österreicher Ferdi. In der Ferne braute sich ein Gewitter zusammen und nach etwa einer Stunde schleppenden Marsches hatte es uns erreicht. Die Blitze zuckten, und sekundenlang war es im Wald taghell. Dann öffnete der Himmel seine Schleusen. In wenigen Minuten waren wir bis auf die Haut durchnäßt. Aber was half's, wir mußten weiter. Nach drei Stunden hatten wir endlich den Dorfrand von P. erreicht. Jetzt stand uns der schwierigste Teil unseres Weges bevor. Natürlich konnten wir nicht einfach durchs Dorf marschieren, sondern mußten dieses umschlagen, um von der Feldseite her das Pfarrhaus zu erreichen.

Der Kirchturm, der trotz Dunkelheit gegen den Horizont zu erkennen war, erwies sich dabei als ausgezeichneter Richtungsweiser. Der Weg durch die pitschnassen Kornfelder kostete viel

Kraft. Wegen der völligen Erschöpfung von Ernst mußten wir viele Pausen einlegen. Noch einen Umstand hatten wir zunächst nicht berücksichtigt, das waren die Hunde. Jedes Gehöft hatte einen oder gar mehrere von diesen Kötern. Wenn wir beim Umschlagen des Dorfes zu nahe an ein Gehöft kamen, ging ein fürchterliches Gekläffe los. Wir mußten den Abstand vergrößern, um nicht die Aufmerksamkeit auf uns zu lenken. Müde und abgekämpft erreichten wir endlich das Pfarrhaus. Auf unser verabredetes Klopfzeichen wurde uns sofort von Pfarrer Jonietz in voller Montur geöffnet. Auch Schwester Berta war umgehend zur Stelle. Beide schienen auf uns gewartet zu haben. Als Berta jetzt den halbtoten Ernst sah, stieß sie einen Schrei des Entsetzens aus. „Der Junge muß hierbleiben", entschied sie sofort, „und ihr mit euren Kanonen müßt unverzüglich das Pfarrhaus wieder verlassen." Wir erhoben keinen Einspruch, waren wir doch alle zu müde und abgekämpft, trotzdem jedoch erleichtert, wußten wir unseren Kameraden von nun an in den allerbesten Händen. Es war schon taghell, als wir, völlig übernächtigt, unser Waldlager erreichten. Jeder taumelte auf seinen Schlafplatz, und in kurzer Zeit hatte uns der Schlaf übermannt. Die Sonne stand schon hoch am Himmel, als das Leben im Lager wieder zu pulsieren begann. Paule hatte einen Tee gekocht, zubereitet aus selbstgesammelten Kräutern von den Wegerändern. Er schmeckte scheußlich. Außer etwas trockenem Brot und halbvergammeltem Dörrfleisch war nicht mehr viel Eßbares vorhanden. Also mußten wir zunächst Fleisch heranschaffen und dann eine neue Tauschzentrale finden. Aber wie das so oft auf der Jagd ist, trotz eifrigen Pirschens in der Abenddämmerung, kam mir nichts Jagdbares vor die Büchse.

Am nächsten Morgen nahm ich Herbert und Josef mit. Fast wären wir auch diesmal leer ausgegangen, hätte ich nicht noch auf der Heimpirsch eine Rotte von sechs Sauen in eine kleine Dickung wechseln sehen. In guter Schußentfernung nahm ich auf der Gegenseite derselben Aufstellung. Doch die Sauen kamen nicht. Sie hatten sich in diese kleine Anflugdickung eingeschoben. Da half kein Warten mehr. Zurück zu meinen Weggefährten. Schnell erklärte ich ihnen, wie sie mir die Rotte aus der Dickung drücken sollten. Sie hatten sofort begriffen und machten ihre Sache ganz vorzüglich. Es dauerte keine fünf Minuten, da hörte ich ein leises Knacken am Dickungsrand. Doch statt der erwarteten Sauen stand plötzlich ein geringer Damschaufler keine 30 Schritt vor mir. Diana möge mir die nächsten Sekunden verzeihen. Ohne zu zögern, setzte ich dem Hirsch die Kugel auf den Träger. Er brach sofort zusammen. Nun kam Leben in die kleine Dickung. Von allen Seiten flitzten die Sauen raus. Eine überflog fast den verendeten Schaufler und flüchtete kaum 10 Schritt an mir vorbei. Der Schuß war keine besondere Kunst; sie rollierte wie ein Hase. Kaum hatte ich durchrepetiert, kam die nächste Sau spitz auf mich zu. Ich wollte ihr die Kugel zwischen die Lichter setzen, aber das klappte nicht. Es wurde nur ein Streifschuß. Das Stück drehte sich danach im Kreis und klagte mächtig. So mußte ich nochmals schießen und ärgerte mich ein bißchen darüber. Nun lag die gemachte Strecke um mich herum. Zwei Überläufer und ein Damhirsch im Bast, erlegt in der Schonzeit. Ganz wohl war mir nach dieser jagdlichen Sünde nicht. Wären die Sauen zuerst gekommen, hätte ich den Schaufler wahrscheinlich laufen lassen. Herbert und Josef stürmten herbei und vollführten einen wahren Feixtanz. Sie wollten das erlegte Wild gleich in die kleine Dickung ziehen und dort aufbrechen. Dies schien mir jedoch nicht geheuer, zumal rings um diese kleine Anflugdickung nur Althölzer waren, und wir bei einer Entdeckung wie in einer Falle sitzen würden. Also mußte die Beute in die nächstgrößere Dickung geschafft werden. Die beiden maulten zwar, aber ich ließ nicht locker. Über 300 Meter trugen sie die Stücke dort hin; ich sicherte in der Zwischenzeit die ganze Aktion ab. Nun hatten wir wieder einen ganzen Berg von Fleisch. Diesen jedoch ins Lager zu schaffen, war nicht einfach. Die Entfernung dorthin betrug mindestens fünf Kilometer. Für den Abtransport mußten wir die Nacht abwarten. So ließ ich die beiden bei der Beute und pirschte ins Lager zurück. Unterwegs machte ich mir doch Vorwürfe, die zwei den ganzen Tag ohne Essen und Trinken als Wächter bei dem erlegten Wild zurückgelassen zu haben. Aber es ging nicht anders. Hätte man die Stücke im Laufe des Tages entdeckt und sich auf die Lauer gelegt, so wären wir nachts beim Abholen sicher in eine Falle gelaufen; und das sollte mir nicht noch einmal passieren. Nach Eintritt der Dunkelheit war ich wieder mit den beiden anderen Lagerinsassen zurück. Diesmal mußte auch

Paule, der sonst nur für die Zubereitung der Mahlzeiten zuständig war, als Lastenträger fungieren. Es dauerte etwas länger, bis wir Josef und Herbert trotz verabredeter Signale in der Dickung fanden. Die beiden hatten neben der zu bewachenden Beute fest geschlafen. Meine Besorgnis, sie wären den ganzen Tag über ohne Essen und Trinken war auch unbegründet, denn sie hatten in den üppig vorhanden Blaubeeren der angrenzenden Kiefernbestände genügend Nahrung gefunden und diese auch in wechselnder Folge reichlich zu sich genommen. Lange nach Mitternacht war unser Beutezug endlich beendet. Zu dem vorzüglichen Mahl, das uns Paule jetzt bereitete, fehlten nun die nötigen Beilagen. Das viele Wildfleisch konnten wir der warmen Jahreszeit wegen gar nicht selbst verwenden. Wir mußten uns also schnellstens nach einer neuen Tauschzentrale umsehen. Lange würde sich das Fleisch nicht halten. Die vielen Fliegen waren unser größter Feind. Es war kaum vorstellbar, wo sie mitten in der riesigen Dickung alle herkamen. Es blieb uns nichts anderes übrig, als das Fleisch in Tücher einzuwickeln und in der Erde zu vergraben. So würde es sich wohl einige Tage halten.

Schon in der nächsten Nacht schlich ich mich in die Notbehausung meiner Eltern, während drei Lagerkameraden für den Wassernachschub sorgen mußten. Der Rucksack war vollgepackt mit Wildfleisch, wovon mein Vater einen Teil ins Pfarrhaus bringen sollte. Auch an Freund Silvester S. hatten wir gedacht. Zu meiner großen Freude hatte mein Vater schon eine neue Tauschzentrale für uns ausgemacht. Es war wieder ein kleiner Landwirt, der etwas abseits des Dorfes P. wohnte. Ich kannte diesen Mann sehr gut, war er doch früher im Revier meines Vaters mit seinem Pferdegespann so nebenbei auch als Holzrücker tätig gewesen. Noch in derselben Nacht suchte ich ihn auf. Wir besprachen, was er alles besorgen sollte und waren uns schnell einig. Eine Nacht darauf, nachdem wir unser erdgekühltes Fleisch wieder ausgegraben hatten, startete die erste Aktion. Diesmal konnten wir das Haus längere Zeit beobachten, bevor wir es betraten. Auch wollten wir uns auch immer nur wenige Minuten darin aufhalten, während dieser Zeit zwei von uns draußen die Absicherung übernahmen. Solch eine böse Überraschung wie bei der letzten Tauschaktion wollten wir nicht mehr erleben. So vergingen die nächsten Tage ohne weitere

Vorkommnisse. Ab und zu schoß ich ein Stück Wild, das nach Deckung des Eigenbedarfs noch in derselben oder nächsten Nacht verhökert wurde. Nachdem für das leibliche Wohl ausreichend gesorgt war, stand auf unserem Wunschzettel die Beschaffung von Kleidung, vor allen Dingen von Unterwäsche. Diese trugen wir schon (ohne zu wechseln) einige Wochen, wir stanken uns gegenseitig an. Auch dafür sorgte unser neuer Geschäftspartner. Zum Wäschewechseln marschierten alle zu unserer Wasserschöpfstelle auf der sogenannten „großen Wiese". Dort wurden zunächst die Kannen für unseren häuslichen Bedarf vollgemacht, anschließend sprangen wir in den Tümpel und nahmen ein mitternächtliches Bad. Seife war immer vorhanden und nach kurzer Einweichzeit ging auch der eingewachsene Dreck runter. Besonders eifrig beim Waschen und Wäschewechseln war unser Ferdi. Das fiel uns richtig auf, da er früher kein besonderer Freund von großer Reinlichkeit war. Als er sich dann auch jedesmal freiwillig zur Teilnahme bei den Tauschgeschäften meldete, war uns der Grund seiner plötzlichen Reinlichkeit bald klar. Unser neuer Geschäftspartner in P. hatte eine etwa 17jährige Tochter. Sie war bei jeder Tauschaktion dabei und Ferdi schien sie dann mit den Augen verschlingen zu wollen. Eines Nachts war er einfach verschwunden und kam erst im Morgengrauen ins Lager zurück.

Nach Einlieferung von Ernst in das Pfarrhospital in P. waren inzwischen über zwei Wochen vergangen. Mein Vater war ab und zu mal vorbeigegangen und hatte sich nach dem Befinden des Patienten erkundigt. Es schien ihm ganz gut zu gehen, und er ließ uns mitteilen, daß wir ihn bald abholen sollten. So machte ich mich eines Nachts mit Herbert auf den Weg ins Pfarrhaus. Es öffnete Schwester Berta. Diesmal war sie nicht so ungehalten, da ich meine MP draußen bei Herbert gelassen hatte und ihr unbewaffnet gegenüber stand. Ernst schlief schon. Berta führte mich zu ihm. Er lag oben in einer kleinen Kammer. Seinem Gesicht sah man sofort an, daß er keine großen Schmerzen mehr hatte. Schwester Berta erzählte, wie sie den zersplitterten Arm zusammengestückelt und dann mit Gips verpackt hatte. Man müßte diesen später wahrscheinlich nochmal brechen, um eine fachgerechte Operation durchführen zu können. Die Hauptsache jedoch war die Milderung der Schmerzen und das schien ihr gelungen zu sein. Ernst wollte natürlich sofort mit, doch Schwester Berta wehrte ab. Trotzdem bestand er darauf und machte sich marschfertig. Irgendwie schien mir Schwester Berta auch erleichtert zu sein, denn ihre Einwände wurden immer schwächer. Wurde das Pfarrhaus bisher von den Polen respektiert, so war man doch nicht sicher, wie lange das so bleiben würde. Zum Dank für die Mühe mit Ernst übergab ich Schwester Berta noch zwei frische Rehkeulen. Dann nahmen wir Abschied von einer resoluten aber hilfsbereiten Frau und einem gütigen Pfarrer. Als ich vor einigen Monaten diese lieben Menschen nochmals aufsuchen wollte, kam ich leider zu spät. Sie waren in der Zwischenzeit verstorben.

Ernst gliederte sich schnell wieder ins Lagerleben ein. Von seiner Flucht aus der Ziegelei konnte er uns immer noch nicht viel berichten. Da setzte einfach sein Verstand aus. Nur so viel wußte er, daß er gelaufen war, gelaufen wie irrsinnig bis in ein Haus. Dort hatte man ihn versteckt, bis es dunkel war. Er wußte noch, daß in der Nähe unseres Lagers ein großer Feuerwachturm stand. Dies erzählte er immer wieder einem alten Mann. Dieser muß ihn dann in der Nacht in den Wald und in die Nähe des Feuerwachturmes gebracht haben. Die Leute waren sicher froh, daß sie den verwundeten Deutschen wieder los waren. Allein hätte er unser Lager wahrscheinlich nicht gefunden, denn er hatte ja bei unserem Wiedersehen eine ganz falsche Richtung eingeschlagen.

Manchmal beschlich uns in unserem Camp so etwas wie Langeweile, eine Art Lagerkoller kam auf. Um die kleinsten Dinge gab es oft Streitereien. Inzwischen hatte uns unser Geschäftspartner ein kleines Radio besorgt, einen Volksempfänger mit Batteriebetrieb. Nun konnten wir mitten im Wald die Nachrichten verfolgen. Ich weiß heute nicht mehr, um welchen Sender es sich handelte, der in deutscher Sprache die Nachrichten verbreitete und kommentierte, aber ich weiß, daß er in uns ungeahnte Hoffnungen weckte. Immer wieder vernahmen wir die Ankündigung, daß sich nun der Amerikaner mit den geschlagenen Deutschen verbünden und gegen den Weltfeind Rußland kämpfen würde. Gierig nahmen wir diese Nachrichten auf und zehrten davon. Rückblickend muß ich heute feststellen, daß unsere Hoffnung damals gar nicht so unbegründet schien, denn schon

kurz nach dem Waffenstillstand wurden aus den einstigen Verbündeten erbitterte Feinde. Aber für eine Kriegshandlung gegeneinander war die Zeit wohl nicht reif. Trotz dieser hoffnungsvollen Nachrichten keimte in mir so allmählich der Entschluß, das Lager zu verlassen und den gefährlichen Weg gen Westen anzutreten. Ständig in Angst, ständig verfolgt, hielt man nicht lange durch. Ich besprach dies mit meinen Lagerkameraden, ja ich bat sie inständig, sich einzeln oder höchstens zu zweit, bei Nacht in Richtung Westen durchzuschlagen. Aber das Radio machte ihnen täglich neue Hoffnungen, sie glaubten fest daran und wollten abwarten. Auch die Eröffnung, daß ich sie zu einem mir geeignet erscheinenden Zeitpunkt verlassen und keinesfalls hier den Eintritt des Winters abwarten würde, stimmte sie nicht um. Inzwischen hatte ich Herbert und Josef das Jagen beigebracht. Sie konnten Pirschen, dem ausgewählten Stück an der richtigen Stelle die Kugel antragen, sie konnten fachgerecht Aufbrechen und aus der Decke schlagen. Sie würden von nun an auch ohne mich zurechtkommen. Doch noch war ich nicht so weit und zögerte. So mußte erst ein Ereignis eintreten, das mir den Entschluß leichter machte, ein Ereignis, welches mir in manchen Nächten Alpträume beschert hat, das noch heute beim Schreiben dieser Zeilen hautnah vor mir steht. Da in der letzten Zeit alles ohne Zwischenfälle verlaufen war, die Polen sich kaum noch in den Wald trauten, wurden wir von Tag zu Tag leichtsinniger. Wir dehnten unsere Pirschgänge immer weiter aus, sogar in das Forstamt P. Auch waren wir tagsüber oft unterwegs und machten Beute. Vom erlegten Wild nahmen wir nur noch die besten Teile mit, alles Übrige überdeckten wir mit Reisig und überließen es dem Raubwild. Auf diese Art konnten wir weitere Strecken überwinden, da die Last des Transportes nicht mehr so groß war.
Eines Vormittags war ich wieder mit meinen ständigen Begleitern Josef und Herbert auf der Pirsch, die sich diesmal weit in das Nachbarforstamt P. erstreckte. Dieser Teil war für mich Neuland. In einem Kiefernbaumholz wechselte uns ein schwaches Damschmaltier bis auf 80 Schritt an. Wenn es den Wechsel beibehielt, mußte es mir noch näher und damit noch schußgerechter kommen. Es tat uns den Gefallen, nur, und das wurde mir erst später bewußt, verhoffte es oft und äugte dabei in die

rückwärtige Richtung. Da ich mich schon voll auf die Erlegung dieses Stückes konzentriert hatte, maß ich diesem Gebaren keine große Bedeutung bei. Als es so 40 Schritt an mir vorbeizog, bekam es die Kugel und brach nach zwei Fluchten zusammen. Wie immer sprang ich blitzschnell aus der Deckung, nahm das noch schlegelnde Stück an den Läufen und zog es in die Dickung. Dort wurde ich schon von Herbert und Josef erwartet, die es noch weiter ins Innere zogen, um gleich mit dem Aufbrechen und Zerteilen zu beginnen. Eine Zeitlang blieb ich dabei, gab einige Erklärungen für das Zerwirken und schlich dann zurück an den Dickungsrand, um die Aktion abzusichern. Bei einem Griff in die Hosentaschen mußte ich feststellen, daß das Ersatzmagazin mit fünf jagdlich präparierten Patronen fehlte. Wahrscheinlich hatte ich das bei dem Sprung zu dem verendeten Schmaltier verloren. Die Hosentaschen hatten schon einige Löcher, die mühsam mit Bindfaden zusammen gezogen waren. Also, mit den Augen auf dem Boden suchend, nochmals zum Anschuß zurück. Noch hatte ich diesen nicht erreicht, da erschallte rechts von mir auf ganz kurze Entfernung ein kreischender, polnischer Anruf. Was da genau geschrien wurde, weiß ich heute nicht mehr. Es könnte soviel wie „Stehenbleiben" oder „Hände hoch" bedeutet haben. Zunächst bekam ich einen mächtigen Schreck und stand da wie gelähmt. Mit aufgerissenen Augen suchte ich die Umgebung ab. Da sah ich hinter einer Kiefer einen Gewehrlauf auf mich gerichtet und entdeckte hinter dem Baum Teile einer polnischen Uniform. Daneben noch eine. Entfernung zwanzig Meter. Was war da noch zu machen? Ich hielt mein Gewehr zwar noch in der Hand, hatte aber im Augenblick nicht die geringste Chance. Jetzt ist es aus, hämmerte es in meinem Kopf, aber lebend kriegen die dich nicht! Meine Hoffnung waren meine Kameraden in der Dickung. Hoffentlich hatten sie den Anruf der Polen gehört. Langsam ließ ich mein Gewehr auf den Boden sinken, hob aber nicht die Hände hoch. Ich konnte nicht viele Worte polnisch, meistens waren es Schimpfwörter. Trotzdem brüllte ich die Beiden hinter den Bäumen in polnischer Sprache so laut ich konnte an: „Was ist los? – Was wollt Ihr? – Schert Euch zum Teufel!" Ich schrie so laut, daß es meine Kameraden in der Dickung auf jeden Fall hören mußten. Und sie hatten es gehört, sie hatten nicht nur mein Brüllen, sondern auch schon das der polnischen Milizsoldaten vernommen. Mein Aufbrüllen in polnischer Sprache schien die beiden Polen zu irritieren. Offensichtlich wußten sie nun nicht, ob ich Deutscher oder wildernder Pole war. Hätten sie mich sicher als ersteren erkannt, läge ich ohne Anruf längst durchlöchert im Blaubeerkraut. Zögernd trat jetzt einer der beiden hinter der Kiefer hervor, das Gewehr in Halbanschlag. Der andere tat es ihm gleich. Hätte ich nicht auf die Hilfe meiner Kameraden gewartet, jetzt wäre die Chance da, mit einem Hechtsprung hinter die danebenstehende Kiefer zu springen. Mein Gewehr lag daneben. In diesem Augenblick wurde mir klar, daß ich es mit ausgesprochenen Dilettanten zu tun hatte. Sie kamen näher, die Entfernung zu mir betrug noch zehn Meter – manchmal denke ich, daß es noch weniger waren – da sah ich aus den Augenwinkeln das Aufblitzen des Mündungsfeuers aus der ca. 30 Meter entfernten Dickung, dann die Kugelschläge, ja ich beobachtete das Auftreffen der Geschosse auf die Körper der beiden Polen. Dann erst vernahmen meine Sinne das Hämmern der Maschinenpistolen. Ich sah das Zerfetzen der Uniformen, die erschreckt, weit aufgerissenen Augen des einen; er torkelte auf mich zu, gab noch einen Schuß in meine Richtung ab, aber da lag ich längst flach auf dem Waldboden. Dann war alles vorbei. Ich wagte nicht, mich zu erheben, hörte kaum fünf Schritt vor mir ein Röcheln, das Röcheln eines Sterbenden. Es war eine Erlösung als es endlich schwächer und schwächer wurde und schließlich ganz aufhörte. Dann sah ich, wie Herbert sichernd aus der Dickung trat, die MP im Anschlag. Er kam näher und näher – dann sah er mich daliegen. „Gottseidank, daß du lebst", waren seine ersten Worte. „Die Polen sind hin!" Nur mühsam konnte ich mich erheben. Zu sehr hatten mich diese letzten Minuten mitgenommen. Mir war hundeelend. Kaum fünf Schritte vor mir lagen die beiden Erschossenen. Sie waren von mehreren Kugeln getroffen, denn Herbert und Josef hatten beide gleichzeitig gefeuert bis das Magazin leer war. Sie hatten so gehandelt, wie wir es viele Male durchexerziert hatten. In diesem Fall blieb uns allen keine andere Wahl. Trotz allem Haß, den wir nach der brutalen Mißhandlung gegen die Polen empfanden, taten mir diese jungen Burschen doch leid. Sie waren sicher nicht älter als wir. Es waren keine offiziellen polnischen Soldaten,

sondern die üblichen Halbsoldaten, die sich Teile einer polnischen Uniform angeeignet hatten und dann wilde Jagd auf Deutsche machten, plünderten und auch wilderten. In dieser Zeit war alles möglich. In der Dickung warteten wir noch längere Zeit ab, ob uns nicht noch mehr Überraschungen bevorstanden. Aber es blieb alles ruhig. Wahrscheinlich waren die beiden allein. Im nachhinein wurde mir klar, warum das Schmaltier beim Anwechseln so oft nach der rückwärtigen Richtung äugte. Es muß die beiden Polen schon spitz gekriegt haben. Es ist anzunehmen, daß sie auch die Erlegung des Stückes beobachtet haben. Dann wollten sie die Helden spielen und uns in der Dickung überraschen. Wahrscheinlich war es besser, daß ich dann draußen von ihnen überrascht worden bin. Die Chance für sie wäre doch nicht allzu groß gewesen, denn sie waren nur mit Gewehren ausgerüstet, während wir zwei Maschinenpistolen hatten. Was sollten wir nun mit den beiden Toten machen? Wir konnten sie hier im Blaubeerkraut nicht liegenlassen. In kurzer Zeit hätte sie das Ungeziefer gefressen – hier würde sie keiner so schnell finden. Dann hatten wir die Lösung. Josef und Herbert schleiften sie mindestens zwei Kilometer durch den Wald an eine oft befahrene Straße. Dort legten wir sie am Rand nieder, bedeckten ihre Gesichter mit den Mützen und legten die Waffen neben sie. Es waren deutsche Karabiner, die Munition war zu Dumm-Dumm-Geschossen durch Abkappen der Kugelspitzen, hergerichtet. Die Schlösser der Gewehre entfernten wir und warfen sie ins Gelände. Von dem erlegten Schmaltier nahmen wir nichts mit, beeilten uns so gut es ging, um diesen furchtbaren Ort zu verlassen. Die nächsten zwei Tage und Nächte habe ich schlecht geschlafen. Immer wieder sah ich die Stoffetzen von den Uniformen der beiden Polen fliegen, sah die erschreckten Gesichter und hörte vor allem das furchtbare Todesröcheln. Dabei hatte ich bei meinen Fronteinsätzen schon viele Tote und Sterbende erlebt. Doch dieses Erlebnis war irgendwie hautnaher und nachhaltiger. Ich kann es bis zum heutigen Tag nicht vergessen.
Auch damals mußte das Leben weitergehen. Drei Tage nach diesem tragischen Zwischenfall setzten wir unsere Pirschgänge fort. Wie magisch zog es uns wieder ins Forstamt P. an den besagten Ort. Von dem erlegten Schmaltier, das wir vor drei Tagen wegen der Schießerei hatten liegen lassen, war nicht mehr

viel übrig. Hier hatten die Sauen ganze Arbeit geleistet. Nur Deckenfetzen, Kopf und Läufe lagen verstreut umher, darin wimmelte es von Tausenden von Maden und Fliegen. Dann suchten wir die Stelle auf, an der wir die toten Polen niedergelegt hatten. Sie waren nicht mehr da. Reifenspuren im Sand ließen darauf schließen, daß man sie gefunden und abtransportiert hatte. In diesem Teil des Forstamts P. wollten wir in der nächsten Zukunft nicht mehr jagen und verlegten unsere Pirschgänge in die entgegengesetzte Richtung, in das Forstamt S. Mein Entschluß, bald gen Westen aufzubrechen, verstärkte sich von Tag zu Tag. Herbert und Josef fühlte ich mich zu Dank verpflichtet. Sie hatten mich aus einer brenzligen Situation befreit und mir vielleicht sogar das Leben gerettet. Aber es war auch so ausgemacht, und ich hätte an ihrer Stelle wahrscheinlich nicht anders gehandelt. So hatte ich mich dazu durchgerungen, die zwei auf meinem Weg in den Westen mitzunehmen. Doch so viel ich auch auf sie einredete, sie wollten nicht mit. Sie glaubten den Nachrichtensprechern und hatten die Absicht und Hoffnung, sich diesmal von den Amerikanern überrollen zu lassen, um dann in ihre Heimat zurückzukehren. Auch die anderen zwei, Ferdi und Ernst, hatten nicht den Mut und wollten abwarten. Ferdi war fast jede Nacht, in welcher er nicht von uns gebraucht wurde, auf Freiersfüßen. Wenn ihm auch jeder sein Vergnügen gönnte, so war hier doch ein kleiner Schwachpunkt für unsere Sicherheit vorhanden. Bei einer Gefangennahme und den üblichen Foltermethoden der Polen hätte er unseren Aufenthaltsort preisgeben müssen. Für Paule war der Westen uninteressant. Er war hier zuhause und würde nach Beruhigung der Lage auch wieder dorthin zurückkehren. Ernst hatten wir schon vor einiger Zeit von seinem Gips befreit. Der Oberarm war zwar krumm und schief, aber er hatte keine Schmerzen mehr und konnte den Arm sogar leidlich gebrauchen. Mit Sorge beobachteten wir seinen Gemütszustand. Er hatte das furchtbare Erlebnis der Gefangennahme und Mißhandlung noch nicht verdaut. Den ganzen Tag über saß er stumm auf einem Hocker und starrte ins Leere. Für eine Pirsch war er noch nicht zu gebrauchen.

Meine Lagergenossen wußten also Bescheid: Ich würde sie verlassen. Den Zeitpunkt wollte ich selbst bestimmen. Wahrscheinlich beim nächsten Mond, und der kam in etwa 14 Tagen. Unter

Wem Diana hold ist, der kann auch am frühen Vormittag viel erleben.

Ein prächtiger Anblick – durch Buchenaltholz trollender Hirsch.

Stets hellwach zu sein, ist eine Grundbedingung für sein Überleben.

Auch ohne Frischlinge ist deutlich erkennbar, daß dieses Stück führt.

meiner Anleitung ließ ich Josef und Herbert einige Stücke Wild schießen. Es dauerte nicht lange, da hatten sie Blut geleckt. Beide schossen mit meiner Repetierbüchse nicht schlecht, es durfte nur nicht weiter als hundert Meter sein. Irgendwie hatte ich sowas wie Jagdpassion in ihnen geweckt. Die Sache machte ihnen jetzt Spaß. Auch die Auswahl der richtigen Stücke vor dem Schuß hatten sie schnell begriffen, und so wurde auch in dieser wilden Zeit nicht allzu unweidmännisch gejagt. Nur ließen sie es vor lauter Jagdgeilheit manchmal an der nötigen Vorsicht fehlen. Sie mußten nach meinem Weggang zur Absicherung unbedingt noch einen dritten Mann mitnehmen. Der Tag des Mondwechsels und damit die Stunde meines Abschieds rückte immer näher. Ich wollte es allein versuchen. Die Chance durchzukommen, war nach meinen Hinwegerfahrungen allein am größten. Doch ich sollte noch einen Begleiter für die erste Wegstrecke bekommen – und das kam so: Eines Abends, wir waren schon auf dem Heimweg von der Pirsch und meine beiden Begleiter mit Wildbret beladen, entdeckten wir etwa hundert Schritt von einer Wegekreuzung entfernt, einen am Dickungsrand entlangschleichenden Mann. Er kam in unsere Richtung, hatte einen schweren Rucksack auf und machte einen verängstigten, gehetzten Eindruck. Wir ließen ihn bis auf kurze Entfernung anlaufen, dann rief ich ihn auf deutsch an. Als er unsere Waffen sah, wäre er vor Schreck bald umgefallen. Dann hatte er wohl erkannt, daß wir Deutsche waren und rief erregt: „Ich bin auch Deutscher!" Den Mann kannte ich. Irgendwo hatte ich ihn schon mal gesehen. Im Augenblick wußte ich nur nicht wo und wann. Auf meine Frage, woher er komme, gab er bereitwillig Auskunft. „Aus Oppeln!" „Wer sind Sie?" Hier begann er rumzustottern. Papiere hatte er auch nicht oder er hatte sie vernichtet. Plötzlich fiel es mir wie Schuppen von den Augen. „Sie sind der Rechtsanwalt W. aus Oppeln, Sie haben meinen Vater mal in einem Prozeß vertreten!" Er war so überrascht, daß er es gleich zugab. An mich konnte er sich natürlich nicht erinnern. Der Prozeß lag über zehn Jahre zurück, und ich war zu jener Zeit noch ein kleiner Schulbub, dem man keine große Beachtung geschenkt hatte. Aber ich erkannte ihn an dem Studentenschmiss an der linken Wange, der mir damals mächtig imponierte. Er wollte nun auch in den Westen. Wir unterhielten uns eine Zeitlang. Ich erzählte ihm, daß meine Eltern gar nicht weit von hier in dem Dorf P. in einem kleinen Häuschen ihr kümmerliches Dasein fristeten. Da bat er mich, ihn zu meinen Eltern zu führen. Inzwischen war es ganz dunkel geworden. Ich schickte meine Kameraden allein ins Lager zurück und machte mich mit dem Rechtsanwalt auf den Weg zu meinen Eltern. Noch in dieser Nacht überredeten mich meine Angehörigen, mit diesem erfahrenen Mann, der inzwischen über fünfzig Lenze zählen mochte, gemeinsam den Weg in den Westen anzutreten. Damals schien es mir eine gute Lösung zu sein. Aber ich hätte es nicht tun sollen. Rechtsanwalt W. blieb die Nacht und den nächsten Tag im Versteck bei meinen Eltern, während ich mich wieder ins Lager zurückschlich, um Abschied von meinen Kameraden zu nehmen. Meine Mannlicher Repetierbüchse überließ ich Herbert, das Fernglas meines Vaters bekam Josef. Die vielen Gehörne und auch einige Geweihe von dem erlegten Wild hingen rings um das Lager an den Bäumen. Ich mußte alles hierlassen. Jeder von meinen Kameraden gab mir die Anschrift seiner Angehörigen im Westen, die ich bei einer geglückten Flucht gleich benachrichtigen sollte. Nach Eintritt der Dunkelheit traf ich dann wieder im Haus meiner Eltern ein, in dem der Anwalt schon marschfertig auf mich wartete. Noch hatte ich den Abschied von meinen Lagergenossen nicht ganz verdaut, so hieß es schon wieder scheiden von Eltern, Bruder und Tante. In dieser Zeit wußte man nicht, ob man sich jemals wiedersehen würde. Dementsprechend fiel das Abschiednehmen besonders schwer.

Kurz vor Mitternacht traten wir zwei dann den Marsch gen Westen an. Schon recht bald merkte ich, daß dieser Mann für mich keine große Hilfe, sondern eher eine Belastung war. Vor jeder Straße, die wir überqueren mußten, schickte er mich vor und dann mußte ich ihm durch Blinkzeichen mit der Taschenlampe signalisieren, ob die Luft rein war. Diese übertriebene Vorsicht ging mir langsam auf den Wecker. Irgend etwas mußte mit dem Anwalt nicht stimmen. Da fragte ich ihn einfach, was mit ihm los sei und warum er so eine Angst hätte. Da erzählte er mir, daß er drei Jahre in der Ukraine als Sonderrichter tätig war und die Russen ihn deshalb auf die schwarze Liste gesetzt hätten. Sollte man ihn schnappen und erkennen, würde er wohl bald am nächsten Baum hängen. Ich als sein Begleiter wahrscheinlich gleich daneben. Die Sache schien mir nicht ganz geheuer, doch konnte ich ihn natürlich jetzt nicht im Stich lassen. Ständig erzählte er etwas von seiner Schwester, die in der Nähe von Glatz wohnen würde. Dort wollte er zunächst hin. Für diese Strecke brauchten wir die doppelte Zeit als ich auf dem Hinmarsch benötigt hatte. In der Nähe des Glatzer Berglandes trennten wir uns dann im beiderseitigen Einvernehmen. Er nahm Kurs auf die Wohnung seiner Schwester, ich strebte ohne Verzögerung dem rettenden Westen zu. In Görlitz geriet ich noch einmal in eine brenzlige Situation. Dort plünderten mich Halbstarke bis aufs Hemd aus, schlugen mich und warfen meine sämtlichen Papiere unter Hohngelächter in den Fluß. Darunter auch die Adressen der Angehörigen von meinen Lagerkameraden. Eine Benachrichtigung derselben war mir danach nicht mehr möglich.

Diesen Zeitraum wollte und mußte ich für die nächsten 45 Jahre völlig aus meinem Gedächtnis streichen. Erst nach der Normalisierung der Lage in der Welt habe ich die Fahrt in die Vergangenheit zusammen mit meiner Frau gewagt. Viele ältere Menschen haben wir dort über das Schicksal meiner einstigen Waldkameraden befragt. Alle gaben unabhängig voneinander, übereinstimmende Schilderungen über das Ende der einstigen deutschen Soldaten im Wald. Danach muß in einer Nacht Anfang November etwas Schnee gefallen sein. Ein gewisser P. aus R., ein Deutscher, der mit den polnischen Besetzern sympathisierte, soll die Fußspuren im Schnee entdeckt und der polnischen Miliz gemeldet haben. Bei der anschließenden Großrazzia wurde ein Soldat gleich erschossen, drei andere bis zur Bewußtlosigkeit grausam zusammengeschlagen. Das Ehepaar M. aus E. und das Ehepaar B. aus G., haben uns unabhängig voneinander übereinstimmend geschildert, daß drei Soldaten auf der Pritsche eines Lastwagens in ihren Blutlachen wie Tote gelegen hätten und nach F. transportiert wurden. Die beiden Ehepaare waren Augenzeugen und würden das jederzeit beeiden. Hiernach verliert sich jede weitere Spur.

Nachtrag

Zu diesem authentischen Bericht, den ich nach besten Wissen und Gewissen verfaßt habe, muß ich noch einen Nachtrag machen:

Mein fünf Jahre jüngerer Vetter Ernst lebt heute noch in seinem oberschlesischen Heimatort, in dessen Nähe ich damals für einige Monate meine versteckte jagdliche Nachkriegstätigkeit ausgeübt habe. Wie viele andere Deutsche wußte auch er über meinen Aufenthalt in den Wäldern Bescheid. Als ich vor wenigen Jahren wieder ungefährdet meine alte Heimat besuchen und recherchieren konnte, hat mir Ernst hilfreich zur Seite gestanden, manche verblaßte Erinnerung wieder aufgefrischt und mir manchen wertvollen Nachforschungstip gegeben. Ich versprach ihm dafür, von meinem Typoskript, unmittelbar nach dessen Fertigstellung, eine Photokopie zu schicken. Diese ließ ich ihm dann auch durch einen deutschen Urlauber persönlich überreichen. Ohne mein Wissen wurde diese Photokopie nicht nur von seiner Familie nebst deutscher Verwandtschaft, sondern auch von allen Deutschen der Umgebung gelesen. Ein Urlauber aus Krefeld mit Namen Lakotta bekam das Typoskript ebenfalls in die Hände, las es und erkannte meine Geschichte aus Schilderungen von zwei Mithäftlingen im Falkenberger Gefängnis. Diese hatten ihm oftmals von unserem Lagerleben im Wald erzählt. Vor ein paar Tagen rief mich Herr Lakotta an und teilte mir dies mit. Die beiden Überlebenden waren Josef aus Bayern und Ferdi aus Österreich. Auf meine Testfrage nach den Familiennamen der zwei und der auffallenden Haarfarbe des Österreichers wußte er unbeirrt die richtige Antwort. Also war kein Zweifel möglich. So wie die beiden Überlebenden ihrem Gefängnisgenossen Lakotta die Gefangennahme im Wald schilderten, hatte sich die polnische Miliz unbemerkt ins Lager geschlichen und sofort ohne Vorwarnung oder Anruf mit Maschinenpistolen durch die provisorischen Fenster der Lagerstätte, das Feuer eröffnet. Zwei waren sofort tot, einer schwer durch Bauchschüsse verwundet. Alle wurden im Schlaf überrascht. Ferdi und Josef wurden nicht getroffen, dafür aber anschließend

halbtot geschlagen, dann mit dem Verwundeten wie schon geschildert, abtransportiert. So landeten sie schließlich im Gefängnis in Falkenberg und wurden von dort aus nach einigen Jahren
Zwangsarbeit in ihre Heimat entlassen. Name und Schicksal des
Verwundeten und Toten konnte ich noch nicht genau ermitteln.
Vielleicht hilft mir der Zufall oder das Schicksal, auch dieses
aufzuklären.

Jupp,
der wildernde Hausgenosse

Da diese Geschichte, die ich hier erzähle, wirklich auf Wahrheit
beruht, habe ich, wie bei einem schlechten Krimi, sämtliche
Namen und Orte geändert. Schauplatz des Geschehens war ein
kleiner, damals recht armer Ort im Süden Hessens. Sollte wider
Erwarten ein noch lebender Beteiligter meine Schilderung lesen
und sich darin wiedererkennen, so bitte ich, mir das nach so
vielen Jahren nicht übelzunehmen.

Nach kurzer amerikanischer Gefangenschaft, der sich ein etwa
viermonatiges, abenteuerliches Gastspiel in den oberschlesischen Wäldern meiner Heimat anschloß, irrte ich im
Herbst 1945 ziel- und planlos durch das Hessenland. Ich versuchte so schnell wie möglich, hier im Westen Fuß zu fassen, um
meine, in Oberschlesien begonnene Forstlehre, beenden zu können. Dies gelang mir auch recht bald: So wurde ich schon im
Oktober 1945 dem Forstamt B. zugewiesen, um in der
Revierförsterei L. den noch in russischer Kriegsgefangenschaft
befindlichen Kollegen, so gut es ging, zu vertreten. Damals noch
voller Ideale für den Forstberuf, war ich schon zwei Tage vor
Dienstantritt mit dem alles enthaltenen spärlichen Handgepäck
in dem kleinen Ort eingetroffen, um auf Quartiersuche zu gehen. Das war damals gar nicht so einfach, denn es herrschte auch
in dieser verträumten, ländlichen Gegend ein ziemlicher
Flüchtlingsandrang. Mit der Verpflegung war es ebenfalls
schlecht bestellt. Auf Rat des Bürgermeisters sprach ich bei
einem älteren Ehepaar vor, die eine Stellmacherei und Landwirtschaft hatten und deren Söhne noch in Kriegsgefangenschaft
waren. Ich hatte Glück und bekam das Zimmer eines Sohnes, das
gleichzeitig als Wurstkammer diente.

Schon nach kurzer Zeit fühlte ich mich dort wie zuhause. Natürlich brachte der familiäre Anschluß auch einige Verpflichtungen für mich mit sich, und so wurde ich bald zum Vertrauten und Mithelfer beim „Schwarzschlachten" einer Dreizentnersau, eines Kalbes, einer Ziege und mußte mindestens einmal in der Woche das Schwarzbuttern übernehmen. Außerdem war ich bald Spezialist im Herstellen von selbstgebranntem Schnaps aus allen möglichen Ausgangsstoffen für Opa Josefs täglichen Verbrauch. Die forstlichen Arbeiten in dem zu 90 Prozent aus Laubholz bestehenden Revier machten mir ungeheure Freude, und so war ich die ersten Monate, zurückblickend auf die Schwere der zurückliegenden Kriegs- und Nachkriegserlebnisse, ein recht zufriedener Mensch.

Eines morgens, es war kurz nach Beginn des neuen Jahres, stand unerwartet der älteste Sohn des Hauses vor der Tür, heimgekehrt aus englischer Kriegsgefangenschaft. Als alte Soldaten entwickelte sich zwischen uns im Lauf der nächsten Wochen und Monate eine gute Kameradschaft. Oft sah ich ihm bei seiner Arbeit in der Stellmacherei zu. Jupp verkörperte in seinem Äußeren und mehr noch in seinem Denken und Handeln den Urtyp des deutschen Obergefreiten. Eine ungeheure Sturheit, gepaart mit Verschlagenheit und etwas Brutalität, ließ ihn zu jener Sorte von Mensch gehören, die man niemals richtig durchschauen kann. Aber das störte mich damals recht wenig. Inzwischen hatten sich meine Eltern aus unserer oberschlesischen Heimat ebenfalls absetzen können und nur 15 Kilometer von meinem Dienstort entfernt, eine Wohnung gefunden. So fuhr ich selbstverständlich jedes freie Wochenende dorthin und kehrte meist erst am Montagmorgen zum Dienstbeginn wieder in mein Quartier zurück. Jedesmal, wenn ich einen Wochenendbesuch bei meinen Eltern antrat, fragte mich einer von meinen Hausgenossen, manchmal sogar alle drei, wann ich wohl zurückkäme. Bereitwillig gab ich jedesmal darüber Auskunft, ja ich wäre überhaupt nicht auf den Gedanken gekommen, daß die jeweilige Frage nach meiner Rückkehr irgendeinen Zweck erfüllen sollte. Doch die Erklärung hierfür sollte ich bald erfahren, schneller und gründlicher als mir lieb war.

An einem Sonntag war ich im Wohnort meiner Eltern auf einem Sommerfest. Nach jahrelanger Enthaltsamkeit waren die Menschen richtig süchtig auf Feiern. Es ging lustig zu, ab und an wurde ein selbstgebrannter Schnaps hinter die Binde gekippt und auch das Tanzbein tüchtig geschwungen. Als ich gegen 3 Uhr morgens meine elterliche Wohnung ansteuerte, war ich derart aufgedreht, daß an Schlafen nicht zu denken war. Kurz entschlossen zog ich mich leise um, schwang mich auf mein geborgtes Stahlroß, schaltete die Kniescheibenzündung ein, und ab ging die Fahrt in Richtung meines Dienstbezirkes. Bald war der letzte Fuseldunst ausgehaucht, und so erreichte ich schon gegen 4 Uhr meine Reviergrenze. Es war ein herrlicher Morgen, was sollte ich da schon in meinem Quartier; sicher schlief noch alles und ich störte. Also schob ich mein Fahrrad in die Dickung, nahm von diesem den befestigten Spazierstock ab und wanderte los, um einen zum Hieb vorgesehenen Fichtenschlag auszuzeichnen. An meinem Spazierstock befand sich ein zum Anreißen der Bäume geeignetes Instrument.

Noch habe ich kaum fünfhundert Meter auf dem ausgefahrenen Holzabfuhrweg zurückgelegt, da peitscht ein Kugelschuß durch den stillen Morgen, so laut und so nah, daß ich instinktiv einen Hechtsprung in die Dickung mache, im Augenblick glaubend, daß das mir gegolten hätte. Erstmal liegenbleiben und abwarten! Nichts rührt sich. Habe ich mich doch getäuscht und der Schuß war weiter weg? Bis zur Gestellkreuzung sind es noch 20 Meter, da muß ich hin. Vielleicht kann ich dort mehr sehen. Langsam krieche ich auf allen Vieren vorwärts. Das macht einen Heidenkrach in dem trockenen Buchenlaub. Noch habe ich etwa fünf Meter bis zur Kreuzung zurückzulegen. Durch die herabhängenden Buchenäste kann ich die linke Schneise schon teilweise übersehen – da stockt mir der Atem, ein kalter Schauer läuft mir den Rücken herunter: 30 Meter entfernt, am gegenüberliegenden Dickungsrand sehe ich einen Kerl stehen, das heißt, ich kann, durch die herabhängenden Äste blickend, nur den unteren Teil der Gürtellinie eines Mannes sehen. Doch was mir einen momentanen Schrecken einjagt, ist die Gewehrmündung, die unter seinen Armen genau in meine Richtung zeigt. Er muß mein Heranschleichen vernommen haben und lauert scheinbar in meine Richtung. Gesehen haben kann er mich noch nicht, denn dazu ist es in der Buchendickung wohl noch zu dunkel. Eine, zwei, drei Minuten vergehen, wir stehen uns immer noch gegenüber, das heißt ich liege platt ins Laub gedrückt und schiele nur so unter dem Hutrand dem Kerl entgegen. Herrgott sind das Ewigkeiten. Was soll ich bloß tun? Soll ich mit ein paar Sätzen einfach stiftengehen? In dem dichten Zeug wäre ich schnell untergetaucht, und er schösse wohl kaum hinterher. Doch dazu komme ich nicht mehr. Mein Gegenüber läßt jetzt das Gewehr sinken, nimmt es in die linke Hand und – Heiliger Hubertus – kommt vom gegenüberliegenden Dickungsrand direkt auf mich zu. Ich wage kaum zu atmen, drücke mich noch platter in den Boden, bin fast schon im Laub eingewühlt. Da ist er jetzt auf kaum 10 Schritt an mich herangekommen, schaut immer noch aufmerksam in meine Richtung, bleibt stehen, streckt den Kopf etwas vor, kommt für den Bruchteil einer Sekunde durch eine kleine Lücke in mein Blickfeld – und in dieser einzigen Sekunde fällt ein ganzer Schuppenregen von meinen Augen. Kein anderer als mein Hausgenosse Jupp steht da in meinem Revier mit dem Gewehr vor mir und sucht das vorhin vernommene Geräusch zu enträtseln. Mich juckt es, ihn einfach anzurufen und auf ihn zuzugehen. Doch irgend ein Instinkt hält mich zurück, die Situation könnte noch komplizierter werden. Jupp hat mich offenbar immer noch nicht entdeckt. Er geht jetzt vorsichtig an meinem Versteck vorbei bis zur Gestellkreuzung, schaut nach beiden Seiten, wendet und kommt wieder zurück. Im Vorbeigehen stiert er nochmals genau in meine Richtung. Jetzt müßte er mich doch sehen, aber nein, er geht zügig weiter bis zu der Stelle, an welcher ich ihn das erste Mal in Anschlag entdeckt hatte. Dort kniet er nieder, legt das Gewehr zur Seite, kriecht dann auf allen Vieren ein Stück auf mich zu, die Augen immer noch auf den Boden geheftet. Nun scheint er etwas entdeckt zu haben, die Suche wird noch intensiver. Fast dreht er sich, auf die Hände gestützt, im Kreis, hebt etwas vom Boden auf, betrachtet es genau. Dann richtet er sich auf, greift nach dem abgelegten Gewehr, schaut nochmals kurz in beide Richtungen das Gestell entlang und verschwindet gebeugten Hauptes in der Buchendickung. Offensichtlich war das eine Anschußuntersuchung gewesen. Ein Schweißhundeführer hätte es nicht besser machen können. Jetzt kann ich mich endlich etwas aufrichten, bleibe aber trotzdem in Deckung, will sehen, wie die Sache weitergeht und was Jupp geschossen hat. Nun wird mir auch schlagartig klar, warum die Fleischportionen bei Oma M. in den letzten Wochen immer so reichlich ausfielen. Ich hatte zwar des öfteren gefragt, was für Fleisch denn heute auf dem Tisch wäre, aber doch nie aus irgendwelchen Verdachtsgründen. Ich hatte also all die Wochen und vielleicht schon Monate tüchtig mitgegessen. Was hatte ich damals für eine Ahnung von dem Unterschied zwischen Rind-, Ziegen-, Schweine- oder Wildfleisch? Im Krieg mußten wir alles essen, ohne lange zu rätseln, so nahm ich die Erklärungen von Oma M. über die betreffende Fleischsorte auch bedenkenlos und ohne Zweifel zur Kenntnis. Jetzt waren mir auch die ständigen Fragen nach dem Zeitpunkt meiner Rückkehr vom Besuch meiner Eltern klar. Ja, ich saß ganz schön in der Tinte. Was sollte ich bloß tun? Jupp zur Anzeige bringen? Wäre das der rechte Weg? Konnte ich das mit meinem Gewissen vereinbaren? Auf Waffenbesitz stand damals die Todesstrafe. Nein, ich konnte nicht verantworten, einen eben zurückgekehrten deutschen Soldaten der Besatzungsmacht auszuliefern. Und die Wilddieberei?

Inzwischen mögen 20 Minuten vergangen sein. Ich liege noch an derselben Stelle und beobachte den Einwechsel von Jupp. Jetzt werden dort die Äste zur Seite geschoben, eine Hand wird sichtbar und vorsichtig nach beiden Seiten sichernd, erscheint Jupp am Dickungsrand. Das Gewehr hat er wieder in der Hand, verhofft nur kurz und geht nun zügig in entgegengesetzter Richtung davon. Ich kann ihn noch 200 Meter mit den Augen verfolgen, dann biegt er nach links in eine Querschneise ein und ist somit meinen Blicken entschwunden. Jetzt muß ich hinterher. Im Dauerlauf geht es bis zur Abzweigstelle Jupps. Dort peile ich vorsichtig um die Ecke. Von Jupp ist nichts mehr zu sehen, aber da, im frischen Tau kann ich die Spur ganz deutlich sehen. Nach 50 Metern biegt sie nochmals links ab, in Richtung eines alten Steinbruchs, der mit Fichtenanflug total zugewachsen ist. Hier wird mir die Verfolgung zu riskant. Also zurück zur Gestellkreuzung und in guter Deckung erst einmal abgewartet. Jupp muß ja aus dem Steinbruch kommen und hier wieder auftauchen. Diesmal brauche ich nicht so lange zu warten, denn schon nach zehn Minuten kommt er wieder aus dem Steinbruchgelände heraus, aber diesmal ohne Gewehr, schaut sich kaum einmal um und geht nun in aller Ruhe an meinem Versteck vorbei in Richtung Waldausgang. So, nun ist meine Stunde gekommen. Ich fiebere fast vor Neugier und eile im Hundertmetertempo zum ersten Tatort zurück. Ich brauche nicht lange zu suchen. Die Stelle ist schon von weitem an dem heruntergetretenen Gras zu erkennen und siehe, da leuchtet es mir schon rot entgegen. Nicht in großen Massen sehe ich Schweiß, aber einige erbsengroße Stückchen Lunge kann ich bereits nach flüchtigem Hinsehen erkennen. Was soll ich mich da lange aufhalten – rein in die Dickung. Jupps Fußabdrücke sind im Laub deutlich sichtbar. Da, nach zwanzig Metern wieder Schweiß, hellrot, er wird jetzt stärker wie aus der Gießkanne. Da hat das Stück eine kleine Buche angeflogen, in Kniehöhe ein Schweißfleck am Stamm. Weitere zwanzig Meter, immer noch jede Menge Schweiß. Ein Blick nach vorn, da hebt sich ein Haufen aufgewühlten Laubes ganz deutlich von der Umgebung ab. Mit ein paar Sätzen bin ich dran, trete mit dem Fuß dagegen, das Laub fällt und dann sehe ich es endlich vor mir liegen, das Corpus delicti – ein frisch aufgebrochener, noch dampfender Überläuferkeiler.

Ich habe damals lange Zeit bei dem aufgebrochenen Keiler gesessen und ihm in Vertretung die Totenwache gehalten. Dann deckte ich ihn wieder mit Laub zu und begab mich auf die Suche nach dem Gewehr im Steinbruch. Nur dort konnte Jupp es versteckt haben. Es war trotzdem gar nicht so leicht, es zu finden, und ich brauchte fast zwei Stunden, um den alten Steinbruch gründlich abzusuchen. Dann fand ich ihn endlich, den alten Karabiner 98, geölt und eingepackt in einem durchschnittenen Autoschlauch, der an beiden Enden zugebunden war. Im Magazin befanden sich noch 3 Schuß abgefeilte Infantriemunition, außerdem im Schlauch noch 7 Ladestreifen unabgefeilter Munition. Der Karabiner war noch in einem einwandfreien Zustand. Ein Blick durch den Lauf überzeugte mich, daß auch die Züge noch scharf und rostfrei waren. Auf diese Art kam ich zu meinem zweiten Nachkriegsgewehr. Ich versteckte es an einem anderen, viel sichereren Ort, wo es, gut geölt und gefettet, gegen jegliche Rostschäden gefeit war. Erst im Jahre 1948, als einige wenige Forstbeamten wegen der zunehmenden Schwarzwildschäden von der amerikanischen Militärregierung mit deutschen Karabinern bewaffnet wurden, holte ich ihn wieder her-

vor. Damals erhielt ich gerade die Versetzung nach dem Forstamt H. im Reinhardswald. Ich erschien dort zum Dienstantritt
auf meinem Motorrad in Uniform mit geschultertem Karabiner.
Kein Mensch wäre auf die Idee gekommen, daß ich überhaupt
keinen amerikanischen Waffenpaß hatte, ja nicht die geringsten
Zweifel traten auch in all den Jahren danach auf. Im Jahre 1951,
als die allgemeine Bewaffnung der Jäger freigegeben wurde, ließ
ich mir den inzwischen sehr ans Herz gewachsenen Karabiner
umarbeiten und mit einem Zielfernrohr versehen. Allein von
1947 bis zu diesem Zeitpunkt hatte ich schon weit über 200
Sauen mit ihm erlegt. Heute steht er in meinem Waffenschrank
und hat schon lange ausgedient. Nur manchmal streichle ich
noch liebevoll seinen groben Schaft. Niemals wird mir eine
Waffe wieder so verbunden sein.
Aber zurück zu meiner Wilderergeschichte: Nachdem ich also
den Karabiner an einem anderen Ort versteckt hatte, holte ich
mein abgestelltes Fahrrad aus der Dickung und radelte in mein
Quartier. Freudige Begrüßung durch Opa J., der gerade dabei
war, seine Kühe vor den Wagen zu spannen. „Na Opa, wo soll's
denn hingehen?" fragte ich ihn. „Ein Fuder Klee holen" gab er
zurück. „Warte Opa, ich trink bloß schnell Kaffee, dann will ich
Ihnen helfen!" Aber da brachte ich Opa J. in arge Verlegenheit.
Er wehrte mit Händen und sonstigen Gesten meine angebotene
Hilfeleistung ab, redete was von anderen Arbeiten, die noch auf
dem Feld zu verrichten wären und außerdem ginge ja der Jupp
mit. Während ich frühstückte, fuhren Opa J. und Jupp los zum
Kleeholen. Das Kleestück kannte ich. Es lag am Waldrand und
gar nicht weit entfernt vom Erlegungsort der Sau. Nun war ich
gespannt, wie sich der Abtransport vollziehen würde. Auf Umwegen erreichte ich ungesehen den Waldrand und konnte Opa
und Jupp beim Kleemähen (damals noch mit der Sense) beobachten. Dann wurde der Klee aufgeladen, Sense, Gabel und
Rechen in das Fuder hineingeschoben und ab ging das Gespann
– aber nicht dem Dorf zu, sondern in den Wald hinein. Wieder
mußte ich vorspurten und erwartete den Kleewagen in guter
Deckung in der Nähe der abgelegten Sau. Wie vorausgeahnt, so
kam es auch. Jupp ging dem Wagen ein Stück voraus, verschwand an der Anschußstelle in der Dickung und erschien nach
kaum zehn Minuten wieder am Rand, den Überläufer in Vorhal-

te. Opa hatte sich draußen auf dem Weg inzwischen am Geschirr der Kühe zu schaffen gemacht. Dann wurde ein Schwaden Klee hochgehoben, die Sau verschwand darunter und schon setzte sich die Fuhre wieder in Bewegung, bog beim nächsten Gestell rechts ab und nahm dann endlich Kurs Heimat. Das ging ja alles wie geschmiert, und selbst bei einer Begegnung hätte sich für die Durchfahrt mit dem Kleewagen durch den Wald sicher eine Ausrede finden lassen. Auch diesmal traf ich wieder vor dem Gespann ungesehen auf dem Hof ein. Opa rollte den Kleewagen gleich in die Scheune und begann die Kühe auszuspannen. Jupp begab sich in seine Werkstatt und beschäftigte sich mit seiner Stellmacherarbeit. Irgendwie wollte ich die Geschichte noch etwas weiterspinnen und begab mich ebenfalls in die Scheune. Opa schien sichtlich nervös zu werden. Ich nahm mir eine Gabel und schwang mich auf den Wagen, um den Klee abzuladen – jedenfalls tat ich so. Als Opa das sah, kam er wie von der Tarantel gestochen hinter seinen Kühen hervorgeschossen. Ich weiß heute nicht mehr genau, mit welchen Argumenten er mich lautstark überzeugen wollte, den Klee noch nicht abzuladen. Ich verstand etwas von „Dämpfenlassen", Blähungen der Kühe und was sonst noch alles für Ausflüchte hervorgebracht wurden. Fast tat mir der Opa leid, er konnte so schlecht lügen. So erlöste ich ihn von seinen Qualen und stieg vom Wagen. Mir wurde klar, daß sich nichts ereignen würde, solange ich mich noch im Hause befand. Also ließ ich der Sache vorerst ihren Lauf, bis es Abend wurde. Von Opa und Oma ging nach 22 Uhr keine Gefahr mehr aus, die schliefen fest. Jupp hatte inzwischen eine Freundin im Ort und kehrte selten vor Mitternacht zurück. Da blieb mir genügend Zeit, um den derzeitigen Aufenthaltsort des Keilerchens zu erkunden. Um es kurz zu machen: Ich fand nach längerem Suchen die sogenannte „Wildkammer". Sie befand sich über Jupps Werkstatt und war nur durch eine Luke mittels transportabler Leiter zu erreichen. Hier fand ich die Sau wieder, schön luftig hängend an einem starken Haken im Querbalken. Daneben hing noch ein zerschossenes Blatt und das Haupt eines schwachen Rehbockes. Hier wurde also das geschossene Wild verarbeitet. Nun wußte ich alles. In dieser Nacht habe ich kaum geschlafen. Immer wieder suchte ich, zu einem Entschluß zu kommen und zermarterte mit den Kopf. Aber wie ich mich auch drehte, zu einem Entschluß kam ich nicht. So unternahm ich nichts, und wenn ich mir die Sache heute so überlege, war es wohl das Richtige. Das Gewehr hatte ich ja kassiert und somit dem Wildern zunächst ein Ende gesetzt. Jupp mußte bald gemerkt haben, daß sein Gewehr verschwunden war. Er hat sich nie geäußert. Ich habe auch nichts gesagt. So ging es noch einige Wochen. Ich kam zu den unmöglichsten Zeiten ins Revier, aber es blieb ruhig. Ab und zu stieg ich nachts durch die Luke in die Wildkammer, aber auch die wurde nicht nachgefüllt. Und an den kleiner werdenden Fleischportionen bei Tisch merkte ich, daß die Quelle versiegt war. Kurze Zeit später wurde ich versetzt. Meinem Nachfolger erzählte ich die ganze Geschichte wahrheitsgemäß, damit er auch ein Augenmerk auf die bezeichneten Personen richten konnte. Nach Jahren traf ich den Kollegen dann mal wieder. Wir kamen gleich auf die Wilderergeschichte zu sprechen, und er versicherte mir, daß sich in dieser Angelegenheit nichts mehr abgespielt hätte.

Gejagt haben wir doch!

Schnelles Vergessen von Leid und unangenehmen Dingen ist eine der höchsten Gnaden, die der Schöpfer dem Menschen gewährt. Zeit heilt Wunden, sagt man! Auch viele Jäger, heute schon alles ältere Herren in der Prostataklasse, werden die waffenlose Ära nach 1945, während der sie nur mit geballten Fäusten in den Taschen durch ihr Revier streichen konnten, mehr oder weniger schnell überwunden und vergessen haben. Manch einer ging überhaupt nicht mehr dorthin, wollte das wahllose Abschlachten des Wildbestandes durch die in ihren Jeeps herumkurvenden Besatzungssoldaten nicht miterleben. Gerechterweise muß zugegeben werden, daß diese Zeit in den westlichen Besatzungszonen nicht lange anhielt und die wilden Schießgesellen schon nach ein- bis eineinhalb Jahren in geordnete Bahnen gelenkt werden konnten. Der deutsche Jäger aber mußte seine ungesetzlich geretteten Jagdwaffen noch lange im Verborgenen lassen. Es begann eine Zeit der politischen Umerziehung.
Nachdem mein Vater die sogenannte Spruchkammer durchlaufen hatte und nur als politischer Mitläufer eingestuft wurde, übertrug man ihm die Forstbetriebsstelle K. im Reinhardswald. Auch ich wurde zur weiteren Ableistung meines forstlichen Vorbereitungsdienstes in jene Gegend versetzt und konnte im Forsthaus bei meinen Eltern Unterkunft finden. Jeden Morgen mußte ich einen Fußmarsch von etwa fünf Kilometern bis zu dem mir zugewiesenen Dienstbezirk W. zurücklegen. Der Weg führte ausschließlich durch Wald auf einem ausgetretenen, schmalen Pfad. Vor Jahrzehnten sollen die Postboten ihn zur Postzustellung für das Forsthaus W. benutzt haben. Deshalb nannte man ihn den „Postmeisterweg". Fast täglich hatte ich

irgendwelche Begegnungen mit Rot- und Schwarzwild, am häufigsten jedoch mit Füchsen. Man mußte seine Passion schon mächtig im Zaum halten, wenn die Rotröcke so ungeniert an einem vorbeischnürten, wo doch ihr Balg zu der Zeit unheimlich hoch im Kurs stand und ein selten günstiges Tauschobjekt darstellte. Aber ich hatte keine Waffe, um dem respektlosen Treiben ein Ende zu bereiten; jedenfalls bis jetzt noch nicht. Den Gedanken, die vom wildernden Jupp organisierte und gut versteckte Waffe heranzuschaffen, verwarf ich. Dieses Vorhaben schien mir noch zu riskant, da einmal die Entfernung bis dorthin über achtzig Kilometer betrug und dann das richtige Transportmittel für so ein gefährliches Unternehmen fehlte. Also mußte ich mich nach einer anderen Lösung umsehen. Wie das so oft im Leben ist: „Wo die Not am größten, ist Gottes Hilfe am nächsten!" Diese Gotteshilfe wurde mir in Gestalt des Hausarztes meiner Eltern, eines Doktor E., zuteil. Ohne lange Worte wußten wir innerhalb kurzer Zeit, daß wir auf einer gemeinsamen Wellenlänge lagen. So entwickelte sich eine über Jahrzehnte andauernde Freundschaft. Doktor E. war ein überaus passionierter Jäger, Reiter und Hundemann, der bei seiner positiven Lebenseinstellung für jedes Problem eine Lösung anzubieten hatte. So auch in meinem Fall, als er mich wenige Tage nach unserer Bekanntschaft in eines seiner beiden gepachteten Reviere mitnahm und mir hier eine sorgfältig deponierte Schatzkiste offenbarte. Da war alles drin, wovon manches Jägerherz in diesen Zeiten nur träumen konnte. Drillinge, Doppelflinten, Repetierbüchsen, jede Menge Munition, Zielfernrohre und Jagdgläser lagerten dort in fachmännisch gepflegter Verpackung und harrten ihrer Wiederverwendung. Es war eine Freude, wieder einmal ein richtiges Jagdgewehr in den Händen zu halten. Ohne große Umschweife forderte mich der liebe Doktor auf, mir ein passendes Exemplar auszusuchen. Trotz aufkommender Euphorie traute ich mich nicht, das ehrlich gemeinte Angebot anzunehmen, wahrscheinlich, weil ich zu vorsichtig oder auch zu feige war und vor den Konsequenzen eines Entdecktwerdens zurückschreckte. Schließlich stand auf unerlaubten Waffenbesitz nach dem alliierten Kontrollratsgesetz immer noch die Todesstrafe, und gerade dem Tod war ich in den letzten Jahren mit viel List und Tücke knapp entgangen. Doktor E. merkte meine inneren

Kämpfe und verstand mich. Dann griff er nochmals in die Schatzkiste und holte ein in Ölpapier gewickeltes Gewehr hervor. „Das wäre etwas für dich, das knallt nicht so laut und ist für die Fuchsjagd ausgezeichnet geeignet!"

Bei diesen Worten entfernte er die Verpackung und überreichte mir ein schnittiges Kleinkaliber der Firma Gecado-Suhl, Kaliber 22 lfb. Der Vorschlag, den Schaft noch etwas zu stutzen und in einen Pistolengriff umzuwandeln, damit ich es auch tagsüber bequem unterm Lodenmantel tragen konnte, stammte auch von ihm. Schon zwei Tage später brachte er mir das so frisierte KK-Gewehr und zwei Schachteln Munition dazu. Sogar einen seiner alten Lodenmäntel lieferte er mir noch frei Haus. Da wir fast die gleiche Größe und Statur hatten, machte auch dies keine Schwierigkeiten. Von nun an begann eine lukrative Jagd auf Füchse. Das neue Gewehr schob ich mit dem kurzen Griff unter die Achselhöhle, der Lauf ragte etwa bis zum Knie und wurde davor mit einem Lederriemen am Oberschenkel befestigt, ebenso wie ein leichter Riemen um die Hüfte den Mittelteil der gestutzten Büchse an den Körper preßte und festhielt. Dies alles wurde durch den Lodenmantel abgedeckt, der von nun an den ganzen Tag über und bei jedem Wetter zu meiner Standardausrüstung gehörte. In dieser Montur mußte ich fortan täglich meinen Dienst in der Försterei W. versehen, oft zusammen mit dem zuständigen Revierleiter Wa. Manchmal haben wir zusammen stundenlang Holz vermessen. Dabei wurde es oftmals recht warm, und der Kollege entledigte sich seines hindernden Mantels. Ich hätte das auch gern getan, doch wollte ich eine Enttarnung nicht riskieren und schwitzte lieber weiter. Schwierigkeiten machte lediglich das Bücken, das eine besondere Körperdrehung erforderte und erst nach einigen Sonderübungen verdachtslos ausgeführt werden konnte. Jahre später, als wir unsere Jagdwaffen wieder öffentlich tragen durften, habe ich den Kollegen Wa. mal gefragt, ob er jemals Verdacht geschöpft habe, daß ich ständig eine Kleinkaliberwaffe unter meinem Lodenmantel trug. Er berichtete mir glaubhaft, daß er niemals auch nur die geringsten Anzeichen davon bemerkt hätte.

Jede freie Stunde war ich nun hinter den Füchsen her, die recht bald merkten, daß ihre sorglose Zeit vorbei war. Da ich neben meinem zugewiesenen Dienstbezirk auch das Revier meines

Vaters heimlich bejagen konnte, war mein Aktionsradius schon recht groß und brachte gute Erfolge. Zunächst versuchte ich immer an einen mausenden oder verhaltenden Fuchs möglichst nahe heranzukommen. Oftmals mäuselte ich auch mit dem Mund, und er lief mich bis auf schußgerechte KK-Entfernung an. Dann war ich bemüht, möglichst einen Kopfschuß anzubringen, der meist sofort tödlich war. Selbst aufs Blatt geschossene Füchse kamen bis auf ganz wenige Ausnahmen, zur Strecke. Manchmal half bei der Nachsuche eine mehr oder weniger hohe Schneedecke etwas mit. Doch bald hatte ich einen absolut sicheren Fuchsspezialisten an meiner Seite. Mein Vater hatte sich inzwischen eine Deutschdrahthaar-Vorstehhündin zugelegt, „Asta vom Geyerstein", aus einem zu jener Zeit bekannten DD-Zwinger stammend. Die Hündin war bereits im zweiten Feld und noch fast roh. Das einzige, was sie gut konnte, war Hetzen und Würgen. Weil sie kaum etwas fraß, war sie auch dürr wie ein Brett, dafür aber von einer unheimlichen Schnelligkeit und Ausdauer. Nie in meinem Leben habe ich wieder solch einen schnellen und nie müde werdenden Hund erlebt. Wenn ich in der Folgezeit auf einen Fuchs zu Schuß kam und diesen nur etwas anflickte, die Hündin aber in meiner Nähe hatte, war der Rotrock unweigerlich verloren. Seine einzige Chance war eventuell noch die Flucht in eine Dickung. Schon ab Stangenholz aufwärts gab es für ihn kein Entkommen mehr. Es war eine Freude zu sehen, mit welchem Elan sich die spindeldürre Hündin auf ihn stürzte und ihm in wenigen Sekunden den Garaus machte.
Bei einer Mondscheinpirsch auf schneebedeckter Feldgemarkung im ausgemusterten weißen Doktorkittel meines Freundes E. kam einmal ein Fuchs auf die Hasenquäke so schnell angespritzt, daß er mich fast umrannte und ich mit dem KK keinen Schuß anbringen konnte. Das war für die fuchsgeile Hündin dann doch zu viel, zumal sie von Gehorsam trotz vieler Dressurakte nicht allzuviel hielt. Wie ein Zirkusgaul sprang sie in die Leine, es gab ein klickendes Geräusch, der Karabinerhaken an der Halsung platzte und dann fegte sie wie wild sichtlaut hinter dem Fuchs her. Da half kein Pfeifen oder Rufen, ich versuchte es auch gar nicht. Etwas bedeppert stand ich nun da und war ärgerlich, weil aufgrund der Störung die Bildfläche für die nächsten Stunden wohl wildleer bleiben würde. Mehr routinemäßig

suchte ich mit dem lichtschwachen 6 x 30 Glas die weiße Landschaft ringsum ab. Zwei rasende schwarze Punkte in weiter Ferne hatte ich bald im Gesichtsfeld. Zum Teufel, das sind doch keine Hasen, auch keine Rehe, das ist Fuchs und Hündin, die dort über die Schneelandschaft fegen. Der Abstand zueinander wird immer kürzer. Nun ändert der Fuchs seine Fluchtrichtung, beschreibt einen großen Bogen und nimmt Kurs auf den angrenzenden Wald. Dadurch kommen mir beide etwas näher. Jetzt verschwinden sie kurz in einer Senke, tauchen am Rande wieder auf. Herrgott, das kann's doch gar nicht geben – nur noch wenige Meter trennen die Hündin vom gesunden Fuchs. Schon beginnt dieser in höchster Not wie ein Hase Haken zu schlagen. Das nutzt ihm nicht viel, im Gegenteil, die Hündin schneidet ihm geschickt den Weg ab. Noch sind es etwa fünfzig Meter bis zum Waldrand. Ob er das schafft? Aber zwanzig Schritt im Waldinnern beginnt das Hordengatter, da kommt er so schnell nicht durch und wird sich stellen müssen. Meine Gedanken sind vorausgeeilt, das tat nicht nötig, denn noch vor dem Waldrand kommt es, beim Überspringen eines Grabens, zur Entscheidung. Mit einem mächtigen Satz reitet die Hündin im wahrsten Sinne des Wortes von hinten beim Fuchs auf; es gibt ein mächtiges Schneegestöber, ein wüstes Durcheinandergewirbel – doch plötzlich ist der Kampfplatz leer. So sehr ich auch mit dem Glas suche, ich sehe nichts mehr. Der Mond ist zu allem Unglück auch noch hinter den Wolken verschwunden. Also hin, so schnell es geht, vielleicht braucht die Hündin meine Unterstützung. Aber dem war nicht so. Als ich nach dreihundert Meter Dauerlauf bis auf fünfzig Schritt heran war, kam sie mir schon entgegen, den noch zuckenden Fuchs im Schlepptau. Von richtigem Apportieren hielt sie nämlich auch nicht viel und bevorzugte, wenn überhaupt, das Schleifen der Beute auf dem Boden bis zum Herrn. Bei der Rekonstruktion der letzten Kampfhandlungen wurde mir dann schnell klar, warum ich dabei keinem Einblick mehr hatte.

In dem wilden Kampfgetümmel waren beide Kontrahenten in den Graben gestürzt und hatten sich so meinen Blicken entzogen. Der abgewürgte Fuchs war vollkommen normal und zeigte auch nach dem Abbalgen bis auf die Bißwunden, keinerlei äußere Verletzungen. Die Tollwut gab es in dieser Gegend noch nicht, also hatte die Hündin einen gesunden Fuchs gefangen und abgewürgt. Zunächst traute ich mich gar nicht, dies einem anderen Jäger zu erzählen. Erst als sich dieses Schauspiel noch ein zweites und sogar drittes Mal wiederholte und einmal sogar in Gegenwart meines Doktorfreundes, gab ich die seltene Eigenschaft dieser Hündin preis und erntete dafür meist spöttisches Kopfschütteln. Natürlich erwischte sie nicht jeden gesunden Fuchs, wobei die Startbedingungen bezüglich der Entfernung und die Geländebeschaffenheit oft eine entscheidende Rolle spielten. Mit dem Gehorsam haperte es auch weiterhin, das Apportieren hingegen wurde immer besser. Beim Fuchsansitz und Heranlocken mit der Hasenquäke mußte ich sie meist in gebührender Entfernung angeleint ablegen, nachdem sie mir durch ihre nie zu bändigende Unruhe schon einige anschnürende Füchse vergrämt hatte. Den richtigen Umgang mit der Hasenquäke hatte mir übrigens mein Vater in vielen Nachhilfestunden so einigermaßen beigebracht. Niemals schaffte ich es jedoch, die klagenden Töne bei der Hasenquäke, wie auch die schmelzenden Laute beim Blatten auf Rehwild so naturgetreu hinzukriegen, wie er es konnte. Bei keiner Wildart wurde ich ein großer Lockjäger, wenn auch meine Versuche hin und wieder von Erfolg gekrönt waren.

Aber noch eine andere Methode der Raubwildbejagung wurde in der waffenlosen Zeit häufig ausgeübt, das war der Fang mit dem Tellereisen. Da gab es richtige Spezialisten unter den Jägern. Seit Jahrzehnten ist dies nun gesetzlich verboten, und ich halte dieses Gesetz wegen der Qualen, die man dabei unweigerlich dem Wild zufügt, für absolut richtig. Zugeben muß ich allerdings, daß auch ich mich zwei winterliche Fangperioden lang dieser Jagdmethode mit gutem Erfolg gewidmet habe. Auf dem Boden des alten Forsthauses fand ich von dem Vorgänger meines Vaters eine Menge zurückgelassener, noch brauchbarer Tellereisen. Zur damaligen Zeit hatte ich, im Unterschied zu meinem Vater, wenig Erfahrung im Umgang mit solchen Instrumenten. Aber auch er kannte nur den Fang am Luderplatz oder an ausgelegten, duftenden Lockbrocken. Im Reinhardswald jedoch fing man die Füchse auf eine andere Art, ohne irgendwelche verführerische Leckerbissen, ganz einfach an dem den ganzen riesigen Waldkomplex umschließenden Hordengatter. Als ich hörte, daß der Nachbarkollege meines Vaters diesbezüglich besonders viele Erfolge zu verzeichnen hatte, bat ich ihn, mir diese Fangart beizubringen. Doch er winkte nur ab und wollte sein Geheimnis lieber für sich behalten. Wahrscheinlich fürchtete er auch einen lästigen Konkurrenten in mir. Bei einem anderen Kollegen fand ich dann mehr Verständnis. An sich war die Sache ganz einfach, und ich hatte auch alles schnell begriffen. Die erwähnten Hordengatter wurden aus aufgetrennten Fichtenstangen jeweils in vier Meter Länge in Einzelstücken zusammengezimmert, die gefertigten Felder dann dicht aneinander genagelt, so daß dort kaum ein Eichhörnchen durchschlüpfen konnte. Mit zunehmender Höhe vergrößerten sich die Zwischenräume immer mehr. Da die aufgeschnittenen Stangen nicht alle geradwüchsig waren, auch mal ein krummes Exemplar dabei Verwendung fand, entstanden durch diese Ausbuchtungen zwangsläufig mehr oder weniger große Schlupflöcher, die von den Füchsen zum Durchschlüpfen kontinuierlich angenommen wurden. Für den Fang war es wichtig, daß diese Passagen so etwa in Höhe von achtzig bis hundert Zentimeter über dem Erdboden lagen damit der Fuchs springen und nicht durchkriechen mußte. Man konnte dabei auch etwas nachhelfen, indem man die zu engen Löcher noch etwas ausschnitzte und damit vergrößerte, gleichzeitig aber alle anderen Durchkriechmöglichkeiten nochmals vernagelte. Nun hieß es, den ersten Neuschnee abzuwarten. Im Unterschied zu heute fiel dieser damals oft schon Anfang November, wenn auch nur für kurze Zeit, was aber meistens genügte. Dann wurde das ganze Außengatter auf einige Kilometer abgespürt und die vom Fuchs benutzten Durchschlupflöcher gekennzeichnet. Dabei markierte man die genaue Ab- und Einsprungstelle mit einem kleinen Stöckchen. Um ganz sicher zu gehen, konnte man diese Kontrolle bei jedem Neuschnee wiederholen, bevor man an diesen gezeichneten Stellen ein Bett für das zu stellende Eisen aushob und wieder unauffällig abdeckte. Auf diese Art konnten die Fangstellen kilometerweit vorbereitet werden, bevor man richtig zuschlug. Das war wiederum von verschiedenen Komponenten abhängig. Der Balg des Fuchses sollte unbedingte Reife haben, das Wetter mußte stimmen und ein geschickter Gehilfe beim Abbalgen zur Stelle sein. Am Vormittag des Fangtages bzw. der Fangnacht wurden die Tellereisen in die vorgefertigten Betten bei Ein- und Aussprung fängisch gestellt, verankert und vorsichtig abgedeckt. Wegen der menschlichen Witterung mußte die Aktion bis zur Mittagszeit beendet sein. Sollten fünfzehn bis zwanzig Eisen aufgestellt werden, so mußte man sich gehörig sputen. Die erste Kontrolle erfolgte bereits zwei Stunden nach Eintritt der Dunkelheit. Da hatte es schon einige der auswechselnden Füchse erwischt. Mit einer Stabtaschenlampe wurden dabei die einzelnen Fangstellen aus gebührender Entfernung abgeleuchtet, die gefangenen Füchse schnell getötet und diese Fangeisen gleich eingezogen. Gegen Morgen war die nächste, meist ergiebigere Fangkontrolle fällig. Da durfte man nicht zu früh sein, weil mancher, vom Feld kommender Nachzügler auch bei vollem Tageslicht noch in die Falle tappen konnte. Bei einer Morgenkontrolle sah ich einmal, einen Fuchs bei voller Beleuchtung auf eines der mit Tellereisen bestückten Schlupflöcher zuschnüren. Kurz davor hatte er mich weg und nahm mit einem gewaltigen Satz dieses an, würgte sich durch und sprang mit beiden Vorderläufen in das auf der anderen Gatterseite stehende Tellereisen. Das auf der Einsprungseite stehende hatte ihn nicht erwischt, weil durch die schnelle Flucht die Absprungstelle einige Zentimeter weiter vorn lag. Noch eine Nacht blieben die Tellereisen unter Kontrolle fängisch stehen, dann wurden sie bis zur nächsten Fangaktion wieder eingezogen. Es war eine einfache, mir bis dahin völlig unbekannte Fangmethode unter keinerlei Verwendung von irgendwelchen Lockstoffen.

Natürlich kam es vor, daß sich gelegentlich auch mal ein Hase in solch einem Tellereisen fing. Das geschah meist abends beim Auswechseln auf die Felder. Der machte dann ein fürchterliches, klagendes Spektakel und konnte recht bald von seinen Qualen erlöst werden. Durch die sich etwa alle zehn Tage wiederholende Fallenjagd am Gatter sowie die täglichen Ansitze und Pirschgänge mit verstecktem Kleinkaliber in Begleitung der schnellen Asta wurde meine Zähigkeit und Ausdauer in kurzer Zeit mit einer enormen Fuchsstrecke belohnt. Nie hätte ich geglaubt, daß es so viele Füchse geben kann. Hinzu kamen noch einige gute Fänge von Baummardern in Knüppelfallen und Schlagbäumen, die ich alle in mühsamer Kleinarbeit im Lauf des Spätsommers gezimmert und bei jeder sich bietenden Gelegenheit in nicht fängischem Zustand schon mit Fleischbrocken bestückt hatte. Mit den Knüppelfallen hatte ich leider wenig Erfolg. Diese wurden häufig von Sauen wegen des darin ausgelegten Luders völlig auseinander genommen und unbrauchbar gemacht. So mußte ich mich diesbezüglich in Zukunft mehr auf die Schlagbäume verlegen. Bald konnte ich mir meinen sehnlichsten Wunsch nach einem Motorrad durch einige mehr oder weniger dubiose Tauschgeschäfte mit Fuchs- und Marderbälgen erfüllen. Überhaupt konnte man mit diesen Rauchwaren einen heimlichen Markt eröffnen und alles Begehrenswerte dafür eintauschen. Die Marder wurden einem förmlich aus den Händen gerissen, bei guten Füchsen war es nicht viel anders. Aber inzwischen haben sich die Zeiten und Ansichten gewaltig geändert. Träger von Pelzkleidungen sind nahezu geächtet, Fuchs und Marder werden stillschweigend verbuddelt. Man traut sich nicht, die Bälge auf den Markt zu bringen. Viel Dummheit, Arroganz und Profilierungssucht von Tierschutzverfechtern haben mit dazu beigetragen. Wenn ich ehrlich bin, muß ich zugeben, daß mir die Fallenjagd zu jener Zeit, trotz der damit verbundenen Qualen für die gefangenen Kreaturen, viel Spaß und Freude bereitet hat. Wahrscheinlich spielten dabei die ökonomischen Aspekte auch eine große Rolle. Wie erwähnt, heute denke ich anders darüber, zumal diese Fangmethoden mehr der Not gehorchend ausgeübt wurden und heutzutage keine Berechtigung mehr haben.

Auch beim Schwarzwild wurde mit mehr oder weniger weidmännischen Mitteln versucht, es zahlenmäßig auf einen erträglichen Bestand zu bringen. Bedingt durch die Wirren der Nachkriegszeit und der Entwaffnung aller Jäger, konnte sich besonders diese Wildart explosionsartig vermehren. Die Felder und Wiesen sahen dementsprechend aus und brachten die um ihre Lebensexistenz ringenden Landwirte an den Rand der Verzweiflung. Auf Abhilfe sinnend, kamen manche Bauern und Jäger auf die seltsamsten Ideen. So wurde in vielen Gegenden nach alter Urväter Sitte der Bau von Fanggruben und Saufängen im Wald wieder populär. Erstere hatten etwa die Größe einer guten Stube, waren zwischen zweieinhalb und drei Meter tief ausgeschachtet und mit steil abfallenden Wänden versehen. Es war eine mühselige Arbeit solch eine Grube mit Hacke und Schippe auszuheben und den Aushub mit Handkarren wegzuschaffen oder einzuebnen. Laderaupen, Bagger oder sonstige technische Hilfsmittel standen für solche Zwecke kaum zur Verfügung. Nach Fertigstellung wurde die Grube zunächst mit dicken Bohlen und Nadelstreu oder Humus naturgetreu abgedeckt. Danach begann das Ankirren der Schweine mit allen möglichen erlesenen Leckerbissen, zunächst vor und im Umkreis der Grube. Waren diese aufgenommen, so wurde das Kirrmaterial bis auf die abdeckenden Bohlen verteilt und zuletzt nur noch dort gefüttert. Bei kontinuierlicher Futteraufnahme durch die Sauen wurden eines Tages die stabilen Bohlen durch dünne, leicht brechende Fichtenstangen ersetzt und ebenfalls wieder gut verblendet. Die ahnungslosen Schwarzkittel stürzten sich wie immer auf das ausgelegte Futter, brachen ein und sausten in die Fanggrube. Auf diese Art sollen manchmal ganze Rotten abgestürzt sein. Das Abschlachten der in der Grube wild rotierenden Sauen, muß nicht immer einfach gewesen sein. Mit selbstgebastelten Speeren und Saufedern wurden sie von oben regelrecht zu Tode gepiekst. Ich wurde einmal zu solch einer Liquidation gebeten, als ich schon ein paar Tage im offiziellen Besitz eines Militärkarabiners war. Der Anblick der dort gefangenen drei Überläufer war erbarmungswürdig, die ganze Angelegenheit im höchsten Grade unweidmännisch. In der Grube hatte wahrscheinlich einige Zentimeter hoch das Regenwasser gestanden, als die Sauen dort hereinplumpsten. Bei deren ständigen, vergeblichen Versuchen an den steilen Wänden hochzuklettern, wurde viel Erdreich mit nach unten gezogen. Das ergab eine zähe, breiige Masse, mit der die bedauernswerten Tiere bald vollkommen überzogen waren und wie Geisterwesen aussahen. Zum Glück gab es nur sehr wenige von diesen Fallgruben. Wesentlich tiergerechter waren da schon die oberirdischen Saufänge, die etwa die gleiche Größe aufwiesen und aus aufgestellten Stahlmatten oder Hordengatter hergestellt waren. In diese wurden die Schwarzkittel ebenfalls durch Anfüttern hineingelockt, die Eingangsklappe fiel hinter ihnen zu und schon saßen sie in der Falle. Ohne besonders großen Aufwand ließen sich die Saufänge am Außengatter des Reinhardswaldes fertigen. Hier erübrigte sich sogar ein Ankirren. An einer besonders naturbegünstigten Stelle wurde in eine Gatterhorde eine Klappe angebracht, die einer starken Sau Einlaß gewähren konnte. Davon ausgehend stellte man einige Horden in rechteckiger oder in Quadratform herum und nagelte sie ausbruchsicher zusammen. Die Größe des so entstandenen Saufanges lag zwischen dreißig und vierzig Quadratmetern. Noch ein stabiles Türchen in Nabelhöhe zum Herausziehen der getöteten Sauen, im Gatterinnern angebracht, das war es schon. Bei solch einem kilometerlangen Außengatter wie im Reinhardswald kam es natürlich häufig vor, daß das Schwarzwild nachts durch ein versehentlich oder absichtlich offengelassenes Tor auf die anliegenden Felder entweichen konnte. Auch Gatterbeschädigungen durch Sturm-, Eis- und Schneebruch waren nicht selten und boten günstige Ausbruchmöglichkeiten. Die im Morgengrauen von ihren Ausflügen heimkehrenden Sauen fanden nur in seltenen Fällen die Stelle, an der sie ausgebrochen waren, wieder. So irrten sie dann am Außengatter entlang und suchten verzweifelt nach einer Einlaßmöglichkeit, bis sie an die in leichter Schrägstellung stehende Klappe des Saufanges stießen. Diese brauchte nur mit dem Gebräch leicht angehoben werden und schon konnten sie in ihr Verderben marschieren. Da sich die Einlaßklappe nur von außen nach innen in den Saufang öffnen ließ und dessen umschließende Gatterhorden absolut stabil gebaut waren, gab es kein Entkommen mehr. Für Sauen, die die Einlaßklappe in die ewigen Jagdgründe nicht fanden, gab es noch die Möglichkeit, sich tagsüber in den von der Eingatterung nicht erfaßten Waldflächen einzuschieben. Das Außengatter verlief nämlich nicht direkt an der Wald/Feldgrenze, sondern in mehr oder weniger großem Abstand von dieser, so daß sich in den ausgegrenzten Teilen zwangsläufig auch geringe Wildeinstandsmöglichkeiten boten. Meistens versuchten die ausgesperrten Sauen am nächsten und übernächsten Morgen nochmals in ihr Einstandsgebiet zurückzufinden und die ganze Prozedur mit dem Hordenablaufen wiederholte sich. Starken Keilern gelang es oft, die Horden an einigen Schwachstellen auseinanderzuzwängen und sich wieder Zutritt in ihr Stammrevier zu verschaffen. Das waren die sogenannten Spezialisten und Gatterbrecher (in beide Richtungen). Wenn man auch heute noch diese ewig hungrigen Miniaturausgaben eines degenerierten Schwarzwildbestandes, wo selbst die kapitalen Keiler kaum ein Wildbretgewicht von 75 Kilo erreichen, in Anblick bekommt, dann muß man für die ständigen Ausbruchversuche dieser Wildart wohlwollendes Verständnis haben. Im allgemeinen wanderte Schwarzwild, welches keinen Einschlupf in das Gatter mehr fand und auch die Saufangklappen verfehlte, von den ausgegatterten Teilflächen schnell in andere größere Waldregionen ab und war somit für den Reinhardswald verloren. Ebenso erging es dem Rotwild, für das man allerdings häufige Einsprungsmöglichkeiten, natürlich ohne Fanggatter dahinter, geschaffen hatte.

In dem Revier, in welchem ich meinen Dienst versah, waren am Außengatter je ein beschriebener Saufang und eine separate Einsprungvorrichtung für Rotwild vorhanden. Gleich in den ersten Tagen meiner Tätigkeit war eine schwache Bache mit einem ausgewachsenen Frischling in einen Saufang geraten. Da die deutsche Polizei schon mit Handfeuerwaffen ausgerüstet war, ließ der Kollege Wa. die Tötungsaktion durch den herbeigerufenen Ortspolizisten mittels Dienstpistole durch Kopfschüsse durchführen. Der Munitionsaufwand war dabei nicht unerheblich, und mit den Kopftreffern klappte es trotz der geringen Entfernung auf die sich ständig bewegenden Zielobjekte auch nicht so recht. Es wäre durchaus möglich gewesen, nach Erlegung des Frischlings die Bache durch Öffnen der halbhohen Saufangtür ins Waldinnere und damit in die Freiheit entkommen zu lassen, aber in dieser besatzungsmäßig verordneten Schonkostzeit war jedermann froh, wenn er zur Bereicherung seines kargen Speisezettels etwas Wildbret ergattern konnte. Also hatte auch die Bache keine Chance und wurde ebenfalls auf wenig weidmännische Art liquidiert. Noch dramatischer wurde es, wenn für die Liquidierung der gefangenen Sauen kein Polizeibeamter zur Verfügung stand. Dann wurde auf die Köpfe der anspringenden Kreaturen vom sicheren oberen Hordenrand her mit Äxten und Hämmern eingeschlagen oder aber mit der blanken Waffe durch die Zwischenräume in den Gatterhorden bis zum langsamen Verenden auf sie eingestochen. Es war ein mühseliges Unterfangen, aber es sollte wegen der damaligen waffenlosen Zeit nicht verurteilt werden. Nach solch einem unweidmännischem Niedermetzeln sah der Saufang wie ein Schlachthaus aus. Irgendwie gefiel mir das nicht, und ich monierte die Art der Tötung dieser gefangenen Sauen in Gegenwart von Vorgesetzten, Kollegen und Waldarbeitern. Es müßte doch möglich sein, zumindest einzelne Sauen vorschriftsmäßig mit einer Saufeder auf tiergerechte Art ins Jenseits zu befördern, so wie es in den Lehrbüchern beschrieben wird. Da hatte ich mich in meinem jugendlichen Leichtsinn wohl etwas zu weit vorgewagt und mir einigen Unmut zugezogen. Nach einigen hämischen Sticheleien und Provokationen hatte man mich daraufhin so weit in die Enge getrieben, daß mir gar nichts anderes übrig blieb, das Abfangen der nächsten Sau im Saufang höchstpersönlich nach geschilderter Lehrbuchart vorzunehmen. Meine stille Hoffnung, daß dieser Fall nicht so bald eintreten mochte und wenn, dann sollte es doch bitte ein kleiner Frischling sein, ging nicht in Erfüllung. Noch am gleichen Tag gab ich die Anfertigung einer Saufeder nach Frevert beim Dorfschmied in Auftrag. Zwei Tage später, die Saufeder war noch nicht geschmiedet, kam mir auf meinem morgendlichen Anmarsch in mein Dienstbezirk ein Waldarbeiter entgegengeradelt. „Kommen Sie schnell, im Saufang in der Abteilung 46 ist ein Schwein, das wollten Sie doch abstechen, alles wartet schon darauf!" Oh, heiliger Hubertus, da hatte ich mir mit meinem großen Maul ja was eingebrockt. Schon von weitem sah ich eine beträchtliche Zahl von Zuschauern in der Nähe des besagten Saufangs stehen. Sämtliche Waldarbeiter der Försterei W., Kollege Wa. und auch noch der Nachbarkollege, alle warteten grinsend auf mein Erscheinen. Mein Argument wegen der noch nicht fertiggestellten Saufeder könne ich nicht, fand keinerlei Beachtung, zumal mir Kollege Wa. gleich ein zahnstocherartiges Instrument in die Hand drückte. Das sollte doch nicht etwa eine Saufeder darstellen? Es bestand aus einem auf einem Fichtenstängchen mit Draht und sonstigen Utensilien aufgepflanztem französischem Seitengewehr von etwa vierzig Zentimeter Länge. Zum Pieksen der Sauen durch die Gatterhorden mag dieser Zahnstocher wohl gut gewesen sein, zum Abfangen einer angreifenden Sau schien er mir jedoch höchst ungeeignet. In den Gesichtern der Umstehenden konnte ich lesen, daß es für mich trotzdem kein Zurück geben konnte. Zu viel hatte ich wohl vorher auf den Putz gehauen und mich wie ein Lehrmeister aufgespielt, obwohl ich auch nur alles theoretisch kannte. Todesmutig näherte ich mich in Begleitung der sensationslüsternen Zuschauer dem Saufang und dem darin schnaufenden Schwarzkittel. Je näher ich kam, umso größer erschien mir mein Opfer (später wog er aufgebrochen nur 42 kg). Als ich am Saufang an der Außenseite hochkletterte, sprang mir der Überläufer von der Innenseite her schon entgegen und wollte mich annehmen. Am einfachsten wäre es gewesen, ihm von oben in dieser Stellung den Spieß in den Körper zu jagen, so wie man es bisher immer gehandhabt hatte. Aber dann wäre wohl mein Image dahin gewesen. Ich mußte also runter. Um die Sau von mir abzulenken, kletterte ein Sekundant auf der entgegengesetzten Seite des Saufangs an einer Horde hoch. Sofort ließ diese von mir ab und wandte sich dem neuen „Emporkömmling" zu. Diese Sekunde mußte ich nutzen, um herunterzuspringen und mich mit der Saufeder in Positur zu bringen. Doch auch diese Rechnung ging nicht ganz auf. Noch bevor ich den Boden erreichte, hatte mich der Kujel schon weg, wendete blitzschnell und griff sofort an. Mir gelang es noch in letzter Sekunde, die Saufeder so halbwegs in lehrbuchbeschriebene Stellung zu bringen, da rannte er auch schon in den Spieß hinein und schob mich mitsamt diesem primitiv zusammengebastelten Marterinstrument in die Ecke. Zum Glück fand dessen Stielende Widerstand an einer Querlatte, so daß durch die Wucht des ungestümen Anrennens der Spieß tiefer in den Wildkörper zwischen linkem Vorderblatt und Stich eindringen konnte. Offenbar war es trotzdem nicht tief genug, denn ein Drittel davon ragte noch heraus und bog sich wie ein Flitzebogen. Es gab ein wildes Hin und Her. Krampfhaft versuchte ich entgegenzuhalten, mir schwante nichts Gutes. Plötzlich gab es ein „Klick" und der Zahnstocher brach oberhalb seiner Befestigung ab. Noch während des Klickens ließ ich alles fallen. Wie ein verfolgtes Eichhörnchen flitzte ich an den Horden hoch. Die angestochene Sau mit herausragendem Spießende hinter mir her. Zum Glück fiel sie nach einem Hochsprung gleich wieder runter und erwischte mich nicht. Blasigroter Schaum quoll jetzt aus der Einstichstelle. Offensichtlich war die Lunge verletzt; sie drehte noch zwei Runden, taumelte dann und tat sich schwerfällig nieder. Irgendjemand reichte mir ein Weidmesser, was so etwa einer Aufforderung zur Beendigung des Dramas gleichkam. Zweimal mußte ich beim Versuch, die kranke Sau damit abzufangen, wiederum blitzschnell die Horden hochflitzen, bis ich ihr endlich von der Seite her das Messer hinter's Blatt bohren konnte. Na, ja mit Ruhm hatte ich mich dank der primitiven Saufeder nicht bekleckert, das wußte ich selbst am besten. Wenn mir heute irgendein Schwätzer erzählt, es wäre ein Leichtes, eine gesunde Sau ohne Mithilfe von Hunden abzufangen, dann kann er mir nur ein müdes Lächeln entlocken. Mit der nach meinen Angaben von einem pfiffigen Dorfschmied angefertigten Saufeder habe ich später noch etliche Stücke Schwarzwild abgefangen und zur Strecke gebracht. Alle waren jedoch entweder krank und damit behindert oder ein bis zwei Hunde gaben mir Hilfestellung. Eine stärkere gesunde Sau wirft einem die Saufeder wie ein Spielzeug aus der Hand und vertauscht damit die Rollen in Sekundenschnelle. Von nun an nahm ich die Kontrolle der Saufänge in aller Frühe selbst vor. Fühlte ich mich ganz sicher, dann erlegte ich die gefangenen Sauen mit dem inzwischen versteckt mitgeführten Kleinkaliber durch Kopfschüsse. Danach erst brachte ich den verendeten Stücken mit einem Nicker die scheinbaren Stichverletzungen von einer Saufeder bei. Auch der oder die winzigen Einschüsse am Kopf wurden so präpariert, daß kaum ein Profi, geschweige denn ein Laie irgendeinen Verdacht schöpfen konnte. Starke Bachen und Keiler ließ ich auch oft durch Öffnen der Innentür aus dem Saufang entweichen. Trotzdem blieb die Wildbretversorgung für die Angehörigen des Forstamts und weiterer Kreise stets gesichert.

Noch ein anderer Jagdgefährte hatte sich in letzter Zeit zum sicheren Wildbretlieferanten entwickelt. Die schon beschriebene Drahthaarhündin meines Vaters, von uns allen nur noch „die schnelle Asta" genannt, konnte bei ihrer übersteigerten Beutegier nur sehr schwer im Zaum gehalten werden. Besonders mein Vater wurde kaum mit ihr fertig. Selbst brutale Dressurakte halfen nur vorübergehend, da auch die nötigen Hilfsmittel für die Abrichtung fehlten und ich selbst noch keine Erfahrung auf diesem Gebiet hatte. Eines Tages stellte mein Vater anhand von Verbißschäden in einer gegatterten Eichenkultur das Vorhandensein von einigen Rehen fest. Unverzüglich nahm er zwei Waldarbeiter mit, ließ die Tore öffnen und hoffte, die Eindringlinge heraustreiben zu können. Auch die schnelle Asta war dabei, zunächst jedoch noch angeleint. Als die Rehe die geöffneten Tore immer wieder verfehlten, ja sogar strikt mieden, kam die Hündin zum Einsatz. Die machte kurzen Prozeß, trieb sie zunächst in eine Ecke und schon verriet das laute Klagen, daß sie ein Reh erwischt hatte. Vater brauchte nur noch hinzueilen, um das Stück abzunicken. Während dieser kurzen Phase hatte Asta schon das nächste Stück an der Drossel und auch das dritte und letzte besaß keine Chance. Nun war die Kultur wieder wildrein, wenn auch auf eine recht brutale Art und Weise. Für uns und die Forstamtsangehörigen bedeutete der unverhoffte Fleischsegen wieder eine willkommene Abwechslung auf dem Speisenzettel. In der angefertigten Streckenmeldung hieß es dann „verwertbares Fallwild gegen Gatter gelaufen," was ja in gewissem Sinne der Wahrheit entsprach. Durch die daran beteiligten Waldarbeiter sprach es sich schnell herum, was für einen Rehspezialisten wir in unserem Besitz hatten. Die schnelle Asta wurde fortan zur Kulturgattersäuberung auch in den anderen Revieren angefordert, wobei die Kollegen im Stillen natürlich auf frisches Wildbret hofften. Das klappte fast immer, denn es gab kaum eine gegatterte Kultur, die im Laufe der Jahre rehrein blieb. Selbst bei älteren Kulturen hielt sich das Rehwild, richtete kaum noch Schäden an. Auch ein fegender Bock konnte nicht mehr viel Unheil anrichten. Da die Hündin die Schonzeiten nicht kannte, wußte sie auch nicht, zwischen Bock und Ricke zu unterscheiden. So kam es gelegentlich vor, daß ein abgeworfener Rehbock zur ihren Opfern zählte. Mancher Jäger wird beim Lesen dieser unweidmännischen Jagerei die Nase rümpfen, was vom heutigen Standpunkt auch durchaus verständlich ist. Wahrscheinlich war er in seinem bisherigen Dasein niemals auf Lebensmittelkarten angewiesen und kennt noch keinen Hunger. Wenn Letzteres nämlich eintritt, dann wird es mit der Weidgerechtigkeit nicht mehr so genau genommen, und der Mensch kehrt in das Zeitalter seiner Urahnen zurück. Wir wollen hoffen, daß dies nie wieder vorkommen wird. Die schnelle Asta hatte sich also neben dem Fuchs- auch zum Rehspezialisten entwickelt. Nun galt ihr Interesse neben dem Rot- auch dem Schwarzwild. Durch ihre Erfolge an Rehwild und Füchsen angestachelt, griff sie auch Schwarzwild bedingungslos an und würgte bei solch einer Kulturgattersäuberungsjagd auf Rehwild auch schon mal den einen oder anderen Frischling ab. Es war nur noch eine Frage der Zeit, wann sie mal den Kürzeren ziehen würde. Allzu scharfe Hunde werden selten alt, das ist eine alte Jägerregel. So erging es auch dieser Hündin. Waldarbeiter fanden sie eines Morgens in einem Graben liegend. Der Bauch war bis in die Kammer aufgeschlitzt. Wahrscheinlich hatte sie sich noch aus der Dickung geschleppt, doch das Überqueren des Grabens nicht mehr geschafft. So war sie in ihn hineingefallen und dort verendet. Die Verletzungen rührten unzweifelhaft von einer hauenden Sau. Am Tag vorher hatte sie eine ihrer Privatjagden unternommen und war davon nicht mehr zurückgekehrt.

Zu dem Spender des Kleinkalibers Dr. E. hatte sich inzwischen eine echte Jagdfreundschaft entwickelt. An einem Sonntamorgen holte er mich mit seinem Auto ab, um in eines seiner Reviere zu fahren. Als Arzt stand ihm solch ein Fortbewegungsmittel zu, und auch mit der Beschaffung des rationierten Treibstoffes schien er keine Schwierigkeiten zu haben. Unterwegs nahmen wir noch seinen Bruder, ein ebenfalls hochpassionierter Jäger und Hundeführer, sowie einen seiner Söhne mit. Als mir der gute Doktor während der Fahrt seinen Plan von einer kleinen Drückjagd unterbreitete, wurde mir doch recht mulmig zumute. Es ging über unausgebaute Feld- und Waldwege immer tiefer ins Revier hinein. Zweimal mußten wir aussteigen und das nicht geländegängige Fahrzeug aus dem Dreck schieben, bis am Ende einer fast zugewachsenen Schneise die nervenaufreibende Geländefahrt endlich zu Ende war. Der Kofferraumdeckel wurde fast feierlich geöffnet und zum Vorschein kam die in Decken sorgfältig verpackte und mir bereits bekannte Schatzkiste. Mir wurde ein Drilling der Firma Sauer und Sohn zugeteilt, Kaliber 12/70, 9,3 x 74 mit einem sechsfachen Zeiss-Glas nebst der dazugehörigen Munition. Die Gebrüder E. bewaffneten sich jeder mit einer funkelnden, wahrscheinlich maßgeschäfteten Bockbüchsflinte mit dicken Zielfernrohren. Der Doktor führte mich auf meinen Stand unter einer tiefbeasteten Fichte in einem Fichten/Kiefern-Altholzstreifen zwischen zwei Dickungen und gab mir noch einige Ratschläge. Alles ging recht lautlos vonstatten und wirkte geheimnisvoll. Ebenso leise machte ich mir erst einmal meinen Stand zurecht, schnitt die herunterhängenden grünen Äste leicht an und knickte sie geräuschlos nach unten. So war ich für das Umfeld fast unsichtbar und hatte ein verstärktes

Gefühl der Geborgenheit. In der ersten Stunde tat sich überhaupt nichts. Dann fällt in weiter Ferne ein Kugelschuß und gleich darauf noch einer, danach wieder Totenstille, bis ich nach einer weiteren halben Stunde nochmals durch einen Doppelschuß aus entgegengesetzter Richtung hochgeschreckt werde. Wie aus dem Boden gestampft, steht da plötzlich ein Fuchs kaum zwanzig Schritt vor meiner Fichte, äugt zu mir hin. Das Umschalten auf Schrot rettet ihm das Leben. Der ungewohnte Umgang mit dem Drilling hat mich nicht schnell genug handeln lassen, dazu das unhandliche Zielfernrohr, das ich dummerweise draufgelassen habe. Schnell runter damit, aber die Schieber sitzen ganz fest und lassen die Haken nicht frei. Ich muß beide Hände zur Hilfe nehmen, klemme dabei den Schaft des Drillings zwischen die Oberschenkel, will es nochmals versuchen – da reißt mich ein Knacken in der Dickung hoch. Auf der noch warmen Fuchsspur kommt langsam eine Sau angetrollt. Heiliger Hubertus, und was für eine. Den Bruchteil einer Sekunde bin ich zur Salzsäule erstarrt, lasse das Zielfernrohr drauf, suche den massigen Wildkörper durch den Tunnel zwischen Schiene und Fernrohr zu erfassen. Jetzt verhofft das Stück auch noch, keine zehn Schritt sind es, Halsansatz gefaßt und durchgerissen. Wie vom Blitz erschlagen haut's den Bassen zusammen, das Gebrech klappt noch mehrmals auf und wieder zusammen – ein wunderbares Geräusch für Jägerohren –, dann wird es still. Unwillkürlich klappert nun auch mein Gebrech; so einen dicken Keiler habe ich noch nicht an der Wand. Raus aus meinem Versteck, hier im Altholz kann er nicht liegenbleiben. Mit beiden Händen an den Vorderläufen gepackt, ziehe ich ihn ruckartig in die Dickung. Man glaubt gar nicht, welch ungeahnte Kräfte ein Mensch in solch einer Situation entwickeln kann. Unter normalen Umständen hätte ich jetzt ein weit hörbares Freudengeheul angestimmt, stattdessen saß ich still in der dunklen Dickung neben meinem Keiler und versuchte, mein vor Freude immer noch rasendes Herz zu bändigen. Nach einer halben Stunde Totenwache habe ich ihn aufgebrochen und dann in einer Pfütze mein Äußeres gründlich von Schweiß gereinigt. Später kam der Doktor angeschlichen. Schon ohne Gewehr, wie ein Pilzsammler aussehend, blickte er mich fragend an. Da konnte ich nicht umhin, ihn etwas zu foppen, und erzählte von einem

Frischling, den ich beschossen hätte und der hier wohl in der Dickung liegen müsse. Willig ließ er sich von mir einweisen, fand sogar ein winziges Tröpfchen Schweiß, betrat die Dickung – und dann hörte ich nur noch den Ausruf: „Donnerwetter, was für ein Klotz von Keiler!" Ehrlichen Herzens nahm er an meiner Freude Anteil und überreichte mir gleich an Ort und Stelle einen Bruch. Leider konnte ich mir diesen nicht an meinen Hut heften, die Zeit war hierfür noch nicht reif. Die beiden Brüder E. hatten zusammen zwei Schmalrehe und eine Ricke geschossen. Der zwölfjährige Sohn des Doktors hatte das „Durchhusten" der Dickung, wie wir es unter uns nannten, ganz vorzüglich gemacht, er ist heute selbst ein passionierter Jäger im bereits seriösen Alter. Solch kleine Familienjagden haben wir in diesem herrlich abgelegenen Revierteil noch des öfteren mit wechselndem Erfolg durchgeführt. Nochmals war mir jedoch so ein Jagderlebnis wie das erste Mal nicht beschieden.

Heute stimmt es mich traurig, wenn ich an die vielen naturnahen Nischen oder dem Menschen unzugänglichen Dickungen in der damaligen Zeit zurückdenke. Die Lebensgemeinschaft Wald ist mit dem Einzug der Motorsäge primär zu reinen Holzproduktionsstätten herabgewirtschaftet worden. Planierraupen und Grader erschlossen bald die finstersten Waldwinkel. Der Mensch genießt heutzutage rund um die Uhr Narrenfreiheit im „Wohnzimmer" des Wildes. Nie wieder wird es wahrscheinlich möglich sein, solch kleine Familienjagden in aller Stille durchzuführen, ob mit oder ohne Jagderlaubnis. Immer wird man einem rechthaberischen Spaziergänger, aufgeblasenen Natur- bzw. Tierschützer oder sonst irgendeinem Klugscheißer begegnen.

Doch zurück zu Doktors damaligem Jagdparadies. Dort habe ich mal eine mittelschwere jagdliche Sünde begangen, die ich mir hiermit von der Seele schreiben möchte. In diesem Revier gab es noch recht viele Füchse. Sie wurden ja auch schon seit über zwei Jahren nicht mehr bejagt und konnten sich ungehemmt vermehren. In meinem Jagdgebiet dagegen war deren Zahl durch die intensive Bejagung beträchtlich zurückgegangen, und meine Erfolgskurve zeigte einen kontinuierlichen Abwärtstrend. Wie in allen Lagen, wollte auch hier mein Doktorfreund schnelle Abhilfe schaffen. Lange vor Büchsenlicht brachte er mich eines morgens in sein Revier. Dort hatte er in einem schwachen Stangenholz in der Nähe eines angeblich sehr guten Fuchspasses mit eigener Hand eine gut getarnte Ansitzmöglichkeit geschaffen. Da diese nicht allzu weit vom nächsten Dorf entfernt, in der Nähe des Feldrandes lag, verzichtete ich wegen des lauten Knalles auf den dargebotenen Drilling und nahm das mir inzwischen an Herz und Körper gewachsene Kleinkaliber.

Es ist noch recht dunkel, da kommt tatsächlich der erste Fuchs vom Feld her auf meine Deckung zugeschnürt. Bis auf zwanzig Schritt lasse ich ihn anlaufen, provoziere ihn durch leises Mäuseln zum Verhoffen, suche über Kimme und Korn den Kopf zu erfassen und lasse fliegen. Schon im Schuß weiß ich, daß die Kugel vorbeigeht. Es ist noch zu dunkel, und da habe ich wohl den üblichen Fehler gemacht und zu viel Korn sehen lassen. Mit wehender Standarte fegt er davon, den brauche ich nicht nachsuchen. Wenig später kommt ein Hase angehoppelt. Den könnte ich auch mitnehmen, weil mich der Doktor darum gebeten hatte. Der Schuß auf den sitzenden Mümmelmann ist keine besondere Leistung; er schlegelt noch etwas und verendet. Aber dieser Morgen soll mir noch eine besondere Überraschung bereiten. Eine Bewegung auf siebzig Schritt läßt mich ruckartig aufwerfen. Waren das nicht eben die Lauscher eines Stück Rotwildes? Tatsächlich, auf einer kleinen Bestandslücke nochmals die gleiche Wahrnehmung. Das gibt's doch nicht, ein ganzes Rudel Kahlwild zieht genau auf meinen Stand zu, wo doch in diesem Teil des Revieres kein Rotwild vorkommen soll. Aber das spielt nun keine Rolle mehr. Unter leichtem Knacken bewegt sich der ganze Pulk immer näher auf mich zu. An der Spitze ein dickes Leittier mit mächtig langem Kopf. Es müßten grob geschätzt zehn Stücke sein, bis auf einen Spießer, alles Kahlwild. Mehr aus Gewohnheit als Absicht nehme ich langsam die Kleinkaliberbüchse hoch und streiche an. Hätte ich doch heute lieber den Drilling genommen, dann könnte ich jetzt ein Stück sauber auf den Träger schießen, ja hätte, hätte. Die alte Tante ist schon seitlich an meinem Stand vorbeigewechselt, da stoppt sie plötzlich und bläht wie ein Pferd die Nüstern auf. Irgendwas scheint ihr nicht geheuer, wahrscheinlich ein Hauch meiner Witterung. Kaum zehn Schritt vor mir steht noch ein Tier und äugt mit vorgestrecktem Träger nach der verhoffenden Führungsmutter.

Rückblickend glaube ich, daß mir erst in dieser Sekunde der Gedanke kam, diesem Tier einen sauberen Kopfschuß zu verpassen. Es kann doch gar nichts schiefgehen. Langsam ziehe ich am Träger hoch, suche den Gehörgang des Stückes, bin am Druckpunkt und dann gibt es kein Zurück mehr – ich drücke durch. Was ich mit diesem Schuß für einen gewaltigen Orkan entfacht habe, kann man sich kaum vorstellen. Das Alttier sackt zunächst blitzartig zusammen, schnellt dann wie hochkatapultiert senkrecht nach oben und tobt nun kreisförmig um sich herum wie ein wildgewordener Zirkusgaul. Dabei flieht es wahllos die Bäume an, knickt schwächere Stangen wie Streichhölzer, schießt immer wieder senkrecht in die Luft, sackt zusammen, kommt wieder auf die Läufe und setzt den orkanartigen Todeslauf fort. Die übrigen Stücke sind längst auseinandergestoben und haben den Todeskampfplatz ihrer Gefährtin fluchtartig verlassen. Jetzt wird mir erst so richtig bewußt, was ich angerichtet habe. Dieser Krach muß doch weithin zu hören sein – nimmt denn das Herumtoben überhaupt kein Ende? Doch, das Ende kommt nach etwa einer, vielleicht auch zwei Minuten, da wird das Toben schwächer, taumelnder und nun sackt das Stück endlich zusammen und rührt sich nicht mehr. Mir kam die darauffolgende Stille damals wie eine Erlösung vor.

Lange rührte ich mich nicht in meinem Versteck und lauschte. Aber scheinbar war alles unbemerkt geblieben, nichts Verdächtiges war zu vernehmen. Langsam näherte ich mich meiner Beute. Ein großer Kasten von einem Tier und jung schien es auch nicht mehr zu sein. Alle Bäume ringsum waren schweißbespritzt, teilweise abgeknickt oder umgedrückt, der Waldboden stellenweise aufgewühlt. Es sah aus, als ob ein Kugelblitz dazwischengefahren wäre. Dann packte mich doch so etwas wie Panik. Schnell suchte ich einige herumliegende Baumwipfel und Äste zusammen und bedeckte damit das Corpus delicti. Danach trieb es mich erst einmal weg vom Anschuß, um in sicherer Entfernung die weiteren Dinge abzuwarten. Der Doktor wollte mich erst in zwei Stunden holen, also konnte ich bis dahin die Gegend beobachten. Nach einer halben Stunde kam ein Radfahrer am Feldrand entlang, bog in den Waldweg ein und fuhr unbekümmert weiter. Der hatte bestimmt nichts gemerkt, wollte vermutlich zur Arbeit. Als ich mir absolut sicher war, daß meine Erlegungsaktion unbemerkt geblieben war, schlich ich zurück zu meinem bedeckten Opfer und brach es auf. Es war wirklich eine sehr alte Tante ohne Gesäuge, die dem Konsumenten einige zusätzliche Kaubewegungen abtrotzen würde. Das Kleinkalibergeschoß hatte das Hirn nicht vollständig durchschlagen, sondern nur gestreift, zwei Zentimeter tiefer wäre besser gewesen und hätte wahrscheinlich eine schnellere Wirkung erzielt. Pünktlich, wie immer, war mein Doktorfreund zu Stelle und über die Erlegung des Alttieres und auch des Hasen hocherfreut, hatte er doch eine große Familie und Verwandtschaft zu versorgen. Die Bergung des Wildbrets machte keine großen Schwierigkeiten, und in kurzer Zeit war alles im Doktorwagen verstaut und abgedeckt.

Noch viele gemeinsame Jagderlebnisse festigten unsere Freundschaft über viele Jahre hinaus, bis er, noch im besten Mannesalter in Ausübung seines Berufes bei einem Verkehrsunfall ums Leben kam.

Die Dachkorn-Ära

Trotz Selbsthilfe durch einige Jäger und Landwirte nahm die Population des Schwarzwildes von Tag zu Tag beängstigendere Formen an. Selbst aufgestellte Nachtwachen auf den Feldern brachten nur vorübergehende Erfolge und veranlaßten die Sauen höchstens zu einem Stellungswechsel in benachbarte Gefilde. Nach langwierigen Verhandlungen mit der amerikanischen Besatzungsmacht versprach diese, schnelle Abhilfe zu schaffen. Das sollte in Form von sogenannten Polizeijagden durch politisch unbelastete deutsche Jäger unter amerikanischer Aufsicht geschehen. So wurden bald einige Jagdpächter und Forstbeamte mit sogenannter „weißer Weste" aufgefordert, an solch einer Polizeijagd teilzunehmen. Meistens waren hierfür die Wochenenden vorgesehen. Irgend ein deutscher Erfüllungsgehilfe des Landratsamtes bestimmte Ort, Zeitpunkt und die zu bejagenden Reviere. Die Treiber mußte die jeweilige Gemeinde kostenlos zur Verfügung stellen.

Ein besonderes Gaudi war schon der Transport und die Verteilung der Gewehre. Diese wurden von einem amerikanischen Offizier, wild zusammengeworfen auf dem Rücksitz eines Jeeps, zum Treffpunkt transportiert und dort wahllos an die Jagdteilnehmer ausgegeben. Ebenso vollzog sich nach der Jagd der Rücktransport. Es waren einfache deutsche Militärkarabiner, mit deren Umgang wir ja schon im Krieg bestens vertraut gemacht worden waren. Obwohl die Karabiner erfahrungsgemäß eine gute Treffsicherheit aufwiesen, war bei solch malträtierten Einzelstücken ein großes Risiko einzukalkulieren, zumal wir auch keine Probeschüsse machen durften. Die Visierung und Schäftung dieser Gewehre war für die Jagdausübung und vor allen Dingen für das Flüchtigschießen vollkommen ungeeignet.

Erstere bestand aus einer V-förmigen, entfernungsmäßig verschiebbaren Kimme und einem Dachkorn. Für mich und viele andere Jäger begann damit die sogenannte „Dachkorn-Ära", an die wir uns schnell gewöhnen mußten und die uns trotz ihrer Primitivität viele jagdliche Freuden und Erfolge beschert hat. Weit größere Probleme gab es beim Schuß auf hochflüchtiges Wild durch die kurze Schäftung der Gewehre. Aber auch da wußten sich die meisten deutschen Jagdteilnehmer zu helfen. Dick ausgepolsterte Schaftkappen hatte sich schon der größte Teil von ihnen zur zweiten Polizeijagd beschafft und konnte so die Kürze der Gewehrschäfte mehr oder weniger ausgleichen. Die allergrößte Sorge bereitete uns allerdings zu Anfang dieser Jagden die zweifelhafte Munition. Jeder Schütze bekam zehn Schuß zugeteilt und mußte nach Jagdende darüber Rechenschaft ablegen. Ein Großteil der Patronen war mit Sicherheit bei Kriegsende weggeworfen, dann erst viel später eingesammelt und bei den zuständigen Sammelstellen abgegeben worden. So waren manche davon über Wochen und Monate den Witterungseinflüssen ausgesetzt. Dementsprechend hoch war dabei auch die Zahl der Versager, das hat manchen Schützen an den Rand der Verzweiflung gebracht und einigen Schwarzkitteln die Schwarte gerettet. Auch ich hatte gleich auf einer der ersten dieser sogenannten Polizeijagden ein unschönes Erlebnis, an dessen tragischem Ausgang die Munitionsbeschaffenheit eine große Rolle spielte.

Einem etwa vierjährigen Keiler, der hangabwärts in voller Fahrt auf sechzig Schritt an meinem Stand im lichten Eichenstangenholz vorbeiflüchtete, verpaßte ich leider einen Gebrechschuß. Wahrscheinlich hatte ich bei dessen rasender Geschwindigkeit zu weit vorgeschwungen. Zunächst rollierte er wie ein Hase, kam aber sofort wieder auf die Läufe, taumelte sekundenlang orientierungslos herum und torkelte dann mit heruntergeklapptem Untergebrech in die angrenzende Dickung. Zweimal bot sich mir während dieser Zeitspanne noch die Gelegenheit, eine sichere Kugel anzutragen, aber zu allem Unglück hatte ich gleich zwei Versager hintereinander und konnte nur entsetzt und fluchend hinterherschauen. Nur wer schon mal in einer ähnlichen Lage war, wird meine ohnmächtige Wut nach solch einer deprimierenden Begebenheit verstehen können. Zwei vol-

le Tage habe ich dann mit zwei Jagdfreunden, einem Schweißhund und einem Terrier versucht, den Keiler zur Strecke zu
bringen. Bewaffnet waren wir nur mit Saufedern, da die Karabiner ja nach der Jagd wieder eingesammelt und deponiert wurden. Es gelang uns nicht, an ihn heranzukommen, er war der
furchtbaren Schmerzen wegen wohl ständig auf den Läufen.
Nach etwa vierzehn Tagen fand ihn ein Straßenwärter vier Kilometer vom Anschuß entfernt im Straßengraben verendet, abgekommen bis zum Skelett. Der Anblick dieser armen Kreatur hat
mich noch jahrzehntelang im Traum verfolgt und vor manchem
leichtsinnigen Schuß bewahrt. Nach diesem Drama hatte die
Beschaffung von funktionsfähiger Munition höchste Priorität.
Offenbar hatte sich mein Mißgeschick mit den Versagern herumgesprochen, denn bald bekam ich manche Schachtel gepflegter Infantriemunition heimlich zugesteckt, sogar einige voll-
gespickte Maschinengewehrgurte waren dabei. Das Umfunktio-
nieren dieser Spitzgeschosse in brauchbare Jagdmunition war
mir inzwischen zur Routine geworden, und so konnte ich den
zukünftigen Polizeijagden mit etwas mehr Optimismus entge-
gensehen. Tatsächlich hatte ich fortan mit der eigenen Munition
kaum noch einen Versager zu verzeichnen, und die Treffsicherheit, die unter dem russischen Roulettspiel mit den zweifelhaf-
ten Patronen sehr in Mitleidenschaft gezogen war, nahm wieder
von Jagd zu Jagd zu. Die Sache begann, langsam Spaß zu machen. Man traf dabei viele gleichgesinnte Weidmänner, konnte
wertvolle Erfahrungen gegenseitig austauschen und nahm dann
manchen guten Tip mit auf den Heimweg.
Schwarzwild bekamen wir während eines Jagdtages mehrere
Male in Anblick. Die als Treiber fungierenden Landwirte wußten meistens auch ohne Schnee genau, in welchen Dickungen die
Sauen, die nachts ihre Felder verwüsteten, steckten. Leider war
damit der jagdliche Erfolg noch lange nicht garantiert. Geschossen wurde genug, jedoch ließen die Trefferprozente häufig zu
wünschen übrig, und die Gesamtstrecke fiel oft recht kärglich
aus. Auch wurde verhältnismäßig viel Schwarzwild angeschweißt. Wie im geschilderten Fall mit dem Gebrechschuß-
keiler, gestalteten sich auch die zukünftigen Nachsuchen recht
schwierig und führten selten zum Erfolg. Meistens verschwand
dann das gefundene Stück in den Kellern des zuständigen Jagd

pächters und der Nachsuchengehilfen, anstatt es dem Landrats-
amt abzuliefern. Dabei sollte nicht vergessen werden, daß die
rationierten Lebensmittel bis zur Währungsreform im Jahre
1948 nur gegen Berechtigungskarten eingekauft werden konnten. Wer von unserer jetzigen Wohlstandsgesellschaft kann sich
das heutzutage überhaupt noch vorstellen und Verständnis für
manche diesbezügliche Unregelmäßigkeit aufbringen? Viele
Landwirte brachten zu diesen Jagden unaufgefordert ihre Hof-
hunde mit, teils zum Aufspüren der Sauen, teils zu ihrem eigenen Schutz. Es waren meist bunt zusammengewürfelte Prome-
nadenmischungen, die mit ihrem Herrchen ohne irgendwelche
jagdliche Ambitionen die Dickungen durchstreiften. Trotzdem
entwickelten sich aus solch einem wilden Haufen nach wenigen
Jagden schon einige dieser Hunde zu wahren Sauspezialisten.
Ob groß, ob klein, mit Kringelschwänzchen oder Stehohren, die
Rasse spielte dabei überhaupt keine Rolle. Manche reinrassige
Hundekrücke der heutigen Zeit könnte sich vom jagdlichen
Schneid dieser Fixköter eine Scheibe abschneiden. Derartige
Sauspezialisten gab es bald in jedem Ort, und Hund und Herr
durften bei keiner dieser Jagden fehlen.
Es dauerte gar nicht lange, da ließ die Überwachung dieser
Polizeijagden durch die amerikanische Militärregierung erheblich nach. Nur noch selten nahm einer ihrer Angehörigen daran
teil. Hin und wieder konnten wir nun die Strecke etwas bunter
gestalten und auf Wunsch der jeweils zuständigen Jagdpächter
auch mal ein Stück Rot- oder Rehwild für dessen Küche erlegen.
Dies durften natürlich nicht alle Jagdteilnehmer mitbekommen,
denn Denunzianten und Speichellecker gab es leider auch schon
damals. So bildete sich bald ein vertrauensvolles Grüppchen, das
gern die Besetzung der Fernwechsel vornahm. Auch ich wurde
in diesen Kreis mit einbezogen und konnte so neben dem offizi-
ell freigegebenem Schwarzwild manches Stück Rot- oder Rehwild erlegen. Das inoffiziell geschossene Wild wurde liegenge-
lassen und erst nach Jagdende dem zuständigen Jagdpächter
übergeben. Die abgegebenen Schüsse, falls sie überhaupt von
den übrigen Jagdteilnehmern wahrgenommen wurden, dekla-
rierten wir als Fehlschüsse auf Schwarzwild. Trotz kontinuierlicher Verbesserung der Schießkünste mit diesen jagduntaugli-
chen Militärkarabinern und der Verkürzung der zeitlichen Ab-

stände zwischen den Jagden, reichten die erzielten Schwarzwild-strecken zur Verminderung der Wildschäden auf Feld und Flur nicht aus. Selbst die zum Teil immer noch wild jagenden ameri-kanischen Freibeuter konnten mit ihren Jeepausflügen wohl das Reh- und teilweise auch das Rotwild zusammenschießen, beim Schwarzwild aber schieden sich die Geister, hier war deren Kunst meistenteils zu Ende. Das mußten wohl auch unsere heldenhaften Befreier eingesehen haben, denn im Jahre 1948 wurde die Bewaffnung von einigen wenigen Forstbeamten unter verschiedenen Auflagen endlich gestattet. Auch ich gehörte zu den wenigen Auserwählten. Es waren wieder die alten vertrau-ten deutschen Militärkarabiner mit dem jagdlich so geliebten kurzen Buchenschaft und der blitzschnell zu erfassenden Dach-kornvisierung, die man uns aushändigte. Das Zeitalter des Dach-korns ging also weiter. Jede Veränderung an der Waffe war strengstens verboten. An die Montage eines Zielfernrohres für Nachtansitze auf Schwarzwild war demnach nicht zu denken, obwohl gerade zu diesem Zweck die Einzelbewaffnung ermög-licht worden war. Zunächst hielten sich die neuen Waffenträger auch daran. Erst so nach ein, zwei Jahren sah man an auffallend vielen Militärgewehren die unterschiedlichsten Zielfernrohr-montagen, so daß das Waffenveränderungsverbot immer mehr verwässerte und sich schließlich keiner mehr darum kümmerte. Bei mir war es eher Geldmangel, der mich in der Dachkorn-Ära länger verharren ließ. Mein Vater brachte mir bei, wie man trotz Dachkornvisierung auch bei wenig Licht zu jagdlichen Erfolgen kommen konnte. Man mußte eben nur ein Meister im Pirschen sein und alle Verhaltensregeln genauestes beachten. Bestimmte Wildarten lassen sich gut anpirschen. Dazu gehört unzweifelhaft das Schwarzwild, wenn es im Gebräch steht. Schon bei gering-stem Mondlicht war ich fortan nachts unterwegs, suchte mit dem Glas die Altholzbestände, Kulturen, Wege und Feldränder ab, die von den Sauen häufig heimgesucht wurden. Zu sehen war da meistens nicht viel, dazu war es zu dunkel. Einfacher wurde es erst bei einer Schneelage, da brauchte man keinen Mond. Viel wichtiger war zunächst das Verhören. Alle zwanzig Schritt hielt ich während des Pirschens inne und spitzte die Ohren. Manch-mal dauerte es Stunden, bis ein sauartiges Geräusch zu verneh-men war und mein kilometerlanges Dahinschleichen belohnt wurde. Hatte ich dann eine brechende Rotte ausgemacht, beschleunigte sich unverzüglich der Pulsschlag, und das Jagdfieber setzte ein. Das Wichtigste war nun das Überprüfen des Windes. Ohne absolut sicheren Wind ist ein Angehen von Schwarzwild von vornherein zum Mißerfolg verurteilt. Je größer die Rotte, umso einfacher kommt man, immer vorausgesetzt der Wind ist gut, an diese heran. Sogar auf die selbst verursachten Geräusche braucht man nicht allzu große Rücksicht zu nehmen, da diese meistens vom Krach der Schweine übertönt werden. Weil das Sehvermögen des Schwarzwildes nicht besonders gut ist, braucht man auch in dieser. Beziehung keine große Vorsicht walten zu lassen. In der Nähe äsendes Rehwild kann einem beim nächtlichen Anpirschen an im Gebräch stehenden Sauen oft große Schwierigkeiten bereiten. Meistens hat es den Jäger schnell spitz und geht unter fürchterlichem Geplärre ab, die Sauen häufig mit sich reißend. Einer flüchtig gewordenen Rotte nachzupirschen, ist fast immer sinnlos. Dies habe ich anfangs einige Male versucht und schnell die Erfolglosigkeit eines solchen Unternehmens einsehen müssen.

Bei einer im Gebräch stehenden Rotte oder auch bei Einzelstükken muß man sich bei schlechtem Licht und ohne Zielfernrohr mindestens bis auf zwanzig Schritt heranpirschen, besser noch zehn Schritt näher. Man suche sich dabei ein schwaches Stück aus, welches etwas abseits der Hauptrotte im Gebräch steht. Fast immer ist dieser Fall gegeben. Bei meinen unzähligen Anpirschversuchen, die etwa zu siebzig Prozent von Erfolg gekrönt waren, habe ich stets darauf geachtet und mit der Zeit eine unheimliche Routine entwickelt. War ich auf die bezeichnete Entfernung an eine Sau herangekommen, dann wartete ich ab, bis das Stück einigermaßen breit stand. Der Ehrlichkeit halber will ich gern zugeben, daß ich häufig nicht feststellen konnte, was vorn und hinten war. Hatte ich mich zum Schuß entschlossen, so zielte ich mit dem Karabiner senkrecht gegen den Himmel, brachte Kimme und Korn zusammen, fuhr senkrecht runter bis zur Mitte des dunklen Klumpens und riß durch. Der Erfolg mit dieser nicht gerade weidgerechten Jagdmethode war umwerfend. Ein Großteil der so angepirschten Sauen blieb im Feuer, häufig hatte ich da das Rückgrat durchschossen. Bei vier Krellschüssen war ich so schnell zur Stelle, daß ich mit fast aufgesetztem Lauf den Fangschuß anbringen konnte. Einige Keulen-, Weidwund- und Kastenschüsse waren zu verzeichnen, aber alle Stücke kamen bei der Nachsuche zur Strecke. Nicht ein einziger Gebrechschuß war dabei. Bei diesen ausgesprochen nächtlichen Dachkorneinzeljagden hatte es bei einer Gesamtstrecke von dreiundvierzig Sauen nur zwei führende Bachen erwischt. Die eine nahm mich, nach furchtbarem Aufklagen eines ihrer Frischlinge durch einen Keulenschuß, wie ein Stier in der Arena an. Mir blieb gar nichts anderes übrig, als ihr auf kaum zwei Meter, fast noch aus der Hüfte, die Kugel zu geben. Sie überschlug sich im Knall und riß mich dabei mit um. Die zweite hatte ich als Überläufer angesprochen, da sie, wie später festzustellen war, im Loch eines alten Stubbens brach und ich so nur die Hälfte von ihr sehen konnte. Da beide Episoden in die Winterzeit fielen und die dazugehörigen Frischlinge ausgewachsen waren, machte ich mir keine großen Gedanken darüber.

Als lizenzierter Waffenträger kam ich oft über Wochen und Monate kaum zur Ruhe. Überall wurden wir von den Landwirten der Umgegend zur Schwarzwildbekämpfung auf ihren Feldern angefordert. Dabei konnte die Jagd tatsächlich zur Schwerstarbeit ausarten. Gelegentlich erwischte ich bei diesen Nachtjagden auch einen Fuchs. Bei spärlichem Licht waren die Chancen mit der Dachkornvisierung allerdings äußerst gering. Auch durfte beim Anblick von Reineke das Auswechseln der Patronen nicht vergessen werden. Die für Schwarzwild präparierten Geschosse hätten den teuren Balg zerfetzt, mit Vollmantel ging dies schon besser. Trotzdem gelang es mir nachts fast nie, einen Fuchs zu erbeuten. Ein Anpirschen auf die kurze Entfernung wie beim Schwarzwild war ausgeschlossen. Erst im Morgengrauen oder in der Abenddämmerung hatte ich einige Erfolge zu verzeichnen.

Mit Dankbarkeit denke ich noch oft an meinen Vater, der mir diese Jagdmethode mit der Dachkornvisierung, der Not gehorchend, beigebracht und die ich dann durch tägliche, stundenlange Anschlagsübungen fast bis zur Perfektion weiterentwickelt hatte. Ohne Überheblichkeit bilde ich mir heute ein, daß dies noch wirkliche Jagd war. Man wurde hart gefordert, ist auf dem Bauch gerobbt, um möglichst nahe an das Wild heranzukommen. Irgendwie mußte ja die Untauglichkeit der Militärgewehre für den jagdlichen Gebrauch durch besonderen körperlichen Einsatz ausgeglichen werden. Heute, im fortgeschrittenen Alter, macht mir das Erlegen eines stehenden Stückes Wild vom sicheren Hochsitz aus keine rechte Freude mehr. Es ist mir zu einfach mit diesen supermodernen Jagdgewehren, ich schieße zu kaltblütig, das Herz klopft nicht mehr vor jagdlicher Erregung, wie das in früheren Zeiten der Fall war. Damals schlug mein Herz vor jedem Schuß wie verrückt und wenn es auch nur ein Hase oder Rehkitz war. Dadurch gab es natürlich auch mal einen Fehlschuß. Manchmal bin ich unendlich traurig, daß es nicht mehr so ist, aber das ist wohl der Tribut des Alterns, und ich sollte mich damit abfinden. Nur die Freude am Flüchtigschießen ist mir noch geblieben. Da freue ich mich wie in alten Zeiten über jedes gestreckte Wild und ärgere mich ebenso über jeden Fehlschuß. Wer weiß wie lange noch – das Büchsenlicht schwindet von Tag zu Tag.

Sauen, Wilderer
und Banditen

Kurz nach meiner Wiederbewaffnung im Jahre 1948 erhielt ich unerwartet die Versetzung in das Forstamt G., um den Revierbeamten der Försterei W. bei der Ausübung des Forst- und Jagdschutzes zu unterstützen. Das Revier grenzte an einen großen Kasernenkomplex der Stadt HMü., in dem jetzt anstelle von Soldaten ehemalige Fremdarbeiter untergebracht waren. Von dort aus starteten einige zwielichtige Elemente viele nächtliche Raubzüge in die Umgebung. Dabei diente der Staatswald als Durchgangsstation. Auch der Holzdiebstahl und die Wilderei hatte schon gefährliche Formen angenommen, und es war dabei oft zu tätlichen Auseinandersetzungen mit dem Revierbeamten gekommen. Natürlich war ich begeistert von meiner neuen Aufgabe, zumal ich mich auch weiterhin dem Abschuß des stark zu Schaden gehenden Schwarzwildes widmen konnte.

Nach höherer Anweisung sollten wir den Dienst nur noch zu zweit ausüben und nach Möglichkeit jede bewaffnete Auseinandersetzung mit den ausländischen Diebesbanden vermeiden. Das war leichter verordnet als durchführbar. Der Revierleiter, Kollege L., der kurz vor meinem Eintreffen noch einen blutigen Zusammenstoß mit drei polnischen Schlingenstellern hatte und dessen daher stammenden Blessuren noch deutlich sichtbar waren, trug eine Mordswut im Bauch und überschlug sich fast in seinem Diensteifer. Jeden Morgen gegen drei Uhr mußte ich antanzen und dann durchpirschten wir, immer wieder verhaltend, fast das ganze Revier. Da er recht groß war und sehr lange Beine hatte, machte es mir häufig Mühe, mit ihm Schritt zu halten, obwohl er gut zwanzig Jahre mehr auf dem Buckel trug als ich. Nach Rückkehr in mein Quartier, meistens so gegen acht

Uhr, blieb mir kaum noch Zeit zum Frühstücken. Der tägliche Betriebsdienst durfte unter den nächtlichen Streifzügen nicht leiden. Es war eine sehr anstrengende, aber auch schöne und vor allen Dingen abwechslungsreiche Zeit.

Bereits in der dritten Nacht kam es zum Zusammenstoß mit einer, von ihren Beutezügen in Richtung Kaserne heimkehrenden Dreierbande. Wir hatten an einer Wegekreuzung für ungefähr zehn Minuten verhalten und gelauscht. Es war noch sehr dunkel. In einiger Entfernung vernahm ich das Geräusch von herumziehendem Wild. Kollege L. hörte angeblich nichts. Zum Glück war ich ihm wenigstens in diesem Punkt überlegen. Erst als aus dem schwachen Knacken ein lautes Krachen wurde, das sich seitlich an unserem Stand vorbei fortsetzte, warf auch er auf und diagnostizierte es als flüchtendes Rot- oder Schwarzwild. Als der Kollege sich wenig später in Bewegung setzen wollte, hielt ich ihn zurück. Jetzt vernahm ich metallenes Klappern und menschliche Laute aus derselben Richtung, aus der das flüchtende Wild gekommen war. Somit war auch klar, wer letzteres zur Flucht veranlaßt hatte. Nach kurzem Lauschen konnte ich meine Wahrnehmungen bestätigen. Das leise Klappern und einige unterdrückte menschliche Stimmen kamen näher, genau auf die Wegekreuzung und damit auf uns zu. Nachdem diese Laute endlich auch in die Gehörmuscheln meines Kollegen gedrungen waren, nahmen wir jeder hinter einer starken Buche Aufstellung. Mit dem nicht besonders starken 8 x 30-Glas konnte ich bald drei Gestalten ausmachen, die dick bepackte Fahrräder neben sich herschoben. Aller Wahrscheinlichkeit nach waren die drei jedoch nicht bewaffnet, jedenfalls nicht mit sichtbaren Waffen. Als sie kurz vor unserem Standort waren, ließ Kollege L. seine Stablampe aufblitzen und fast gleichzeitig brüllten wir sie mit voller Lautstärke an. Die Wirkung war ungeheuerlich. Wie vom Donner gerührt fuhren sie zusammen und erstarrten sekundenlang zur Salzsäule. Dann ließ einer urplötzlich sein Fahrrad fallen und flüchtete in die Dunkelheit. Ohne zu zögern, taten es ihm die anderen nach. Noch einmal schrien wir lautstark hinterher. Kollege L. jagte dazu zwei Kugeln über ihre Köpfe in die grobe Fluchtrichtung, doch das war auch alles, was wir tun konnten. Aber das Scheingefecht war damit noch nicht beendet. Wir unterhielten uns schon über das Vorgefallene und waren

dabei auf dem Weg zu den umgeworfenen Fahrrädern. L. leuchtete mit der Taschenlampe die nähere Umgebung ab, da blitzte es aus dem fünfzig Meter entfernten Dickungsrand leicht auf, gefolgt von einem peitschenschlagähnlichen Knall und gleich danach noch fünfmal kurz hintereinander dieselbe Vorführung. Mehr verwundert als ängstlich sprang jeder hinter einen Baum in Deckung. Ohne Zweifel hatte das uns gegolten. Dem Knall und der schnellen Schußfolge nach zu urteilen, konnte es sich nur um einen Pistolenschützen handeln, für uns auf diese Entfernung ziemlich ungefährlich, abgesehen von einem verirrten Querschläger. Nun geriet Kollege L. erst richtig in Fahrt. Wie bei einem Sturmangriff im Krieg, sprang er in der inzwischen einsetzenden Morgendämmerung, unter Ausnutzung jeden Baumes als Deckung, dem vermeintlichen Schützen entgegen. Mir blieb nichts anderes übrig, als zu seinem Schutz zwei Kugeln in die Dickung zu jagen, obwohl mir bereits klar war, daß der Auslöser der mutigen Attacke längst den Rückzug angetreten hatte. So war es dann auch, und nach ein paar Minuten kam Kollege L. fluchend zurück. Meine Vorhaltungen über seinen Leichtsinn und die Sinnlosigkeit der Verfolgung ließ er unbeachtet.
Inzwischen war es fast hell geworden, und wir konnten die drei Fahrräder mitsamt des darauf verstauten Gepäcks in Augenschein nehmen. Donnerwetter, die drei Geflohenen mußten ja irgendwo ein richtiges Schlachtfest veranstaltet haben. Aus den Jute- und Rucksäcken ragten die Schweinekeulen und die edelsten Teile von Jolantas Sippe heraus. Mindestens zwei davon mußten die Diebe geschlachtet haben. In einer alten Aktentasche war das notwendige Werkzeug zum Abstechen und Zerteilen der Nutztiere zu finden. Nun mußte ich bei den Beutestücken Wache halten, während Kollege L. zum Forsthaus spurtete, um von dort aus die Polizei zu verständigen. Vorsorglich nahm ich in gebührender Entfernung meinen Beobachtungsposten ein. Aber es tat sich nichts mehr. Gegen acht Uhr kehrte dann mein Kollege mit einem Polizeiwagen und zwei Polizeibeamten zurück. Wir suchten gemeinsam die Umgebung ab, fanden aber außer zwei leeren Patronenhülsen, die aus einer Mauserpistole Kal. 7,65 mm zu stammen schienen, nichts Aufregendes mehr. Für uns als Forstbeamte war damit der Fall erledigt. Nun mußte einer der beiden Polizeibeamten auf das Diebesgut aufpassen,

während der andere zum Abtransport der drei bepackten Fahrräder einen LKW besorgen wollte. Noch am gleichen Tag erfuhren wir den Ort des Schlachtfestes. Es war ein etwas abgelegener Bauernhof in vier Kilometer Entfernung von hier. Die drei Räuber hatten zwei Schweine aus dem Stall auf die angrenzende Viehweide getrieben, dort abgestochen und gleich zerwirkt. Nur die besten Stücke verstauten sie auf den Fahrrädern. Innereien, Köpfe und Knochen überließen sie dem Besitzer. Dieser hatte von der nächtlichen Aktion überhaupt nichts gemerkt, ebensowenig seine ganze Familie.

Da solche nächtlichen Überfälle in der damaligen Zeit an der Tagesordnung waren, regte sich niemand mehr groß darüber auf. Man sicherte sich selbst ab, installierte mehr oder weniger primitive Alarmanlagen und erhoffte bei Gefahr Nachbarschaftshilfe; ebenso kamen die scharfen Wachhunde wieder hoch in Kurs. Im allgemeinen war eine Verfolgung dieser ausländischen Diebesbanden sinnlos, selbst wenn man ihrer habhaft werden konnte. Vor den Kasernentoren endete auch für die deutsche Polizei das Hoheitsrecht, und die dafür zuständige Besatzungsmacht zeigte an einer Aufklärung oder gar Festnahme der Täter wenig Interesse. Leider mußten wir Forstbeamten das häufig miterleben und unsere Bereitschaft zur Amtshilfe ließ nach solchen Enttäuschungen merklich nach. Fast jede Woche konnten wir etliche dunkle Gestalten im Wald festnehmen und der deutschen Polizei übergeben. Wir brauchten uns nur nachts und im Morgengrauen in das Einzugsgebiet der Kasernen im Wald zu stellen und abzuwarten, bis sie uns anliefen. Manchmal war es wie beim Ansitz an einem Sauwechsel, nur, daß der Wind dabei keine Rolle zu spielen brauchte. Bloß einmal noch ergab sich bei einer Festnahme von zwei mit vollgepackten Rucksäcken heimkehrenden Verdächtigen eine brenzlige Situation, als der eine die geforderte Durchsuchung verweigern wollte und gegen meinen oft recht forsch auftretenden Kollegen L. ein feststehendes Messer zückte. Als er jedoch unmißverständlich die Mündung meines Gewehres auf sich gerichtet sah, gab er schnell klein bei und ließ das Messer fallen. Die beiden hatten die Rucksäcke voller Silberbesteck, wertvoller Pokale und Zinnsachen, die sie irgendwo geraubt haben mußten. Wahrscheinlich konnte die deutsche

Der General nimmt Waidmannsheil und Bruch für seinen Hirsch entgegen.

Kulles Lebensbock.

Verladen der Fasanenstrecke.

Polizei die Eigentümer der gestohlenen Gegenstände ermitteln und zurückgeben. Ich weiß es heute nicht mehr.

Mit der Zeit mußte es sich wohl in den Kasernen herumgesprochen haben, daß die nächtliche oder morgendliche Passage durch den Wald für Diebe und Banditen nicht ganz ungefährlich war und immer öfter mit Festnahmen endete. Auch die Polizeistreifen an den Waldrändern konnten diesbezüglich einige Erfolge verzeichnen. Der Zeitentwicklung folgend erweiterten Banden, nach Inbesitznahme eines Autos, ihren Aktionsradius für ihre dunklen Machenschaften. Im Wald wurde es von Tag zu Tag ruhiger, und ich konnte endlich mal wieder (ab und zu) richtig ausschlafen und mich außerdem wieder intensiver der Saujagd widmen.

In allererster Linie mußte ich dem Jagdpächter der Gemeindejagd Ws. zu Hilfe eilen, wo die Sauen die Wiesen in Sturzäcker verwandelt und die Getreidefelder schon teilweise niedergewalzt hatten. Durch tägliche Abendansitze, die sich in diesen kurzen Nachtstunden gewöhnlich bis zum Sonnenaufgang des nächsten Tages ausdehnten, brachte ich es auch ohne Zielfernrohr in kurzer Zeit zu einer beträchtlichen Saustrecke. Auch zwei gute Rehböcke fielen dabei so nebenher mit an. Der Jagdpächter hatte sie mir zum Dank freigegeben. Obwohl die Dienstwaffe ausschließlich der Schwarzwildbejagung dienen sollte, empfand ich diesen Mißbrauch als gerechtfertigt. Durch die nächtlichen Strapazen der letzten Wochen – tagsüber mußte ich weiterhin stramm meinen Dienst versehen – wirkte ich ständig unausgeschlafen und magerte fast bis zum Skelett ab. Die damaligen Hochsitze waren für Nachtansitze nicht so komfortabel ausgestattet wie in der heutigen Zeit. Da gab es weder thermoverglaste Scheiben noch doppelwandig auf Nut und Feder sitzende Verkleidung. Auch an richtiger Bekleidung mangelte es dem weniger betuchten Jäger. Selbst in kühlen Sommernächten fraß sich die Kälte oft bis in die Knochen. Als junger Mensch nimmt man natürlich auf solche Kleinigkeiten keine Rücksicht und will den starken Mann spielen. Die Folgen kommen leider erst im Alter. Ich kann dies sehr gut am eigenen Körper feststellen, und mancher Jagdveteran wird mir sicher zustimmen. So beschloß ich dann auch, die nächtliche Jagdtätigkeit in der Gemeindejagd Ws. einzustellen oder zumindest

vorübergehend zu reduzieren. Als ich jedoch nach einer durchregneten Nacht am nächsten Morgen die kapitale Saufährte in einem Kartoffelstück sah, da zerplatzte mein Entschluß wie eine Seifenblase und mein ganzes Sehnen und Trachten galt nur noch dieser starken Sau. Bei einer Lebensstrecke von weit über fünfhundert Stück Schwarzwild und dem dazugehörigen übrigen Schalen- und Niederwild kann man nicht jede einzelne Erlegung zu Papier bringen und damit den Leser langweilen. Nur einige wenige, herausragende Begebenheiten möchte ich hier preisgeben. Dazu gehört die Geschichte dieses starken Keilers, der in der Gemarkung Ws. bald zur Legende wurde und den ehrenvollen Namen „Dicker Herrmann" erhielt. Ich habe von vielen dieser dicken Herrmanns, oder mit ähnlichen Kraftausdrücken bedachten Einzelgängern, gehört. Meist entpuppten sie sich jedoch nach der Erlegung als höchstens zwei- bis dreijährige Keiler, deren Gewehre nicht einmal für die Wand reif waren. Aber die lieben Menschen müssen halt immer übertreiben, und so wurde mancher Überläufer zum kapitalen Keiler gemacht. Doch nicht immer war es eine Übertreibung, denn es gab diese Exemplare in geringer Zahl auch wirklich und es mag sie vereinzelt sogar noch heute geben. Bestimmt gab es jedenfalls einen solchen Keiler damals in der Gemeindejagd Ws. Wie viele Stunden wertvollen Schlafes ich seinetwegen geopfert habe, möchte ich gar nicht zugeben, es ist beschämend, denn ich will gleich von vornherein bekennen, daß ich ihn nicht bekommen habe. Es muß ja nicht immer von kapitalen Keilern, Böcken oder Hirschen gesprochen werden, die man ruhmreich erlegen konnte, im Gegenteil: Manche Weidgenossen werden sich viel mehr den Kopf über einen jagdlichen Mißerfolg zermartern. Auch mich packt noch heute das Jagdfieber und ein bißchen Wehmut, wenn ich an die vielen Ansitze und Pirschen auf den dicken Herrmann denke. Wie oft hat er mich genarrt und wie oft war ich ganz nahe dran – bis dann doch alles vergebens war.
Eines Morgens pirschte ich gegen 3 Uhr wieder die einzelnen Weizen- und Haferschläge ab, um zu verhören. Man kann ruhig von Verhören sprechen, denn durch ihr lautes Knatschen und Rumoren kann man die Sauen im Getreide gut ausmachen und dementsprechend handeln. In meiner Begleitung befand sich diesmal der Jagdpächter. Nach kurzer Pirsch vernahmen wir in

einem isoliert liegenden Haferschlag die wohlbekannten Laute einer einzelnen starken Sau. Ein freudiger Schreck durchzuckte mich – das konnte nur der dicke Herrmann sein, denn in diesem Schlag hatte ich auch gestern seine Fährte festgestellt. Der Haferschlag lag äußerst günstig. Er hatte eine Länge von 200 Metern und war nur 30 Meter breit. Beiderseits der Längsseiten und neben einer Breitseite waren Wiesen, während die andere Breitseite an eine Fichtendickung stieß. Bei dieser war allerdings ein 5 bis 8 Meter breiter Weg dazwischen, welcher gut zu beschießen war. Schnell war unser Plan besprochen. Vorläufig war es allerdings noch zu dunkel, und so pirschten wir bei gutem Wind und äußerst vorsichtig an das Haferstück heran und nahmen an der an den Wald grenzenden Breitseite, jeder an einer Ecke, Aufstellung. Praktisch konnte uns der Keiler jetzt nicht mehr entgehen, denn es war anzunehmen, daß er im Morgengrauen den Wechsel in den Wald nehmen würde und somit auf kurze Entfernung an uns vorbei mußte. Brach er jedoch seitlich aus, so mußte ihn einer von uns beiden zu sehen bekommen. Wenn auch der Jagdpächter ohne Waffe war, so hätte ich doch im Notfall bequem auf seinen Stand laufen können. Noch ein günstiger Umstand sprach für uns. Das Haferstück lag nämlich tiefer als unserer augenblicklicher Standort, und bei etwas mehr Licht konnten wir es sogar einsehen und den genauen Aufenthaltspunkt des Keilers ausmachen. „Also mein lieber Herrmann, heut' hat dein letztes Stündlein geschlagen, heut' bist du dran," so dachten wir. Aber es wäre ja auch zu einfach gewesen! Immer noch hörten wir die bekannten Geräusche und hin und wieder das Klappern der Gewehre. Langsam graute der Morgen, unsere Spannung stieg von Minute zu Minute. Es wurde hell und heller, und wer nicht kam, das war mein Keiler. Jetzt hatte er auch noch sein Schmatzen eingestellt, und eine heilige Stille umgab uns. Dann begann vom nahen Dorf her das erste Krähen der Hähne. Langsam blickten die ersten Sonnenstrahlen in den taufrischen Morgen. Zwei enttäuschte Jäger aber standen immer noch auf ihren Plätzen und lauschten mit offenen Mäulern. Als es bereits fünf Uhr schlug und man die ersten Gespanne in der Ferne klappern hörte, ging ich vorsichtig die 20 Schritt bis zu meinem Begleiter und wollte seine Meinung hören. Er stimmte mit mir darin überein, daß der Keiler unmöglich ungesehen das Haferstück verlassen haben konnte. Entweder er hatte etwas Wind von uns bekommen und wartete ab, bis die Luft wieder rein war, oder er hatte vor, den Tag über im Haferschlag zu verbringen. Nun hieß es handeln. Nachdem wir noch eine weitere halbe Stunde verstreichen ließen und sich absolut nichts mehr tat, machte mir mein Begleiter den Vorschlag, mir das Haferstück von der entgegengesetzten Seite her durchzudrükken. Natürlich war ich damit einverstanden, denn ich wollte nun endlich Gewißheit haben. Auf Umwegen gelangte mein Treiber also am anderen Ende an und gab mir das verabredete Zeichen zum Angehen. Ich konnte ihn von meinem Stand aus gut verfolgen. Jetzt war er schon mindestens 30 Schritt im Hafer, kam näher – 50 Schritt, 60, 70 – „Achtung, Achtung", hörte und sah ihn im selben Augenblick wie wild mit den Händen gestikulieren, gleichzeitig bemerkte ich wie der Hafer keine zehn Schritt vor ihm wackelte. „Aufpassen, aufpassen, er kommt direkt auf dich zu – es ist der dicke Herrmann!" Aber ich sah es doch selbst, daß er auf mich zukam, und zweifelte keine Sekunde, daß es der dicke Herrmann sei, denn nun konnten die Haferhalme seine massige Gestalt nicht mehr ganz verdecken. Immer näher rauschte er heran. Herrgott, könnte ich nur mein Herz bändigen. Es klopft wie rasend, und ich zittere am ganzen Körper wie Espenlaub. Ich bin sowieso kein Freund von langen Voranmeldungen und habe in überraschenden Situationen meist mehr Erfolg. Noch zehn Schritt, er schnauft weiter heran, jetzt teilt sich der Hafer, und im selben Augenblick schiebt sich das mächtige Haupt des Bassen heraus. Nicht etwa in rasender Flucht, nein, ganz gemütlich trollt er über den Weg der Dickung zu. Ein kunstloser Schuß, registriert mein Hirn noch schnell. Ich fasse Halsansatz und lasse fliegen ... aber nur in Gedanken, denn so sehr ich auch nochmals am Abzug reiße, es ertönt kein erlösender Knall und kein Basse stürzt im Feuer zusammen, so wie ich es mir ausgemalt hatte. Wie zum Hohn mit dem Pürzel wedelnd, verschwindet er jetzt in der Dickung. Nur gut, daß ich in dieser Sekunde mein Gesicht nicht sehen konnte. Was war geschehen? Nichts weiter, als daß ich vor lauter Aufregung das Entsichern des Karabiners vergessen hatte. Der liebe Leser möge lachen, aber es war leider wirklich so. Wer den Schaden hat, braucht für den Spott nicht zu sorgen, sagt ein altes Sprichwort!

Da der Jagdpächter nicht dichthalten konnte und die Geschichte überall herumerzählte, mußte ich manche Stichelei und hämische Schadenfreude über mich ergehen lassen. Ich schwur dem dicken Herrmann blutige Rache. Von nun an verfolgte er mich bis ins Schlafzimmer und erschien mir fast jede Nacht im Traum. Wenn es irgendwie ging, widmete ich mich diesem Jagdbezirk. Noch oft bekam ich meinen Traumkeiler in Anblick, meist jedoch nur so im Verschwinden vor oder nach dem Büchsenlicht. Bauern erzählten mir, ihn am hellen Nachmittag in einem Kartoffelstück brechend gesehen zu haben. Ich sah ihn natürlich nie um diese Zeit und war von den Angaben der Leute auch nicht so ganz überzeugt.

Eines Morgens hörte ich ihn wieder in einem Weizenstück rumoren und erlebte die gleiche Vorfreude wie beim ersten Mal. Aber er schien schon klüger geworden zu sein, denn er wechselte noch bei völliger Dunkelheit in den Wald. Da blieb mir noch eine Chance, vielleicht konnte ich ihn dort auf seinem Wechsel erwischen. Im Laufschritt erreichte ich eine kleine Fichtendickung, durch die er oft durchgewechselt war und nahm davor Aufstellung. Wieder wurde es taghell, und mein Keiler kam nicht. Sicher hat er einen anderen Wechsel genommen, dachte ich. Etwas enttäuscht pirschte ich zurück und suchte vorsichtig alle Wege, Brüche und verdächtige Stellen mit dem Glas ab. Jetzt kam ich an eine, kaum ein Morgen große Blöße auf der einige Ohrweidenbüsche standen. Wie konnte ich auch meinen Keiler dort vermuten und so hängte ich nach kurzer Überprüfung des Geländes die Büchse wieder um und hatte kaum drei Schritt gemacht – Heiliger Hubertus – da saust es wie der Leibhaftige hinter einem Weidenbusch heraus. Schnell die Büchse runtergerissen und angebackt, aber es fehlten die berühmten Sekunden, um das Ziel noch erfassen zu können. Es war der dicke Herrmann, der da zweifelsohne in der Dickung verschwand. Wie ich anschließend verärgert feststellen konnte, hatte er genau einen Meter hinter dem Weidenbusch gebrochen und dieser hatte ihn vollkommen verdeckt. Hätte ich vorher nur einige Sekunden länger verweilt, so hätte ich ihn hören oder bei einer Wendung auch sehen müssen. Hätte, hätte, hätte – nachher ist man immer klüger.

Wieder einige Tage später fuhr ich an einem Sonntagabend mit meinem Motorrad in das nächste Dorf, um einer schönen Maid eine Aufwartung zu machen. Die Straße führte durch den Wirkungsbereich des dicken Herrmann. Langsam fahrend, suchte ich mit den Augen gewohnheitsgemäß die umliegenden Klee- und Kartoffelstücke ab. Getreide stand kaum noch auf dem Halm. Da machte mich plötzlich ein dunkler Fleck in etwa vierhundert Metern Entfernung stutzig. Irgendwie gehörte dieser dort nicht hin. Sofort stoppte ich und konnte ihn nun unschwer als Sau erkennen. Heimfahren und das Gewehr holen, hatte keinen Sinn mehr, dazu war die Dunkelheit zu nahe und die Entfernung zu meinem Wohnort schon zu groß. Aber ich wollte doch sehen, ob es der dicke Herrmann war. Ohne besondere Vorsichtsmaßregeln zu beachten, ging ich die Sau an. Es gelang mir ohne große Mühe, bis auf vierzig Schritt heranzukommen. Es war, ich fand meine Ahnung bestätigt, der dicke Herrmann. Bis auf zwanzig Schritt zog er brechend an mich heran, obwohl ich frei auf dem Feld stand. Dann erst ging er mit einem lauten „Wuff, wuff" ab. Es war wirklich ein kapitaler Keiler mit deutlich sichtbarem Gewaff. Danach zu urteilen, war er mindestens sieben bis acht Jahre alt. Beim Abgehen konnte ich noch feststellen, daß er seinen linken Vorderlauf leicht schonte, hatte aber den Eindruck, daß es sich um keine ernstere Verletzung handeln könnte.

Das war leider meine letzte Begegnung mit dem dicken Herrmann. So plötzlich wie er gekommen war, so plötzlich blieb er von nun an verschwunden. War er ausgewandert oder lag er irgendwo verludert? Ich hätte ihm einen weidmännischen Tod gegönnt.

Nun konnte ich mich wieder mehr meinem zugewiesenen Dienstbezirk widmen. Einige stichelnde Bemerkungen wegen meiner ständigen Nachtansitze in Privatrevieren hatte ich mir vom Kollegen L. schon anhören müssen. Doch durch die vielen ständigen Störungen in seinem Durchgangsrevier hatte sich das Schwarz- und vor allen Dingen das empfindsame Rotwild in die Nachbarreviere verzogen. Allzu gern verlegte ich meine jagdliche Tätigkeit dorthin, vor allen Dingen in das unmittelbar angrenzende Revier Wh., mit dessen Revierleiter ich mich schnell anfreundete. Kollege B. war ein passionierter Weidmann und ebenfalls einer der wenigen Forstbeamten, die ein Militärkarabiner führen durften. An einem Sonntagmorgen im August trafen wir uns so gegen zwei Uhr, um die Sauen beim Einwechseln vor den Dickungen abzupassen. B. stand ungefähr dreihundert Schritt von mir entfernt zwischen Buchenaltholz und Fichtendickung. Ich selbst nahm am Rand einer breiten Schneise zwischen Kiefern/Fichtendickungen in der Nähe eines gut ausgetretenen Sauwechsels Aufstellung. Es war noch sehr dunkel und ein ausgesprochen ruhiger Morgen. Der Versuchung, mich zwischen die Wurzelanläufe eines alten Kiefernstumpfes zu setzen, konnte ich nicht widerstehen. So döste ich vor mich hin und stand in ständigem Kampf gegen das aufkommende Schlafbedürfnis. Verwunderlich war es nicht, denn vor 23 Uhr kam ich selten vom Abendansitz zurück und mindestens dreimal in der Woche ging es gegen zwei Uhr morgens wieder aus den Federn. Außerdem gab es auch damals schon für einen jungen Mann gewisse private Tätigkeiten, die man hauptsächlich nachts oder in der spärlichen Freizeit ausüben konnte. Zumal uns der Krieg ja viel genommen, und wir viel nachzuholen hatten. In solch selige Träume eingelullt, riß mich ein knackendes Geräusch in die Gegenwart zurück. Sofort waren all meine Sinne hellwach, lautlos wurde der Sicherungsflügel des Karabiners herumgelegt, vorsichtig versuchte ich mich aufzurichten, eine Wendung nach hinten vorzunehmen – da fuhr mir in halbverdrehter Stellung ein mächtiger Schreck in die Glieder! Auf dem ausgetretenen, kaum dreißig Meter entfernten Sauwechsel, trat soeben ein Mann mit einem kurzläufigen Gewehr in der Hand aus der Dickung und blickte um sich, zum Glück erst in die entgegengesetzte Richtung. Das gab mir Gelegenheit, mich blitzschnell aufzurichten und in die richtige Schußposition zu bringen. Aber auch mein Gegenüber hatte mich mitgekriegt und trotz meines lauten, sich überschlagenden Anrufs, tauchte er mit einem gekonnten Hechtsprung in die Dickung zurück. Mehr instinktiv als auf moralische Wirkung hoffend, schoß ich zweimal, in gebührendem Abstand zu seinem vermuteten Standort, hinterher. So in Rage und Spannung versetzt, vielleicht auch in Erinnerung an die Blitzattacke des Kollegen L. bei dem Pistolenduell vor einigen Wochen, handelte ich anschließend recht unüberlegt und leichtsinnig. Leider wurde mir diese Dummheit erst im nachhinein so richtig bewußt. Wie ein wilder Stier rannte ich den auf dem Hinweg benutzen Pirschsteig zurück, um dem Flüchtenden auf der nächsten Querschneise den Rückweg abzuschneiden. Da wurde ich plötzlich in voller Fahrt so ungefähr nach hundert Metern lautstark angebrüllt: „Halt – Hände hoch!" Heute kann ich es nicht mehr genau beschreiben wie ich auf diesen überraschten Anruf reagiert habe. Kollege B. wird es besser wissen, denn er war es, der mich da mit angebackter Waffe stellen wollte. Ich hatte die Gefahr, in der ich eben noch geschwebt hatte, gar nicht erkannt und versuchte ihm hastig mitzuteilen, was soeben passiert war und daß wir beide die nächste Querschneise besetzen müßten. Aber er hörte gar nicht hin, ließ sein Gewehr unsanft auf den Boden gleiten. Sein Gesicht, das sonst immer eine gesunde Röte zeigte, verfärbte sich in Sekundenschnelle und nahm eine schneeweiße Färbung an. Dann stieß er einen hörbaren Seufzer aus und holte mit zitternden Händen ein kleines Fläschchen mit Ami-Whisky aus der Manteltasche, nahm einen kräftigen Schluck und reichte es an mich weiter. Nun erzählte er mir, immer wieder mit dem Kopf schüttelnd, wie nah wir zwei soeben an einem furchtbaren Unglück vorbeigeschliddert waren. Er hatte meinen Anruf und die anschließenden Schüsse vernommen und auch richtig gedeutet. Sofort wollte er mir zur Hilfe eilen und benutzte dazu denselben Pirschsteig wie ich, nur von der entgegengesetzten Seite her. Da hörte er mich angekeucht kommen, dachte es sei der beschossene Wilderer und stellte sich dem vermeintlichen mit angebackter Waffe und gefaßtem Druckpunkt in den Weg. Bei einer falschen Reaktion meinerseits hätte er wohl geschossen, das ging ihm nicht aus dem Kopf, und er konnte damit lange Zeit nicht fertig werden. Wenn man alle Komponenten zusammenfaßt, so wäre das in diesem Fall durchaus entschuldbar gewesen. Auf dem Pirschsteig war es noch recht dunkel, meinen Diensthut hatte ich während des wilden Laufes verloren, der graue Mantel, den ich trotz der sommerlichen Jahreszeit an diesem kühlen Morgen trug, war aufgegangen und flatterte ungebändigt durch die Gegend. So wäre eine Verwechslung schon möglich gewesen. Gottseidank riß ich beim Anruf mein Gewehr nicht hoch und machte auch sonst keine unbedachte Geste, wahrscheinlich weil ich den Anrufer eher erkannt hatte als er mich. Da eine weitere Verfolgung des Wilderers inzwischen sinnlos geworden war und Kollege B. immer noch sehr angeschlagen wirkte, setzten wir unseren Morgenansitz nicht weiter fort und machten uns auf den Heimweg.

Im Lauf des Vormittags haben wir dann nochmals mit Unterstützung von Polizeibeamten Ort und Umgebung des Treffs mit dem Wilderer abgesucht. Gleich am Dickungsrand wurde dessen Mütze, eine Art Käppi, gefunden. Diese hatte er mit Sicherheit bei seinem Hechtsprung in die Dickung verloren. Das war im Augenblick alles. Waldarbeiter fanden später einen an einem Weidwundschuß verendeten Rehbock. Auch wurden, nach bestätigten Aussagen, in diesem Revierteil Tage vorher des öfteren verdächtige Schüsse gehört. Es lag die Vermutung nahe, daß meine Begegnung mit dem Wilderer im Zusammenhang mit dem Bock und den ungeklärten Schüssen stand. Sicher wäre es ein leichtes gewesen, den Kerl mit einem wohlgezielten Schuß an den Platz zu bannen. Viele Besserwisser hätten angeblich so gehandelt, aber ich war froh, daß ich dem nachträglichen Rat dieser Schwätzer nicht gefolgt bin, obwohl eine gewisse Notwehrsituation durchaus gegeben war. Trotzdem wären die Folgen unübersehbar gewesen.

Heute treffe ich den älteren Kollegen B. ab und zu. Dabei legt er jedesmal seine Arme um mich, und seine Worte sind immer die gleichen: „Mein Gott, was bin ich froh, daß du noch lebst!" Wir denken dann gemeinsam an dieses Erlebnis, welches für uns beide hätte böse verlaufen können und gerade nochmal gutgegangen ist.

Grandeltausch
und Generalskeiler

Der wahllosen Liquidierung unserer Wildbestände durch die amerikanische Besatzungsmacht konnte nach etlichen Verhandlungen auf Regierungsebene im zweiten Jahr nach Kriegsende endlich Einhalt geboten werden. Von nun an sollte sich die Jagdausübung der amerikanischen Jäger auf die Staatsreviere beschränken. Die Jagdführung oblag dem jeweils zuständigen Forstbeamten. Mit deutscher Gründlichkeit wurde sogar in der Landeshauptstadt ein Jagdbüro errichtet, das die Verteilung der amerikanischen Jagdgäste für das ganze Land Hessen vornahm und jedem eine Lizenz für das zu erlegende Wild ausstellte. In der ersten Zeit danach tauchten recht wilde Gestalten von Amerikanern zur Jagdausübung auf, bunt gekleidet wie die Pfingstochsen und des Jagens in deutschen Gefilden vollkommen unkundig. Dieser Zustand besserte sich jedoch bald. Nachdem unsere Besatzer erkannt hatten, auf welch solider Grundlage unser Jagdgesetz aufgebaut ist, verlangten sie sogar von ihren Jägern die Ablegung der deutschen Jägerprüfung. So wurde recht schnell die Spreu vom Weizen getrennt, und von diesem Zeitpunkt an ging es mit der Jagd in Deutschland wieder langsam aufwärts. Auch ich wurde in jener Zeit mit einer Vielzahl von zugeteilten amerikanischen Jägern konfrontiert. Viele Erlebnisse, gute und schlechte, sind mir dabei in Erinnerung geblieben. Mit vielen dieser Gastjäger entwickelte sich im Lauf der Jahre eine echte Jagdkameradschaft, bis hin zu lang anhaltenden Freundschaften. Die menschlichen Kontakte ergaben sich oft schon nach wenigen Stunden gemeinsamer Jagdausübung und ließen das gegenseitige Feindgefühl schnell verblassen. Meistens waren die amerikanischen Jäger sehr gute Kugelschützen. Sie hatten ja auch die Möglichkeit, auf ihren Schießständen unbegrenzte Mengen von Munition zu Übungszwecken fast kostenlos zu verpulvern. Außerdem waren sie beim Abschuß von Trophäenträgern in der Regel nicht sehr anspruchsvoll und schossen alles, was ihnen der sie führende Forstbeamte zuwies. Später, als die deutschen Jäger wieder Waffen tragen und die Jagd ausüben durften, oblag deren Jagdführung ebenfalls den zuständigen Revierleitern. Häufig waren es Politiker, Landräte und sonstige hochgestellte Personen der Landesverwaltung, die den Jagdschein bisweilen aus Prestigegründen erlangt hatten und nun mit einem Schlag alles Versäumte unentgeltlich im Staatswald nachholen wollten. Aus diesen Gründen war deren Jagdführung nicht immer einfach, und fast jeder Forstbeamte zog es daher vor, einen bescheidenen amerikanischen Jagdgast zu führen.

Mein erstes, allerdings weniger erfreuliches Jagdführererlebnis, hatte ich schon kurz nach den deutsch-amerikanischen Jagdvereinbarungen mit einem recht arroganten amerikanischen Major. Es war in der Nachbrunftzeit, als ich mit ihm im Morgengrauen auf einem eingewachsenen Hochsitz in einer brusthohen Buchennaturverjüngung saß. Der kleine, aber recht korpulente Offizier hatte die Abschußlizenz für einen Hirsch der damaligen Klasse II b, also für einen Abschußhirsch. Die wenigen Hirsche, die das jagdliche Nachkriegsinferno überlebt hatten, schrieen kaum. Schon kam eine gedämpfte Freude in mir auf, daß es mir gelungen war, diesen fetten, unsympathischen Zigarrenknatscher nicht zu Schuß gebracht zu haben. Dies sollte für ihn nach sechs vergeblichen Ansitzen heute der letzte sein, denn er mußte nachmittags zu seiner im Rheinland stationierten Truppe zurück. Aber ich hatte mich wohl zu früh gefreut. Da meldet doch plötzlich noch ein Hirsch in knapper Büchsenschußentfernung vor unserem Hochsitz. Eine plärrende, junge Stimme, der man normalerweise keine Beachtung schenken würde. Zu meinem Entsetzen kommt er auch noch auf unseren Hochsitz zugezogen. Der Ami schnappt schon sein Gewehr und backt an; ich versuche, es zur Seite zu drücken, und deute ihm an zu warten, bis ich den Hirsch angesprochen habe. Nun wird er schon kaum dreißig Schritt vor uns sichtbar. Nur Träger und Haupt ragen aus den Buchenrauschen heraus. Es ist ein junger Kronenzehner vom dritten Kopf mit normalen Stangen und blitzenden Kronenenden. Mein Nebenmann hat schon wieder angebackt und will den Hirsch ins Visier nehmen. Erneut versuche ich, ihn daran zu hindern. Der liebesblöde Schreier hat das Gerangel auf dem Hochsitz mitbekommen, verhofft und äugt nach oben, anstatt die Flucht zu ergreifen. Da stößt mich der Ami plötzlich zur Seite, ruft sogar noch ziemlich laut: „That's the Hirsch for me!" Springt mit seinen kurzen, fetten Beinen mit einem Satz auf die Sitzbank, legt blitzschnell an und schon ist der Schuß raus. Der Hirsch bricht im Feuer zusammen. Nur noch das Wackeln einiger Buchenrauschen verraten seinen kurzen Todeskampf. Bei aller Wut, die mich im Augenblick des Zurückstoßens durch den Schützen erfaßt hatte, konnte ich eine stille Bewunderung doch nicht verhehlen. Daß der Dicke so schnell auf die Sitzbank gesprungen war, hätte ich ihm niemals zugetraut, und der schnelle Schuß, kaum später als er angebackt hatte, war auch imponierend. Die anschließende Unterhaltung war meinerseits natürlich nicht sehr freundlich, und ich wundere mich heute noch, wie er damals meine Kraftausdrücke, die auch in seiner Landessprache zu deuten waren, so einfach weggesteckt hat. Die Kugel saß mitten auf dem Träger des Hirsches und ließ ihn deshalb so schlagartig zusammenbrechen. Es war schade um diesen jungen Zukunftshirsch. Am liebsten wäre ich jetzt nach Hause gelaufen und hätte dem Schützen das Aufbrechen allein überlassen. Aber lange konnte ich das Rumgewurstel doch nicht mit ansehen und gab dann einige Hilfestellungen. Es dauerte über eine halbe Stunde, bis der Ami die rote Arbeit unter meinen ständigen, nörgelnden Anweisungen beendet hatte. Dann sollte ich ihm noch helfen, den Hirsch die fünfzig Meter bis zum nächsten Weg durch die Buchenrauschen zu ziehen. Aber das schien mir doch zu viel verlangt, und ich schützte in meinem immer noch rauchenden Zorn eine Rückenlädierung vor. Da packte der dicke Mops den Hirsch an den Stangen und zog ihn eigenhändig unter lautem Stöhnen mit hochrotem Kopf ruckartig bis an den Weg. Auch diesbezüglich hatte ich ihn offensichtlich unterschätzt und ihm diese Kraftreserven nicht zugetraut. Wenn ich heute so die Situation Revue passieren lasse, so kann ich mir mein damaliges bockiges Verhalten nicht mehr so recht erklären. Wahrscheinlich waren die gegenseitigen Feindbilder noch in frischer Erinnerung und konnten erst allmählich abgebaut werden. Die Uniform des Majors war inzwischen vollkommen durchschwitzt und hatte von dem beim Aufbrechen umhergespritzten Schweiß eine interessante Mischfarbe angenommen. Am Wegesrand trennte er dann unter allerhand unfachmännischen Gebärden das Haupt des Hirsches ab und marschierte mit diesem schweißtriefend in Richtung seines ungefähr einen Kilometer weiter abgestellten Jeeps. Mich würdigte er keines Blickes mehr. Schade, dachte ich noch so bei mir, diesmal konnte ich meine stets mitgeführten Milchgrandeln nicht mit den an sich gut gezeichneten Originalgrandeln des geschossenen Hirsches vertauschen, so wie sich das inzwischen bei einigen schlitzohrigen Jagdführern eingebürgert hatte. Für mich war damit der Fall erledigt, und so machte auch ich mich auf den Heimweg. Der Amimajor würde sich wahrscheinlich noch einen Gehilfen zum Aufladen und Abtransportieren des Wildkörpers holen müssen. Anfangs durften die Amerikaner das erlegte Wild ganz für sich vereinnahmen. Meistens wurde das dann unter die „Fräuleins" und deren Anhang verteilt. Manches dieser liebeswilligen Fräuleins war jagdlich wohl doch etwas angehaucht, und so kam es vor, daß diese dann die untergeschobenen Ersatzgrandeln ihrer Liebhaber monierten. Zu irgendwelchen Zweifeln oder gar Konsequenzen kam es jedoch nie, davon verstanden die Erleger noch zu wenig.

So gegen Mittag tauchte der dicke Major mit seinem Jeep in Begleitung eines weiteren Besatzers wieder bei mir auf. Der Hirsch war bereits geborgen und lag auf den Rücksitzen. Na, was will denn der noch, dachte ich noch so bei mir, will er sich etwa entschuldigen oder mir eine Keule von dem brunftigen Stück abgeben? Das hätte ich natürlich dankend abgelehnt. Aber er war sehr erregt und teilte mir mit, daß er seine Armbanduhr verloren hätte. „I lost my watch", jammerte er immer wieder. Zwei Stunden lang hätten er und sein Kamerad schon die Aufbruchstelle abgesucht und nichts gefunden. Donnerwetter, dachte ich so etwas schadenfroh bei mir, die kleinen Sünden bestraft der liebe Gott gleich. Guten Gewissens konnte ich ihm versichern, daß auch ich bisher keine Uhr gefunden hätte. Auf sein Bitten fuhren wir nochmals zum Anschuß und nahmen zu dritt die Uhrensuche gewissenhaft auf. Aber auch dieser Einsatz blieb erfolglos. Vor seiner Abreise bot er mir für das Auffinden der Uhr hundert Dollar, er würde in drei Wochen wiederkommen. Na ja, die hundert Dollar hätte ich mir ja gern verdient, zumal es mir damals finanziell nicht sehr rosig ging. Wenn es irgendwie möglich war, zog es mich von nun an immer wieder zu der Aufbruchstelle des Hirsches hin. Bald kannte ich dort jeden Quadratzentimeter Waldboden, doch die Uhr fand ich nicht. Nach vier Wochen kam der Major wie angekündigt und fragte nach seiner Uhr. Wieder mußte ich ihn enttäuschen, und mit den hundert Dollar wurde nichts. Fast wütend machte er auf dem Absatz kehrt und verschwand mit seinem Jeep auf Nimmerwiedersehen. Irgendwie hatte ich das Gefühl, daß er mir nicht recht glaubte und war darüber eigentlich etwas verärgert, hätte ich ihm doch am liebsten ins Gesicht geschleudert, daß seine Kameraden mir bei der Gefangennahme im Mai 1945 nicht nur die Armbanduhr, sondern auch alle Auszeichnungen und Wertgegenstände förmlich vom Leib gerissen haben.

Inzwischen waren vier weitere Wochen vergangen, der erste Schnee war schon gefallen und wieder weggetaut, aber immer noch zog es mich an den Ort der verlorenen Amiuhr. Eines Vormittags stand ich wieder an besagter Stelle, blickte routinemäßig auf den Boden, stocherte mit dem Jagdstock etwas im Laub herum und irgendwie streifte mein suchender Blick etwas höher. Es war reiner Zufall, denn mein Suchen hatte sich bisher fast ausschließlich auf den Waldboden konzentriert. Da sah ich in einer Buchenrausche in Brusthöhe für den Bruchteil einer Sekunde etwas blinken, griff instinktiv danach und hatte die verlorene Armbanduhr des Majors in der Hand. Das war ein Gefühl wie Weihnachten. Auf den ersten Blick konnte ich erkennen, daß es sich um eine wertvolle Schweizer Uhr handelte, die den gebotenen Finderlohn von hundert Dollar mit Sicherheit rechtfertigte. Das Armband war gerissen und dadurch hatte sie sich selbständig gemacht, war jedoch nicht bis auf den Erdboden gefallen, sondern in einer Buchenrausche, von trockenen Blättern überdeckt, hängen geblieben. Da konnten wir auf dem Boden lange suchen. Da mir der Major keine Adresse hinterlassen hatte, wird es mir niemand verübeln, daß ich zu deren Auffindung keine besonderen Anstrengungen unternahm. Immer noch nahm ich an, daß dieser eines Tages wieder bei mir auftauchen würde, um nach seiner Uhr zu forschen. Aber er kam nicht mehr. Von nachfolgenden amerikanischen Jägern aus derselben Einheit erfuhr ich dann, daß dieser schon vor Wochen in die Staaten zurückversetzt worden war. Nach einem Jahr und zwischenzeitlicher Versetzung in ein anderes Forstamt wagte ich dann endlich, dieses wertvolle Stück selbst anzulegen. Sie hat mir über dreißig Jahre wertvolle Dienste geleistet, bis sie eines Tages bei einem kleinen Unfall so stark ramponiert wurde, daß eine Reparatur nicht mehr lohnte. Sollte ich mich damit einer Fundunterschlagung schuldig gemacht haben, so hat das trotzdem mein Gewissen nicht eine Sekunde lang belastet, betrachtete ich doch den Besitzerwechsel dieser Uhr als gerechten Ausgleich für die unberechtigte Erlegung eines Zukunftshirsches und die Enteignung meiner wenigen Habseligkeiten durch die Amerikaner bei meiner Gefangennahme.

Ein besonderes lustiges Jagderlebnis hatte ich mal mit zwei jungen amerikanischen Jägern, die des Jagens noch ziemlich unkundig waren. Sie wollten immer zusammenbleiben, waren aber sonst sehr höflich und bescheiden. Hauptsächlich wollten sie Sauen schießen. Zweimal hatte ich sie schon geführt, aber es klappte nicht, weil sie wie die Elefanten pirschten und keinen trockenen Ast am Weg verfehlten. Eines Morgens lief uns ein einwechselnder Überläufer auf achtzig Schritt im Fichtenaltholz an. Ob sie beide schießen könnten, fragten sie wieder sehr höflich bei mir an. Aber selbstverständlich, Hauptsache die Sau käme zur Strecke. Daraufhin ging die Knallerei los. Beide hatte halbautomatische Gewehre und fühlten sich scheinbar wie auf dem Schießstand. Die Geschosse schlugen rechts und links von der Sau in den Boden. Diese wendete nach rechts, da erwischte sie endlich eine Kugel vor der linken Keule im kleinen Gescheide. Sie sackte kurz zusammen und flüchtete sofort in einen kleinen Fichtenhorst, kam auf der anderen Seite nicht wieder heraus, also hatte sie sich gesteckt. Nur mit Mühe gelang es mir, die beiden Schützen von einer sofortigen Verfolgung abzuhalten. Am liebsten hätte ich die Sau erst einmal in Ruhe gelassen und die Nachsuche dann mit dem Hund nach zwei Stunden aufgenommen. Aber die beiden ließen nicht locker und stimmten mich durch ihre charmant bittende Art um. So schickte ich den einen auf die gegenüberliegende Seite der kaum dreißig mal dreißig Meter großen Anflugdickung, den anderen ließ ich auf dem Einwechsel der Sau nachgehen. Da ich noch kein offizieller Waffenträger war und keine Mithilfe leisten konnte, nahm ich vorsorglich hinter einer dicken Fichte Aufstellung. Irgendwie fühlte ich schon, daß ich mit diesen beiden Amis und der angeschweißten Sau noch eine Mords-Gaudi erleben würde. Und so kam es auch.

Der als Schweißhund fungierende Amerikaner hat soeben den Dickungsrand erreicht, da kommt der Überläufer wie der Leibhaftige herausgeschossen, fährt ihm zwischen seine dürren Beine und säbelt ihn regelrecht um. Im Fallen gibt er noch zwei Schüsse ab, die irgendwo in den Baumkronen einschlagen. Nach vollbrachter Tat flüchtet der kranke und wirklich schwache Überläufer nicht etwa weiter durchs Altholz, sondern flitzt wieder in den Dickungshorst zurück. Während sich der seines Gleichgewichtes beraubte Saujäger langsam hochrappelt, kann ich mein schadenfrohes Gelächter und die Beifallskundgebung für dieses schneidige Schweinchen nicht unterdrücken, und gebe es lauthals von mir. Nun kommt auch noch der andere Ami angekeucht, um seinem Kameraden Hilfestellung zu geben. Dieser hatte wohl während seiner Luftkapriole irgendeinen Hilferuf ausgestoßen.

Nun wollten es beide zusammen versuchen. Doch da stimmte ich nicht zu und verwies den Hilfswilligen energisch auf die andere Seite des Horstes. Der aber wollte es nun an Stelle seines geschändeten Kameraden versuchen. Also wurden mit meinem Einverständnis für den zweiten Einsatz die Rollen der beiden Nachsuchenspezialisten vertauscht. Gespannt und grinsend wartete ich in sicherer Deckung auf die Fortsetzung des Schauspieles, und sollte auch diesmal auf meine Kosten kommen. Es kam fast zu einer Wiederholung der Ereignisse. Der Überläufer nahm den Eindringling sofort und kompromißlos an, nur war dieser vorgewarnt und ballerte gleich drauflos. Ich konnte noch sehen, wie das Gebrech des tapferen Angreifers herunterklappte, wie er danach abdrehte und wieder im Fichtenhorst verschwand. „Verdammte Schlummschützen", giftete ich den Schützen an, „auch noch einen Gebrechschuß dazu!" Da kam er zu mir, wollte mir sein Gewehr überreichen und mich um die Beendigung des Dramas bitten. „Nix da, mit diesen komischen halbautomatischen Spritzen komme ich nicht zurecht!" Deshalb

Unterwegs mit dem Pirschwagen.

Kulle mit seinem Schaufler.

Der „Papierschaufler“.

Eördögh Tibor mit Gattin und Autor.

lehnte ich unzweideutig ab. Es tat auch nicht mehr nötig, denn in diesem Augenblick fielen auf der anderen Seite des Horstes hintereinander vier oder gar fünf Schüsse, gefolgt von einem lautstarken Jubelgeschrei. Also war der Kujel diesmal doch durchmarschiert. Da hielt meinen Gesprächspartner nichts mehr zurück. Wie angestochen stürmte er dem Standort seines Kameraden entgegen. Dort lag tatsächlich der verstümmelte Überläufer auf der Strecke. Die beiden vollführten einen indianerähnlichen Freudentanz, umarmten und küßten sich, wollten mich sogar mit einbeziehen. Damit war ich allerdings nicht einverstanden. Dafür lehnte ich einen kräftigen Schluck aus der kreisenden Whiskyflasche nicht ab, der auf meinen nüchternen Magen dann auch gleich die entsprechende Wirkung zeigte. Die Freude der beiden eingleisigen Halbindianer steckte mich auch an und so demonstrierte ich ihnen am gestreckten Überläufer in leicht benebelten Zustand das weidgerechte Aufbrechen nach deutscher Art.

Schmunzelnd denke ich an die jagdliche Mithilfe bei zwei amerikanischen Generälen zurück. Für den einen und seinen Stab wurde extra eine Saujagd im Reinhardswald abgehalten. Man munkelte, daß dieser hohe Herr ein gewichtiges Wort bei der Wiederbewaffnung der deutschen Jäger mitzureden habe. Da wollte man ihn sicher etwas wohlwollender stimmen und ihn in allen Belangen mit unserer weidgerechten Jagdausübung vertraut machen. Natürlich sollte der General auf jeden Fall zu Schuß gebracht werden, die besten Stände hierfür waren schon ausgesucht und dementsprechend präpariert. Die wenigen Forstbeamten, die schon stolze Besitzer von deutschen Militärkarabinern waren, durften mitschießen und wurden planmäßig in die Schützenkette der amerikanischen Jagdgäste eingegliedert. Mein kollegialer Freund Hugo Z. und ich bekamen dabei die delikate Aufgabe, dem General flankierend zur Seite zu stehen und diskret zu einer ansehnlichen Strecke zu verhelfen. Schon in den ersten beiden Treiben war es uns gelungen, ihm drei gestreckte Borstentiere zuzuschanzen, ohne daß auch nur der Hauch eines Zweifels an seiner Schießfertigkeit aufgekommen wäre. Bei der Vielzahl, der den Prominentenstand passierenden Sauen, war die kleine Mogelei auch keine große Kunst, zumal der General dabei einen ungeheuren Munitionsaufwand betrieb und nachher sowieso nicht mehr wußte, welches Stück er beschossen und getroffen hatte. Dabei interessierte ihn weder die Einschußseite noch der Sitz oder die Zahl der getroffenen Kugeln. Auch die anderen prominenten Jagdgäste waren mit mehr oder weniger großem Erfolg zu Schuß gekommen. So war die Strecke bisher recht gut, und alle Teilnehmer schienen zufrieden zu sein. Im letzten Treiben vor der Mittagspause flüchtete eine stärkere Sau im Schweinsgalopp zwischen dem General und mir durch die Huteeichen der nächsten Fichtendickung zu. Auftragsgemäß mußte ich warten, bis mein Nebenmann das Feuer eröffnet hatte, um dann selbst eingreifen zu können. Er schoß einmal, in schneller Folge gleich noch zweimal hinterher. Das beschossene Stück zeichnete überhaupt nicht und setzte unbeirrt seine Flucht fort. Nun kam auch noch ein Überläufer angestürmt, der dem General fast über die Fußspitzen flüchtete und diesen nur dank des ihn umgebenden, künstlich angelegten Schirmes nicht umrennen konnte. Diese Provokation war dem Schützen wohl doch zu viel. Er schwenkte von dem immer noch in sicherer Schußentfernung flüchtenden stärkeren Stück ab und donnerte auf kurze Distanz den Überläufer mit einem Schuß durch den Rücken um. Mit einem weiteren Schuß beendete er das einsetzende Klagen des am Platz gebannten Kujels. Dieses Geschehen hatte ich so aus den Augenwinkeln heraus registriert, dabei aber die stärkere Sau, die ich inzwischen als Keiler angesprochen hatte, im Visier behalten. Die Entfernung für einen sicheren Schuß schwand von Sekunde zu Sekunde. Kurz vor Erreichen der Dickung hatte ich ihn nochmals frei, glaubte auch gut drauf zu sein und ließ fliegen. Dumpfer Kugelschlag und hinterseitiges Zusammenrutschen ließen auf einen Weidwundschuß schließen. Hugo Z. hob seinen Hut, ein Zeichen, daß auch er den Treffer registriert hatte. Nur der General hatte davon nichts mitbekommen, war immer noch mit dem vor ihm schlegelnden Überläufer beschäftigt und verpaßte diesem zur Sicherheit noch einen letzten Gnadenschuß. Nach dem Abblasen des Treibens überzeugten wir ihn noch, daß auch das zuerst von ihm beschossene stärkere Stück eine Kugel haben müßte und wir es auf der Nachsuche am Nachmittag sicher finden würden. Zu dieser Zeit wußten wir beiden Flankenschützen noch nicht, daß wir die ganze Sache mit dem Keiler nochmals umdisponieren mußten, sonst hätten wir sicher den Mund gehalten. Wie vor Jagdbeginn vereinbart, übernahmen Hugo Z. und ich nach Beendigung der kurzen Mittagspause die bisher angefallenen Nachsuchenarbeiten. Hugo Z. führte einen bekannten und sehr erfahrenen Hannoverschen Schweißhund mit Namen „Wotan", der schon sehr viele erfolgreiche Nachsuchen gemacht hatte und den ich selbst nach einigen gemeinsamen Nachsuchenerlebnissen für fast unfehlbar hielt. Meinen Kurzhaardackel Strolch und den Langhaardackel meines Vaters nahm ich zur Unterstützung trotzdem mit. Außer dem Generalskeiler waren noch drei Nachsuchen gemeldet und die Anschüsse vorschriftsmäßig verbrochen. Zum ersten Stück, einer zweijährigen Bache, führte uns Wotan nach dreihundert Metern zielstrebig und ohne Unterbrechung. Sie hatte die Kugel mitten auf dem Kasten, und war längst verendet. Am zweiten Anschuß verwies der Hund sofort etwas Lungenschweiß und nach zweihundert Metern Riemenarbeit durch dichte Buchen/Fichtennaturverjüngung standen wir vor einem geringem Überläuferkeiler. Auch er war längst verendet. Der dritte Anschuß konnte auch recht schnell geklärt werden. Hier lagen Rückenborsten meterweit im Umkreis verstreut, kein Schweiß oder sonstige sichere Schußzeichen, also nur gekämmt.

Nun noch schnell zur Nachsuche auf den Generalskeiler, bevor es dunkel wurde. Unterwegs, beim Durchqueren eines Eichenaltholzstreifens zog Wotan plötzlich seitwärts, nahm den Fang auf den Boden und legte sich stark in den Riemen. Auch durch Zureden des Führers ließ er sich nicht beirren. Auch meine beiden Dackel hatten was in der Nase und zogen nun auch kräftig an der Doppelleine. Hugo hatte dem Schweißhund inzwischen mehr Riemen gegeben und suchte den Boden ab, plötzlich rief er: „Komm her, hier ist eine frische Schweißfährte – und gar keine schlechte!" Zum Teufel, da hat doch einer seinen Schuß auf eine Sau verschwiegen oder für einen Fehlschuß gehalten. „Die arbeiten wir noch schnell aus bis zur nächsten Dickung und verbrechen dort den Einwechsel, damit wir morgen weitermachen können!" entschied Hugo ohne Umschweife. Aber soweit kamen wir gar nicht, denn bereits nach hundert Schritten Schweißarbeit sahen wir den dunklen Klumpen einer Sau im Fichtenaltholz regungslos liegen. Es war ein dreijähriger

Keiler mit einem Schuß im hinteren Drittel des Kastens. In Rekordzeit brachen wir gemeinsam das Stück auf und schleiften es noch bis an den nächsten Weg. Der Rekord beim Aufbrechen lag damals bei schwachen Sauen bei ca. drei und bei stärkeren bei ca. vier bis fünf Minuten. Als wir endlich den Generalsstand erreichten und mit der Nachsuche beginnen konnten, fing es schon an zu dämmern. Wie vorausgesehen, verwies Wotan die ersten Schußzeichen an der von mir bezeichneten Stelle. Vorher war absolut nichts festzustellen. Dann ging es zügig durch eine kleine Fichtendickung, weiter durch Stangenholz und danach in eine hektargroße Buchennaturverjüngung. Wegen der fortgeschrittenen Dämmerung griff Hugo mit seinem Wotan vor und umschlug diesen Teil, während ich mit meinen beiden Dackeln am Einwechsel zurück blieb. Eher als erwartet kamen Herr und Schweißhund von der entgegengesetzten Seite im Eiltempo zurück. Schon von weitem deutete Hugo mit Gesten an, daß der Keiler nicht ausgewechselt war und sich in der Buchennaturverjüngung gesteckt hatte. Nun mußten wir schnell eine Entscheidung treffen. Die Nachsuche abzubrechen und am nächsten Morgen wieder aufzunehmen, wäre wohl das Vernünftigste gewesen. Wiederum war der Keiler, nach den sicheren Schußzeichen zu urteilen, schwer krank und wahrscheinlich schon verendet. Letzteres war jedoch nicht der Fall, und dieser Umstand hätte fast zu einer Katastrophe geführt.

Der inzwischen einsetzenden Dunkelheit wegen wollte Hugo die Nachsuche nicht mehr fortsetzen. Er fürchtete wohl um seinen Hund, falls der Keiler noch lebte. Was mich damals bewegte, meine beiden Dackel am Anschuß zu schnallen, weiß ich heute nicht mehr. Auf jeden Fall war es leichtsinnig und dumm und kann nicht zur Nachahmung empfohlen werden. Es dauerte keine zwei Minuten, da waren beide am noch lebenden Stück und verbellten es giftig. Nun mußte ich die eingebrockte Suppe selbst auslöffeln, jede Sekunde war kostbar. Also rein in die Dickung, den Hunden zur Hilfe geeilt. Da drinnen war es natürlich noch dunkler und meine anfängliche euphorische Selbstsicherheit sackte auf den Nullpunkt. Langsam und äußerst vorsichtig schob ich mich an den Ball heran, konnte aber meine giftenden Jagdgefährten nicht entdecken, wußte nicht einmal, in welche Richtung sie verbellten. Sie hatten wohl mein Heranpir-

140

schen bemerkt und verstärkten nun ihre Attacken gegen den Keiler. Vor mir jetzt ein eingewachsener, verbissener Fichtenkussel, noch zwei Schritt vor – da teilte sich dieser plötzlich, und begleitet von lautem Brechen kam eine dunkle Masse wie der Leibhaftige herausgestürmt, direkt auf mich zu. Instinktmäßig riß ich die schon im Voranschlag getragene Waffe an die Wange, suchte ungefähr das Haupt des Angreifers zu fassen, dann riß ich durch. Noch im Schuß versuchte ich, zur Seite zu springen. Aber es reichte nicht mehr aus. Ein kräftiger Schlag traf mein linkes Bein und haute mich regelrecht um. Noch im Fallen soll ich den am Dickungsrand stehenden Hugo um Hilfe gerufen haben. Ich wurde später manchmal damit gefoppt, kann mich aber nicht erinnern, es wirklich getan zu haben. Wie dem auch war, der Keiler flüchtete, nachdem er mich zur Seite gefegt hatte, von den wütenden Dackeln verfolgt, Hugo's Stand entgegen. Diesem kam er schwerkrank und schon taumelnd über die breite Schneise und erhielt von ihm den Fangschuß. Inzwischen hatte ich mich hochgerappelt und befühlte mein linkes Bein. Alles schien in Ordnung, kein Blut, kein Schmerz. Dafür war die Sachbeschädigung etwas größer. Der linke Gummistiefel war von der Wade an bis nach oben hin aufgeschlitzt, meine mühsam ersparte lederne Breecheshose in der seitlichen Ausbuchtung bis fast in Hüfthöhe zerfetzt. Da mußte mir wohl ein mächtiger Schutzengel zur Seite gestanden haben. Der Keiler hatte zwischen mir und den verbellenden Hunden in dem Fichtenkussel im Wundbett gesessen und von dort seinen Angriff auf mich gestartet. Draußen am Dickungsrand empfing mich Hugo mit den Worten: „Ein Mordskeiler, viel zu schade für einen Ami." So war es auch wirklich. Bei genauer Untersuchung stellten wir fest, daß meine erste Kugel das kleine und teilweise auch das große Gescheide erfaßt und durchschlagen hatte. Hätten wir ihm Ruhe gelassen, dann brauchten wir ihn am nächsten Morgen nur noch aufzulesen. Mein Notwehrschuß in der Dickung saß zwar genau zwischen den Lichtern, aber leider zehn Zentimeter zu tief in Richtung Wurfscheibe, so daß das Hirn nicht erfaßt wurde. Auf jeden Fall muß ihm diese Kugel einen betäubenden Schlag versetzt haben, so daß seine Fluchten nur noch taumelnd waren und Hugo ihm einen sicheren Blattschuß verpassen konnte. Nun standen wir um den gestreckten Bassen herum, begutachteten

das herausragende Gewaff und diskutierten bei glimmenden Zigaretten. Die Dackel zerzausten immer noch die Schwarte und kühlten ihr erhitztes Gemüt. Wotan der Schweißhund beteiligte sich nicht daran, sicher war das unter seiner Würde. Es war wirklich ein kapitaler Keiler, den wir beide sichtlich unterschätzt hatten. Die Schleiffläche der Gewehre betrug über sechs Zentimeter und auch das Wildbretgewicht dürfte aufgebrochen bei hundert Kilo liegen. Das war schon damals für den Reinhardswald ein Supergewicht, welches in der heutigen Zeit bei der fortgeschrittenen Degenerierung des stetig hungernden und überbesetzten Schwarzwildbestandes kaum noch zu erreichen ist. Während der anschließenden roten Arbeit beschlossen Hugo und ich, diesen starken Keiler nicht an den amerikanischen General auszuliefern, sondern dem rechtmäßigen Erleger zukommen zu lassen – und der war zweifelsohne ich selbst. Also wurde er nach dem Aufbrechen wieder in die Dickung gezogen und mit Reisig bedeckt. Ebenso beseitigten wir alle am Schneisenrand hinterlassenen Spuren unserer Tätigkeit. Aber auch der General sollte nicht leer ausgehen, hatten wir ihm doch schon den Erfolg der Nachsuche in Aussicht gestellt. Unser Entschluß, ihm den auf der nicht gemeldeten Schweißfährte gefundenen dreijährigen Keiler unterzujubeln, bedurfte keiner langen Debatte. So verlief dann die vorgenommene Umtauschaktion planmäßig und ohne die geringsten Zweifel oder Komplikationen. Der Wildwagen sammelte die gefundenen Nachsuchenstücke ein und fuhr sie zum Streckelegen auf die Sababurg. Nach sauberem Verblasen wurden im Fackelschein, nach altem deutschem Brauch in einer feierlichen Zeremonie vom Jagdleiter die Brüche an die erfolgreichen Schützen überreicht. Der General erhielt vier davon und war damit unangefochtener Jagdkönig. Alle waren zufrieden und beim anschließenden Schüsseltreiben mit den nötigen alkoholischen Beilagen wollten die gegenseitigen Lobhudeleien kein Ende nehmen und trugen vielleicht auch etwas zur künftigen Völkerverständigung bei.
Am nächsten Morgen mußten Hugo und ich trotz unserer dumpfen Schädel noch drei gemeldete Anschüsse mit Wotan kontrollieren, wovon einer auf mein Konto ging. Einen Frischling fanden wir noch, der zweite Anschuß erwies sich als Fehlanzeige. Dann zogen wir meinen abgedeckten Keiler vom Vor-

abend wieder auf die Schneise. Niemand merkte anschließend, daß er bereits vierzehn Stunden vorher aufgebrochen worden war. Wegen des eindrucksvollen Erlebnisses habe ich sein Haupt, trotz der damit verbundenen finanziellen Belastung, präparieren lassen. Nun hängt er schon einige Jahrzehnte an der Wand, eingerahmt von vielem aufgesetztem Gewaff seiner Artgenossen, blickt auf mich herab und wird in meinen jagdlichen Erinnerungen als Generalskeiler immer einen der ersten Plätze einnehmen.

Dies sollte jedoch nicht meine letzte jagdliche Begegnung mit der amerikanischen Generalität sein. Anfang der sechziger Jahre wurde mir ein amerikanischer General aus Heidelberg für den Abschuß eines 1-A-Hirsches zugeteilt. Er erschien mit Gattin nebst Adjutanten und fragte höflich an, ob er während der Brunfttage bei mir im Forsthaus wohnen könne. Da das Ehepaar einen recht sympathischen Eindruck machte, im Haus noch genügend Platz vorhanden war und die Anfahrt bis zur nächsten Stadt über zehn Kilometer betrug, waren meine Frau und ich damit einverstanden. Den Adjutanten, der für den General eine gewisse Beschützerfunktion ausüben sollte, schickte er auf mein Anraten wieder nach Heidelberg zurück. Im ersten Jahr klappte es jedoch nicht so recht. Die Hirsche, die wir in Anblick bekamen, waren meistens zu jung und gering, die Brunft ziemlich verregnet und die Außentemperatur um einige Grade zu warm. Natürlich hätte ich dem nicht sehr jagdkundigen General irgendein Achterchen oder Zehner andrehen können. Er hätte ohne Zögern auf mein Geheiß alles Geweihte geschossen. Manchmal war ich schon soweit, änderte aber doch in letzter Sekunde meine Meinung. Er war an sich ein prima Kerl, und da wollte ich ihn nicht mit irgendeinem Japper abspeisen. Jedesmal, wenn ein Hirsch in der Botanik schrie, stieß er mich an mit den Worten: „Call him!" Es hatte ihm unheimlich imponiert, wie ich schon mehrere Hirsche mit dem Ruf herangeholt und auch die Flucht einiger Verprellter damit für kurze Zeit zum Stoppen gebracht habe. Das konnte natürlich nicht immer klappen, denn ein so perfekter Meister im Umgang mit dem Hirschruf war ich dann doch nicht. Noch vor Ende der Brunft wurde der General aus dienstlichen Gründen nach Heidelberg zurückbeordert und setzte damit der Hirschbejagung für dieses Jahr ein Ende.

In den folgenden Monaten meldete er sich häufig telephonisch und kündete sein Erscheinen für die nächstjährige Brunftzeit an. So kam es dann auch. Diesmal hatte ich allerdings schon einen Hirsch für ihn ausgemacht. Es war nichts Besonderes, ein alter Eissprossenzwölfer, der so gerade das Geweihgewicht eines jagdbaren Hirsches erreicht haben durfte, eben ein typischer Amihirsch, wie wir diese Sorte damals bezeichneten. Schon am ersten Abend hätte es fast geklappt, doch da spielte der Wind nicht mit. Am nächsten Morgen saßen wir recht früh auf einem Hochsitz am Oberhang einer etwa brusthohen Fichtendickung. Hier mußte der Hirsch mit seinem Rudel durchziehen, wenn er in seinen bevorzugten Tageseinstand wollte. Das Gelände fiel leicht ab und da die Dickung auch noch einige Fehlstellen aufwies, bot sie uns recht guten Einblick. Am gelegentlichen Schreien konnte ich jederzeit den Standort des Hirsches bestimmen und war gespannt, ob er, wie in den letzten Tagen, den alten Wechsel einhalten würde. Er tat uns den Gefallen und kam bei schon recht gutem Büchsenlicht auf etwa hundert Schritt durch die lückige Dickung gezogen. Da boten sich mehrere Gelegenheiten, zu einem sicheren Schuß zu kommen. Anzusprechen brauchte ich nicht lange, ein einziger Blick durchs Glas genügte und außerdem hatte ich ihn schon längst an der Stimme erkannt. Nun war der General an der Reihe, dem ich noch schnell flüsternd verdolmetschte, daß er sich viel Zeit nehmen könne und nur in einer günstigen Position schießen solle. Aber, Heiliger Hubertus, wie sah denn dieser Mann aus? Seine sonst so rosigbraune Gesichtsfarbe war einer quittegelben Tünche gewichen. Die unnatürlich herausstechenden Bartstoppeln ließen den Mittfünfziger um zwanzig Jahre gealtert erscheinen. Na, das konnte ja heiter werden. Jetzt mußte der Hirsch gleich auf einer kleinen Lücke erscheinen – das Kahlwild war schon durch, schon war sein Träger frei, noch zwei Meter und ich konnte ihn mit einem Pfiff für einen sicheren Schuß stoppen. Aber diese Nervenanspannung war für den General offenbar zu viel. Neben mir tats den donnernden Schlag, leider viel zu früh. Der Beschossene machte zwei Fluchten und verhoffte. Träger und Haupt waren wunderbar frei. Auch das Kahlwild war kaum flüchtig, stand und äugte in Richtung Hochsitz. Ich habe schon oft erlebt, daß Wild in brusthohen Dickungen ein Gefühl der

Sicherheit hat und auch bei Schüssen nicht flüchtig wird. Instinktiv war auch ich jetzt in Anschlag gegangen, hatte den Zielstachel genau auf dem Trägeransatz des Hirsches sitzen, wartete nur auf den zweiten Schuß des Generals – Herrgott, wie lange will er noch zielen? Endlich, nach einer Ewigkeit, brach der zweite Schuß. Für einen Sekundenbruchteil war der Hirsch aus meinem Fernrohr verschwunden. Jetzt hatte ich ihn wieder, nach nur zwei Fluchten stand er nochmals, äugte wie das Kahlwild in unsere Richtung. Richtig zu sehen war nur das Geweih und ein kleines rotes Fleckchen vom Träger zwischen den grünen Fichtenzweigen. Ohne zu überlegen, fast automatisch visierte ich dieses rote Fleckchen an und drückte ab. Wie vom Blitz gefällt war das herausragende Geweih verschwunden. Der General hatte das nicht mitbekommen und den Hirsch wahrscheinlich nach seinem zweiten Schuß nicht mehr gesehen. Er wollte wissen, auf was ich geschossen hätte. Mit Leichenbittermiene erklärte ich ihm, daß ich versehentlich an den Abzug geraten wäre und mir dabei ein Schuß abgegangen wäre. Er hat es jedenfalls geschluckt, ob mit oder ohne Mißtrauen, weiß ich bis heute nicht. Als ich ihm anschließend auf die Schulter klopfte und ihm klar machte, daß sein zweiter Schuß getroffen habe und der Hirsch nun „kaputt sei", war er hocherfreut und in sein Gesicht kehrte langsam wieder die Normalfarbe zurück. Nach einer Wartezeit ließ ich ihn dann auf dem Hochsitz zurück und machte mich selbst auf die Suche. Ich wollte zunächst mal allein an den Hirsch herantreten, falls es noch etwas zu manipulieren gab. Da ich mir die Stelle des Hirsches bei Abgabe meines Schusses genau gemerkt hatte, brauchte ich nicht lange zu suchen. Er lag mausetot am Anschuß mit einem einzigen Schuß durch Drossel und Träger. Da gab es nichts zu manipulieren. Dem herbeigerufenen General erklärte ich wortreich die Situation bei Abgabe seines zweiten Schusses und ich hatte das Gefühl, ihn nun endgültig überzeugt zu haben. Es war übrigens ein sehr alter Hirsch und besser als ich ihn zunächst angesprochen hatte. Leider hatte er auch nur eine Grandel und die war auch noch hohl, so daß sich ein Umtausch nicht lohnte. Etwas Wehmut empfand ich dann doch, als der Pseudoerleger das Geweih in seinem Auto verstaute und damit Richtung Heidelberg abdampfte. Dafür bekam ich etwas später von den vielen gemachten Photos des Hirsches einen ganzen Stapel zugeschickt und kann mich noch heute daran erfreuen.

Noch in sehr guter Erinnerung ist mir die Begebenheit, bei der mich ein amerikanischer Jagdgast beim Abschuß eines jagdbaren Hirsches regelrecht überlistete. Es war noch in der Feistzeit. Wir saßen am Abend auf einem recht primitiven Hochsitz am Rand einer großen Kulturfläche, die von Eichen/Buchen-Stangenholz und teilweise von Buchennaturverjüngung umgeben war. Hier hatte ich vor einigen Tagen einen ungeraden Kronenzehner ausgemacht, der meinen Vorstellungen von einem jagdbaren Gasthirsch in etwa entsprach. Wie angemeldet, kam er auch bei noch ausreichendem Büchsenlicht auf die Fläche gezogen und begann vertraut zu äsen. Da die Entfernung noch zu groß war, gab ich dem Amerikaner noch keine Anweisung zu schießen, ließ aber den näherziehenden Hirsch nicht mehr aus dem Glas. Erst als dieser nahe genug war und schön breit stand, forderte ich den Gast zum Schuß auf. Währenddessen behielt ich den gesamten Hirschkörper glasklar im Auge und hätte das Auftreffen des Geschosses unbedingt wahrnehmen müssen. Der Schuß krachte, der Hirsch warf kurz auf, wendete und flüchtete ganz normal ins Stangenholz. Nicht das geringste Zeichnen oder sonstige Schußzeichen konnte ich, trotz der vollen Konzentration auf das Zielobjekt bei der Schußabgabe, feststellen. „Vorbei!" war mein sofortiger Kommentar. „Nix vorbei, Hirsch kaputt!" lautete die Antwort des Schützen. Diese Selbstsicherheit ließ mich doch etwas aufhorchen und veranlaßte mich zum sofortigen Abbaumen, um die Untersuchung des Anschusses vorzunehmen. Auf dem Weg dorthin packte mich der Ami am Arm und wollte mich weiter nach links ziehen. Wieder gab es einen kleinen Disput zwischen uns, bis ich schließlich nachgab und mich von ihm in die gewünschte Richtung leiten ließ. Nachdem wir einen schmalen, brusthohen Buchenverjüngungsstreifen auf der Fläche durchquert hatten und ich schon langsam ungeduldig wurde, deutete mein Leithammel mit ausgestrecktem Arm in das angrenzende Eichenstangenholz. Da stockte mir doch fast der Atem, denn was meine aufgerissenen Augen in dieser Sekunde wahrnahmen, waren die Umrisse eines in etwa fünfzig Meter Entfernung liegenden Hirsches, der nicht die geringsten Anzeichen für eine „Wiederauferstehung" von sich gab. Nun, das ging momentan über meine Vorstellungskraft. Wie kam der Hirsch hier auf diese Seite, wo doch seine Fluchtrichtung und der jetzige Fundort mindestens rechtwinklig auseinander lagen. Sollte er, nachdem er meinen Blicken entschwunden war, in totkrankem Zustand einen mächtigen Bogen gemacht haben? Das alles war so rätselhaft und entgegen jeder jagdlichen Erfahrung und Regel, daß ich dem Gestreckten zur Klärung der Situation mit Riesenschritten entgegeneilte. Noch auf Anmarschstrecke, als mit jedem zurückgelegtem Meter die Kronen deutlicher erkennbar wurden, kam mir die Erleuchtung. Dieser hier liegende Hirsch war mit dem auf der Kulturfläche angeblich beschossenem nicht identisch. Es war ein Kronenzwölfer vom sechsten bis siebten Kopf, der eigentlich noch hätte leben bleiben müssen. Nun lag er da mit einem sauberen Blattschuß, anstelle seines dafür vorgesehenen Artgenossen. Des Rätsels Lösung war eigentlich recht einfach und konnte restlos geklärt werden. Demnach war diese Hirscherlegung nicht ganz planmäßig verlaufen, und neben meiner persönlichen Hauptschuld spielten noch einige unglückliche Umstände eine Rolle. Nachdem der zum Abschuß vorgesehene ungerade Kronenzehner auf die Fläche gezogen war, hatte ich mich nur noch auf diesen konzentriert. In der Zwischenzeit war jedoch noch ein zweiter Hirsch rechtwinklig zum ersteren an den Rand der Kultur gezogen. Dieser wurde aber zum größten Teil durch den in der Mitte der Fläche verlaufenden Verjüngungsstreifen meiner Sicht entzogen. Der seitlich halb hinter mir sitzende Ami hatte da bessere Einsicht und den Hirsch gleich wahrgenommen. Warum er mich nicht darauf aufmerksam gemacht hat, weiß ich nicht. In nehme an, daß er diesen als stärker und besser angesprochen hat und nach meiner Aufforderung zum Schuß auch in gutem Glauben gehandelt haben könnte. So ganz sicher war ich mir in dieser Annahme natürlich nicht. Manchmal scheint es mir wahrscheinlicher, daß er den besseren Hirsch mit voller Absicht aufs Korn genommen und mich vorher auch absichtlich nicht auf ihn aufmerksam gemacht hat. Wer könnte ihm diese Schlitzohrigkeit verübeln? Diesmal war ich der Geleimte und mußte die Sache auch ausbaden.

Nicht ganz so schlimm endete ein ähnliches Erlebnis mit zwei amerikanischen Jagdgästen, deren Führung ich wegen unvorhergesehener Erkrankung eines Kollegen plötzlich allein übernehmen mußte. Die zwei ließen sich nicht überreden, gemeinsam mit mir einen Hochsitz zu besteigen. Sie wollten unbedingt getrennt Stellung beziehen, da so natürlich die Chancen für einen Rehbockabschuß größer wären. Diesbezüglich mußte ich ihnen beipflichten, zumal sich schon eine Lösung des Problems blitzartig in meinem Kopf festgesetzt hatte. Erst vor ein paar Stunden waren mir so nebenbei einige frische Plätz- und Fegestellen in einem drei Hektar großen Douglasiengatter aufgefallen. Also mußte sich auch ein Bock darin befinden, der entweder geschossen oder unverzüglich rausgedrückt werden mußte. Erstere Lösung war die einfachere. Zum Glück stand auch noch ein Hochsitz in der Nähe, der zwar nur aus einer, in eine verzweigte Buche angelehnten Leiter mit schmalem Sitzbrett bestand, aber recht gute Einsicht in die eingegatterte Douglasienkultur bot. Also brachte ich den mir jünger und wendiger scheinenden Ami zu dieser wackeligen Leiter, zeigte ihm von dort die frischen Anwesenheitsmerkmale eines angeblich guten Bockes (den ich allerdings selbst noch nicht gesehen hatte), gab ihm noch einige gute Ratschläge und setzte mich ab. Viel Unheil würde er hier wohl nicht anrichten können, denn außer dem eingegatterten Bock dürfte er kaum eine andere Wildart in Anblick bekommen. Aber, wie es so oft im Leben und vor allen Dingen auf der Jagd geht, hier sollte ich mich verkalkuliert haben.

Mit dem anderen Jagdgast pirschte ich zunächst etwas, dann setzten wir uns in einem Kilometer Entfernung auf einen Hochsitz an einer kleinen vergammelten Waldwiese. Noch bei vollem Büchsenlicht fiel beim Leiterschützen der erste Schuß. Guter Kugelschlag ließ auf jagdlichen Erfolg schließen. Das hat ja mit dem Gatterbock prima geklappt, machte ich meinem Nachbarn klar. Der nickte zustimmend und wollte wissen, wann endlich bei ihm etwas Schießbares käme. Offensichtlich hatte Diana ein Einsehen oder ich meinen jagdlichen Glückstag, denn wenige Minuten nach seiner Anfrage erschien am gegenüberliegenden Wiesenrand ein Schmalreh und ein mir bisher nicht bekannter Gabelbock. Der war sicher richtig, und der Ami hatte keine Mühe, ihn umzublasen. Ich war sichtlich zufrieden. Um für die forstlich anstehenden Arbeiten frei zu sein, möchte man einen Jagdgast immer so schnell wie möglich zu Schuß bringen, beson-

ders solche, die einem gewissermaßen aufgezwungen werden und sich gleich für mehrere Tage einquartieren. Während der Erleger das Aufbrechen seines Bockes so einigermaßen bewerkstelligte, krachte es beim Leiterschützen nochmals. Ebenfalls wieder guter Kugelschlag. Sofort beschlich mich ein sonderbares Gefühl in der Magengegend. Sollte ihm noch ein Bock gekommen sein oder eine andere Wildart. Aber so dicht an der Straße und am Feldrand war das doch recht unwahrscheinlich. Das Aufbrechen ging mir nun entschieden zu langsam, und so legte ich selbst Hand an, um dann in schnellem Marschtempo zum verabredeten Treffpunkt zu gelangen. Da stand der Leiterschütze schon, winkte mit dem Hut und radebrach mir lautstark entgegen: „Ich haben geschossen groß Bock mit klein Horn und dick Schwein mit klein Zähne!" Na, so groß wird der Bock wohl nicht sein, und Sauen konnte er natürlich auch schießen, das hatte ich ihm erklärt, allerdings in der Vermutung, daß an dieser Stelle nie welche kommen würden. Eine war auf jeden Fall gekommen und zwar im Gatter am Zaun entlang, nach einem Ausschlupf suchend. Wie ein Profi ließ der Ami das Stück bis auf zwanzig Schritt anlaufen und schoß es dann sauber auf den Teller. Es war ein dreijähriger Keiler mit entsprechendem Gewaff. Also hatte der Schütze doch nicht ganz so unrecht mit seinen Angaben und würde doch hoffentlich nicht noch mit einer anderen Überraschung aufwarten.
Nun war ich auf den „groß Bock mit klein Horn" umso gespannter. Der sollte aber nicht im Gatter liegen, sondern in einem schmalen Buchenaltholzstreifen am Feldrand. Trotz einsetzender Dunkelheit sah ich schon von weitem einen dunklen Klumpen, der auf keinen Fall einem Rehbock ähnelte. Vor mir lag dann auch kein solcher, sondern ein Rotwildspießer mit kaum likörglashohen, noch im Bast befindlichen Spießen. Es war ein sogenannter Likörspießer, wie wir diese absolut abschußwürdige Sorte nannten. Also waren auch hier seine Angaben richtig, und da die Rotschmalspießer schon Schußzeit hatten, war ich über diesen Hegeabschuß recht erfreut. Nur etwas ärgerte ich mich über meine Fehlkalkulation in Bezug auf Rot- und Schwarzwildvorkommen in diesem Revierteil – doch wer hat noch nie geirrt? Der Gatterbock wurde übrigens vom nächsten, zugewiesenen Amijagdgast mit drei miserablen Schüssen

langsam zu Tode gequält. Nur dem Gatter war es zu verdanken, daß er überhaupt zur Strecke kam.

In der Wespenzeit mußte ich bei einem amerikanischen Jagdgast einmal richtig schnellen Samariterdienst leisten. Wir hatten am frühen Abend auf einem Hochsitz in einer alten Eiche Sitzposition bezogen. Beim Angehen merkte ich schon, daß er kein großer Jäger war und ich Schwierigkeiten haben würde, ihn zu Schuß zu bringen. Kaum saßen wir auf dem Hochsitz, packte er zwei Putenkeulen aus. Das knisternde Papier verursachte ein weit hörbares Geräusch und trotz meiner Bitte um absolute Stille, ließ er sich nicht davon abbringen, sein Vorhaben zu vollenden. Mit Sicherheit war der gesamte Radius von fünfzig Metern um den Hochsitz erst einmal wildrein gefegt. Eine Putenkeule reichte er mir, in die andere biß er selbst kräftig hinein. Obwohl ich zur Zeit keinen Appetit verspürte, habe ich dann doch mit dem Verzehr der mir zugeteilten Ration begonnen. So nach fünf bis zehn Minuten vernahmen mein Jagdgefährte und ich plötzlich ein Summen in der Luft, das sich in unsere Richtung hin verstärkte. Wie ein sichernder Keiler warf der Amerikaner sofort auf und ging in eine Art Horchstellung. Eine Wespe, gleich noch eine und noch eine dritte dieser an sich harmlosen Tierchen waren im Anflug auf unseren Sitzort. Wahrscheinlich war in der Nähe ein Wespennest, und sie wurden durch den frischen Fleischgeruch der Putenkeulen angelockt. Normalerweise bewege ich mich in einem solchen Fall überhaupt nicht, mache kein großes Theater wegen der paar Wespen, handele nach dem Motto: Tu' du mir nichts, dann tue ich dir auch nichts! Aber da hatte ich die Rechnung ohne meinen Jagdgast gemacht. Der sprang auf, schlug wie verrückt um sich, ließ seine Putenkeule durch die Luft sausen und gebärdete sich weiterhin wie ein Wahnsinniger. Auch meine angeschnittene Putenkeule riß er mir aus der Hand und schleuderte sie über Bord. Noch fand ich die Sache recht lustig, bis ein Aufschrei den Stich einer Wespe in seine Hand verkündete. So ist das meistens, die Leute mit der größten Angst und Aggressivität gegen irgendeine Kreatur werden auch gebissen oder, wie hier, gestochen. Nun ging der Zauber aber erst richtig los. Halb von Sinnen machte er mir klar, daß er gegen Wespenstiche allergisch sei und wenn er nicht innerhalb der nächsten zwanzig Minuten zum

Arzt gebracht werden würde, wäre es aus mit seinem Leben. Nun wurde die Angelegenheit ernst, mein Grinsen verging mir schlagartig. Nachdem ich ihm wunschgemäß den Arm abgebunden hatte, sollte ich sein etwa zweihundert Meter weiter abgestelltes Fahrzeug holen. Er blieb auf der Erde sitzen und wagte nicht, sich zu bewegen. Im Dauerlauf spurtete ich zum Auto. Dieses war ein riesiges Schiff, für uns damals noch unbekannt und unerschwinglich. Natürlich mit Automatik. Zum Glück habe ich diesbezüglich etwas Naturtalent und bekam nach einigen Fehlversuchen diesen waldwegeuntauglichen Kasten in Gang. Sofort ging es in einer halsbrecherischen Waldfahrt ab zum nächsten Arzt in die zehn Kilometer entfernte Stadt (den wir auch glücklicherweise antrafen). Dieser Doktor machte mir erstmalig klar, wie ernsthaft solche Insektenstiche bei manchen Menschen sind und ohne schnelle ärztliche Hilfe tatsächlich zum Tode führen können. Der Wespenbockansitz war dem amerikanischen Jäger für diesen Abend erstmal vergällt. Er wollte am nächsten Tag wiederkommen, hielt aber unsere Vereinbarung nicht ein und ward von mir nie mehr gesehen.

Der Kälbertöter
und andere Originale

Nach der Wiederbewaffnung der deutschen Jäger und dem einsetzenden Wirtschaftsaufschwung entdeckten viele Emporkömmlinge und Neureiche ihre jagdlichen Ambitionen. Der gesellschaftlichen Stellung entsprechend, gehörte der Jagdschein, verbunden mit dem Besitz von funkelnden, supermodernen Jagdwaffen, bald zur Aufwertung ihres persönlichen Images. Als nächstes Ziel wurde die Pachtung einer Eigenjagd ins Auge gefaßt. Es begann ein unheimlicher Run auf Privat- und Gemeindejagden, deren Verpächter die günstige Konjunktur schnell erfaßt hatten und die Pachtpreise oftmals recht unverschämt in die Höhe trieben. Im Sinne der freien Marktwirtschaft mußte man jedoch für beide Parteien Verständnis aufbringen. Aber nicht alle finanzkräftigen Pächter erwarben eine Jagd aus Geltungsbedürfnis oder Prestigegründen. Der größte Teil hatte sich den Wohlstand redlich erarbeitet und konnte nun endlich seine in ihm schlummernde Jagdpassion ausleben. Natürlich vermochte nicht jeder Jagdscheininhaber ein eigenes Revier zu pachten, zumal deren Zahl von Jahr zu Jahr anstieg. Schon damals war es möglich, diese revierlosen Jäger gegen einen entsprechenden finanziellen Obolus an Einzelabschüssen im Staatswald zu beteiligen. Anfänglich mußten auch hier die Revierbeamten die Aufgabe eines Jagdführers übernehmen, was für diese eine oft recht zeitraubende Belastung war. Doch recht bald wurde es ermöglicht, die erfahrenen und zuverlässigen Jagdgäste, nach Absprache mit dem zuständigen Revierleiter auch ohne Begleitung jagen zu lassen. Damit war beiden Seiten geholfen. Vor allem dem Gastjäger, der durch die nun geforderte Selbstentscheidung beim Schuß, an der Jagdausübung mehr Spaß und Freude empfinden konnte. Wie schon erwähnt, war die Führung von Jagdgästen, die von Staatswegen besondere Privilegien genossen und von der Zahlung eines Jagdbetriebskostenbeitrages befreit waren, am schwierigsten. Die Gründe hierfür habe ich in einem anderen Kapitel schon angedeutet und möchte deshalb nicht mehr näher darauf eingehen. Bis auf ganz wenige Ausnahmen hatte ich weder mit nichtzahlenden noch mit zahlenden deutschen Jagdgästen große Schwierigkeiten. Eine dieser Ausnahmen war ein „Jäger" aus dem Norden Deutschlands, der mir noch recht gut in meinem Gedächtnis haften geblieben ist. Wie dieser Herr Demel (Name geändert), der die Mitte der Fünfzig längst überschritten haben dürfte, zu seinem noch feuchten Jagdschein kam, ist mir stets ein Rätsel geblieben. Auch die Quelle seines offen zur Schau getragenen Reichtums, konnte ich nie so richtig ergründen. Zur Eröffnung seiner privaten Jagdsaison hatte er den Abschuß eines Rehbokkes gekauft und wurde mir zur weiteren Betreuung zugewiesen. Einen gehörigen Anschiß mußte ich ihm gleich bei unserer ersten Begegnung verpassen, weil er mir ständig seine neue, blitzende Büchse mit der Mündung vor meinen Bauch hielt. Seine Rechtfertigung, das Gewehr wäre doch nicht geladen und ich solle mich nicht so anstellen, brachte mich noch mehr in Rage, glaubte ich doch immer, daß solch provozierender Umgang mit der Waffe nur in kitschigen Jägerfilmen vorkämen. Die Sympathie für diesen Herren war jedenfalls von Anfang an nicht sehr groß. So wollte ich ihn auch möglichst rasch zu Schuß bringen, um ihn auch ebenso schnell wieder los zu werden.

Auf einer frischgepflanzten Douglasienkultur wußte ich einen dreijährigen dünnstangigen Sechser, der dort schon allerhand Fegeschäden angerichtet hatte und der unbedingt geschossen werden mußte. Auch ein etwas altersschwacher Hochsitz, von dem aus man den Bock bequem erlegen konnte, war in der Nähe. Am Nachmittag ließ ich Herrn Demel noch zwei Probeschüsse machen, die beide zu meiner Zufriedenheit ausfielen. Kaum hatten wir am Abend unsere Plätze auf dem Hochsitz eingenommen, erschien auch schon der für den Abschuß vorgesehene Douglasienfeger und fing gleich an, eine junge Pflanze zu bearbeiten. Dabei empfand ich so etwas wie Genugtuung, diesen Burschen in flagranti erwischt zu haben und ihm nun die Quittung für sein forstschädigendes Treiben durch meinen Jagdgast präsentieren zu können. In der Brust des Forstmannes wohnen eben häufig zwei Seelen, die nicht immer in Einklang miteinander zu bringen sind. Aber zu der Abrechnung kam es noch lange nicht. Vorläufig hüpfte Herr Demel noch von einem Hochsitzholm zum anderen und kam über verdrehte Anschlagsübungen nicht hinaus. Seine Vorbereitungen zu einem Schuß waren haarsträubende Aktionen, die mich köstlich amüsierten. Da der Bock das muntere Treiben auf dem Hochsitz bisher nicht mitbekommen hatte, ließ ich diesen dilettantischen Kerl eine Zeitlang gewähren. So nach zehn Minuten wurde mir die Sache dann doch zu dumm, und ich forderte ihn auf, nun endlich zu schießen, es wären kaum hundert Schritt und der Bock habe ihm doch schon etliche Male die Breitseite geboten. Schnaufend zog er daraufhin die Büchse nochmals kräftig ein und – ja und da gab es nur ein „Klick". Er hatte das Entsichern der Waffe vergessen. Also begann die ganze Prozedur von vorn. Der Bock hatte auch das nicht mitbekommen und zog sogar noch etwas näher. Jetzt waren es kaum noch achtzig Schritt. Wieder zielte Herr Demel minutenlang, riß dann, meiner Beobachtung nach, durch: Der Bock ging flüchtig ab, ohne daß er die geringste Schramme abbekommen hatte. Kurz vor Erreichen des Dickungsrandes verhoffte er nochmals und stand wieder breit. Da schoß Herr Demel diesmal sehr schnell, aber auch diese Kugel verfehlte weit ihr Ziel. Na, das kann ja noch heiter werden, bis der seinen Bock geschossen hat, dachte ich so bei mir. Obwohl es noch hell genug war, um den Versuch an einer anderen Stelle auf einen anderen Bock aufzunehmen, ließ ich den Fehlschützen nach dem Abbaumen in sein Hotel fahren und verabredete mich mit ihm für den nächsten Morgen. Doch da ging es ganz schief, weil der Bock bei unserem Angehen in der Dunkelheit wahrscheinlich zu nahe beim Hochsitz gestanden hatte und von uns vergrämt wurde. Jedenfalls ging er schreckend ab.

Es blieb uns nichts anderes übrig, als unsere Hoffnungen wieder auf den Abend zu setzen. Diesmal hatte ich mir ganz fest vorgenommen, bei einem weiteren Fehlschuß von Herrn Demel, mitzuschießen. Ich machte ihm das auch klar, und er war gar nicht abgeneigt. Fast hatte ich das Gefühl, daß er das schon am ersten Abend von mir erwartet hatte. Nun wußte ich Bescheid, hatte ich doch schon mehr solcher Angebote von nicht ganz schießfesten Jagdgästen bekommen und auch manchmal davon stillschweigend Gebrauch gemacht. Programmgemäß kam der Abschußkandidat wie am Abend vorher und dazu noch fast an derselben Stelle. So dämlich kann sich eben nur ein junger Bock verhalten. Der ganze Zauber des Vorabends wiederholte sich, und Herr Demel donnerte ihn in bester Position wieder vorbei. Diesmal ging er allerdings nach dem Schuß hochflüchtig ab und verhoffte erst kurz vor einem kleinen Horst auf etwa hundertfünfzig Meter. Leider stand er spitz von hinten, und da hielt auch ich lieber die Kugel im Lauf. „Das war's dann wohl, Herr Demel, Sie müssen erst noch das Kugelschießen üben", sagte ich leicht vergrämt während des Abbaumens zu ihm. Aber der Kerl war wie eine Filzlaus, ließ sich nicht abschütteln, flehte und bettelte wie ein kleines Kind, ihm noch eine Chance zu geben, nur noch einmal. Daheim spannte er meine Frau auch noch in den Bittgesang ein, uns so ließ ich mich schließlich doch noch erweichen, ihm eine letzte Chance zu geben.

Aber so leicht wollte ich ihm die Sache nicht machen. Zumindest hatte ich eine längere Sitzung auf dem Hochsitz, zur Strafe für die vorangegangenen schlechten Schüsse, mit ihm vor. Da ich am nächsten Morgen aus dienstlichen Gründen nicht mitgehen konnte, gab ich ihm den Auftrag, allein den Hochsitz zu besetzen und diesen erst wieder zu verlassen, wenn er den Bock sicher erlegt hätte oder ich ihn persönlich gegen Mittag abholen würde. Verpflegung und Getränke sollte er auf jeden Fall mitnehmen. Sofort war er mit meinem Vorschlag einverstanden. Am nächsten Vormittag so gegen zehn Uhr, ich war seit Stunden mit dem Haumeister mit Holzaushaltungen beschäftigt, fiel tatsächlich in Richtung der Douglasienkultur ein Kugelschuß. Hoffentlich hatte mein Jagdgast nicht wieder vorbeigeschossen. Der Kugelschlag war nicht schlecht, man kann das auf weitere Entfernungen besser deuten als aus der Nähe. Ich habe dafür ein feines Ohr und gebe sehr viel darauf. Trotzdem konnte und wollte ich meine Arbeit nicht unterbrechen und machte weiter. Nach etwa zwanzig Minuten wurden wir wieder durch einen Schuß aus derselben Richtung aufgeschreckt und gleich darauf fiel noch einer, beide mit nicht deutbarem Kugelschlag. Trotz aufkommender Neugier und Rätselraten ließ ich mich nicht beirren und beendete erst die dringende forstliche Arbeit.

Kurz vor zwölf war es dann endlich soweit. Ich konnte in Richtung besagter Douglasienfläche starten. Dort angekommen nahm ich mit dem Glas den Hochsitz ins Visier. Der Jagdgast saß noch dort, der Lauf seines Gewehres ragte über die Brüstung hinaus in Richtung Fläche, und es sah so aus, als ob er immer noch in Halbanschlag sitzen würde. Er bemerkte mich erst, als ich unmittelbar unter dem Hochsitz stand. Sofort zog er sein Gewehr ein, erhob sich und schulterte es. Beim Absteigen stieß er mehrere Male kräftig mit dem Gewehrkolben gegen die Hochsitzholme, und ich konnte einmal mehr die solide Wertarbeit der deutschen Waffenhersteller bewundern. In euphorischer Hochstimmung führte er mich dann zu dem in fünfzig Meter Entfernung vom Hochsitz liegenden Bock. Dieser war tatsächlich mausetot. Die zerfledderte Keule fiel zuerst in mein Blickfeld. Außer durchschossenem Rückgrat und heraushängendem Gescheide waren einige Teile des Rehbockes unversehrt geblieben. Die Freude des Schützen war unbeschreiblich, und ich wurde zwangsläufig davon angesteckt, obwohl ich das Gefühl hatte, daß es bei ihm weniger die Freude über die Erlegung des Bockes war, sondern diese in erster Linie durch die Steigerung seines Selbstgefühls hervorgerufen wurde. Dann schilderte er mir die dramatische Erlegung seines ersten Bockes. Dieser stand beim Aufbaumen in der Dunkelheit schon mitten auf der Fläche. Als es hell wurde, war er aber angeblich zu weit weg, und er traute sich nicht zu schießen. Der Bock bummelte nun fegend, plätzend und äsend sein gesamtes Areal ab, und wieder war es dem Schützen nicht gelungen, ihm eine sichere Kugel anzutragen. Ich konnte mir dieses Schauspiel lebhaft vorstellen, hatte ich doch gleich am ersten Abend eine Kostprobe seiner Schießkunst mitbekommen. Was für ein Glück, daß es mir diesmal erspart geblieben ist. Um die Sache noch spannender zu machen, tat sich der Bock so gegen sieben Uhr in der Früh mitten auf der Fläche nieder. Von nun an hätte Herr Demel, nach seiner eigenen Schilderung, in Anschlag gesessen und auf dessen Wiederauferstehung gewartet. Das wären ja fast drei Stunden. So ganz konnte ich nicht daran glauben, trotz seiner, sich ständig wiederholenden Beteuerungen. Wie dem auch sei, auf jeden Fall war der Bock dann aufgestanden und zwar gerade in dem Augenblick, als er mal nicht hingeschaut hätte. Ich nahm eher an, daß er zwischendurch ein kleines Nickerchen gemacht hatte und so die „Auferstehung" nicht live miterleben konnte. Wie lange er dann noch rumfummelte, bis er endlich auf fünfzig Schritt dem Bock die Kugel auf Keule und Rücken setzte, ließ sich nicht genau ergründen. Durch diesen Schuß hatte er ihn zunächst mal auf den Platz gebannt, verpaßte ihm dann später noch zwei Kugeln, wovon wohl nur eine getroffen haben muß, sonst wäre die Wildbretzerstörung bei dem großen Kaliber noch stärker gewesen. Die sich anschließende Aufbrechaktion war wieder ein Kapitel für sich. Zunächst glaubte der stolze Erleger, daß ich den Bock aufbrechen würde. Erst als ich ihm klipp und klar erklärte, daß das im hiesigen Forstamt erlegte Wild von dem jeweiligen Schützen aufgebrochen werden muß und ich nicht gegen die Vereinbarung verstoßen könne und wolle, bequemte er sich zu dieser, für ihn offensichtlich unwürdigen Arbeit. Seine bisher nach teurem Fachgeschäft duftende Jagdbekleidung wurde jedenfalls gründlich eingeweiht und reichlich mit Panseninhalt bekleckert, so daß dessen strenge Duftstoffe lange Zeit nicht zu überriechen waren. Damit war jedoch das Drama der Bockerlegung nicht zu Ende, im Gegenteil sollte es jetzt erst richtig losgehen. Irgendwo mußte dieser neureiche, alte Jungjäger mal was vom Tottrinken gehört haben und wollte mit seinem Bock gleich ein Exempel statuieren. Unverzüglich sollte ich die Jäger der Umgegend zum Abendessen in ein bestimmtes, recht teures Lokal einladen. In der Vorfreude, daß ich diesen protzigen Gast so schnell abschieben konnte, tat ich ihm den Gefallen, brachte einige, mir befreundete ortsansässige Jäger zusammen und bereitete sie dementsprechend vor. Nach einem üppigen Mahl, das einem Kapitalhirsch zur Ehre gereicht hätte und bei den Teilnehmern schon leichten Unmut aufkommen ließ, wurden nur noch Sekt der teuersten Sorte und Eiswein gereicht. Diese plumpe, völlig undiplomatische Anbiederei berührte alle recht peinlich, nur der Gastgeber schien davon nicht betroffen zu sein. Selbst als die ersten scharfzüngigen Frotzeleien diesbezüglich losgingen, merkte er nicht einmal, daß er sich mit seinem großprotzigen Gelage nur der Lächerlichkeit preisgab und auf diese Art keine Freunde gewinnen konnte. So endete dieser Abend dann auch recht schnell und sollte mit Sicherheit keine Wiederholung finden.

Für mich war jedoch die Konfrontation mit Herrn Demel noch lange nicht zu Ende. Einmal Blut geleckt, beantragte er umgehend den Abschuß von weiblichem Wild und einem Hirsch. Natürlich wollte er gleich einen dicken Geweihträger schießen, aber das war nicht drin. Man genehmigte ihm den Abschuß eines Hirsches der Klasse 2 c und von weiblichem Rehwild. Wie nicht anders zu erwarten, wollte er natürlich wieder zu mir. Bei seinem Morgenansitz auf den Bock hatte er auch ein Rudel Hirsche über die Fläche wechseln sehen und da dachte er wohl, die würden noch auf ihn warten. Noch vor dem Aufgang der Hirschjagd stand er schon in den Startlöchern und fragte fast täglich telephonisch an, ob er bald kommen könne. Ich mußte meine ganze Überredungskunst aufwenden, um ihm klar zu machen, daß die jungen 2-c-Hirsche am ersten August zum größten Teil noch nicht gefegt haben und er noch eine Woche warten müsse. Außerdem wollte ich erst einmal die Lage peilen und ihm einen Hirsch „anbinden", damit er mir nicht tagelang auf der Pelle säße. Bald konnte ich einige junge Hirsche ausmachen, die jeden Morgen über eine Fläche in ihren Einstand wechselten und diesen Wechsel auch kontinuierlich einhielten. Es waren insgesamt fünf, davon ein Sechser und ein Augsprossengabler, die beide geschossen werden konnten. Um den dritten, ein ungerader Kronenzehner wäre es schade. Die zwei noch dazugehörigen lauscherhohen Spießer hatten noch nicht gefegt, die anderen waren fertig. Der Haken dabei war, daß man dieses Rudel nur morgens erwischen konnte. Abendlicher Auswechsel und morgendlicher Einwechsel waren nicht identisch. Ersterer lag zum größten Teil im angrenzenden Nachbarrevier und hätte zu unnötigen Komplikationen führen können. Nachdem ich das Rudel mehrmals bestätigt hatte und mir ziemlich sicher war, ließ ich Herrn Demel mit seinem dicken Mercedes anfahren. Bei der Lagebesprechung machte ich ihn darauf aufmerksam, daß er auch über hundertfünfzig Meter schießen müsse, wenn die Hirsche den mir bekannten Wechsel einhielten. Das sei natürlich kein Problem für ihn, versicherte er mir. Doch gerade die Entfernung sollte ihm beim ersten Morgenansitz doch Schwierigkeiten bereiten. Die Hirsche kamen auch, sogar mit erheblicher Verspätung in den Tag hinein, aber leider nicht auf dem gewohnten Wechsel, sondern fünfzig bis siebzig Schritt weiter entfernt.

Nun betrug die Entfernung vom Hochsitz doch um die zweihundert Meter. Für einen geübten Kugelschützen wäre das auf dieser Kahlfläche kein Problem, doch diesem leicht verkalkten Jungjäger konnte ich nach den bereits gemachten Erfahrungen, solch einen Schuß nicht zutrauen. Trotz seiner Bitten, Beteuerungen und Selbstüberschätzungen ließ ich mich nicht beirren, und das war sicher gut so. Vertraut zog das Rudel in seinen Tageseinstand. Morgen war auch noch ein Tag. Da kam auch das Rudel wieder auf dem altgewohnten Wechsel. Der Kronenzehner war der erste, dann kam der Sechser, der Achter und dahinter wie in militärischer Rangordnung, die beiden Spießer. Alles schien einfach. „Schießen Sie den zweiten von links, sobald das Rudel verhofft und er freisteht", raunte ich meinem Nebenmann zu. All das hatten wir vorher zigmal durchgekaut. In einer günstigen Schußposition stieß ich einen kurzen Pfiff aus, der das gesamte Rudel schlagartig zum Stehen brachte. Auch diesmal schien es mir wie eine Ewigkeit bis endlich der Schuß krachte. Die Hirsche spritzten auseinander, verhofften aber sofort wieder, sie wußten offenbar nicht was los war. Den angeblich beschossenen Sechser hatte ich während der Schußabgabe genau im Glas, konnte aber nicht die geringsten Anzeichen eines Treffers feststellen. Da ließ mich der zweite Schuß des Hirschjägers regelrecht zusammenfahren. Ich konnte es gar nicht fassen, daß der auf einmal so schnell war. „Zum Donnerwetter, hören Sie auf mit der Ballerei, die Hirsche standen doch alle halbspitz von hinten – auf welchen haben Sie überhaupt geschossen?" Das wußte er scheinbar selber nicht. Es spielte ja auch im Augenblick keine Rolle, denn auch dieser Schuß war in der Ferne verhallt, ohne Schaden anzurichten. Der Widerhall des letzten Schusses hatte jedoch die Hirsche irritiert. Sie flüchteten nicht ihrer Einstandsdickung zu, sondern wendeten und hielten nun genau Kurs auf unseren Hochsitz. So viel Dusel kann eben nur ein Jungjäger haben. Fest entschlossen, diesmal mitzuschießen, entsicherte auch ich meinen Mannlicher. „Der Kronenzehner ist diesmal der letzte, den auf keinen Fall schießen, von den anderen vier können Sie jeden schießen, meinetwegen auch einen der Gummispießer", gab ich dem in Anschlag sitzenden Schützen noch schnell bekannt. Zwanzig Schritt vor unserem Hochsitz verhoffte das Rudel und sicherte nach vorn. Fast hätte man einen davon mit dem Lasso einfangen können. Besser ging es nun wirklich nicht. Gleichzeitig mit dem Knall sackte ein Hirsch zusammen und blieb verendend liegen, während die anderen panikartig genau unter dem Hochsitz durchflüchteten. Ohne Glas konnte ich schon feststellen, daß es zum Glück nicht der Kronenzehner war, sondern der Sechser, der dort, noch leicht schlegelnd sein junges Leben aushauchte. Da war ich richtig froh und versetzte dem Schützen einen kräftigen Schlag auf die Schulter. Der fühlte sich von dieser gezollten Anerkennung geschmeichelt und bedankte sich überschwenglich. Die Kugel saß verdammt hochblatt und wenige Zentimeter höher und es wäre wieder ein Fehl- oder Krellschuß gewesen. Doch diesmal hätte ich auch Dampf gemacht und mitgeholfen, so daß wir wohl doch noch zu einem Erfolg gekommen wären. Nun war ich ebenso erfreut wie der Erleger, daß alles doch noch zu einem guten Ende geführt hatte und nun wieder Ruhe ins Revier einkehren konnte. Aber noch war es nicht so weit. Zunächst warf sich der glückliche Schütze mächtig in die Brust und wuchs um mindestens einen halben Meter. Wieder wollte er ein großes Tottrinken veranstalten. Aber da hatte ich in weiser Voraussicht schon vorgesorgt und sein diesmal mitgebrachtes Eheweib auf meine Seite gezogen. So gab es nur einen kleinen Umtrunk, mehr im Familienkreis. Nach dem nötigen Alkoholgenuß erzählte er dann immer wieder von der schwierigen Hirscherlegung. Aus den zwanzig Metern Entfernung wurden bald zweihundert, und wie sauber er dem Hirsch trotz enormer Schwierigkeitsgrade die Kugel angetragen hatte. Vorher mußte ich ihm versprechen, von den Fehlschüssen und dem ganzen Drum und Dran nichts verlauten zu lassen und ihm bei seinen Erzählungen meine Zustimmung nicht zu versagen. Als ich merkte, was für ein kleiner unscheinbarer Wicht er in Gegenwart seiner Frau war, hatte ich ein Einsehen und tat ihm den Gefallen, ließ ihn mal für kurze Zeit in dem alkoholisierten Glauben, ein kleiner König zu sein. Die Rückkehr in die Wirklichkeit wird dann umso grausamer sein.

Wie das im Leben oft so ist: Reicht man manchen Menschen den kleinen Finger, so ergreifen sie gleich die ganze Hand. Auch Herr Demel gehörte zu dieser Sorte. Da die Hirscherlegung so schnell über die Bühne ging, wollte er sich nun am Abschuß von weiblichem Wild beteiligen und war tatsächlich in dem Glauben, mir damit einen großen Gefallen zu tun. Er hätte zehn Tage Urlaub geplant und die Abschußgenehmigung hierfür läge ja auch vor. Mir blieb nichts anderes übrig, als zustimmend zu nicken, obwohl ich ihn am liebsten zum Teufel gewünscht hätte. Schon am nächsten Nachmittag meldete er sich gestiefelt und gespornt zum Ansitz. Damit er keinen großen Schaden anrichten konnte, setzte ich ihn auf einen Hochsitz an der Reviergrenze in der Nähe des Waldrandes, wo er ein Schmalreh oder eventuell einen Knopfbock schießen sollte. Unbeirrt ließ ich ihn dort zwei Tage, morgens und abends sitzen, obwohl ihm angeblich nicht ein Schwanz gekommen wäre. Am Morgen darauf stimmte ich einem Stellungswechsel zu. Mein Bruder war zu Besuch gekommen und so fuhren wir gemeinsam mit Herrn Demel in einen anderen Revierteil. Letzteren verfrachtete ich auf einen Leitersitz an einer kleinen, kniehohen Fichtenkultur. Mein Bruder mußte tausend Meter von ihm entfernt auf einem Hochsitz an einer Wegekreuzung Stellung beziehen. Ich selbst war nochmals tausend Meter weiter gepirscht und hatte mich in einen Erdsitz gesetzt. Es war ein schwüler Morgen und nicht viel los. Das Wild zog bei der Hitze nicht.

Kurz nach sechs fällt in Richtung meiner beiden Mitjäger ein Kugelschuß. Hoffentlich ist das mein Bruder, da brauche ich mir keine Sorgen zu machen, der schießt gut und spricht dazu noch gut an. Ich bin mir nicht sicher, weil man in diesem bergigen Gelände die Schüsse oft schlecht orten kann. Als die Kirchenglocken sieben Uhr läuten, baume ich ab. Der Hochsitz meines Bruders ist nicht mehr besetzt, wahrscheinlich bricht er gerade auf, vermute ich. Auf mein Rufen bekomme ich keine Antwort. Also weiter zum Leitersitz. Auf dem Weg dorthin kommt mir mein Bruder schon entgegen, winkt, lacht und haut sich mit den Händen auf die Schenkel. Was ist denn mit dem los? Er will auch nicht mit der Sprache heraus. Als ich bei ihm bin, deutet er nur in Richtung von Herrn Demel, grinst weiter und führt mich auf die Kultur zum Leitersitz. Dort sitzt der einst so prahlerische Hirschtöter auf einem Baumstumpf wie ein Häuflein Unglück und macht einen zerknirschten, reumütigen Eindruck. Mein Bruder stößt mich an, deutet in eine Pflanzreihe. Da liegt doch tatsächlich ein verendetes Rotwildkalb mit gutem Blattschuß.

Wie soll ich mir das zusammenreimen? Herr Demel erhebt sich nun von seinem Baumstumpf, kommt auf mich zu, und ich habe das Gefühl, daß er jeden Augenblick in Tränen ausbrechen wird. Erst jetzt entdecke ich seine leicht zerfetzte Hose und auch an seinem Rock scheint die Kleiderordnung etwas auseinander geraten zu sein. Immer wieder jammert er vor sich hin: „Ich habe das Reh doch über eine halbe Stunde beobachtet und war sicher, daß es kein Kitz hat, es ist mir ja so peinlich, am liebsten würde ich niemals mehr jagen." „Nun reicht's mir aber Herr Demel, was reden Sie da für einen Unsinn, das hier ist kein Reh, sondern ein Rotwildkalb und dazu noch ein Männchen, kann also niemals ein Kitz setzen, was war nun wirklich los?" Dann erzählte er mir, schon etwas erleichtert, daß er kurz nach dem Besteigen des Leitersitzes das Reh bzw. das Rotwildkalb entdeckt habe, das äsend so fünfzig Schritte um ihn herumzog. Erst nachdem er es über eine halbe Stunde beobachtet hatte und ganz sicher war, daß es ein Schmalreh sein müßte, habe er geschossen und auch getroffen. Dann war er abgebaumt, um das erlegte Schmalreh aufzubrechen. Auf dem Weg dorthin stand er plötzlich vor einem, sich im hohen Gras drückenden Rehkitz. Nun war ihm das Herz in die Hose gerutscht, weil er sofort annahm, daß er diesem Kitz eben die Mutter weggeschossen hatte. Todesmutig stürzte er sich drauf und fing das sich stark wehrende und laut fiepende Jungtier vorübergehend ein, um es vor dem Hungertod zu bewahren. Dabei wurde seine Jagdkleidung ganz schön in Mitleidenschaft gezogen, denn das inzwischen doch wohl schon über acht Wochen alte Kitz war nicht so einfach zu bändigen. Mein Bruder, das Schlitzohr, hatte das Geschrei des Kitzes gehört, war hingeeilt, um Hilfestellung zu leisten und sah gerade noch wie das Jungtier dem Fänger entschlüpfte. Dann ließ er sich dessen Geschichte erzählen, erkannte den Irrtum auch sofort, ließ aber den Kälbertöter weiterhin im Ungewissen, sozusagen als kleine Strafe für dessen haarsträubenden wildbiologischen Kenntnisse. Das war dann die letzte jagdliche Handlung des Herrn Demel in meinem Revier. So forsch und selbstsicher sein Einzug in diese Region begann, so still und schleichend war sein Abgang. Wenn gelegentlich mal von ihm gesprochen wurde, dann hieß er nur der „Kälbertöter". Auch der Leitersitz, von dem aus das Drama seinen Lauf genommen hatte, hieß bis zu seinem Zerfall „der Kälbersitz". Etwas Pech hatte der Kälbertöter natürlich auch durch das Zusammentreffen unglücklicher Umstände. Anfang August stehen die Jungtiere von Rot- und Rehwild in der Regel fest bei ihren Müttern. Wahrscheinlich hat der Kälbertöter die letzten beim Aufbaumen vergrämt und diese sind abgesprungen und haben ihren Nachwuchs zurück gelassen.

Noch eine jagdliche Begebenheit ist stark in meiner Erinnerung haften geblieben. Sie läßt sich nicht so leicht abtun wie die mit dem Kälbertöter. Ein junger Kollege unseres Forstamts bekam einen Jagdgast zugewiesen. Die Angehörigen dieses älteren Herrn hatten ihm zu seinem siebzigsten Geburtstag einen Hirschabschuß von der hessischen Landesforstverwaltung gekauft und geschenkt. Das muß man bis in die heutige Zeit ungefähr acht bis zehn Jahre vorher beantragen, bis man der Reihenfolge nach dran ist. In diesem Fall hatte es zeitmäßig jedenfalls wunderbar geklappt, nun konnte der Erlegung des Geburtstagshirsches nichts mehr im Wege stehen. Leider war dem nicht so. Es sollte alles andere als einen krönenden Abschluß finden. Trotz aller Mühe, die sich der junge Kollege mit dem alten Herrn gab, klappte es nicht, weil letzterer beim Anblick eines starken Hirsches stets das große Zittern bekam. Zweimal hatte er einen solchen in schußsicherer Position glatt vorbei geschossen. Der Kollege war schon ganz verzweifelt und klagte mir sein Leid anläßlich eines gelegentlichen Zusammentreffens. An sich sollte man solche Jagdgäste nach dem zweiten Fehlschuß heimschicken, aber wer bringt das bei einem geschenkten Geburtstagshirsch schon fertig. Der Gast hatte selber eine Niederwildjagd am Rhein und in seinem Leben schon einige hundert Böcke und sonstiges Schalenwild geschossen. Die Krönung sollte nun die Erlegung eines Hirsches werden. Da ich in diesem Jahr keinen Jagdgast zu führen brauchte, versprach ich dem geplagten Kollegen, mich in meinem Revier nach einem jagdbaren Hirsch umzusehen und Hilfestellung zu leisten. Zwei Morgen nach unserem Gespräch, ich war gerade im Begriff abzubaumen, kam ein starker Hirsch über eine kniehohe Fichtenkultur knörend gezogen und strebte der Dickung unter meinem Hochsitz zu. Es war ein guter und vor allen Dingen alter Hirsch, ein ungerader Vierzehnender. Langsam und schon recht abgebrunftet, mit weiß blitzenden Enden war dieser Recke ein Anblick, der jedes Jägerherz höher schlagen läßt. Unbeirrt zog er in das kleine Dickungsdreieck von kaum einem halben Hektar Größe ein. Wollte er weiter in die anschließende Hauptdickung, so mußte er eine breite Schneise überqueren und mir nochmals einen guten Anblick bieten. Da die Dreiecksdickung nur mannshoch war, konnte ich den jeweiligen Standort des eingezogenen Hirsches am Wackeln der Fichtenspitzen feststellen, manchmal sogar ein Geweihende aufblitzen sehen. Etwa in der Mitte der Dickung hörte das Wackeln der Fichtenspitzen auf, dort mußte er sich niedergetan haben. So kam er auch nicht über die breite Schneise. Gelegentliches, leichtes Knören bestätigte meine Annahme. Also saß er in diesem kleinen Dreieck und konnte zur leichten Beute werden. Auch nach unten konnte er nicht weg, denn dort grenzte die Dickung an ein Gatter. Es blieb ihm also nur der Weg über die breite Schneise oder zurück über die Kultur. Zur Vorsorge wartete ich noch fast eine Stunde. Aber es tat sich nichts mehr und so schlich ich dann äußerst leise und vorsichtig vom Hochsitz. Normalerweise hätte ich ja den ganzen Tag auf dem Hochsitz verbracht, damit mir der Hirsch nicht abhanden gekommen wäre. Aber wie sollte ich dabei meinen Kollegen benachrichtigen. Dieser war natürlich hocherfreut, daß ich ihm seinen Jagdgast für einen Abend auf einen fast angebundenen Hirsch abnehmen wollte. Auf mein Drängen hin, holte er diesen aus dem Bett, wo er sein Mittagsschläfchen verrichtete und schickte ihn unverzüglich zu mir. So saßen wir zwei schon gegen dreizehn Uhr auf dem Hochsitz. Dort erklärte ich dem recht sympathischen alten Herrn leise die ganze Situation, wo der Hirsch jetzt sitzen müßte, wo er kommen könnte und so alles Drum und Dran. Nach ungefähr einer Stunde nahm ich den Hirschruf und knörte einmal ganz leise. Sofort kam die Antwort, jedoch nicht aus der kleinen Dreiecksdickung, sondern links der breiten Schneise aus der höheren Hauptdickung. War der Hirsch also doch noch nach meinem Abbaumen am heutigen Morgen, über die breite Schneise in die große Dickung gewechselt? So sicher wie ich glaubte, war er scheinbar doch nicht angebunden. Die Möglichkeit, daß es sich um einen anderen Hirsch handeln könnte, bestand allerdings auch, schien mir aber unwahrscheinlich. Um nichts verkehrt zu machen, verhielten wir uns bis 16.00 Uhr völlig ruhig. Dann knörte ich nochmals leise und verhalten. Prompt kam die Antwort von derselben Stelle wie beim ersten Mal. Also war er noch da und saß dort offenbar im Bett. Jetzt nur keinen Fehler machen, trotz klopfendem Herzen, Nerven behalten. Jetzt knörte der Hirsch zuerst. War das noch die gleiche Stelle? Mir kam es fast etwas näher vor. Plötzlich, wie von Geisterhand geführt, schiebt sich der Hirsch lautlos aus dem größeren Dickungskomplex und steht scheibenbreit kaum fünfzig Schritt vor uns auf der breiten Schneise und äugt zum Hochsitz. Vorsichtig packe ich den Gast am Arm, raune ihm zu, sich nicht zu rühren. An Schießen ist nicht zu denken, jede kleinste Bewegung würde der Hirsch mit Sicherheit wahrnehmen. So starren wir einander entgegen. Nicht mal die Augendeckel wage ich zu bewegen. Die Sekunden werden wieder zur Ewigkeit. Es ist ein Klotz von einem Hirsch. Wie war es nur möglich, daß er sich so leise wie ein Fuchs anschleichen konnte? Es vergehen fast fünf Minuten, ehe wir wieder durchatmen können. Langsam senkt er sein Haupt und zieht in die kleine Dreiecksdickung von heute morgen ein. Jetzt sitzt er wieder in der Falle und hat wenig Chancen, unbeschossen zu entkommen. Wenn er den morgendlichen Wechsel hält, muß er uns über die kniehohe Kulturfläche auf fünfzig Schritt kommen. Wieder kann ich am Wackeln der Fichtenspitzen eine genaue Standortbeschreibung ansagen. Der alte Herr neben mir liegt im Anschlag. Auf den Meter genau kann ich ihm die Stelle ansagen, an welcher der Hirsch gleich raustreten wird. Jetzt sind es noch zehn Schritt bis zum Dickungsrand. Das Wackeln der Fichtenspitzen setzt sich fort in Richtung Kultur, noch fünf Meter – da hört das Wackeln auf. Jetzt verhofft er vor dem Heraustreten auf die Kultur, sichert lange. Es vergehen einige Minuten höchster Anspannung. Jetzt bewegen sich die Fichtenspitzen wieder am Rand, und schon kommt er scheibenbreit auf den Meter genau an der vorher bezeichneten Stelle. Ein leiser Knörer von mir stoppt ihn sofort. „Schießen Sie jetzt!" flüstere ich dem Gast zu, Sekunden später knallt es. Dieser Schuß ist glatt vorbei, ich kann es gar nicht fassen, wie man in solch einer günstigen Position so einen Klotz vorbeischießen kann. Im leichten Troll geht der Beschossene jetzt ab. Offenbar hat er den Schuß gar nicht übelgenommen. Mit dem Hirschruf schreie ich ihn lautstark an, und er verhofft tatsächlich schlagartig mitten auf der Fläche, wendet sogar leicht und äugt nach dem vermeintlichen Rivalen in unsere Richtung. „Schießen Sie nochmals, es sind kaum hundert Schritt", rufe ich dem Schützen ohne Rücksicht auf meine Lautstärke zu. Wieder knallt es, ich sehe kein Zeichnen. Nun wird der Hirsch doch flüchtig und geht ab in Richtung Hochwald. Nochmals stoppe ich seine Flucht mit einem lauten Kampfruf aus der Muschel. So etwas ist eben nur in den Tagen der Hochbrunft möglich, denn so dämlich sind die Hirsche sonst nicht und vor allen Dingen nicht die alten. Es sind jetzt fast zweihundert Meter. Der alte Herr zielt nochmals krampfhaft, ich sehe das leichte Vibrieren des Laufes, da weiß ich was ich zu tun habe. Schnell lege ich meine Hand auf sein Gewehr und schiebe es zur Seite. „Es ist genug, der Hirsch steht jetzt nicht mehr richtig breit und ist für einen sicheren Schuß schon zu weit!" Ohne zu murren nahm er seine Büchse, sicherte und stellte sie in die Hochsitzecke. Ich beobachtete den beschossenen Hirsch, der jetzt langsam, ohne geringste Anzeichen einer Verletzung, am Gegenhang im Altholz weiter zog. Ab und zu verhoffte er einmal und äugte zurück, als ob er immer noch einen vermeintlichen Rivalen erwartete. Dann zog er weiter, dem Einstand des Kahlwildes entgegen, das er wahrscheinlich am Morgen aus irgendwelchen Gründen verlassen haben mußte. Etwas mißgelaunt stierte ich ihm nach, so eine Chance kann ein Jäger doch nur einmal im Leben haben, einfacher ging es wirklich nicht. Bei einem kleinen Seitenblick sah ich, daß der alte Herr sich vornüber gebeugt hatte und beide Hände vors Gesicht hielt – er weinte. Ja, er weinte wirklich still vor sich hin und ließ den Tränen freien Lauf. Ergriffen wandte ich mich ab und ließ ihn gewähren. In diesem Augenblick tat er mir unendlich leid. Nach einer Zeit beruhigte er sich etwas, wischte sich die Augen, nahm meine Hand und sagte mit leiser Stimme: „Ich gebe auf!" Ich konnte ihn verstehen und wagte nicht zu widersprechen, es war eine vernünftige Entscheidung.

Auf dem Heimweg versuchte er dann, sein Verhalten zu rechtfertigen. Beim Anblick eines solch prächtigen Tieres würde er stets bis in die Fußspitzen hinein so ergriffen, daß er nicht in der Lage wäre, richtig zu zielen und zu schießen. Irgendwie ginge das über seine Kraft hinaus. So etwas soll es geben, und ich konnte Verständnis dafür aufbringen. Später schrieb er mir noch einen langen Brief, entschuldigte sich nochmals und bedankte sich herzlich für dieses Erlebnis. Das Geburtstagsgeschenk seiner Angehörigen scheint wohl doch nicht das Richtige gewesen zu sein.

Für einige ortsansässige Jäger war es bald möglich in den hessischen Staatsrevieren ganzjährig einen sogenannten Raubzeugbekämpfungsschein zu bekommen und so zur Eindämmung der herrschenden Tollwut mit beizutragen. Meistens bevorzugte man dabei zuverlässige Jungjäger und weniger kapitalkräftige Jagdscheininhaber. Neben der Verpachtung von einigen kleinen Teilen der Staatsreviere und der Vergabe von Einzelabschüssen wurden noch sogenannte Pirschbezirke an nicht so kapitalkräftige Jäger aus Hessen vergeben. Diese Bezirke wurden jährlich vergeben und hatten bzw. haben noch heute eine Größe von fünfzig bis hundert Hektar. Auch von meinem Dienstbezirk wurde ein entsprechendes Stück für solch einen Pirschbezirk abgezwickt und jährlich neu vergeben. Auch mit diesen Jägern, den Pirschbezirksinhabern, gab es viele positive und leider auch negative Erlebnisse.

Einer der originellsten Pirschbezirkinhaber, der überhaupt alle jagdlichen Privilegien in meinem Revier im Lauf der Jahre genossen hatte, war der Bundesbahnbeamte Alois Steuber.

Meine erste Begegnung mit Alois Steuber liegt schon einige Jahrzehnte zurück. Ich hatte damals ein Forstrevier übernommen und eines Abends, anläßlich einer kleinen Pirsch, begegnete ich in der Dämmerung einem etwas älteren, untersetzten Herrn mit Lodenmantel, Hut, dickem Fernglas und Spazierstock. Natürlich spricht man so einen Menschen an. Ich stellte mich vor als der neue Revierleiter, begrüßte ihn. Fast in militärischer Haltung riß er die Hacken zusammen oder tat wenigstens so: „Steuber – Bundesbahnobersekretär", fast flüsternd brachte er diese Worte heraus. So kamen wir ins Gespräch. Er erzählte mir gleich, daß er auch Jagdscheininhaber sei und als Heimatvertriebener überhaupt keine Jagdgelegenheit habe. Mir tat dieser Mann irgendwie leid; er war sehr interessiert an Wald und Wild und schien auch einiges davon zu verstehen. Ich versprach ihm, mich dafür einzusetzen, daß er in meinem Revier einen Begehungsschein oder eine sonstige Jagdgelegenheit erhielt. Und tatsächlich – es gelang mir, für Alois Steuber einen Raubzeug-bekämpfungsschein zu ergattern. Leider begann damit auch eine ziemliche Unruhe in meinem Revier. Steuber hatte als fahrbaren Untersatz ein Moped. Dick verpackt fuhr er nun fast täglich ins Revier, morgens, mittags und vor allen Dingen abends – soweit es sein Dienst zuließ. Fast hatte man den Eindruck, er wolle alles jagdlich Versäumte mit einem Schlag nachholen. Irgendwie bereute ich bald, daß ich Alois für seine Raubzeugbekämpfung das ganze Revier zur Verfügung gestellt hatte.

Eines Tages, es war so gegen zwölf Uhr mittags, war ich bei einer meiner Waldarbeiterrotten. Plötzlich fällt ein Doppelschuß mitten in der Einstandsdickung des Rotwildes. Ich dachte, mich rührt der Schlag. Wer schießt denn da um diese Zeit mitten in der Dickung? Sofort rein in den Wagen und hingesaust. Tatsächlich – ich denke, ich traue meinen Augen nicht – sehe ich Steuber die Schneise entlanggepirscht kommen. Heiliger Hubertus, auf was hat er denn wohl hier Dampf gemacht? Als er näher heran ist und mich sieht, holt er einen frisch erlegten Eichelhäher aus der Tasche und schwingt ihn freudestrahlend durch die Luft. „Mein Gott, Steuber, sind Sie denn verrückt geworden?" raunze ich ihn an, „schießen hier mitten im Revier und dem Einstand des Rotwildes auf Eichelhäher! Das gibt's doch wohl nicht." Steuber tat ganz unschuldig, und so mußte ich ihn belehren, daß man so etwas in einem Hochwildrevier nur an den Rändern macht und nicht im Haupteinstand des Wildes. Von nun an mußte ich ihm seine Jagdbefugnisse etwas begrenzen. Mit der Erlegung von Füchsen schien es jedoch nicht richtig zu klappen, und ich riet Steuber zusätzlich noch, den Abschuß eines Rehbockes, eines Knopfbockes, zu beantragen. Diesen bekam er auch ohne weiteres in meinem Revier frei. Nun ging der Zauber wieder los. Alois sauste von einem Hochsitz zum anderen, und der Erfolg war gleich Null! Der Mai verging, und Steuber hatte seinen Bock immer noch nicht. Der Abschuß war bis zum 15. Juni befristet.

Eines Morgens sah ich vom Auto aus einen Knopfbock am Bestandesrand äsen. Der Spiegel dieses Bockes war ganz schwarz, er hatte Durchfall und mußte unbedingt erlegt werden. Gegen Mittag rief ich Steuber an und teilte ihm meine Beobachtung mit und auch, auf welchen Hochsitz er sich setzen sollte.

Gesagt, getan. Steuber, jagdeifrig wie er nun mal war, machte sich auf den besagten Hochsitz. Es vergingen zwei Tage, es vergingen drei Tage – ich hörte nichts mehr vom Alois, obwohl ich ihn täglich mit seinem Moped in Richtung Hochsitz brausen sah. Was war da los? War der Bock in der Zwischenzeit schon verendet? Doch am nächsten Tag sah ich den Bock wieder – fast an derselben Stelle wie das erste Mal. Wieder rief ich Steuber an, riet ihm, sich auch mal tagsüber anzusetzen, der Bock wäre doch leicht zu bekommen. Ja, sagte er mir, gesehen habe er ihn schon drei- oder viermal, aber er wäre immer so 110 bis 120 Meter von ihm gekommen, und er schösse grundsätzlich nicht weiter als 100 Meter. Also, jetzt packte mich der Zorn: „Herr Steuber, jetzt wird der Bock geschossen, und wenn er 120 Meter weg ist. Machen Sie noch einen Probeschuß, und morgen will ich Vollzugsmeldung haben." Steuber machte nachmittags an der Reviergrenze einen Probeschuß. Tatsächlich, am nächsten Morgen, so gegen fünf Uhr, tat's einen Schlag, der mich fast aus dem Bett geworfen hätte. Der Hochsitz war nämlich nicht weit weg von meiner Wohnung. Jetzt hat Steuber endlich seinen Bock geschossen! Gegen sechs läutet es stürmisch an meiner Haustür. Ich werfe mir meinen Morgenmantel über und gehe runter. Vor der Tür steht Alois Steuber, einen Mords-Bruch am Hut, der Lodenmantel schweißbefleckt, aus dem geschulterten Rucksack ragt das Haupt und die vier Läufe des erlegten Knopfbockes. „Weidmannsheil, Herr Steuber, haben Sie den Bock endlich erwischt?" „Jawohl! Auf 120 Meter, er lag im Feuer!" „Und wo sitzt die Kugel?" „Mitte Kasten, Rückgrat durchschossen." „Gut, Herr Steuber, dann hängen Sie ihn mal hier in den Holzstall, ich bring ihn dann zum Wildhändler!" „Nein, nein, wenn's geht möchte ich den Bock gern selbst behalten." „Aber, Herr Steuber, der Bock ist doch ziemlich unansehnlich, hat Durchfall und ist auch abgekommen!" „Macht nichts, wird gesäubert – wenn's geht, möchte ich ihn trotzdem behalten." „Gut", sage ich, „Herr Steuber, gehen Sie nach Hause, und geben mir dann das Gewicht an." Alois zog nun freudestrahlend ab.

Ich wollte mich nochmals ins Bett legen, aber wenn man einmal gestört wurde, klappt es mit dem Einschlafen meist nicht mehr so recht. Es hätte auch wenig Zweck gehabt, denn es war noch keine halbe Stunde vergangen, da läutet es schon wieder an der

Haustür, und Steuber steht davor. „Ja was wollen Sie denn schon wieder, Herr Steuber?" „Ich wollte Ihnen das Gewicht angeben, und dann habe ich hier zwei Flaschen Bier und eine Flasche Asbach." „Ja um Gottes Willen, was wollen Sie denn damit?" „Ja, damit wollen wir den Bock tottrinken." „Lieber Gott, Herr Steuber, doch nicht um diese Zeit, ich kann am frühen Morgen keinen Alkohol riechen, viel weniger trinken. Packen Sie das Zeug mal wieder ein – wir holen das Tottrinken später nach." Das konnte Alois nicht begreifen, hatte er mich bisher wohl für einen trinkfesten Mann gehalten. „Ja, und das Gewicht des Bockes wollten Sie mir noch angeben." „Ach ja, das Gewicht ist 13 Kilo!" „Moment mal, Herr Steuber", sage ich, „der Bock wiegt im Leben keine 13 Kilo, wie haben Sie denn das Stück gewogen?" „Na, so, wie er war, mit Haupt und aufgebrochen." „Herr Steuber, Sie brauchen den Bock nicht mit Haupt zu wiegen, gehen Sie heim und wiegen ihn nochmal wie ich es Ihnen eben gesagt habe." Na ja, und dann kam natürlich ein ganz anderes Gewicht zu seinen Gunsten heraus.

Von diesem Zeitpunkt an hatte Alois Steuber Blut geleckt. Es wurden gerade die ersten Pirschbezirke an die minderbemittelten Jäger im Staatswald vergeben. Steuber hatte das sofort spitz und beantragte einen solchen in unserem Forstamt. Tatsächlich, als revierlosem Jäger wurde ihm bevorzugt einer zugewiesen, natürlich in meinem Revier. Er erhielt den nördlichen Teil von meinem Dienstbezirk von etwa 65 Hektar Größe. In diesem Teil hat er auch seine Visitenkarte hinterlassen. Hier baute er nämlich den sogenannten Steuber-Hochsitz. In mühevoller Kleinarbeit hat er ihn zusammengezimmert. Er war immer etwas gebrechlich, wir haben ihn dann später durch Waldarbeiter etwas versteifen lassen. Aber trotzdem, den Namen Steuber-Hochsitz hatte er weg. Doch, obwohl Alois einen Pirschbezirk erhalten hatte, war er damit nicht zufrieden. Gleichzeitig zum Pirschbezirk beantragte er im Nachbarforstamt bei dem zuständigen Forstamtsleiter den Abschuß eines Rehbockes. Das war durchaus möglich, denn der Pirschbezirk wurde durch den Regierungspräsidenten vergeben, die Abschußvergabe von Böcken war dagegen durch den Leiter eines jeden Forstamtes möglich. So erhielt er auch noch einen zweijährigen und älteren Bock im

Nachbarforstamt zum Abschuß. Diese Praxis verhalf Steuber mindestens drei Jahre lang neben seinem Pirschbezirk noch zu einem Rehbockabschuß im Nachbarforstamt. Da sah man schon, wie schlitzohrig Alois Steuber doch war.

Natürlich strebte Alois für die Zukunft nach etwas Höherem, und so beantragte er den Abschuß eines 2-B-Hirsches. Damals gab es diese Klasse noch. Prompt erhielt er auch die Zuweisung in eines der Nachbarforstämter zu einem mit mir gut befreundeten Kollegen. Ich beglückwünschte grinsend den Kollegen zu seinem Jagdgast, wußte ich doch, wie hartnäckig Steuber sein konnte. Er kam früh, er kam abends, in der Zwischenzeit konnte er schlafen, denn inzwischen hatte man ihn pensioniert. Aber der ihn führende Forstbeamte mußte tagsüber seinen Dienst machen. Trotz aller Mühe klappte die Sache aber nicht so recht. Inzwischen war es November, und Alois hatte seinen Hirsch immer noch nicht. Da trafen wir uns anläßlich eines „Grünen Abends" alle wieder. Alois nebst Gattin war auch dabei, denn solche Festlichkeiten ließ er sich nie entgehen. Er war ein guter Tänzer, und nach Erledigung des ehelichen Pflichttanzes beglückte er alle ihm bekannten Damen nach Schmittchen-Schleicher-Art mit einem Tanz. Selbstverständlich war auch der Kollege, bei dem er seinen Hirsch schießen sollte, mit seiner Gattin anwesend. Ich nahm mir Alois beiseite und sagte: „Herr Steuber, wenn Sie einen Hirsch schießen wollen, dann müssen Sie sich mit der Frau des zuständigen Forstbeamten besonders gut stellen. Diese hat einen ungeheuren Einfluß auf ihren Mann und kann darauf hinwirken, daß sich Ihnen selbst das Allerheiligste des Revieres öffnet. Holen Sie die Dame zum Tanzen, und das nicht nur einmal! Dann werden Sie mal sehen, die Sache mit Ihrem Hirsch klappt doch noch." Alois Steuber war hell begeistert, und kaum hatte die Kapelle wieder ihre Instrumente erhoben, stürzte Alois auf die Frau des Kollegen zu und forderte sie zum Tanzen auf, wirbelte sie wie ein 18jähriger durch den Saal – es war eine wahre Pracht, zuzuschauen. Nach diesem Tanz nickte ich Steuber wieder zu, und er schoß wie ein Habicht an den Tisch der Kollegenfrau. Der Tanz begann von neuem, und so ging es auch ein drittes Mal. Dann aber hatte die liebe Frau wohl den Anstifter der Dauertänze erkannt. Sie drohte mir lächelnd, für die nächste Aufforderung von Alois hatte sie dann eine Ausrede bereit. Trotz aller Unkerei, Alois kam noch zu Schuß auf seinen II B. Leider schweißte er ihn nur an, die Nachsuche brachte nichts, der beschossene Hirsch kam nie zur Strecke.

Steuber hatte inzwischen so viel an Popularität gewonnen, daß er, allein schon der Gaudi wegen, zu vielen Jagden eingeladen wurde. Er schoß nicht schlecht, aber er schoß meist nur, wenn er ganz sicher war. Er ließ viel Wild unbeschossen passieren. Ich stand einmal bei einer Saujagd etwa 100 Meter neben ihm. Da flüchtete ein schwacher Frischling im Buchenaltholz etwa 40 Meter neben dem Stand von Alois vorbei. Aber der hatte natürlich einen Mordszahn drauf, der Frischling. Alois sah ihn angebraust kommen, äugte nach rechts, dann nach links – und drehte sich um. Unbeschossen konnte sich der Frischling in die nächste Dickung retten. Überhaupt, von flüchtendem Wild hielt Steuber nicht viel, da litten seine Trefferprozente, und das hatte er nicht gern. Natürlich behauptete er dann immer, das betreffende Stück nicht gesehen zu haben. Manchmal konnte er jedoch überführt werden, und darauf gab er auch gern eine Runde aus. Kleinlich war er nicht und auch sehr hilfsbereit. Vor lauter treudoofer Hilfsbereitschaft schoß er öfter über sein Ziel hinaus und erntete anstelle von Dank verhaltenes Schmunzeln, manchmal sogar dröhnendes Gelächter.

Bei einer kleinen Waldjagd stand er einmal zwischen mir und einem ortsansässigen Fabrikanten, dessen Jagdschein noch recht feucht war. Alois fühlte sich irgendwie verpflichtet, diesen jungen Jagdscheininhaber etwas unter seine Fittiche zu nehmen und ihm ständig gutgemeinte, jagdliche Verhaltensmaßregeln zu erteilen. So ging er auf den bereits angestellten Herrn zu, und ich konnte folgenden Dialog mithören: „Herr Ku., wie ich sehe, stellen Sie sich während des Treibens immer vor einen Baum, sie müssen sich hinter den Baum stellen, dann kann Sie das Wild nicht so schnell eräugen und Sie haben besseren Anlauf und kommen eher zu Schuß!" Mit leichtem Grinsen antwortete daraufhin Herr Ku.: „Herr Steuber, ich stehe aber lieber vor dem Baum und verhalte mich ganz regungslos, da kann ich das anwechselnde Wild eher und besser wahrnehmen. Haben Sie heute übrigens schon Anlauf gehabt und was geschossen?" Darauf Alois etwas kleinlaut: „Nein, Herr Ku. Ich hatte noch keinen

Anblick und kam auch noch nicht zu Schuß!" „Na sehen Sie, Herr Steuber, ich habe schon zwei Hasen und einen Fuchs geschossen!" Darauf wußte Steuber keine Antwort, schlich etwas betreten auf seinen Stand zurück, stellte sich – zumindest für dieses Treiben vor einen Baum und schoß, es ist fast unglaubwürdig, einen anlaufenden alten Waldrammler.

Steubers größter Wunsch war, einmal Jagdkönig zu werden. Wir wollten da ein bißchen nachhelfen. Bei einer Niederwildjagd war es dann soweit. Die Strecke war nicht groß: 16 Hasen und 5 Eichelhäher. Von den erlegten Eichelhähern hatte Alois allein zwei geschossen. Damals durfte man die Eichelhäher ja noch schießen, und Alois hatte sich besonders darauf spezialisiert. Hier begann die Geschichte des Jagdkönigs. Schnell hatte sich eine Clique abgesprochen, und Alois wurde weisgemacht, daß die Erlegung eines Eichelhähers mit der Erlegung von drei Hasen gleichzusetzen war, somit wäre es sonnenklar, daß der Jagdkönig diesmal auf ihn fiel. Steuber zierte sich nicht lange und nahm diese Würde an. Beim gemeinsamen Jagdessen in der Dorfkneipe hielt er eine wunderbare Rede, und man merkte, daß er sich vorher schon allerhand von alkoholischen Getränken eingeflößt haben mußte, denn die Dankbarkeitsausdrücke über die Jagdkönigswürde wiederholten sich allzuoft. Für ihn war es ein teurer Abend, denn er schmiß eine Runde nach der anderen, und wir ließen ihn dafür tüchtig hochleben.

Alljährlich fand in unserem Forstamt eine sogenannte Ministerjagd statt. Wir hätten Alois Steuber gern zu dieser Jagd eingeladen – schon der großen Gaudi wegen. Es wäre auch überhaupt nicht aufgefallen, die Herren kannten sich meist nicht untereinander, und auf einen Schützen mehr oder weniger kam es überhaupt nicht an. So hätten wir Alois ohne weiteres mit unter die Jagdgesellschaft schmuggeln können. Ja, beinahe wäre es uns gelungen, doch leider hat sich Steuber diese Chance in seinem Übereifer selbst vermasselt. Wir haben das sehr bedauert, hatten wir doch schon für ihn die besten Stände neben der Prominenz ins Auge gefaßt. Die Geschichte trug sich folgendermaßen zu: Eines Tages, so etwa 14 Tage vor der Staatsjagd, die Gäste waren alle schon geladen, kam mein Vetter mit seiner Frau zu uns zu Besuch. Ich klärte ihn und seine Frau über unsere Jagdeinladung auf und gab beiden die nötigen Instruktionen. Sie machten ihre

Sache vorzüglich. Seine Frau rief also bei Alois Steuber an, gab sich als Sekretärin vom Bundesministerium für Forsten und Umwelt in Wiesbaden aus und verband Herrn Steuber mit dem Herrn Ministerialdirektor Schönstein. Nach den üblichen Vorstellungsfloskeln sagte der Pseudo-Herr Schöstein zu Herrn Steuber etwa folgendes: „Der Herr Minister veranstaltet am 11. Dezember eine Staatsjagd, und ich bin beauftragt, Sie, hochverehrter Herr Steuber, zu dieser Jagd einzuladen. Der Herr Minister legt Wert darauf, daß an solchen Jagden auch einige revierlose und nicht so kapitalkräftige Jäger teilnehmen." So sei die Wahl unter anderem auf ihn gefallen. Steuber bedankte sich überschwenglich – ich sah ihn richtig vor mir, ständig nickend, in strammer Haltung. Es wurde ihm noch der Treffpunkt bekanntgegeben, die nötigen Formalitäten, noch ein paar höfliche Worte des Herrn Ministerialdirektors, und Alois Steuber hatte seine erste Staatsjagdeinladung. Zumindest vorübergehend hatten wir einen glücklichen Menschen aus ihm gemacht. Die Sache wäre auch gut gegangen, aber, wie ich schon sagte, dann lief doch alles schief. Alois wollte auch andere Menschen an seinem Glück teilhaben lassen und vor allen Dingen wollte er sich bedanken. Er glaubte, die Einladung sei durch das hiesige Forstamt zustande gekommen, und dort meldete er sich am nächsten Tag telephonisch, schilderte alles und war voll des Dankes. Und dann wollte er auch etwas Gutes beitragen: Er wäre ja im Verkehrsverein und mit für die Zimmerzuweisungen zuständig, vielleicht wären ja noch mehr minderbemittelte Jäger wie er eingeladen, und diesen könnte er dann preiswerte Übernachtungsmöglichkeiten besorgen. Der Sekretär stutzte – Steuber, Einladung vom Minister durch einen Ministerialdirektor Schönstein, minderbemittelte Jäger – das alles hatte er noch nicht gehört. Also vertröstete er Steuber zunächst einmal mit einer Rückrufzusage. Natürlich rief der Sekretär sofort die zuständige Stelle in Wiesbaden an – ein Ministerialdirektor Schönstein war dort nicht bekannt. Ja, nun war die Sache geplatzt. Wer hatte Steuber zur Staatsjagd eingeladen, alles schmunzelte, allgemein kannte man wohl den Übeltäter, aber man hielt dicht. Trotzdem mußte man die Sache irgendwie hinbiegen und Alois für die entgangenen Freuden entschädigen. Der Sekretär rief Steuber wieder an: „Herr Steuber, das war ein übler Scherz. Ich muß Sie zur Staatsjagd wieder ausladen, aber als Entschädigung hierfür werden Sie zu der nächsten Hochwildjagd des Forstamts eingeladen und erhalten die besten Stände." So kam es dann auch, und Alois schoß auf dieser Jagd ein Schmaltier mit Kopfschuß – aber das wäre ja schon wieder eine Geschichte für sich.

Eines Tages im November erschien Steuber anläßlich einer Saujagd in einem nagelneuen, imitierten Wildlederanzug. Das fiel richtig auf, der Anzug mußte frisch ausgepackt sein – an diesem Jagdtag, so neu sah er noch aus. Alles fragte Alois, ob er in Wohlstand geraten sei oder eine Erbschaft gemacht habe. Doch die vielsagende Erklärung von Alois war ganz einfach. Er wollte nach Jugoslawien, um dort einen Hirsch zu strecken. Ein paar Jagdfreunde hätten ihn dazu überredet. Einige Jagdteilnehmer hielten sich verdächtig lange in der Nähe von Alois auf und gaben ihren Rüden die lange Leine, in der Hoffnung, daß ein Hund mal sein Beinchen zur Einweihung des neuen Jagdanzuges heben würde. Aber außer einem widerwilligen Beschnuppern der Hose tat sich nichts. Der neue Jagdanzug für Jugoslawien war jedenfalls eine Wucht, und wir wünschten Steuber ein kräftiges Weidmannsheil. Das sollte er dann auch haben, kräftiger als ihm lieb war.

Die Erlegung des Jugoslawienhirsches durch Alois kann ich leider nur vom Hörensagen schildern, doch sehe ich keinen Grund, an den Aussagen der anderen Jagdteilnehmer zu zweifeln. Aus einem Rudel von zwölf Geweihten schoß Alois Steuber, ohne Rücksicht auf die finanziellen Folgen, den dicksten heraus. Warum er das getan hatte, wußte er nachher selbst nicht mehr, vielleicht wollte er einmal in seinem Leben aus dem vollen schöpfen, vielleicht einmal der große King sein. Doch damit begann das große Dilemma. Der Hirsch sollte an die 15.000 Mark kosten; Alois hatte aber nur so um die 5.000 einkalkuliert. Finanziell ging's ihm gar nicht schlecht, er bekam die Pension als Bundesbahnobersekretär, und seine Frau, die ihr ganzes Leben gearbeitet hatte, bezog auch eine Rente, außerdem hatte er ein schönes Häuschen gebaut, nahm auch Sommergäste und arbeitete noch nebenbei bei der Stadt als Fremdenführer. Er und seine Frau waren fleißige und solide Menschen, wenn, ja wenn Alois nicht manchmal von der teuren Jagdleidenschaft gepackt worden wäre. Nun mußten die anderen Jagdteilnehmer einspringen und den restlichen Kaufpreis zusammenlegen. Das taten sie dann auch, denn an den ehrlichen Rückzahlungsabsichten zweifelte keiner. Doch vor der Heimreise fand noch eine Verschwörung aller Beteiligten statt in Bezug auf den Erlegungspreis des Hirsches. Um des häuslichen Friedens willen, durfte Alois' Frau diesen auf keinen Fall erfahren. Also wurde von dem Erlegungspreis einfach die letzte Null weggestrichen – darauf einigte man sich. Alois konnte seinen Hirsch also stolz präsentieren. Über Preise zu reden, lehnte er ab. Das ging eine ganze Zeitlang gut. Von den Männern hat wohl keiner etwas geredet, ausgenommen zu ihren Ehefrauen. Man kennt das ja, denn von nun an sollte alles nicht mehr lange ein Geheimnis bleiben.

Nach etwa einem halben Jahr traf Frau Steuber anläßlich eines Damenkränzchens mit der Frau eines Jägers zusammen, der an der Jugoslawienexpedition teilgenommen hatte. Natürlich wußte diese Frau über die Erlegung des Hirsches von Alois Bescheid, einschließlich des Preises. So kam man auch zwangsläufig auf die gemeinsamen Jagderlebnisse ihrer Männer zu sprechen: „Na ja", meinte Frau Steuber, „1.500 Mark kann mein Mann schon mal für einen Hirsch ausgeben, das ist weiter nicht schlimm!" Die andere Jägersfrau darauf: „Um Gottes Willen, was redest du da von 1.500 Mark, 15.000 Mark hat dein Alois auf den Tisch blättern müssen, und die anderen haben ihm noch das restliche Geld pumpen müssen, sonst hätte er den Hirsch gar nicht mitbringen können. Mein Mann hat es mir doch erzählt, er war doch dabei." Na ja, wir kennen es ja, wie so etwas ans Tageslicht kommt und wie oft etwas Boshaftigkeit und Neid dabei im Spiel sind. Von diesem Zeitpunkt an herrschte im Hause Steuber für lange Wochen und Monate absolute Funkstille! Das war für die gutmütige Frau Steuber dann doch zu viel. Ich habe den Hirsch dann nochmals besichtigt. Er lag auf dem Sofa oben in einer kleinen Kammer, die als Jagdzimmer für Alois diente, war nicht mal aufgehängt. Irgendwie hatte ich das Gefühl, daß Alois an dem Hirsch keine rechte Freude mehr empfinden konnte. Es war schade, daß solch eine kapitale Trophäe nicht den ihr gebührenden Platz erhielt. Aber für Alois Steuber sollte es noch schlimmer kommen, das nächste Unheil war schon vorprogrammiert.

Jahre zuvor hatte Alois bei der Landesforstverwaltung den Abschuß eines Hirsches der Klasse I A beantragt. Wie schon erwähnt, mußte man wegen der Vielzahl der Bewerber zwischen acht und zehn Jahre warten, bis man endlich an der Reihe war. Das wußte Steuber, denn er hatte diesen Hirsch bereits vor neun oder zehn Jahren beantragt. Nun, ausgerechnet nach der Jugoslawienpleite im vergangenen Jahr, erhielt er die Nachricht, daß er jetzt dran sei und in diesem Jahr im hiesigen Forstamt einen Hirsch der Klasse I A erlegen dürfte. Er erschien auf dem Forstamt und wollte eigentlich den Hirsch zurückgeben oder in einen der Klasse III B umtauschen. Er hatte wohl Gewissensbisse gegenüber seiner Frau, die gerade die Jugoslawienstory verarbeitet hatte. Leider hat ihn der Forstamtsleiter dann doch bestärkt, den I-A-Hirsch anzunehmen – er brauche ja nicht so einen starken zu schießen, dann würde die Angelegenheit nicht so teuer kommen. Alois ließ sich umstimmen, er hätte sich und uns viel Ärger erspart, wenn er es nicht getan hätte. So nahm das Schicksal seinen Lauf. Wir alle wollten Alois natürlich schnell zu Schuß bringen, damit wieder Ruhe in den Revieren herrschte, denn Steuber war, wie ich schon erwähnte, ein eifriger und manchmal auch aufdringlicher Jäger. Zunächst wurde er einem jungen Kollegen zugewiesen, der einige Feisthirsche in seinem Revier bestätigt hatte.

Eines Abends sitzen beide auf einem Hochsitz an einer großen Abtriebsfläche, an die eine Dickung anschließt. Die Fläche ist ein Gegenhang und wunderbar einzusehen. Kurz vor Einbruch der Dämmerung, aber noch bei vollem Büchsenlicht, treten drei Kronenhirsche aus der Dickung auf die Fläche und ziehen, langsam äsend, scheibenbreit am Hochsitz vorbei. Entfernung um die 100 Meter. Der Kollege versucht, die Hirsche anzusprechen, und tatsächlich, da ist einer dabei, der für Steuber passen könnte. Nicht zu dicke Stangen, beiderseits Kronen, Eissprosse, und das Alter müßte er auch haben. Der würde Steubers Geldbeutel nicht allzu sehr belasten. „Also Alois, fertigmachen und schießen", gibt der Kollege seine Anweisungen. Es ist der letzte von den drei ziehenden Hirschen – gar nicht zu verwechseln. Steuber nimmt Maß und läßt auch im richtigen Augenblick fliegen. Der Hirsch quittiert die Kugel, macht zwei Fluchten und bleibt stehen. Auch die anderen Hirsche verhoffen nach

kurzen Fluchten, sind wohl irritiert durch den Widerhall des Schusses. Doch dann setzen sich alle drei wieder in Bewegung. Der Kranke ist immer noch der letzte von den dreien. „Schießen Sie nochmals, Herr Steuber, der Hirsch ist krank, es ist der letzte", fordert der Kollege den Schützen auf. Wieder läßt Alois fliegen – ein Hirsch zeichnet mit schlenkerndem Vorderlauf – aber leider nicht der zuerst beschossene und immer noch letzte von den dreien, sondern der in der Mitte. „Mein Gott Steuber, jetzt haben Sie den falschen Hirsch beschossen", brüllt mein Kollege, reißt instinktiv sein eigenes Gewehr hoch und streckt den zuletzt beschossenen Hirsch, der nun auf 70 Meter mit halb amputiertem Vorderlauf am Hochsitz vorbeiflüchtet, mit sauberem Trägerschuß. Fast im selben Augenblick bricht der zuerst beschossene Hirsch etwa 200 Meter vom Hochsitz entfernt mitten auf der Fläche zusammen. Die anschließende Auseinandersetzung der beiden Hirschjäger auf dem Hochsitz möchte ich dem Leser ersparen, sie war auf jeden Fall nicht sehr freundlich. Alois hat in seinem Jagdeifer die Hirsche ganz einfach verwechselt, vorkommen kann so etwas schon, wem will man da die Hauptschuld geben, daß es aber ausgerechnet wieder Alois Steuber passieren mußte, war schon ein Kuriosum. Das war also die Hirschdoublette, sie hat Steuber weit über die Kreisgrenzen hin bekannt gemacht und war in Jägerkreisen lange Zeit Gesprächsthema Nummer eins. Doch damit begann die nächste finanzielle Misere für den schießgeilen Alois. Natürlich war nur der Preis für einen schwachen Hirsch einkalkuliert. Jetzt hatte sich der Abschußpreis verdoppelt, denn nun mußte er ja zwei Hirsche bezahlen. Der nächste Ehekrach war vorprogrammiert. Da erschien einen Tag später Alois' Sohn auf dem Forstamt. Er entschuldigte sich so quasi für den Jagdeifer seines Vaters und erklärte sich bereit, die Abschußgebühren für die Hirsche zu übernehmen. Und so ist es dann auch dank seines prächtigen Sohnes gekommen.
Irgendwie war aber damit das Maß bei uns voll, es tat mir persönlich zwar leid, aber wir beschlossen, Alois zu den nächsten Jagden nicht mehr einzuladen. Es war traurig, mir tat es wirklich leid. Irgendwie hatte ich schon immer eine stille Sympathie für dieses schlitzohrige Original gehegt. Nun sah ich ihn oft mit Spazierstock und Fernglas durch die Landschaft mar-

schieren, während wir bewaffnet zur nächsten Saujagd fuhren. So gehörte auch ich zu den Fürsprechern, die Alois bei den Jagden im nächsten Jahr wieder dabeihaben wollten. Aber, wie das Leben so spielt, er hat es nicht mehr erlebt. Er war inzwischen 77 geworden, machte aber immer noch treu und brav die Stadtführung der Feriengäste und war bei diesen unheimlich beliebt. So ist er auch im Frühjahr inmitten einer solchen Gruppe gestorben. Forstbeamte und Jäger gaben ihm das letzte Geleit, und alle waren recht still und traurig, wußten wir doch, daß eines der letzten jagdlichen Originale von uns gegangen war. Dies sind nicht die einzigen Geschichten, die man über Alois Steuber erzählen könnte, es sind nur diejenigen, deren Zeuge ich unmittelbar war und die sich auch etwas abheben. Man könnte noch vieles über ihn erzählen, und dann würden manche Zuhörer und Leser noch oftmals schmunzeln.

Die Schwabenhochzeit und der Papierschaufler

So um die Mitte der fünfziger Jahre waren alle Privat- und Gemeindejagden im Bundesland Hessen wieder fest in deutscher Hand und die Jagdausübung der amerikanischen Besatzungsjäger blieb auf den Staatswald beschränkt. Trotzdem schien die Wunschvorstellung einiger finanzkräftiger deutscher Jäger nicht die volle jagdliche Erfüllung zu finden. Das geteilte, und noch dazu um seine wildreichen Ostgebiete verkleinerte Deutschland konnte der Vielzahl der Jäger nicht gerecht werden. Diese Misere der jagdlichen Entfaltungsmöglichkeiten im aufstrebenden Wirtschaftsland Bundesrepublik Deutschland hatten einige Ostblockstaaten schnell erkannt und boten den deutschen Jagdinteressenten gegen harte Devisen Abschüsse in ihren Staatsrevieren an. Zunächst agierte man in den westlichen Bundesländern recht vorsichtig und zurückhaltend auf diese Angebote, hatten sich doch die schikanösen Behandlungsmethoden im Reiseverkehr durch die kommunistischen Machthaber inzwischen in der ganzen Welt herumgesprochen. Trotzdem machten gleich einige abenteuerlustige deutsche Jäger davon Gebrauch, nahmen das Ausfüllen einer Flut von Formularen, die lästigen, oft stundenlangen Gepäck- und Gesichtskontrollen an den Grenzen in Kauf und kehrten nach erfolgreicher Jagd mit den erbeuteten Trophäen wieder unbeschädigt zurück. Das machte auch anderen Aspiranten Mut, und die Flut der zur Jagd ins östliche Ausland reisenden deutschen Jäger nahm von Jahr zu Jahr zu. Bevorzugtes und beliebtestes Jagdreiseland war zunächst Ungarn, später kamen Polen, Jugoslawien, Rumänien und Bulgarien hinzu. Irgendwelche Ambitionen zu solch einer Jagdreise hatte ich zunächst nicht, konnte sie mir finanziell auch gar nicht leisten und war außerdem forstlich und vor allen

Dingen jagdlich so ausgelastet, daß ich hierfür keine Zeit zu haben glaubte. Das änderte sich jedoch nach Begegnung mit einem ehemaligen Nachbarn und Freund meines Vaters aus unserer oberschlesischen Heimat. Er grenzte dort mit seinem hochmodernen Mustergut fast an den Dienstbezirk meines Vaters, ließ mit den stets neusten Maschinen so nebenbei die Wildäcker des gesamten Forstamtes bestellen und war dafür ständiger Gast bei den Herbst- und Winterjagden. Außerdem durfte er jedes Jahr einen Abschußhirsch im Forstamt strecken. Zu diesem Zweck weilte er in der Brunftzeit kontinuierlich in der Jagdhütte im Revier meines Vaters. Für uns Jungens war er schon damals der Onkel „Kulle". Woher er diesen Spitznamen hatte, weiß ich heute nicht mehr zu sagen. Auf jeden Fall war Kulle (später durfte ich dann den „Onkel" weglassen) einer der edelsten Menschen, die mir in meinem Leben begegnet sind. Seine damalige gesellschaftlich hohe Stellung ließ er sich ebenso wenig anmerken wie seinen Wohlstand. Alle Beamten des Forstamtes, und selbst ich als unbedeutender Forstanwärter, durften an den herrlichen und ertragreichen Herbstjagden auf Hühner, Fasanen und Hasen auf seinem Gut teilnehmen. Kulle hatte mit seinem Gutsbezirk eine der schönsten Niederwildjagden Oberschlesiens. Dies alles mußten er und seine Frau bei Nacht und Nebel, so quasi mit einer Aktentasche unter den Armen, vor den anrückenden Russen verlassen. Er sollte seinen Besitz nie wiedersehen, denn inzwischen deckt ihn und seine liebe Frau schon über zehn Jahre der westfälische Rasen. Dorthin waren beide 1945 geflüchtet. Später bauten sie sich dann von einem Teil der erhaltenen Lastenausgleichszahlungen ein kleines Häuschen. Beruflich konnte er, trotz mehrerer Versuche in der landwirtschaftlichen Branche, nie wieder richtig Fuß fassen. Er gehörte zu der Sparte von Deutschen, die man zu den wahren Verlierern des unseligen Krieges zählen mußte. Trotz aller Schicksalsschläge, die er hat hinnehmen müssen, blieb ihm eine der schönsten menschlichen Leidenschaften erhalten, und das war seine Jagdpassion. Aber so einfach war es nicht in der überbevölkerten neuen Heimat, diese nach Herzenslust auszuüben. Da er den Zenit des Lebens längst überschritten hatte und auf die Sechzig zusteuerte, keine Kinder zu versorgen oder auszusteuern brauchte, und seine Frau für seine Jagdleidenschaft außerordentlich viel Verständnis aufbrachte wollte er sich mit dem verbliebenen Rest des Lastenausgleichsgeldes noch einige jagdliche Sonderwünsche erfüllen. Dazu gehörte der Abschuß eines kapitalen Rothirsches, eines ebensolchen Damschauflers und einiger hauender Keiler. Aus diesem Grund war er einer der ersten deutschen Jäger, die Mitte der fünfziger Jahre eine jagdliche Expedition in das ungarische Jagdparadies organisierten und durchführten. Wie ein Schulbub lauschte ich seinen Erzählungen über die enormen Niederwildstrecken, die man dort noch erzielen konnte, von täglichen Saujagdstrecken von siebzig und mehr und was sonst noch alles, wovon man hier in der Bundesrepublik nur noch träumen konnte. Und dann machte der gute Onkel Kulle mir den Vorschlag, der mich augenblicklich in höchste Euphorie versetzte und von dem ich nicht mal zu träumen gewagt hätte. Das Autofahren mit seinem Volkswagen bis nach Ungarn fiele ihm schon verdammt schwer und wenn ich Lust hätte, könnte ich im nächsten Jahr mitfahren und ihn oft am Steuer ablösen. Er würde sogar meine Unterkunfts- und Verpflegungskosten übernehmen, wenn ich mich etwas um ihn kümmern würde, da ihm bei seinem ersten Ungarnbesuch die Hälfte seiner Sachen durch seine eigene Liederlichkeit abhanden gekommen seien. Wenn ich in Ungarn etwas schießen wollte, so müßte ich die Abschußgebühren hierfür natürlich selbst tragen. Was gab es da noch lange zu überlegen? So eine Chance würde mir so schnell nicht wieder geboten werden. Damals kostete ein Tag Fasanenjagd ohne Begrenzung der Stückzahl 90,– DM, der Hasenjagdtag 120,– DM und der Saujagdtag 240,– DM, ohne Rücksicht auf Waffenstärken der erlegten Keiler. Wenn man bedenkt, daß dort heutzutage der Abschuß eines einzigen Fasanen allein schon über 20,– DM kostet, so ist das in den fünfziger Jahren doch spottbillig gewesen. Allerdings muß man den damaligen und heutigen Wert einer Deutschen Mark gegenüberstellen. Außerdem waren das wahrscheinlich auch mehr jagdliche Einführungspreise. Ja, was konnte ich mir da wohl an jagdlichen Freuden im nächsten Jahr in Ungarn leisten? Durch meine Hundegeschäfte hatte ich doch einige kleine Nebeneinnahmen, und da meine Frau, wie stets, nichts gegen meine jagdlichen Unternehmungen einzuwenden hatte, stand meinen Träumen von riesigen Niederwildstrecken nichts mehr im Wege. So buchte ich zwei Fasanen- und zwei Hasenjagdtage. Die Saujagdtage mußte ich mir verkneifen, denn sie waren mir zu teuer, und außerdem hatte ich bisher schon weit über dreihundert Sauen geschossen, also konnte ich mich hier zurückhalten.

Nun fieberte ich natürlich dem Herbst entgegen. Mein Waffenarsenal war zu jener Zeit längst nicht so gut bestückt wie heute. Außer einem neuen Heymdrilling vom Kaliber 7 x 57 R 16/16 und einer Repetierbüchse, konnte ich nur noch mein besonderes Lieblingsstück, die Doppelflinte „Immertot" mein eigen nennen. Diesen Namen hatten ihr einmal ein paar Jagdfreunde nach einer Niederwildjagd gegeben, weil ich an diesem Jagdtag ganz besonders von Diana verwöhnt wurde und kaum einen Fehlschuß aufzuweisen hatte. Jeder Jäger wird solche jagdlichen Glückstage kennen, an denen einem einfach alles gelingt und man im Schießen immer sicherer und unfehlbarer wird, ebenso wie solche rabenschwarzen Pechtage, an denen sich die Mißerfolge aneinanderreihen und man zuletzt überhaupt nichts mehr trifft. Mein damaliger Erfolg wurde natürlich hauptsächlich dieser schnittigen und handgreiflichen Doppelflinte zugeschrieben, und so wurde sie beim abendlichen Umtrunk durch Einbalsamieren der Läufe mit zwei Gläsern Steinhäger auf den Namen „Doppelflinte Immertot" getauft. Bald war diese Flinte in Freundeskreisen wohlbekannt, aber nicht wegen ihres besonderen Namens, sondern hauptsächlich wegen des blechernen Nachklingens nach jeder Schußabgabe. Manche Mitjäger machten sich einen Spaß daraus, meine mit dieser Flinte in jedem Treiben oder Kessel abgegebenen Schüsse nur am Klang des Schusses zu registrieren. Es sollen sogar Wetten abgeschlossen worden sein, wann mir das Ding um die Ohren fliegen würde. Der blecherne Klang war mit Sicherheit auf die dünnen Läufe zurückzuführen, die schon ziemlich ausgeschossen schienen und dadurch wohl dieses Geräusch verursachten. Dafür war die Schußleistung jedoch einmalig, und ich dachte vorläufig nicht daran, sie durch etwas Moderneres zu ersetzen.

Von dem Umstand, wie diese hochgelobte Flinte in meinen Besitz gelangt ist, will ich noch kurz erzählen. Spielende Kinder hatten sie im Holzschuppen einer älteren Jägerwitwe entdeckt und ihr den Fund offenbart. Die gute Frau bekam einen gehörigen Schreck, da der unberechtigte Besitz von Waffen immer noch mit der Todesstrafe geahndet werden konnte. Offensichtlich hatte sie nicht gewußt, daß ihr, vor einigen Jahren verstorbener Ehemann die Flinte hier versteckt hatte. So erschien sie noch am Abend des Fundtages bei mir, brachte das in einen Jutesack gewickelte Gewehr gleich mit und bat mich händeringend, sie davon zu erlösen. Das tat ich dann auch mit einem geringen Entgelt und erlöste anschließend ebenso die Flinte von jahrelang angesammeltem Schmutz und Rost. Danach entpuppte sich diese als eine äußerst leichte Selbstspanner-Doppelflinte vom Kaliber 16/70 mit 75 cm langen Läufen, eine Spezialanfertigung der Firma Eduard Kettner, Köln. Wie schon erwähnt, sie wurde meine Lieblingsflinte, machte die erste und auch die weiteren Ungarnreisen mit und verhalf mir zu vielen jagdlichen Erfolgen. Die erste Jagdreise im November 1958 mit dem kleinen VW-Käfer war doch schwieriger, als ich es mir vorgestellt hatte. Den größten Teil der Strecke konnten wir nur auf Landstraßen zurücklegen, weil der Ausbau der Autobahnen weder in der Bundesrepublik noch in Österreich fortgeschritten, geschweige denn beendet war. So mußte auf der Hin- und Rückfahrt je eine Übernachtung eingeplant werden. Heutzutage kann man, je nach Ausgangspunkt, bei dem inzwischen fast vollständig ausgebauten Autobahnnetz in acht bis zwölf Stunden bequem Budapest erreichen. Trotzdem sind mir diese ersten, strapaziösen Ungarnfahrten mit dem hoppelnden VW-Käfer, dessen Scheibenwaschanlage nur sporadisch benutzbar war und dessen Heizung eher einer Stinkanlage glich, in wesentlich romantischerer Erinnerung als die letztjährigen in einem PS-bestückten, klimatisierten Superschlitten.

Die Begrüßung für uns deutsche Jäger durch die ungarische Bevölkerung war einmalig. Wenn wir mit unserem VW durch die Ortschaften fuhren, wurde uns von fast allen Menschen zugewunken. Ich habe selten ein so liebes und nettes Volk kennengelernt wie das der Ungarn. Sie waren recht arm, wollten es uns aber in ihrer herzlichen Gastfreundschaft an nichts fehlen lassen. Manchmal war es für uns Deutsche schon etwas peinlich, wenn wir mit unserer währungsstarken DM in diesem Land zu einem Spottpreis leben konnten, während dessen Einwohner von ihrem schmalen Einkommen, oft ein kärgliches Dasein fristen mußten. In diesem ersten Jahr meines Ungarnaufenthalts

Brunftbeginn in nordhessischen Wäldern.

Nicht immer kann man Wildverbiß auf die leichte Schulter nehmen.

Mit „Kulle" vor einem ungarischen Jagdhaus.

Zu Gast bei ungarischen Jägern.

wurde eine Jagdgesellschaft, bestehend aus 15 deutschen Jägern, in einem Jagdschloß eines ehemaligen ungarischen Grafen untergebracht. Alles war bestens organisiert, und es fehlte uns an nichts. Auch der genaue Ablauf der einzelnen Jagden klappte vorzüglich. Es begann am nächsten Tag mit der Fasanenjagd, bei der eine Unmenge von Treibern aufgeboten wurde. Anschließend war ein Ruhetag, dann folgte der zweite Fasanenjagdtag und danach begannen die Hasenjagdtage in derselben intervallartigen Folge. Die Fasanenjagden gestalteten sich ausschließlich als Vorstehtreiben, wobei nur Hähne geschossen werden sollten. Die Hasenjagden wurden mehr in Form von böhmischen Streifen durchgeführt und von einigen Wildwagen begleitet. Bald hatte ich die Läufe meiner Doppelflinte im wahrsten Sinne des Wortes „heißgeschossen", und auch die Läufe des Drillings waren manchmal kaum noch anzufassen. Am dritten Tag ging mein mitgebrachter Patronenvorrat bereits zur Neige, und ich mußte auf ungarische Sorten umsteigen. Diese hatten zwar nicht die Durchschlagskraft der unsrigen, schlugen hart und machten einen mächtigen Pulverdampf, aber wenn man die Distanz zum Ziel etwas verringerte, konnte man genauso gute Schußergebnisse erzielen. Die täglichen Fasanenstrecken lagen bei 15 Schützen so um die 700 Hähne, einige Hennen natürlich auch dabei. Die Hasenstrecken waren etwas geringer und lagen knapp über 500. Nach meinen Beobachtungen wurde saumäßig geschossen, und auch ich hatte mich, zumindestens am ersten Fasanenjagdtag, nicht mit Ruhm bekleckert, wobei ich allerdings bekennen muß, daß die Doppelflinte „Immertot" ihres Namens meistens gerecht wurde. Die besten Erfolge bescherten mir die Hasenjagden in den Vormittagsstunden. Am Nachmittag setzte durch das viele Laufen über die unendlich weiten Felder schon eine gewisse Müdigkeit ein, und da schoß ich dann doch schon mal einen Krummen vorbei. Es waren jedenfalls vier wunderschöne Niederwildjagdtage, und ich war restlos zufrieden.

Die anschließenden drei Saujagdtage machte ich als Begleitperson von Kulle mit, stellte mich unmittelbar hinter ihn, und da meine jagdlichen Reflexe der Jugend wegen noch besser intakt waren als die seinigen, konnte ich ihm manch anwechselndes Stück Schwarzwild wesentlich früher avancieren. Einmal konn-

te ich eine hinter uns stehende Hainbuche bis zur Spitze hin erklettern und hatte von da aus wunderbaren Einblick in die gerade getriebene Laubholzdickung. Auf den Meter genau konnte ich dem unter meinem Baum stehenden Kulle jedes anwechselnde Stück flüsternd ansagen. Er schoß auf diesem Stand fünf Sauen und einen Fuchs, wovon er letzteren und mindestens drei der Sauen ausschließlich meiner präzisen Voranmeldung zu verdanken hatte. Die Gesamtstrecke an Sauen betrug am Ende der drei Jagdtage mit elf Schützen 82 Stück, darunter vier kapitale Keiler, an denen Kulle leider nicht beteiligt war. Dafür lag er aber in der Stückzahl dank meiner Mithilfe, mit 18 Sauen und drei Kugelfüchsen fast an der Spitze. Das Streckelegen am Abend eines jeden Jagdtages war ganz nach den weidmännischen Gepflogenheiten der deutschen Jäger ausgerichtet. Nur das Verblasen bereitete den ungarischen Bediensteten, wegen teilweiser Unkenntnis der deutschen Jagdsignale, noch einige Schwierigkeiten, so daß einige von uns Hilfestellung leisten mußten. Kurze Zeit später trennte sich die zusammengewürfelte Gesellschaft der deutschen Jäger. Ein Teil davon trat bereits am Morgen nach dem letzten Saujagdtag die Heimreise an, andere hatten noch auf Hirsche oder starke Keiler gebucht und starteten in die für sie vorgesehenen Reviere. Für uns zwei war die Ungarnreise noch längst nicht zu Ende. Kulle hatte noch den Abschuß eines Rothirsches, eventuell auch Damschauflers, beantragt. So sollten wir uns anschließend in der Försterei in Tamasi bei Oberjäger Rakiczky Bela melden. Schon beim Empfang und der Begrüßung durch das Jägerehepaar, überkam uns ein angenehmes Gefühl der Geborgenheit, hier waren wir richtig! Sicher trug auch dazu bei, daß der Oberjäger unsere Sprache fließend beherrschte. Er hatte als ungarischer Soldat an der Seite der deutschen Wehrmacht den Rußlandfeldzug mitgemacht, daher seine Deutschkenntnisse. Seine ehrliche Sympathie und Verbundenheit mit dem deutschen Volk, kam in seinen Reden immer wieder zum Vorschein und ließ uns bald, so quasi als alte Soldaten und Kriegskameraden, zu echten Freunden werden.
In diesem Jahr verbrachten Kulle und ich noch zehn herrliche Jagdtage in der baulich etwas heruntergewirtschafteten Försterei. Dafür war das Revier jedoch ein wahres Jagdparadies. Bereits am nächsten Morgen begann die ganztägige Pirschfahrt mit

einem Pferdewagen. Janos, der Kutscher aus einem nahegelegenen Schwabendorf, schaukelte uns ohne Rücksicht auf lädierte Bandscheiben auf rumpeligen Waldwegen durchs Revier. Wie alle früheren ungarischen Herrschaftskutscher war er mit einer starken jagdlichen Passion behaftet und erspähte das Wild meistens schon vor uns. Fast sämtliche Wildarten hielten den Pirschwagen ohne große Beunruhigung aus. Leider war Kulle nicht mehr so flott und gelenkig, und es dauerte immer eine Ewigkeit, bis er vom Wagen geklettert war. Trotz Hilfestellung vom Oberjäger war es nicht einfach, ihn in sichere Schußposition zu bringen, während Janos mit seinem Gespann weiterfuhr. Jedenfalls klappte es am ersten und auch am zweiten Tag nicht, obwohl wir eine Menge Wild in Anblick bekommen hatten. Es lag ganz einfach an der altersbedingten Behäbigkeit des Jagdgastes Kulle. Dennoch bescherte ihm die Pirschfahrt am dritten Tag einen uralten abnormen Vierzehnender von über sieben Kilo Geweihgewicht. Da ich dessen Erlegung hautnah miterleben konnte, hatte ich das Gefühl selbst der Schütze gewesen zu sein. Wie ich meinen Freund Kulle kannte, war damit die Damhirschjagd abgeschlossen. Es wäre für ihn eine Entwürdigung dieses edlen Wildes, wenn er noch einen weiteren geschossen hätte.

Wie in früheren Zeiten übernahm er auch das Abkochen des Schädels sowie dessen anschließendes Säubern höchst persönlich. Das war für ihn eine heilige Handlung, und nichts auf der Welt hätte ihn davon abbringen können. So saß er dann am nächsten Tag vor dem dampfenden Waschkessel im Hof der Försterei und überwachte Wassertemperatur, Kochdauer und was sonst noch alles beim Abkochen eines Hirschschädels zu beachten ist. Für die nächsten zwei Tage war also mit einer jagdlichen Betätigung von Kulle nicht zu rechnen. Oberjäger Bela machte mir daraufhin den Vorschlag, ihm bei der Abschußerfüllung des Kahlwildes behilflich zu sein, er hätte noch jede Menge zu schießen. Natürlich war ich gern bereit, hatte jedoch andere Vorstellungen von dem, was mich am nächsten Tag erwarten sollte. Janos fuhr uns beide mit seinem Gespann in die Haupteinstandsgebiete der starken Kahlwildrudel, die oftmals die Quantität einer Schafherde aufwiesen und den Pferdewagen meistens bis auf fünfzig Schritt herankommen ließen. Dann sprangen wir ab, und Janos rumpelte mit dem Wagen langsam weiter. Das Rudel äugte diesem natürlich hinterher, währenddessen wir zwei Jäger uns in gute Schußposition bringen konnten. Erst als der Wagen außer Sicht war, zischte mir Bela das Kommando zu einer zeitmäßig gemeinsamen Schußabgabe zu. Das klappte beim ersten Schuß auch meist recht gut, und zwei Stück lagen oft im Feuer. Danach wirbelte alles durcheinander. Leider hatte ich nur meinen Drilling zur Hand, und das schnelle Nachladen bereitete mir doch einige Schwierigkeiten. Außerdem suchte ich, meiner jagdlichen Erziehung gemäß, immer nach dem schwächsten Stück und beachtete automatisch alle deutschen Jagdregeln. Ganz anders mein ungarischer Kollege Bela. Der donnerte mit seinem alten Repetierer dazwischen, daß die Fetzen flogen. Ob Alttier oder Kalb, ob frei oder mitten im Rudel stehend, das spielte keine Rolle. Er schoß fast bei jedem Rudel sein ganzes Magazin leer. Ich selbst konnte meistens nur zweimal schießen, nur selten gelang es mir, noch einen dritten Schuß anzubringen. Allerdings war die Ausbeute dabei immer recht gut. Auf meine Vorhaltungen wegen seiner unkontrollierten Schußabgaben winkte Bela nur ab; es spiele keine Rolle ob einige Stücke angeschweißt irgendwo verluderten, es wären genug da, und die Sauen wollten ja auch mal eine Abwechslung auf ihrem Speisezettel haben. Wenn das auch nicht ganz in meinem jagdlichen Sinne war, so habe ich doch an zwei Tagen diese Kahlwildschlacht mitgemacht. Die Strecke lag so um die dreißig Stück, wobei die Alttiere überwiegten. Ganz wohl war mir dabei nicht, denn ich wurde das Gefühl nicht los, daß mindestens fünf Stück noch irgendwo verluderten und mit einem guten Hund zur Strecke gekommen wären. Aber den gab es in der Gegend damals noch nicht, und wenn ein solcher vorhanden gewesen wäre, dann hätte man ihn zu einer Kahlwildnachsuche wahrscheinlich doch nicht zum Einsatz gebracht. Innerlich spürte ich, wie schnell schlechte Beispiele die anerzogene, straffe jagdliche Erziehung ins Wanken bringen können und wie schnell man bei solchen, weniger weidgerechten Handlungen zum Mittäter werden kann. Die Einstellung zur Kreatur scheint sich bei den ungarischen Jägern doch erheblich von der unsrigen zu unterscheiden. Dies konnte ich bei meinen jahrzehntelangen Jagdreisen in dieses Land persönlich feststellen.

Inzwischen hatte es sich herumgesprochen, daß zwei deutsche Jäger im Forsthaus wohnten und noch ein paar Tage bleiben wollten. Sofort erschien der Vorsteher der Jagdgenossenschaft, um uns zu einer Hasen- und Fasanenjagd am Wochenende einzuladen. Es war ein besonderes Erlebnis, mit diesen einfachen ungarischen Jägern, die alle Mitglieder der Jagdgenossenschaft sein mußten, zu jagen. Sie waren uns gegenüber sehr höflich und zurückhaltend, ließen oft einen Hasen oder Fasanen unbeschossen, wenn dieser nur annähernd die Richtung auf ihre deutschen Jagdgäste nahm. Wenn einer von uns dann erfolgreich war, lachten sie und gaben ihrer Freude lautstark Ausdruck. Natürlich war auf diesen Kolchosenjagden nicht so viel Wild vorhanden wie in den Staatsrevieren, trotzdem brachte die an die fünfzig Schützen zählende Jagdgesellschaft eine beachtliche Strecke zusammen. Für die nächsten Tage bekamen wir dann noch recht lukrative Einladungen zu Entenjagden, die auch ungeheuren Spaß machten und mir in ewiger Erinnerung bleiben werden.

Noch ein besonderes Erlebnis stand uns vor unserer Rückreise bevor. Das war die Teilnahme an einer Hochzeit in dem Schwabendorf unseres Kutschers Janos. Wir waren durch die anstrengenden Jagdtage, das gute Essen und den reichlich genossenen ungarischen Spezialschnaps schon reichlich gestreßt und verspürten eigentlich keine große Lust mehr, die herzlich gemeinte Einladung des guten Janos' anzunehmen. Doch dieser ließ nicht locker und auch Bela meinte, daß es für das Schwabendorf eine besondere Ehre wäre, wenn zwei deutsche Jäger an solch einem Fest teilnehmen würden. Also versprachen wir, nach dem Abendansitz, der nur noch der Wildbeobachtung dienen sollte, der Einladung Folge zu leisten. Die Geländefahrt mit dem kleinen VW-Käfer in dieses, fast mitten im Wald gelegene Dorf hatte selbst einem erfahrenen Rußlandkämpfer das Letzte abverlangt. Zum Glück hatte uns Janos vorgewarnt und Gummistiefel empfohlen, so daß wir bei einem eventuellen Festsitzen des Wagens den Marsch per pedes fortsetzen konnten. Der Weg war ein einziger Morast und nur im zweiten Gang mit Vollgas zu bewältigen. Neben mir auf dem Beifahrersitz saß Bela zur schnellen Schubhilfe, Kulle hatten wir auf die Hintersitze verfrachtet. So kamen wir nach halbstündiger, slalomartig verlaufender Geisterfahrt mit feuchten Handflächen und flatternden Nerven in dem aus höchstens zehn Häusern bestehenden Hochzeitsdorf an. Ich hatte das Gefühl, daß hier noch nie ein normaler Personenwagen hingelangt war, was man mir auch bestätigte. Unser VW sah aus wie ein Dreckhaufen auf Rädern, die Ursprungsfarbe war nicht mehr feststellbar. Doch für all die Strapazen sollten wir durch diese armen Menschen mit ihrer herzerfrischenden Gastfreundschaft reichlich entschädigt werden. Es waren recht kleine Häuser, auch das Hochzeitshaus hatte diesen Baustil und war zur Zeit vollgestopft mit Menschen aller Altersklassen. Das Brautpaar erschien mir noch sehr jung, und die Braut konnte ihren gesegneten Umstand nicht mehr verbergen. Verständlich war es ja auch, denn viel Abwechslung kann die Einsamkeit hier nicht bieten, und da wird das Adam-Eva-Spielchen bei den Menschen sicher früher und öfter Anwendung finden. Die Elternpaare der Brautleute begrüßten uns in einwandfreiem Deutsch auf eine rührselige Weise, rückten zusammen und boten uns Sitzplätze an. Jedermann ringsum war freundlich, und trotz ihrer Armut machten die Menschen einen glücklichen Eindruck. Sie waren es nach meinem Empfinden auch wirklich, trotz häufig vorhandenen Lücken im Gebiß mit sporadisch herausragenden Zahnstummeln, trotz Bekleidung, die zur Zeit unserer Großväter die Mode bestimmt hatte, und trotz vieler fehlender Gebrauchsgegenstände, die für uns zur Selbstverständlichkeit geworden sind. Hier schien die Welt noch in Ordnung. Das aufgefahrene Hochzeitsmahl war eine Wucht. Die Speisenfolge schien kein Ende nehmen zu wollen. Wir hatten tagsüber gefastet und daher einen gehörigen Appetit mitgebracht, konnten auch dementsprechend zuschlagen, aber nach dem fünften Gang mußten wir aufgeben. So vorzüglich das Essen schmeckte, so kümmerlich war auch hierfür das Schanzwerkzeug, um es zum Munde führen zu können. Auch da zeigte sich die ausgesprochene Armut. Die Männer benutzten, in Ermanglung eines Eßbestecks, meist ihr reichlich ramponiertes, eigenes Taschenmesser. Für uns stand natürlich ein altertümliches, abgewetztes Eßbesteck zur Verfügung, jedoch gaben wir die Messer gern an die Damen der Hochzeitsgesellschaft weiter und benutzten unsere Nicker. Zwischendurch, und besonders nach dem vorzüglichen, stundenlangen Mahl, gab es reichlich Alkohol. Vor allen Dingen der selbstfabrizierte ungarische Naturwein hatte es uns angetan und versetzte auch die übrigen Teilnehmer in eine euphorische Hochstimmung. Unendliche Diskussionen mit vielen Hochzeitsgästen, fragen und befragt werden, das setzte sich bis weit nach Mitternacht fort. Zwischendurch sang man deutsche Lieder, und ich schämte mich fast über meine Unkenntnis einiger deutscher Heimatlieder, die von diesen einfachen Menschen bis zur letzten Strophe beherrscht wurden. Die Heimfahrt schafften wir ziemlich benebelt, mit einiger Verzögerung, doch unbeschadet. Zweimal mußte Bela aus dem Wagen flitzen und schieben und anschließend während der Fahrt wieder reinspringen. Man merkte, daß er diese Tortur vom Rußlandeinsatz noch gut beherrschte, wenn auch seine Montur dabei stark in Mitleidenschaft gezogen wurde. Von all dem bekam Kulle, auf der Rückbank des Wagens liegend, nichts mit; er war eingeschlafen und schnarchte wie eine Wildsau. Dieses nichtjagdliche Erlebnis hat sich bis zum heutigen Tag fest in meinem Gedächtnis verankert.

Am nächsten Tag ging es ab in Richtung Heimat. Es gab so viel Erlebtes zu verarbeiten, und wir hatten auf dieser Reise viele Freunde gewonnen. Mit Sicherheit würden wir in unser neugewähltes Stammquartier zurückkehren, hier hatten wir das Gefühl, stets herzlich willkommen zu sein. Noch auf der Rückreise mußte ich Kulle versprechen, ihn im nächsten Jahr wieder auf seiner Ungarnreise zu begleiten, er müsse einen Fahrer und Betreuer haben und das hätte ja beim ersten Mal gleich so wunderbar geklappt mit uns beiden. Was gab es da lange zu überlegen? Ich hatte ja im stillen längst erhofft, daß ich im nächsten Jahr wieder dabeisein könnte. Alles Erlebte meiner Ungarnreisen zu schildern, würde zu weit führen. Deshalb möchte ich nachstehend nur das Hervorstechendste und meiner Meinung Interessanteste zu Papier bringen, um den Leser nach Möglichkeit nicht mit Nebensächlichkeiten zu langweilen.

Zu einem unzweifelhaft einmaligem Erlebnis gehört für mich die unerwartete Gänsejagd am südlichen Balaton im Jahre 1959. Hier wurden wir in dem Ort Balatonfenyves zu zweit oder dritt in den Gästezimmern einer großen Kolchose sauber, aber nicht gerade komfortabel, untergebracht. Von dort aus sollte schon am nächsten Morgen zur ersten Fasanenjagd in unmittelbarer Nähe aufgebrochen werden. Wie alljährlich hatte ich wieder für zwei Fasanen- und zwei Hasenjagdtage gebucht. Die bunt zusammengewürfelte Jagdgesellschaft aus allen Teilen der damaligen Bundesrepublik bestand diesmal aus vierzehn Schützen. Wie selbstverständlich saß man abends nach dem gemeinsamen Abendbrot noch einige Stunden im Gemeinschaftsraum zusammen, machte sich gegenseitig bekannt und sprach dabei auch recht kräftig dem guten ungarischen Wein zu. Kulle und ich hielten uns etwas zurück, denn man kann sich durch übermäßigen Alkoholgenuß den darauffolgenden Jagdtag regelrecht versauen. So gegen elf Uhr abends, wir wollten uns gerade in unsere Zimmer verkrümeln, kam plötzlich nochmals der Oberjäger Eördögh Tibor in den Gemeinschaftsraum und machte uns folgende Eröffnung. „Bitta schön, die Härren – auf Balaton sind hunderttausend von Gänsen, noch nie waren dort so viele – bittäschön, werr von den Härren Lust hat, kann morgen früh mitfahren um fünf Uhr früh zum Schießen von Gänsen!" Auf meine Frage nach den Kosten für diese Sondereinlage – ich mußte damals ja wirklich mit jedem Pfennig rechnen – bekam ich zur Antwort: „Nicht zahlen, Jagd zusätzlich, können Gänse schießen so viel Sie wollen, um neun Uhr wieder zurück und dann Fasanenjagd machen!" Na, das war ein Angebot, das man auf keinen Fall ausschlagen durfte, zumal ich in meinem Leben noch nie eine Gans geschossen hatte. Also, sofort ab in die Falle und den Wecker gestellt. Den größten Teil der Jagdgesellschaft hörte ich im Halbschlaf noch bis lange nach Mitternacht rumgrölen, einige sollen, voll abgefüllt, erst gegen drei Uhr in ihre Zimmer gewankt sein. Wir zwei, Kulle und ich, waren jedenfalls zur gewünschten Zeit zur Stelle. Noch drei weitere, ziemlich verkaterte Jäger kamen hinzu, das war's auch schon. Man führte uns bei völliger Dunkelheit zum seitwärtigen Eingang des Kolchosenhofes. Dort war so etwas ähnliches wie ein Bahnhof in Miniaturausführung. Eine dampfende Kleinbahnlok mit zwei angekoppelten Waggons stand auf den Schmalspurschienen. Wir stiegen in einen der Waggons, in dessen Mitte ein großer Kessel mit Tee stand, von zwei erfrischenden Ungarnmädel in Tassen an uns ausgegeben wurde. Ein jeder bekam ein Frühstückspaket in die Hand gedrückt, und so konnten wir auf der Bahnfahrt ins Gelände, auf den primitiv hergerichteten Sitzen platznehmend, in aller Gemütlichkeit unser Frühstück einnehmen. Die Fahrt dauerte etwa eine halbe Stunde. Dann hielt der Zug auf freier Strecke, und der erste deutsche Jagdgast mitsamt einem ungarischen Begleiter konnten aussteigen. Dann fuhr der Zug weiter. Da sich nur fünf deutsche Jäger an der Gänsejagd beteiligten, bekam ein jeder von uns einen Jungjäger als Führer zugeteilt. Ich mußte mit meinem ungarischen Jungjäger beim nächsten Halten der Kleinbahn aussteigen. Er hieß Alois, sah aus wie echter Ungar mit pechschwarzen Haaren und machte einen ruhigen, bescheidenen Eindruck. Bei noch völliger Dunkelheit stapfte er vor mir her, über abgeerntete Felder, Wiesen, Gräben bis in einen etwa dreißig Meter breiten Akazienstreifen. Dort hielten wir an. Mein Führer versuchte durch Abbrechen von stachligen Akazienästen für uns ein wenig Deckung zu schaffen. Vor uns konnte ich jetzt, bei langsam weichender Nacht, ein abgeerntetes Maisfeld erkennen, auf dem noch eine Menge Erntereste herumlagen. Sollten die versprochenen Gänse etwa scharf darauf sein? In meinem ganzen Leben hatte ich sowas noch nicht mitgemacht und stand der ganzen Aktion immer noch etwas skeptisch gegenüber. Als es noch etwas heller wurde, vernahm ich in weiter Ferne vielversprechende Töne, die mich an das Gackern einer Gänseschar auf einem Bauernhof erinnerten, nur waren die jetzigen Töne etwas höher und von ungeheurer Vielstimmigkeit. Mein Begleiter stieß mich an und radebrechte mir verheißungsvoll ins Ohr: „Gänse auf Balaton, jetzt von Wasser kommen hier!" Und tatsächlich, das tönerne Schnattern wurde stärker und immer stärker hörbar, obwohl wir meiner Schätzung nach mindestens zehn Kilometer vom Balaton entfernt waren. Wenige Minuten später waren sie da, der Himmel wurde schwarz von Gänsen. Ja, ich habe noch nie in meinem Leben so viel Flugwild gleichzeitig in der Luft gesehen, der Oberjäger hatte nicht übertrieben, es müßten Hunderttausende sein! Fasziniert schaute ich diesem einmaligen Schauspiel eine Weile zu, dann wurde es ernst.

Die erste Welle der wilden Martinsvögel kam tiefer, umkreiste das vor uns liegende Feld, sie sahen riesig groß aus. Da brannte bei mir wohl die Sicherung durch; angebackt und doppelrohrig mit der Immertot draufgehalten. Der Erfolg war gleich Null, die Gänse zogen hoch und schwebten davon. Mein Jungjäger neben mir winkte ab, schüttelte den Kopf: „Gänse mussen kommen nahe bei uns!" Das war sein zutreffender Kommentar. Also hatte ich vor lauter Jagdgeilheit zu früh und zu weit geschossen, wahrscheinlich weil mir die Flugobjekte so ungeheuer groß und damit nah erschienen. Doch Zeit zum Überlegen und Diskutieren blieb nicht. Schon kam die zweite Welle, peilte die Lage, machte noch einen kleinen Schlenker und setzte zur Landung an. „Jetzt gutt!" rief Alois, im selben Augenblick riß ich Funken und mit dieser Doublette holte die Immertot zwei Gänse vom Himmel. Wie die Mehlsäcke plumpsten sie, begleitet von meines Nebenmannes Jubelruf „bravo, bravo", auf den Boden. Auch ich war richtig selig, meine ersten Gänse in meinem Jägerdasein erlegt zu haben. Doch was war das – die eine rappelte sich wieder auf, kam wackelig auf die Ständer und stolzierte nun mit einem hängenden Flügel, kaum dreißig Schritt vor unserem Stand herum. Da kein Hund zur Stelle war, backte ich an und wollte ihr den Fangschuß geben, damit sie mir ja nicht noch entwischt. „Nem, nem", schrie da Alois, der jetzt auch vom Jagdfieber gepackt wurde. „So gutt, andere Ganse kommen!" Jetzt begriff ich, was er damit sagen wollte. Die vor uns herumhumpelnde, geflügelte Gans sollte für ihre Artgenossen als Lockvogel dienen. Diesen Zweck erfüllte sie in den nächsten zwanzig Minuten mehr als genug. Auf unseren Stand setzte eine wahre Invasion ein. In Schofen, Flügen und später sogar in ganzen Scharen umkreisten die Gänse ihre geflügelte Artgenossin, hielten sie für eine Vorhut und wollten unbekümmert zur Landung ansetzen. Dabei konnte ich sie nun auf gute Schußentfernung heranfliegen lassen und so oftmals eine Doublette schießen. Jedesmal, wenn eine getroffene Gans herunterplumpste, schlug mir mein Begleiter auf die Schulter und rief immer wieder „bravo, bravo" aus. Inzwischen waren noch zwei weitere geflügelt, und damit hatte sich die Zahl der vor unserem Stand herumspazierenden Gänse vergrößert, wodurch die Landebereitschaft der in der Luft kreisenden Artgenossen noch zunahm. Mein Jungjäger hatte auch eine Doppelflinte mit. Ich forderte ihn auf, auch mitzuschießen, aber er lehnte entschieden ab. Wie ich ihn verstand, durfte er während der Ausbildungszeit nur auf kranke Tiere schießen. Da ich es bei diesem Massenanflug nicht nötig hatte auf zweifelhafte Entfernungen zu schießen, wurde das Trefferergebnis immer besser und war von vielen Doubletten gekrönt. Mein Vorrat von vierundvierzig Patronen ging langsam zur Neige, und auch die Gänseinvasion ließ nach. Mit den letzten beiden Schüssen prasselten noch zwei Mehlsäcke in das Geäst der Akazien, wieder begleitet von den Bravorufen meines Begleiters. Nun war ich leergeschossen. Alois steckte mir noch fünf ungarische Patronen zu, aber die brauchte ich nicht mehr. Vor uns sah es aus, als ob ein Wolf in eine Gänseschar eingefallen wäre. Drei humpelten noch ganz munter herum, und Alois gab ihnen die Fangschüsse. Dann ging es ans Einsammeln der gemachten Strecke. Es wurden 28 Stück, eine Strecke, die ich mir in meinen kühnsten Träumen nicht zu erhoffen gewagt hätte. Mühsam schleppten wir sie in mehreren Gängen an die Gleise der Kleinbahn und warteten auf die anderen Jagdgenossen. Bald kam auch der Zug angedampft. Wir hatten meine Gänsestrecke, für alle sichtbar und provozierend, ca. zwanzig Meter neben die Gleise gelegt. Selbst die ungarischen Jäger kamen da aus dem Staunen nicht heraus und sparten nicht mit anerkennenden Worten. Kulle hatte fünf, die anderen je zwei Gänse geschossen, allerdings mit einem ungeheuren Patronenaufwand, weil sie offenbar alle, wie auch ich anfangs, zu früh und zu weit mit dem Schießen begonnen hatten. Außerdem stand auch keinem von ihnen so ein Lockvogel zur Verfügung, wie ihn mir Diana beschert hatte. So ein Dusel hat man eben nur einmal im Leben und da sollte man auch hinlangen. Obwohl wir es in den folgenden Jahren immer wieder versuchten, war der Erfolg minimal, und wir kehrten oftmals sogar mit blanken Läufen zurück.

Viele Jahre fuhren Kulle und ich zur Herbstzeit kontinuierlich nach Ungarn. Anschließend verbrachten wir noch mindestens zehn Tage bei unserem Jagdfreund Rakiczky Bela in Tamasi. Kulle schoß seine Hirsche, ich selbst begnügte mich aus finanziellen Gründen mit kleinen Klepperjagden auf Niederwild und half Bela gelegentlich beim Abschuß von Kahlwild, allerdings ohne Massenschlachtereien. Außerdem mußte ich meistens als Fahrer fungieren. Seit der Schlammfahrt zur Schwabenhochzeit war ich diesbezüglich in den Augen von Bela mächtig gestiegen, und er wollte fortan lieber mit dem inzwischen erneuerten VW fahren. Natürlich war der Aktionsradius mit dem Auto größer als mit dem Pferdegespann, wir kamen auch immer gut an Wild heran, aber der Hauptgrund schien mir doch der Nervenkitzel von Bela bei solchen Geländefahrten zu sein. Diese aufregenden Pirschfahrten im VW werden mir auch in ewiger Erinnerung bleiben. Man mußte schon etwas wagen, um ihn all die bergigen und ausgefahrenen Waldwege durchzumanövrieren. Beim Pirschen hätte ich sicher nur halb so viel geschwitzt wie beim halsbrecherischen Steuern des Autos. Einen Absturz konnten wir uns auch nicht leisten, denn wir wollten ja noch die lange Heimreise mit diesem Fahrzeug bewältigen.

So nach und nach zogen die Preise für Jagden und Abschüsse auch in Ungarn mächtig an. Der Zustrom der deutschen Jäger in dieses Jagdparadies nahm von Jahr zu Jahr zu. Die ungarische Jagdbehörde „Mavad" hatte bald erkannt, daß man damit harte Dollars verdienen konnte. Um den Besatz von Niederwild zu erhöhen, wurden ganze Brutanstalten aus dem Boden gestampft. Vor allen Dingen schien der Fasan ein rentables Aufzuchtsobjekt zu sein. Man züchtete sie zu Hunderttausenden und ließ sie dann vor den Jagden massenweise aus den Volieren, den Jägern vor die Flinten treiben. Mir kamen einmal in einem Erlengehölz so zwischen zwei- und dreihundert Hähne über eine kleine Bergkuppe im Gänsemarsch anstolziert. Trotz Gestikulieren und Geschrei stieg kein einziger hoch, alle marschierten in der geschlossenen Kolonne unbeschossen in den angrenzenden Schilfgürtel. Das war so eine Kompanie von unflüggen Volierenfasanen, die einem die Freude an der Jagd verderben konnten. So stellten Kulle und ich dann später diese unjagdliche Betätigung ein und schossen die Fasanen nur noch gelegentlich beim Buschieren.

Ende der sechziger Jahre erlebte ich noch mit, wie Kulle einen kapitalen Damschaufler von 4,8 kg Geweihgewicht erlegte. Das hat mir ungeheure jagdliche Freude bereitet, und seit dieser Zeit keimte in mir der geheime Wunsch, auch einmal einen Damschaufler zu strecken – er brauchte ja nicht ganz so stark zu sein. Rothirsche hatte ich schon einige erlegt, aber ein Damschaufler fehlte mir halt noch in meiner Trophäensammlung. In meiner oberschlesischen Heimat hatte ich zwar schon einige Damhirsche erlegen können, aber über einen Knieper durfte man sich als damaliger Forstanwärter nicht hinauswagen. So mußte ich lange warten und sparen, bis ich mir meinen Wunsch endlich erfüllen konnte.

Kulle hatte bis Anfang der siebziger Jahre tapfer durchgehalten und die alljährlichen Ungarnreisen waren für ihn wie ein Jungbrunnen, der ihm für den Rest des Jahres Kraft und Lebensfreude spendete. Manche Jahre hielten wir uns auch zur Blattzeit in Ungarn auf. Wir liebten dieses Land von Jahr zu Jahr mehr und hatten inzwischen eine Menge ungarischer Freunde gewonnen. Erster Anlaufpunkt und Stammquartier war stets die Försterei Tamasi bei Oberjäger Bela und seiner Frau Elisabeth mit ihrer unübertroffenen Kochkunst. Mein Freund Kulle konnte noch an der jugoslawischen Grenze seinen Lebensbock von über 600 g Gehörngewicht schießen, ich leistete mir neben einigen abnormen Böcken auch einen besonders alten so um die 450 g herum. Eigentlich sollte das Trophäengewicht bei einem erlegten Stück Wild nur von sekundärer Bedeutung sein, primär müßte die Reife und Abschußberechtigung im Vordergrund stehen. Leider ist diesbezüglich unter einigen deutschen Jägern eine jagdliche Unart eingerissen, die einer typisch deutschen Wesensart entspricht. Für sie zählt nur die Spitzentrophäe und ihre erste Frage nach der Erlegung eines Trophäenträgers wird stets in diese Richtung zielen. Zu dieser Sorte Jäger habe ich mich nie gerechnet und stets das Erlebnis zu würdigen gewußt, obwohl ich ehrlicherweise zugeben muß, daß ich bei besserer finanzieller Ausstattung auch mehr in die höheren Trophäenklassen eingegriffen hätte.

Mitte der siebziger Jahre war Kulle gesundheitlich schon so sehr geschwächt, so daß er die strapaziösen Ungarnreisen nicht mehr mitmachen konnte. Wenn ich ihn besuchte, saßen wir stundenlang vor dem flackernden Kaminfeuer und hatten nur ein Thema: Ungarn. Jede, in meinem Beisein erbeutete Ungarntrophäe wurde von der Wand genommen und die Erlegung ihres Trägers nach Kulles Tagebuchaufzeichnungen nochmals genauestens rekonstruiert. Das nochmalige Tottrinken mußte ich leider allein vornehmen, denn Kulle konnte aus gesundheitlichen Gründen nicht mehr mithalten. Bei diesen Erinnerungen lebte er wieder auf, war für ein paar Stunden nochmals ein glücklicher Mensch. Aber es war nur noch ein Aufflackern, das den vom Tod schon gezeichneten Menschen für kurze Zeit in seine jagdliche Traum welt zurückversetzte und ihn dabei die Schmerzen vergessen ließ. Es währte nicht mehr lange und er wechselte hinüber in die ewigen Jagdgründe, wo er hoffte, weiterjagen zu können. Zu Ende war die Gastrolle eines der liebsten und anständigsten Menschen auf dieser Erde, mit denen es mir vergönnt war, gemeinsame Jagderlebnisse zu teilen. Nun rückte die geplante Erlegung meines Damschauflers zunächst in weite Ferne. Ich bin nicht der Typ Jäger, der großen Spaß und Freude an heimlichen Einzelunternehmen empfindet, nein, ich muß einen Freund und Kameraden um mich haben, den ich an meinen jagdlichen Erlebnissen teilhaben lassen kann, ebenso wie ich in seine diesbezüglichen Freuden und Leiden mit einbezogen werden möchte. Freunde hatte ich stets genug, aber zu solch gemeinsamen Jagdreisen, wo man oft über Tage und Wochen hautnah zusammenhocken muß, sollte die Auswahl von ganz besonderer Bedeutung sein. Meine vielen Erzählungen über die Jagderlebnisse in Ungarn und der Entschluß, nochmals dorthin zu fahren und einen kapitalen Damschaufler zu schießen, ließ manchen Jagdkameraden aufhorchen und starkes Interesse an einer Teilnahme bekunden. Zwei Jahre ließ ich noch verstreichen, bis ich endlich das nötige Kleingeld zusammengespart hatte und zwei örtliche Jagdkameraden mir als Jagdpartner für dieses einmalige Unternehmen geeignet schienen. Die Umstände der Reise und die Erlegung meines verschätzten „Vierkiloschauflers" waren so einmalig, daß sie mit zu meinen hervorstechendsten Jagderlebnissen zählen. Sie sind einer Schilderung wert.

Meinen finanziellen Verhältnissen entsprechend, hatte ich für mich einen Damschaufler bis 4 kg Geweihgewicht im Revier Gyulaj, in unmittelbarer Nähe meines ungarischen Jagdfreundes Rakiczky Bela, während der Brunft Ende Oktober/Anfang November, gebucht. Dieser kostete zu jener Zeit 3.400,— DM ohne Goldmedaillenzuschlag. Also konnte ich so ungefähr, bei etwas einkalkuliertem Risiko, mit einem Betrag zwischen 5.000 und 6.000 DM rechnen. Auch meine mitreisenden Jagdkameraden Paul und Klaus wollten sich in diesem finanziellen Rahmen bewegen. Die Unterbringung erfolgte diesmal in einem etwa zehn Kilometer entfernten, feudalen Jagdhaus. Wir waren die einzigen Gäste und wurden dementsprechend zuvorkommend bewirtet. Alles begann sehr verheißungsvoll. Am nächsten Morgen war ein Jäger zur Stelle und begleitete uns in das weiträumige Forstamtsgebäude der Staatsjagd von Gyulaj. Dort bekam jeder von uns einen Jagdführer mitsamt russischem Jeep zugeteilt, und getrennt ging die Fahrt ab in die herrlichen Reviere der Umgegend. Schon am ersten Tag bekam ich mehrmals Damwild in Anblick. Es war an sich ziemlich einfach, denn die Brunft war noch in vollem Gang und das Wild im Liebesrausch nicht so aufmerksam. Die Fahrt ging von einem Brunftplatz zum anderen. Wir stiegen dort ungefähr zweihundert Meter vorher aus, verhörten eine Zeitlang das Brunftgeschnarche der Schaufler und pirschten sie dann an. Da das Brunftgeschehen zwar auch tagsüber, aber dafür fast ausschließlich im Stangenholz oder sonstigen deckungsreichen Gelände stattfand, war es manchmal doch recht schwierig, an das Brunftrudel heranzukommen. Zwei- bis dreimal hätte ich einen Hirsch schießen können, aber das Geweihgewicht lag immer so um die 3 kg, und etwas stärker sollte er doch wohl sein. Außerdem verspürte ich überhaupt keine Lust, schon am ersten Jagdtag Dampf zu machen, das wäre mir wie die vorzeitige Beendigung eines menschlichen Liebesaktes vorgekommen. So verlief dieser erste Jagdtag in Gyulaj zwar sehr reich an Wildbegegnungen und Beobachtungen, aber die Kugel blieb im Lauf.

Abends trafen wir uns im Hof des Forstamtes wieder. Paul, der Gastronom, hatte einen recht alten 3,2 kg-Schaufler geschossen. Klaus hatte, ebenso wie ich, viel gesehen und erlebt, jedoch nicht geschossen. Am Abend im Jagdhaus leerten wir auf Paules Hirsch einige gute Flaschen Ungarnwein und waren in bester Stimmung. Doch schon da fiel Klaus und mir auf, daß mit der Gesundheit des Hirscherlegers etwas nicht stimmen konnte. Zunächst machten wir uns keine großen Gedanken darüber, doch sollte sein Zustand bald zu ernsthaften Komplikationen führen. Am nächsten Morgen ging es wieder früh raus. Paul blieb im Bett und wollte sich auskurieren. Zu meinem Erstaunen erwartete mich im Forstamtsgebäude ein anderer Jäger als tags zuvor. Ersterer wäre angeblich erkrankt, und er sei die Vertretung. Leider sprach mein neuer Jagdführer wenig Deutsch, und ich noch weniger Ungarisch, so daß es mit der Verständigung zunächst etwas haperte. Trotzdem konnte ich ihm klarmachen, was ich zu schießen gedachte und daß der Schaufler auf keinen Fall über 4 kg wiegen dürfte. Die Pirschfahrt mit dem Jeep ähnelte der des Vortages, nur daß der Aktionsradius noch mehr ausgeweitet wurde. Schon im Morgengrauen stießen wir auf einen treibenden Schaufler. Mir schien er nicht alt genug, dem Jäger doch. Als ich ihn nach dem geschätzten Geweihgewicht fragte, antwortete er ohne zu zögern: „Vier Kilo!" Also war er doch richtig für mich, wenn er auch nicht ganz meinen Vorstellungen entsprach. Deshalb war ich wohl auch nicht so recht mit dem Herzen dabei, als wir versuchten, in eine günstige Schußposition zu pirschen. Eine seitlich verdeckt stehende alte Ziege bekam uns weg und nahm beim Abspringen das gesamte Rudel mit. Trotz eifriger Suche fanden wir es nicht wieder. Nach einigen gefahrenen Pirschkilometern stand plötzlich ein suchender Schaufler mitten auf dem Weg, kaum fünfzig Schritt vor unserem Jeep. Mein Führer machte eine Vollbremsung, stierte kurz durch sein mikriges Glas und schon gab er die Anweisung: „Vier Kilo, bitte schießen!" Doch vom Auto aus konnte und wollte ich nicht schießen, hätte ihm höchstens eine auf die Keulen brennen können. Die Prozedur des Aussteigens hielt der Hirsch nicht aus und verschwand auf Nimmerwiedersehen.

Gegen Mittag kamen wir wieder an einen größeren Brunftbetrieb in einem lückigen Erlenbestand. Hier schien etwas los zu sein, denn schon beim Anpirschen flitzten einige abgeschlagene Beihirsche an uns vorbei. Als wir bis auf achtzig Schritt herangepirscht waren, bot sich uns das herrliche Bild eines kampfstark durchgeführten Brunftgeschehens, das ich hautnah noch nie erleben durfte und das mich stark beeindruckte. Hier war ich richtig, hier würde mit Sicherheit ein passender Schaufler für mich dabei sein. Da wir vollkommen unbemerkt rangekommen waren, hatten wir keine große Eile, und ich konnte mich voll dem Genuß des jagdlichen Erlebens hingeben. Da stößt der Jäger mich plötzlich an und zeigt seitwärts. Dort kommt ein recht guter Schaufler gezogen, dem Brunftrudel entgegen. „Vier Kilo, bitte schießen!" sagt er wieder, wie bei den ersten beiden Schußgelegenheiten. Der könnte passen, doch da verfällt der Hirsch in Troll und wäre nun nur noch halbspitz von hinten zu erwischen. Warum das Risiko eingehen, hier bekomme ich bestimmt noch meine Chance. So ist es auch. Kurze Zeit später präsentiert sich uns wieder ein Hirsch in schußgünstiger Position, und wieder kommt die spontane Anweisung meines Beglei-

Der „Generalskeiler".

Ein Anblick, den man nicht alle Tage hat.

Auf Gamsjagd mit W. Kullmann.

Abgekämpft nach anstrengendem Aufstieg.

ters: „Vier Kilo, bitte schießen!" Donnerwetter denke ich so bei mir, hier scheinen alle Schaufler das genormte Gewicht von vier Kilo zu haben. Das macht mich doch recht mißtrauisch, ich setze die schon eingestochene Mannlicher wieder ab und will mich nochmals selbst überzeugen. Da erscheint hintergründig im Blickfeld des Glases plötzlich noch ein anderer Schaufler, wesentlich stärker im Gebäude und auch vor allen Dingen in der Länge und Breite der Schaufeln, gegenüber seinen bisher vorgeführten Artgenossen. Es ist ein alter, reifer Hirsch und der unangefochtene Boß dieser Gesellschaft. Dies alles kann ich selbst feststellen, obwohl ich vom Damwild keine allzu große Ahnung zu haben glaube. Der wird wohl für mich nicht infrage kommen, konstatiere ich etwas traurig, denn gegenüber den bisher angepriesenen Vierkiloschauflern hat der mindestens eineinhalb bis zwei Kilo mehr auf dem Haupt. Jetzt scheint ihn auch der Jäger entdeckt zu haben. „Wieviel Kilo wiegt dieser alte Hirsch dort mit der dunklen Decke?" frage ich ihn. Sofort kommt die Antwort: „Vier Kilo!" Aber das ist doch nicht möglich, der hat doch viel breitere Schaufeln, längere Stangen und bessere Enden als die anderen. Dies versuche ich krampfhaft, ihm zu verdolmetschen. Da schüttelt er den Kopf, holt ein Stück Papier aus der Rocktasche und will mir damit demonstrieren, daß die Schaufeln dieses Hirsches so dünn sind wie Papier, also kann er nicht viel wiegen. Mehr einem Wunschgedanken folgend, akzeptiere ich allzu gern seine Erklärungen, obwohl ich in meinem tiefen Inneren nicht ganz überzeugt bin. Deshalb frage ich nochmals und mache ihm meine Zweifel klar. Aber er läßt sich nicht beirren und beharrt auf seinem angegebenen Standardgewicht von vier Kilo. Also, wenn das so ist, dann schieße ich diesen Schaufler und keinen anderen, das mache ich meinem Ansprechspezialisten klar. Nun, da ich mich endgültig zum Schuß entschlossen habe, setzt auch augenblicklich das bekannte Herzflattern ein. Auf dem Brunftterrain geht es unter lautem Geschnarche hin und her, aber mein Auge sucht nur noch den Papierschaufler, die anderen ignoriere ich vollkommen. Aber der alte Bursche hält sich immer inmitten von drei bis vier Stück Kahlwild auf und verscheucht nur durch gelegentliche Ausfallattacken die lästigen Beihirsche. Das geht nun schon über eine Stunde so. Eine Attacke wird ihm schließlich zum Verhängnis, denn jetzt kommt er wieder hinter einem Abstauber hergefegt, verhofft für Sekunden vor dem Zurückwechseln und da erwischt ihn meine 7 x 64 TIG mitten auf dem Kasten. Tödlich getroffen stürmt er zurück, beschreibt einen Bogen und kommt in seiner Todesflucht auf sechzig Schritt an mir vorbei. Getreu der Regel, ein einmal verwundetes Stück solange zu beschießen, bis es umfällt, versuche ich die zweite Kugel anzutragen, doch das splitternde Holz einer Erle zeigt an, daß diese ihr Ziel nicht erreicht hat. Blitzschnell durchrepetiert, und diesmal haut's ihn um. Er überschlägt sich in voller Flucht und bleibt verendend liegen. Das war's dann wohl – Ende der Vorstellung! Mein Damwildexperte stieß sofort einen ungarischen Jauchzer aus und stürmte, wie von der Tarantel gestochen, dem erlegten Schaufler entgegen. Diese Art oder Unart habe ich übrigens bei fast allen ungarischen Jägern festgestellt. Sofort nach dem Schuß stürmen sie los, ob das Stück verendet oder nur angeschweißt ist, da kennen sie keine Rücksicht und haben dadurch schon manch todkrankes Stück aufgemüdet und auf Nimmerwiedersehen in die Flucht geschlagen. Diesmal konnte zum Glück nicht mehr viel passieren, denn der Hirsch lag mausetot in Sichtweite vor uns. Mit jedem Schritt, mit dem ich mich ihm näherte, wurden seine Stangen länger, seine Schaufeln breiter und dicker und meine Augen immer größer. „Heiliger Hubertus", so einen kapitalen Schaufler hatte ich bisher noch nicht gesehen, weder tot noch lebendig, der konnte doch unmöglich nur 4 Kilo wiegen?

Nach eingehender Besichtigung durch meinen Damwildexperten legte dieser zwar ein halbes Kilo zu, blieb aber stur bei 4,5 Kilo – „Sicher, ganz sicher!" murmelte er vor sich hin. Da ich inzwischen seine jagdlichen Fähigkeiten kennengelernt hatte, war ich mir so sicher nicht. Trotzdem wollte ich mir dadurch die Freude an diesem einmaligen Erlebnis sowie an der Trophäe nicht verderben lassen und nahm es gelassen hin. Das Aufbrechen, das ich auch im Ausland stets selbst vornahm, ging trotz zwischendurch heftig geführter Debatten in deutscher, ungarischer und zusätzlicher Zeichensprache schnell von der Hand. Dann ging der Jäger zurück, um den etwa 500 Meter davor abgestellten Geländewagen zu holen, während ich vor meinem Lebensschaufler stand und ihm die Totenwache halten konnte.

Es war wirklich ein alter, reifer Hirsch mit fast schwarzen Decke und vollkommen abgebrunftet. Die erste Kugel saß Mitte Blatt, also doch nicht zu weit dahinter, wie ich es erst angenommen hatte. Sie hätte gereicht. Die dritte Kugel hatte ihn am Trägeransatz gefaßt und kopfüber gehen lassen. Viel zu schnell kam der Jäger mit dem Jeep zurück. Wir luden den Schaufler ein und fuhren zum Forstamt. Kaum hatten wir dort die Toreinfahrt passiert, da stockte sämtliche Tätigkeit auf dem Forstamtshof. Einige Arbeiter waren mit dem Säubern von zwei Damhirschgeweihen beschäftigt, andere mit sonstigen Arbeiten. Auf einer Stange hingen außerdem drei bereits gesäuberte Damhirschgeweihe. In wenigen Minuten standen alle Bedienstete des Forstamtes um unseren Jeep mit dem Schaufler darauf herum, stießen erstaunte Laute aus und debattierten in einem völlig unverständlichen Kauderwelsch wild durcheinander. Nur die immer wiederholten Worte „Kapital, Kadar, Rekord", drangen verständlich an meine Ohren. Da wurde ich doch verdammt unsicher, was hatte das alles mit Kadar zu tun, sollte der Schaufler wirklich so stark sein, wie er hier bewundert wurde? Ein alter Veteran mit nur noch vereinzelt vorhandenen braunen Zahnstummeln im Gebrech sprach etwas Deutsch und wollte mir weismachen, daß der Schaufler mindestens 6 Kilo wiegen würde und für den Ministerpräsidenten Kadar vorgesehen war. Der Jäger, dem ich mein Weidmannsheil zu verdanken habe, wäre noch nicht lange hier und als Kutscher tätig. Von Jagd verstehe er nicht viel und wäre nur für einen erkrankten Jäger aushilfsweise eingesprungen. Beides konnte ich uneingeschränkt bestätigen. Inzwischen mußte die Nachricht bis ins Direktorenzimmer des Forstamtes gedrungen sein, denn plötzlich tauchte der oberste Boß auf, besah sich den Schaufler, schüttelte mehrmals mit dem Kopf und wandte sich dann an mich: „Bitta schön, Herr Gabriel, ist Hirsch kapital, werden machen sauber und kochen, dann morgen früh kommen bitta nach hier – wir werden sehen!" Sprachs, lächelte charmant und verschwand wieder. Wenig später kam Klaus mit Jäger, Jeep und erlegtem Schaufler durchs Tor gerollt. Er hatte einen etwas abnormen Hirsch von ungefähr 3,5 Kilo Geweihgewicht geschossen und war sehr zufrieden. Als er allerdings den meinigen sah, mußte er erst zweimal tief Luft holen: „Junge, hast du zugeschlagen!" Das waren die Worte, die mir heute noch im Gedächtnis sind. So war es aber auch, denn im Verhältnis zu den übrigen sechs Schauflern, die sich jetzt im Gehöft des Forstamtes befanden, wirkte meiner wie ein Schäferhund unter Dackeln. Mit etwas zwiespältigen Gefühlen fuhren wir dann ins Jagdhaus zurück. Dort erwartete uns eine neue Überraschung. Paul sah sehr krank aus und machte uns nun doch ernstliche Sorgen. Er nahm Unmengen von Flüssigkeiten zu sich und fühlte sich schlapp und elend. Wahrscheinlich war es doch etwas Ernsteres. Zunächst mußten wir jedoch noch abwarten. Später kam mein ungarischer Jagdfreund Bela aus Tamasi in das Jagdhaus. Er hatte sich meinen Schaufler, der inzwischen abgekocht und gesäubert war angesehen, und war beim ersten Wiegen der Trophäe zugegen. Das Gewicht lag frisch bei über 6 Kilo. So ein Geweihgewicht habe es hier in den letzten Jahren noch nicht gegeben. Das waren ja schöne Aussichten für meinen mageren Geldbeutel. Nach der Preisliste lag die Trophäe mit Goldmedaillenzuschlag am Ende der Zwanzigtausend. Trotzdem haben wir an diesem Abend einen fürchterlich auf die Lampe gegossen, wobei der Schaufler immer größer und der Preis immer kleiner wurde – alle Probleme schienen mit einem Mal gelöst zu sein. Für unseren Jagdkameraden Paul war die nächtliche Sauferei jedoch nicht gut; allerdings wollte er auch überall mitmachen und ließ sich auch durch gütiges Zureden von nichts abhalten. Gegen Morgen bekam er so eine Art Zuckerschock mit Fieber und Schüttelfrost und redete dabei viel dummes Zeug durcheinander. Es wurde höchste Zeit, daß er in ärztliche Behandlung kam. Trotz unserer dröhnenden Saufköpfe waren wir nach dieser Feststellung sofort hellwach und fuhren unverzüglich zum Forstamt, um die Schaufler abzuholen. Paul überließen wir solange der Obhut unserer Köchin, der wir noch den Auftrag erteilt hatten, in der Zwischenzeit einen ungarischen Arzt heranzuschaffen und diesen mit Deutscher Mark zu bezahlen.

Kaum auf dem Forstamt angekommen, kam uns der Herr Direktor schon höflich lächelnd entgegen, begrüßte uns zuvorkommend und dann kam's: „Bittaschön, Herr Gabriel, Schaufler viel schwärer als beställt, wiegt 5,8 Kilo, muß bleiben hier zum Ansähen für Lährlinge – bittä Herr Gabriel, Sie können schießen eine andere Hirsch!" Wahrscheinlich hätte ich das damals getan, wenn die Sache mit Paul nicht dazwischen gekommen wäre. Aber, wie sich später herausstellte, war es gut und richtig, daß ich keinen Ersatzschaufler geschossen habe, denn es sollte sich doch noch alles zum Guten für mich wenden. Augenblicklich hatten wir jedoch andere Sorgen. Zunächst ging's zurück ins Jagdhaus. Dort empfing uns schon die Köchin mit sorgenvoller Miene, der Arzt sei schon dagewesen und der kranke Paul müsse innerhalb der nächsten Stunden in ein Krankenhaus nach Budapest geschafft werden. Er wäre schwer zuckerkrank und es sei ernster, als wir glaubten. Doch eins wurde uns sofort klar, hier in Ungarn konnten und wollten wir unseren Jagdkameraden nicht zurücklassen. Also mußten wir es wenigstens mit ihm bis über die deutsche Grenze schaffen, aber es mußte schnell gehen. In rasender Eile wurden Paul, Hirsche und Gepäck verladen und ab ging's zum Abrechnen bei der Mavad nach Budapest. Letzteres blieb uns nicht erspart, denn sonst hätte man uns Schwierigkeiten beim Grenzübergang machen können. Das dauerte, trotz viel Verständnis von ungarischer Seite für unsere augenblickliche Notlage, doch eine Zeitlang. Bis wir endlich von Budapest starten konnten, war es bereits 17 Uhr. Für Paul war auf den Rücksitzen ein bequemes Krankenlager errichtet. Manchmal war er nicht mehr klar im Kopf, er wollte nur trinken, trinken und nochmals trinken. In einer halsbrecherischen Fahrt, bei teilweise dichtem Nebel, fuhren wir die ganze Nacht hindurch und nur aufgrund häufigen Fahrerwechsels zwischen Klaus und mir schafften wir es, gegen sechs Uhr morgens mit dem todkranken Paul an Bord dessen Heimatkrankenhaus zu erreichen. Paul hat überlebt, muß sich jedoch für sein ganzes, restliches Leben täglich eine oder zwei Insulinspritzen verpassen. Wie uns seine Frau erzählte, hatte er schon Wochen vor unserer Ungarnreise von seiner Zuckerkrankheit gewußt und war von seinem Hausarzt wiederholt auf die Dringlichkeit einer intensiven Behandlung hingewiesen worden. Aus Angst, er könne dann die Reise nicht mitmachen, hat er uns gegenüber alles verschwiegen. Besonders kameradschaftlich fand ich das zunächst nicht, konnte ihm jedoch nicht lange böse sein, weil ich durch seine Krankheit indirekt doch noch in den Besitz meines erlegten „Papierschauflers" gekommen bin und nicht mit einem Ersatzschaufler vorlieb nehmen mußte. Während der nächsten Tage und Wochen geisterte mein in Ungarn erlegter Schaufler Tag und Nacht in meinem Kopf herum. Die Verhandlungen mit der Mavad wegen Preisnachlaßes waren gescheitert, der geforderte Listenpreis war für mich zur Zeit unerschwinglich. Nun lagerte diese kapitale Trophäe, die damals mit 5,8 kg Geweihgewicht sicher zu den weltbesten Damhirschgeweihen zählte, wahrscheinlich in irgendeiner Aktenkammer des Forstamtes in Gyulaj und verstaubte. Das machte mich manchmal richtig krank. Ich zermarterte mir stundenlang mein Hirn, wie ich auf einigermaßen faire Weise in ihren Besitz gelangen konnte. Anfang Dezember wurde ich unversehens von dem Gedanken besessen, noch einen Angriff zu wagen und einfach an den Ministerpräsidenten Kadar, für den ja dieser Schaufler angeblich bestimmt war, persönlich zu schreiben. Tagelang ging ich mit diesem Gedanken schwanger, bis ich mein Vorhaben in die Tat umsetzte. Nach dem Motto „wer nicht wagt, der nicht gewinnt", schrieb ich also an Herrn Kadar persönlich, schilderte ihm die ganze Angelegenheit und mein Mißgeschick mit dem Schaufler und der überstürzten Abreise, war dabei aber stets bedacht, meinen Jagdführer nicht in die Pfanne zu hauen. Dann bot ich ihm die Bezahlung eines 4 Kilohirsches, so wie vereinbart, für die Überlassung meines erlegten Schauflers an. Es wurde ein recht langer Brief, der, das muß ich zugeben, etwas auf die weihnachtliche Stimmung zugeschnitten war. Trotzdem war meine Erwartung nicht sehr groß. Ich rechnete, wenn man eine Beantwortung meines Briefes überhaupt für nötig hielt, mit einer Ablehnung. Aber es kam ganz anders. Der Januar des nächsten Jahres war schon fast verstrichen und mein Hoffnungsbarometer bereits auf dem Nullpunkt angelangt, da erhielt ich einen Brief des Ministeriums für Landwirtschaft und Ernährung aus Budapest. Mit zitternden Händen riß ich den Umschlag auf und konnte nun schwarz auf weiß lesen: „Sehr geehrter Herr Gabriel! Ihren werten Brief an Herrn Jànos Kàdàr, erster Sekretär des Zentralkomitees der Ungarischen Sozialistischen Arbeiterpartei, beantwortend, möchte ich Ihnen höflichst mitteilen, daß wir die in Ihrem Brief erwähnte Sache überprüft und der Herr Minister eine für Sie günstige Entscheidung getroffen hat. Die effektive Erledigung der Sache betreffend, werden Sie in der nahen Zukunft einen Brief vom Ungarischen Genossenschaftsunternehmen für Jagd und Wildhandel erhalten. Ich möchte Sie darum bitten, gemäß den in diesem Brief angegebenen Anweisungen vorzugehen. Mit herzlichen Grüßen" – Unterschrift eines Hauptabteilungsleiters Ràcz. Zwei Tage später kam der angekündigte Brief, worin ich aufgefordert wurde den Preis von 3.400,— DM für einen 4 kg Damschaufler an die Ungarische Nationalbank in Budapest zu überweisen. Meine Freude wird man sich vorstellen können, zumal mir die Ungarn nicht mal den üblichen Goldmedaillenzuschlag bei dieser Geweihstärke draufgeknallt hatten. So schnell und so freudig habe ich noch nie eine Geldüberweisung vorgenommen. Um einer möglichen Verwechslung oder Manipulation vorzubeugen, war ich schon wenige Tage später mit Jagdfreund Klaus und unseren Ehefrauen mit dem Auto auf dem Weg nach Ungarn. Gegen Vorzeigen der Einzahlungsquittung wurde uns mein Schaufler ausgehändigt. Er hatte ein Schild umhängen auf welchem in ungarischer Sprache das Wort „krank" stand. Das habe ich schnell eingesteckt und mir später übersetzen lassen. Was man damit vertuschen oder manipulieren wollte, interessierte mich wenig, Hauptsache ich hatte meinen Schaufler. So nahm die Erlegung meines "Vierkiloschauflers" oder auch „Papierschauflers", wie immer er oft von meinen Freunden bezeichnet wurde, doch noch ein glückliches Ende.

Damit sollen meine Schilderungen von etwas ungewöhnlichen Jagderlebnissen aus dem schönen wildreichen Ungarn beendet sein. Wollte ich noch die normalen jagdlichen Begebenheiten, wie sie jeder von uns alltäglich erleben kann, beschreiben, würden sie ganze Bände füllen und dadurch in die tägliche Langeweile abgleiten.

In noch zwei weiteren europäischen Ländern war es mir vergönnt, zeitweilig die Jagd auszuüben. Das waren Jugoslawien und Bulgarien. Im ersteren Land schoß ich eine Gams und einen Muffelwidder. Beide Jagden verliefen normal und wahrscheinlich so, wie sie Hunderte von meinen Jagdgenossen selbst erlebt haben. Anders war die Jagd in Bulgarien. Über die absolute Verarschung ärgere ich mich noch heute und will diesen Reinfall deshalb niederschreiben, um damit vielleicht andere vor ähnlichen Pleiten bewahren zu können.

Ein befreundeter Jagdpächter, dem ich einen Vorstehhund ausgebildet hatte und der an diesem danach viel Spaß hatte, lud mich spontan zu einer Saujagd nach Bulgarien ein. Obwohl ich mit Sauen reichlich bedient war, reizte mich die Sache doch, und ich nahm die Einladung an. Angelockt durch die günstigen Angebote eines Münchner Jagdvermittlungsbüros in den Jagdzeitschriften, hatte sich mein Gastgeber nämlich zu einer einwöchigen Bulgarienreise auf Schwarzwild verleiten lassen. Daran wollte er nun auch mich teilnehmen lassen. Vorher geführte Telephongespräche mit den Herren vom Vermittlungsbüro, große Versicherungen von dort über enormes Schwarzwildvorkommen mit kapitalen Keilern in jahrelang geschonten, bulgarischen Revieren. Das alles erzählte er mir schon lange vor Reiseantritt. Oh Diana, verhülle dein Haupt ob solcher Phantastereien! Diese Jagdreise wurde zur großen Enttäuschung und sollte für manche Interessenten eine Abschreckung sein. War der Hinflug Frankfurt Varna von 36 erwartungsvollen Saujägern noch bei bester Stimmung verlaufen, so sah man auf dem Heimflug fast nur enttäuschte Gesichter, die dieses Betrugsarrangement erst einmal verdauen mußten.

Gejagt wurde in Gruppen zu je neun Jägern in den bulgarischen Staatsrevieren. Die einzelnen Treiben waren vorher genauestens festgelegt und vom Ministerium genehmigt, so wie es in kommunistischen Regimen üblich war. Bald gewann man den Eindruck, daß hierfür nur solche Treiben vorgesehen waren, in denen kein Schwarzwild vorkommen konnte. Am ersten Tag befand sich gleich eine Rotte Sauen im Treiben, und wir dachten, das würde nun so weitergehen. Nachher verdolmetschte mir ein Treiber, daß dieses Treiben gar nicht vorgesehen war und wir den einzigen Anblick von Sauen – wenn auch nur für zwei Jäger – nur einem Irrtum der örtlichen Jagdleitung zu verdanken hatten. Am zweiten Jagdtag lag eine wunderbare „Neue", wie sie sich jeder Saujäger nur erträumen kann. Man hätte eventuell vorhandenes Schwarzwild leicht einkreisen und bestätigen können – aber weit gefehlt. „Nix Spuren – muß gemacht werden Plan!" Das war die lapidare Antwort. Diese „Neue" am zweiten Jagdtag konnte die armselige Fauna der uns zugeteilten bulgarischen Wälder nicht mehr verdecken, hier lagen die Karten offen auf dem Tisch, hier gab es kein Mogeln. Meine Erfahrungen mit Schwarzwild und mein Gespür dafür sagten mir: Hier war nichts los, alles nur Bluff und Betrug. Die gesamte Jagdgesellschaft wurde sich schnell darin einig, gegen das vermittelnde Jagdbüro ein entsprechendes Verfahren einzuleiten, zumal diese Herren es nicht mal für nötig fanden, sich diese Reviere vor Anpreisung persönlich anzusehen, um sich von dem Vorhandensein von Schwarzwild zu überzeugen, trotzdem aber die tollsten Versprechungen machten. Man konnte es auch den bulgarischen Jägern nicht verübeln, daß sie uns deutsche Jäger nicht gern sahen. Sie wollten die wenigen, sporadisch vorkommenden Sauen lieber selbst schießen und hatten das sicher auch schon tüchtig besorgt. In persönlichen Gesprächen brachten sie das auch deutlich zum Ausdruck. Die Treiberwehr verhielt sich passiv. Meist standen sie alle weintrinkend zusammen und warteten das vorher bestimmte Ende eines jeden Treibens ab. Im wahrsten Sinne des Wortes kam man sich da doch etwas verarscht vor.

Zum Glück war das Hotel in Varna recht modern und gemütlich. Das versöhnte etwas. Die meisten hatten in den fünf Jagdtagen keine Schweineborste gesehen. Doch konnten wir unsere Enttäuschung und Ärger allabendlich mit dem wirklich guten bulgarischen Wein herunterspülen.

Alttier entwaffnet Jäger

Diese wahre Begebenheit klingt so unglaublich, daß Zweifel an meiner Glaubwürdigkeit aufkommen könnten. Da noch mindestens zwanzig lebende Zeugen alles hautnah mitbekommen haben, sollte diese jagdliche Kuriosität nicht in Vergessenheit geraten.

Zwanzig Jahre mögen es her sein, als unser, von uns allen geschätzter Kollege Günter noch kein Planstelleninhaber war und als sogenannter „Hilfsbremser" vertretungsweise von Forstamt zu Forstamt gereicht wurde. Da er schon damals gute Hunde führte, diese Kunst mehr und mehr vervollständigte, in der Schießkunst ebenfalls im oberen Drittel rangierte und noch rangiert, waren die Jagdeinladungen in näherer und weiterer Umgebung seines jeweiligen Standortes vorprogrammiert. Um seine Wachtelhunde richtig anzuleiten und auszubilden, scheute er keine Strapazen und drückte Seite an Seite mit diesen bürstendichte Dickungen durch. Sein Eifer wurde dementsprechend belohnt: Die Qualität seiner Hunde wurde immer besser, haben sie doch manches Stück Wild gemeinsam mit ihrem Herrn in solchen Treiben zur Strecke gebracht.

Bei einer solchen Jagd sollte es dann geschehen, daß Günter von einem Alttier regelrecht entwaffnet wurde. In einer dichtbegründeten Dickung versuchte er in halbgebückter Stellung zwischen zwei Pflanzreihen, so gut es ging, voranzukommen. Dabei hielt er sein Gewehr in der linken Hand und versuchte mit der rechten, die in Höhe des Gesichtes herabhängenden Äste zur Seite zu biegen. Das Gewehr, eine Repetierbüchse mit Flügelsicherung, war durchgeladen, der Sicherungsflügel zeigte senkrecht nach oben. Plötzlich vernahm er unmittelbar hinter sich ein lautes Krachen, er drehte sich gerade noch rechtzeitig um

und sah mit Entsetzen ein in voller Fahrt anstürmendes Alttier –
genau auf seinem Wechsel. Der Schnellste war Günter eigentlich
nicht, aber hier muß er doch schnell geschaltet haben. In allerletzter Sekunde gelang es ihm, mit einem Sprung zur Seite in die
nächste Pflanzreihe zu hechten. Nur so konnte er einen Zusammenstoß bzw. ein Überrennen durch das Alttier vermeiden. Das
Gewehr aber konnte Günter nicht mehr in Sicherheit bringen.
Bei seinem Seitensprung hatte er die es führende linke Hand
ausgestreckt gehalten, und es muß in dieser Zehntelsekunde in
waagerecht passender Höhenstellung mit herunterhängendem
Gewehrriemen für das vorbeischießende Alttier wie eine Schlinge gewirkt haben. Jedenfalls wurde es von diesem dem stürzen-
den Günter regelrecht aus der Hand gerissen. Zu seinem Entsetzen mußte er mit ansehen, wie das Tier mit seiner, um den Träger
baumelnden Büchse den abgestellten Schützen entgegenstürm-
te. Wirklich eine einmalige, höchst kuriose Situation.
Seine flüchtige Suche nach dem entwendeten Gewehr blieb zunächst erfolglos. Als wenig später ein Schuß an der Schützen-
front fiel, stürzte Günter gleich in die vermeintliche Schuß-
richtung. Beim Heraustreten aus der Dickung sah er einen Jäger
an einer Buche stehen. Zwischen den beiden entspann sich nun
folgender Dialog, den natürlich die beiden Beteiligten am besten
selbst erzählen könnten und sicher schon an die hundert Mal
wiederholen mußten. Zunächst rief Günter: „Kam hier ein Alttier vorbei?" Darauf der Jäger: „Ja, hier auf fünfzig Schritt von
meinem Stand, ich habe es beschossen, es müßte dort im Graben
liegen!" Nun wieder Günter: „Hatte das Stück ein Gewehr
umhängen?" Verdächtig lange Pause beim Erleger. „Ja, einen
Drilling mit separater Kugelspannung und ein Fernglas hatte es
auch noch umhängen!" Günter sah ein, daß er so nicht weiter
kam, ging auf den Schützen zu und erklärte ihm gestenreich sein
Mißgeschick, so daß dieser seine eben gefaßte Meinung über ihn
schnell revidierte. Nach dem Abblasen versuchte man gemeinsam, die Stelle zu finden, an der Günters Entwaffnung stattgefunden hatte. Das gelang auch an Hand der Eingriffe von
Mensch und Tier recht bald. Von dort aus begann dann die
systematische Suche nach Günters Gewehr. Kaum fünfzig
Schritt weiter fand man es. Länger hatte der Gewehrriemen der
ungewohnten Mißhandlung durch seine vorübergehende Träge-

rin nicht standgehalten, dann war er aus der Verankerung gerissen und mitsamt der Büchse im Bodengeäst gelandet. Weitere Beschädigungen am Gewehr konnten zunächst nicht festgestellt werden. Es fehlte jedoch das Schloß mitsamt einer Patrone. Bei der rasenden Flucht des Alttieres mußte ersteres durch die Halbsicherungsstellung rausgerissen worden sein, und die Auszieherkralle hatte dabei die im Lauf befindliche Patrone mit in die Botanik befördert. Aber auch das Schloß konnte am nächsten Tag nach intensiver Suche mit Hunden nicht weit vom Tatort gefunden werden, wohingegen die fehlende Patrone nicht mehr zum Vorschein kam.

Über die Begebenheit wurde in der hiesigen Umgebung viel gelacht, gezweifelt und manch lustige Variationen erzählt. Günter mußte immer wieder den genauen Hergang schildern, und da dieser von vielen Teilnehmern an dieser Jagd stets bestätigt wurde, konnten auch die letzten Zweifler von der Echtheit dieses Ereignisses überzeugt werden.

Es geht um die Wurst

Ein besonders lieber und netter Reviernachbar in meinem nordhessischen Dienstbezirk war ein waschechter Ostpreuße von
altem Schrot und Korn. Wie fast alle Ostpreußen war der gute
Arno ein treuer und aufrichtiger Mensch, auf den man sich
bedenkenlos verlassen konnte, wenn er einem erst einmal sein
Vertrauen geschenkt hatte. Wir trafen uns fast täglich zu einem
kleinen Plausch an der Reviergrenze. Er war zehn Jahre älter als
ich, aber in jagdlicher Hinsicht sehr verunsichert und wollte
keinen verkehrten Abschuß tätigen. Er ließ deshalb recht oft den
Finger gerade. So mußte ich in dieser Hinsicht doch manche
Hilfestellung leisten. Sein Obrigkeitsdenken war noch so fest in
ihm verankert, so daß ich große Mühe hatte, ihm das im Lauf der
Zeit auszutreiben. Von Kind an zur Beamtensparsamkeit erzo-
gen, grenzte diese im mittleren Alter schon sehr stark an Alters-
geiz, und er wurde oft von uns Kollegen wegen seiner Knause-
rigkeit gehänselt. Besonders betroffen von seiner übertriebenen
Sparsamkeit war natürlich seine Ehefrau, und es spielten sich
diesbezüglich oft wortreiche Machtkämpfe zwischen den beiden ab, die nicht immer auf den häuslichen Bereich beschränkt
blieben. Das Einkaufen von Lebensmitteln, das an sich eine
Aufgabe der Hausfrau sein sollte, hatte Arno persönlich in die
Hand genommen. Dabei muß er wohl festgestellt haben, daß der
Fleisch- und Wurstwarenerwerb ein beträchtliches Loch in die
Haushaltskasse riß. Aus diesem Grund wurde jedes Jahr ein
Ferkel angeschafft, das nebenbei für die Verwertung der Kü-
chenabfälle sorgte und im Winter sein junges Schweineleben in
Arnos Waschküche durch des Metzgers Hand aushauchte. Bei
jedem Schlachtefest mußte aber auch ein Stück Rotwild dran
glauben, denn dessen Wildbret in Vermischung mit dem fetten

Schweinefleisch, ergab eine vorzügliche Dauerwurst. Alljährlich, so drei Wochen zuvor, ging die Kunde von Arnos Schweineliquidierungstermin bei den Nachbarkollegen ein. Damit verbunden war gleichzeitig die fordernde Bitte, ihm bei der Erlegung eines ausgewählten Stückes behilflich zu sein. Hier stellte er sogar einige Bedingungen an uns. Zunächst sollte es ein Spießer sein, weil dabei das Wildbretgewicht ohne Haupt ermittelt wird und dadurch schon um einige Kilo billiger ist. Dann hatte er sogar noch Wünsche, die den Sitz des Schusses anbetrafen. Die Kugel sollte wegen der geringeren Wildbretzerstörung auf dem Träger oder Haupt sitzen, auf keinen Fall auf dem Blatt, wenn es nicht anders ging, dann wenigstens weit hinter diesem. Je näher jedoch der Termin des Schweineschlachtens rückte, umso weiter rückte er von seinen Bedingungen ab. Meist konnten wir ihm auch seine Wünsche erfüllen. In einem Jahr war es jedoch wie verhext. Wir saßen abends, wir saßen morgens an – nichts. Der Metzger war schon bestellt, die Därme gekauft, alle Vorbereitungen fürs Schlachten getroffen, doch drei Tage davor hatte Arno sein Wurstvermischungsobjekt immer noch nicht. Da machte ich ihm den Vorschlag, eine kleine Drückjagd in seinem Revier durchzuführen, so unter uns und mit noch einem Kollegen, der auch zwei gute Vorstehhunde hatte. Arno war sofort einverstanden. Irgendwelche Bedingungen über Quantität und Qualität des Stückes sowie Sitz der Kugel stellte er auch nicht mehr.
Schon am nächsten Morgen gingen wir drei los, Arno mit seinen beiden Dackeln, Kollege Hi. und ich mit je zwei Vorstehhunden. Wir verteilten uns auf einem mit Dickungen stark durchsetzten Revierteil, der sogenannten „Rippe". Jeder suchte sich einen günstigen Stand in der Nähe einiger Hauptwechsel. Arno stand in dem etwas hängigen Gelände hundert Schritt unterhalb von mir zwischen zwei Fichtendickungen. Kollege Hi. war etwa zweihundert Meter oberhalb. Arno hatte uns vorher nochmals beschworen, alles einigermaßen zu verantwortende Rotwild auf die Decke zu legen. Eine Beilage zur Dauerwurst mußte her, koste es, was es wolle. Nachdem wir unsere Hunde geschnallt hatten, dauerte es gar nicht lange, bis das Spektakel losging. Rehe, Hasen, auch eine einzelne Sau – alles wurde zunächst wild durcheinander gehetzt. Die Sau hätte ich prima schießen kön-

nen, aber wir hatten vorher vereinbart, nur auf Rotwild Dampf zu machen. So nach einer viertel Stunde vernahm ich Hetzlaut eines Vorstehhundes auf Arnos Stand zu. Dem Brechen nach mußte es Rotwild sein, und da knallte es auch schon auf seinem Stand. Doch der Schuß hatte so einen merkwürdigen Klang. Ich meinte, ein merkwürdiges Summen der Kugel vernommen zu haben, so als ob ein Querschläger durch die Luft gesaust wäre. Sekunden später, ein fürchterliches Gebrüll von Arno, unartikulierte Laute drangen zu mir. Er mußte in höchster Not sein. Ich spurtete so schnell es ging um die nächste Wegebiegung, den Hang hinunter, bis ich Arnos Stand einsehen konnte. Dort bot sich mir ein Bild, das ich mein ganzes Leben nicht vergessen werde und das einem Fernsehteam die höchsten Einschaltquoten beschert hätte. Arno kugelte mit einem Stück Rotwild – ich sah zunächst nur eine braune Masse – im Zeitlupentempo den Hang hinunter. Er hatte beide Hände um den Hals seiner Beute geschlungen, so ähnlich wie ein Jockei beim unverhofften Bokken seines Pferdes vor einem Hindernis. Einmal sah ich Arno obendrauf, dann wieder das Rotwild mit heller Bauchdecke und wild schlagenden Läufen. Hier war keine Zeit zu verlieren, obwohl ich mich an diesem Spektakel noch gern einige Minuten ergötzt hätte. Mit ein paar Sätzen war ich mitten im Geschehen. Arno hielt sein Jagdmesser in der Hand, aber anstelle der Klinge muß er wohl in der Aufregung die Säge aufgeklappt haben und versuchte, damit auf das Stück einzustechen. Sein Lodenmantel hing schon in Fetzen. Sein Dackel Lumpi, der nach seinem ersten Jagdausflug wie gewöhnlich um seinen Stand herumgeschwänzelt sein mußte, hatte ebenfalls in das Kampfgeschehen eingegriffen und sich in der Nähe des Rotwildwedels festgebissen. Dadurch rollierte er in harmonischem Gleichklang mit seinem Herrn talabwärts. Um das Drama vollends zu perfektionieren, kam nun auch noch einer meiner Vorstehhunde angeschossen und stürzte sich kompromißlos in das Kampfgetümmel. Zum Glück bekam er gleich einen kräftigen Schlag durch den Hinterlauf des Rotwildkalbes, als solches entpuppte es sich nun, flog jaulend vier Meter durch die Luft und konnte somit für die nächsten Sekunden nicht mehr mitmischen. Endlich gelang es mir, dem Kalb mit meinem Nicker den Todesstoß zu versetzen, wobei ich allerdings Arnos Lodenmantel mit durchbohren mußte, da dieser gerade das Blatt des Stückes abdeckte. Dadurch schoß fontänenartig ein Schweißstrahl aus der Einstichstelle und erwischte Arno voll im Gesicht, einschließlich seine forstliche Montur. Langsam ebbte das Kampfgeschehen ab. Das Kalb schlegelte nur noch schwach und verendete. Arno gab es endlich frei und erhob sich taumelnd. Er sah aus wie ein blutrünstiger Schlächter. Aber auch ich war über und über mit Schweiß bespritzt.

Noch schnaufend und nach Luft ringend erzählte mir nun der Erleger gestenreich den Tathergang. Danach hatte ihm ein Drahthaar lauthals drei oder vier Stück Rotwild in voller Fahrt auf zwanzig Schritt gebracht. Auf das dritte Stück wurde er erst fertig und auf seinen Schuß hin, brach es blitzartig zusammen. Aber nur für Sekunden, denn schon machte es wieder Anstalten, sich zu erheben. Arno sah seine Dauerwurstbeilage schwinden, stürzte auf das schlegelnde Stück zu, wollte im Laufen den aufgeklappten Drilling nachladen, stürzte dabei selbst über eine Wurzel, der Drilling entglitt ihm, er rappelte sich wieder hoch, wollte nun mit dem Nicker das Drama beenden. Aber zwischenzeitlich war auch schon das Kalb wankend auf die Läufe gekommen. Da blieb ihm nichts anderes übrig, als es hechtsprungartig anzuspringen und niederzureißen. Zu allem Unglück hatte er auch noch die Säge anstelle der Klinge geöffnet, so daß seine wilden Stiche auf das Kalb wirkungslos blieben. Sein Dackel Lumpi war von Anfang an an dem Geschehen beteiligt, was in diesem Fall allerdings mehr störend als nützlich war. Den Rest hatte ich ja live miterlebt. Das Stück hatte einen lupenreinen Krellschuß und wäre ohne Arnos persönlichen Kampfeinsatz niemals zur Strecke gekommen, ja es hätte sich um diese Jahreszeit voll ausgeheilt. Das Umpolen des Messers von Säge auf Schneide war ihm nicht möglich gewesen, weil er beide Hände zum Festklammern brauchte und nur auf unsere Hilfe hoffen konnte. Mit den schlegelnden Läufen zerfetzte das Kalb ihm den unteren Teil des Mantels, seine Hose und hätte bald seine an sich schon leicht verkümmerten Fortpflanzungsorgane in Mitleidenschaft gezogen. Man kann es sich kaum vorstellen, welche Kraft ein Tier im Todeskampf entwickelt. Dann kam Kollege Hi. hinzu, und wir alle drei haben erstmal kräftig gelacht. Er hatte das Drama akustisch von fern mit verfolgen können und war nun ebenfalls froh, daß Arno sein Stück Rotwild hatte und alles so glimpflich verlaufen war. Anschließend haben wir zwei Beteiligten uns in einem Wassergraben einer gründlichen Außenreinigung unterzogen, denn in dem augenblicklichen Zustand hätten wir unseren Frauen einen gehörigen Schrecken eingejagt.

Wochen später brachte Arno uns beiden Mitwirkenden bei der kleinen Privatjagd, zwei Schweine/Rotwilddauerwürste. Sie schmeckten ganz vorzüglich, denn in der Überwachung der Herstellung war er Meister.

Noch heute denke ich oft an diesen lieben und netten Nachbarkollegen, mit dem mich viele gemeinsame Jagderlebnisse verbinden und den nun schon lange Jahre der grüne Rasen deckt.

Gesöllmanns
gezinkte Nachsuche

Noch während meines Vorbereitungsdienstes mußte ich vertretungsweise eine Försterei in Nordhessen übernehmen, dessen Stelleninhaber aus einem nichtigen, ja aus heutiger Sicht gesehen lächerlichen Grund vom Dienst suspendiert wurde. Der Vorgänger des Kollegen hatte dazu beigetragen. Zu allem Unglück wohnte dieser mit Ehefrau auch noch im Forsthaus, da zu damaliger Zeit keine Wohnung zu bekommen war. Nun mußte man auch noch für mich ein kleines Zimmer freimachen. Die ersten Nächte verbrachte ich im Badezimmer in der zur Schlafstatt hergerichteten Badewanne. Zwischen dem pensionierten und dem suspendierten Kollegen herrschte ständig eine gespannte Atmosphäre, und es gelang mir trotz eifrigen Bemühens niemals, diese auch nur etwas zu entschärfen. Irgendwelche forstliche Hilfe oder Ratschläge hatte ich von keinem der beiden Kontrahenten zu erwarten. So mied ich dieses Spannungsfeld, so gut es ging und verbrachte die meiste Tageszeit und auch die Mondscheinnächte ausschließlich im Wald.

Es war die Zeit der Dachkorn-Ära, in der einige wenige Forstbeamte zur Schwarzwildbekämpfung mit alten deutschen Karabinern ausgerüstet wurden; ich war einer davon. Der pensionierte und damit ältere der beiden Kampfhähne war nach Ableistung einer zwölfjährigen Dienstzeit bei der ehemaligen deutschen Wehrmacht in die Forstlaufbahn gelangt. Man bezeichnete diese Beamten in der damaligen Zeit als sogenannte „Zwölfender". Schon sein Äußeres verriet den militärischen Geist, der ihm noch immer in den Knochen steckte. Stets lief er, auch noch nach seiner Pensionierung, in voller forstlicher Montur herum, Scheitel und gepflegten Schnauzbart nach Art des alten Kaisers Wilhelm getrimmt. Auf diese Art und Weise war Bornemann, so sein Name, ein menschliches, vor allen Dingen aber jagdliches und forstliches Original, das man heutzutage nur mitleidig belächeln würde. Bornemann führte einen hirschroten Hannoverschen Schweißhund, mit dem er sich den ganzen Tag über beschäftigte und der sein ganzer Stolz war. Für meinen Dackel Strolch zeigte er nicht die geringste Sympathie, winkte nur verachtend mit der Hand ab, wenn ich ihm von den bisherigen Leistungen meines Hundes erzählte. Für ihn zählte nur ein Schweißhund; und allen weit voran sein „Gesöllmann". Jeder Hundeführer wird mich verstehen, wenn mich das verdammt ärgerte, zumal Strolch ja schon wirklich Hervorragendes auf Nachsuchen und Jagden geleistet hatte. Als Strolch dann von einer Sau geschlagen wurde und für einige Tage dienstunfähig war, mußte ich erstmalig die Hilfe von Gesöllmann und seines Superführers in Anspruch nehmen. Mit einer stoischen Ruhe führte mich das Duo auf der spärlichen Schweißfährte nach etwa dreihundert Metern an die längst verendete Sau. Dieser hatte ich im Morgengrauen einen weniger guten Schuß im hinteren Drittel angetragen und hätte sie wahrscheinlich ohne Hilfe eines Hundes nicht gefunden. Noch zweimal mußte ich während des Krankenlagers meines Strolches auf die Nachsuchenhilfe von Gesöllmann und seines Führers zurückgreifen. Jedesmal zeigten beide eine ausgezeichnete Leistung und führten unbeirrt zum verendeten Stück. Zweifelsohne hätte das mein Dackel natürlich auch geschafft. Durch diese Erfolgsbestätigung wurde Bornemanns Überheblichkeit noch gesteigert, während seine Mißachtung gegen meinen Hund noch verachtendere Formen annahm. Innerlich kochte es in mir. Wie konnte ich diesen alten, aufgeblasenen Gockel bloß wieder auf den Teppich zurückholen? Die Gelegenheit hierzu kam schneller, als ich erwarten konnte. Sie folgte einer spontanen Eingebung an einem verendeten Überläufer nach einer kurzen Nachsuche mit meinem, inzwischen wieder genesenen Strolch. Dort kam mir der rachelüsternde Gedanke, diese schwache Sau ohne Hinterlassung einer weiteren Schweißfährte, an eine andere Stelle zu transportieren und Gesöllmann mitsamt seinem Führer in die Irre zu leiten. Der Schuß saß mitten auf dem Kasten und somit konnte man notfalls eine längere Nachsuche rechtfertigen, falls die beiden wider Erwarten doch an die Transportsau gelangen sollten.

Also holte ich mein in der Nähe abgestelltes Fahrrad, wickelte unter großer Mühe die Sau in eine stets mitgeführte Zeltplane und hob sie unter allerhand Anstrengungen auf die Lenk- und Mittelstange. Nachdem ich Ein- und besonders den Ausschuß wegen eventuellen Schweißaustrittes und damit Hinterlassung einer eventuellen Kunstschweißfährte mit Taschentuch und Moos abgedichtet hatte, schob ich die verschnürte und natürlich unaufgebrochene Sau auf dem Fahrrad aus der Dickung, über eine Schotterstraße und dann kreuz und quer durch einen Fichtenbestand, ehe ich nach vielen Widergängen in entgegengesetzter Richtung in einer kleinen Fichtendickung endete. Dort wurde die Sau kunstgerecht deponiert, so daß selbst ein Fachmann diesen Platz als Verendungsort akzeptieren mußte. Zur Sicherheit legte ich dann vom ersten Fundort der Sau an, noch eine weitere Verleitfährte in der ungefähren Fahrradspur, fabrizierte ein erneutes Wundbett und ließ dann die künstlich angelegte Schweißfährte langsam auslaufen. Nun ging es mit dem Fahrrad und Strolch im Rucksack zurück ins Forsthaus.

Bornemann, der ein ausgesprochener Frühaufsteher war, saß bereits geschniegelt und gebügelt wie ein preußischer Gardeoffizier mit qualmender Pfeife auf der Gartenbank. Gesöllmann lag wie gewöhnlich zu seinen Füßen. Bei meinem Erscheinen warfen beide ruckartig auf. Gesöllmann zog die Lefzen hoch und schien meine Berührung mit einer Sau sofort in seiner feinen Nase zu haben. Scheinbar mißmutig und niedergeschlagen berichtete ich nun Bornemann von meinem Mißgeschick mit einer angeschweißten Sau und, daß mein Strolch sie nicht gefunden hatte. Wieder kam seine mißbilligende und geringschätzige Handbewegung in Richtung meines Hundes. Sein Gesöllmann würde das schon machen. Hatten mich auf der Fahrt hierher noch einige Gewissensbisse wegen meines ausgeheckten Planes einem alten Hundeführer gegenüber geplagt, so wurden die letzten Skrupel durch diese abfällige Geste vollends zunichte gemacht. Nachdem ich ihm den ungefähren Anschußort beschrieben hatte, stapfte er mit Gesöllmann am aufgedockten Schweißriemen unverzüglich los, während ich in Ruhe mein spärliches Frühstück einnehmen und noch schnell einige dienstliche Angelegenheiten erledigen konnte. Nach über einer Stunde traf ich dann mit meinem Fahrrad und Strolch im Rucksack mit dem Schweißhundegespann an der verabredeten Stelle zusammen. Sofort mißbilligte Bornemann ziemlich herrisch das Vorhandensein meines Hundes. Der würde nur stören und ich hätte diesen Versager daheim lassen sollen. Erst als ich ihm versprach, Strolch abseits allen Geschehens angeleint abzulegen, beruhigte er sich. Nun konnte das geplante Drama seinen Lauf nehmen. Ich fieberte frohlockend meinem stillen Triumph entgegen. Zunächst machte Gesöllmann seine Sache auch ausgezeichnet. Sofort fand er den genauen Anschuß, zog zügig in die Dickung, verwies jedes spärliche Tröpfchen Schweiß, kam problemlos bis an den Originalverendungsort der Sau und nahm nach einigem verständnislosen Bewinden desselben, die von mir gelegte Verleitfährte an. Diese hielt er bis zum letzten Tröpfchen Schweiß, faselte etwas in der Umgebung herum, kam einmal verdächtig nahe an die Fahrradspur. Da rutschte mir schon fast das Herz in die Hose. Sollte ich einige Tröpfchen Schweiß unterwegs verloren haben oder war etwas an den Fahrradreifen oder sogar an meinen Gummistiefeln haften geblieben? Aber nein, das alles hatte ich peinlichst genau beachtet und sogar das Fahrrad in einem halbgefüllten Wassergraben entlang geschoben und dort auch meine Stiefel gereinigt. Nun schien Gesöllmann am Ende zu sein. Krebsrot im Gesicht, feuerte ihn sein Führer immer wieder an, griff zweimal bis zum Anschuß zurück, doch jedesmal war für beide am Ende der von mir gelegten Verleitfährte auch für sie die Suche zu Ende. „Na, was ist denn nun, Herr Bornemann, Schweiß ist doch da, und Gesöllmann kommt auch nicht weiter?" Keine Antwort. Zwei Stunden waren die beiden nun schon bei der Nachsuche, und da es ziemlich warm war, fürchtete ich schon, daß die unaufgebrochene Sau verhitzte. Dann war es für Bornemann genug. Er stampfte wütend mit seinem Stock auf den Boden, schnaufte wie ein Walroß, zerrte wild und ungestüm an Gesöllmanns Schweißriemen und teilte mir in seiner herrischen, keinen Widerspruch duldenden Art mit, daß die Sau nur einen Streifschuß hätte und von keinem anderen Hund der Welt gefunden werden könnte. Ziemlich abgekämpft setzte er sich dann auf einen alten Buchenstubben und stierte mißmutig vor sich hin. Meinen bescheidenen Ein-

wand, daß doch Lungenschweiß vorhanden wäre, fegte er mit
der mir schon bekannten mißbilligenden Handbewegung ein-
fach beiseite, so als wolle er sagen: „Was verstehst denn du
davon!" Nun sollte mein geplanter, großer Auftritt kommen.
„Herr Bornemann, jetzt will ich es nochmals mit meinem
Strolch in freier Suche probieren, vielleicht findet er die Sau
doch noch!" Er antwortete mir wieder nicht und spielte den
Beleidigten, wahrscheinlich weil ich es gewagt hatte, an seiner
Entscheidung Zweifel anzumelden. Trotzdem holte ich meinen
Hund, setzte ihn am Anschuß an und ließ ihm freien Lauf.
Langsam trottete ich hinterher und dirigierte ihn dabei unauffällig in Richtung der kleinen Dickung, in welcher wir die verendete Sau deponiert hatten. Es wäre aber gar nicht nötig gewesen,
hatten wir doch schon vor drei Stunden das Totverbellen an
diesem Stück vorsichtshalber geübt. So dauerte es keine zehn
Minuten als das glockenklare Verbellen meines Hundes erschallte. Obwohl Bornemann mehr als schwerhörig war, müssen diese
Laute doch in seine Ohrmuscheln gedrungen sein, denn er schoß
wie von der Tarantel gestochen von seiner Sitzgelegenheit hoch
und lauschte, wobei er seine Hände zum besseren Empfang an
seine Ohren legte. Schon brüllte er mir eine andere Deutung der
Angelegenheit entgegen. „Das ist nicht die kranke Sau, das muß
eine andere sein, die der Hund da stellt!" Was sollte ich da noch
groß sagen, er nahm uns beide nicht für voll und wollte immer
Recht behalten. Trotzdem ging er mit mir dem Standlaut des
Hundes entgegen, ob aus Neugierde oder zwecks Bestätigung
seiner Feststellung, konnte ich nicht ergründen. Und da sahen
wir Strolch in seiner unnachahmlichen Haltung mit den Vorderläufen auf der verendeten Sau stehend und dabei ununterbrochen Laut gebend. Das war zu viel für Bornemann. Nochmals
schoß eine Blutwelle in sein Gesicht, und ich hatte fast den
Eindruck, daß er kurz vor einem Schlaganfall stünde. Dann
stampfte er wieder zornig mit dem Stock auf, riß den unschuldi-
gen Gesöllmann brutal an der Halsung, machte eine Kehrtwendung und verschwand wutschnaubend in Richtung Heimat. In
diesem Augenblick taten mir Herr und Hund wirklich leid, und
ich konnte meinen Triumph und die Schadenfreude nicht richtig
auskosten. Ganz wohl war mir bei der ganzen Sache nicht mehr.
Da hatte ich diesen alten Mann angeschmiert und zwar ganz

hinterlistig, nur um mir selbst Genugtuung zu verschaffen. Verständnis für mein Handeln kann ich sicher nur bei einigen Hundeführern erwarten, wie ich einst einer war.

Von dieser Zeit an war Bornemann etwas zurückhaltender geworden, und unser Verhältnis besserte sich zusehens. Die abfälligen Bemerkungen über meinen Strolch stellte er bald gänzlich ein, und so holte ich ihn ab und zu mal mit seinem Gesöllmann zu einer angeblich schwierigen Nachsuche, die sicher mein Strolch auch geschafft hätte. Doch ich wollte ihm auf seine alten Tage, sozusagen als kleinen Ausgleich für meine hinterlistige Tat, noch einige jagdliche Erfolgserlebnisse bescheren.

Der Export/Importhirsch

Für den absoluten Wahrheitsgehalt der nachfolgenden Geschichte können leider nur noch zwei Menschen garantieren. Das ist einmal der Hauptbeteiligte daran, ich möchte ihm den Namen „Heinz" geben, und ich als sein Mitwisser und Vertrauter. Alle übrigen Personen, ob direkt oder indirekt betroffen, sind bereits in die ewigen Jagdgründe hinübergewechselt. Heinz, der inzwischen auch schon einige Jahre pensioniert ist, hat mir diese Veröffentlichung ausdrücklich gestattet, zumal die ganze Angelegenheit fast vier Jahrzehnte zurück liegt und disziplinarisch sowie juristisch alles längst verjährt ist.

Es war die Zeit, als die deutschen Jäger in Hessen wieder die Jagdhoheit übernehmen durften und mit dem Aufbau des zerfledderten Wildbestandes beginnen konnten. Zeitgleich bekam Heinz seine erste Planstelle in einem nordhessischen Forstamt übertragen. Der Rotwildbestand in diesem Revier bestand nur noch aus einigen Restrudeln oder Einzelstücken. Eine richtige Brunft fand nicht statt, das Kahlwild wurde mehr oder weniger von frühreifen Jappern beschlagen. Die ersten beiden Jahre seiner Tätigkeit bekam Heinz keinen älteren Hirsch in Anblick, auch seinen Nachbarkollegen erging es nicht anders. So kamen die für das gesamte Forstamt freigegebenen Hirsche der Klasse II B auch nicht zur Strecke. Nach der damaligen Regelung fielen alle kronenlosen Hirsche über acht und auch alle Kronenhirsche über zehn Jahre in diese Klasse, wenn sie das Geweihgewicht von vier Kilogramm nicht überschritten. Es machte mächtig Spaß, auf solch einen Hirsch zu jagen, wobei man allerdings schon ein guter Hirschkenner und in der Alters- und Geweihgewichtsschätzung besonders firm sein mußte. Heutzutage gibt es eine andere Regelung, die den verstärkten

Eingriff in die Jugendklasse vorschreibt und den Großteil dieser damaligen II-B-Hirsche richtig einzuordnen vergessen hat oder gänzlich unter Schonung stellt. Ob das vernünftig ist, möchte ich hier nicht beurteilen.

Heinz hatte einen Verwandten und väterlichen Freund, der zur gleichen Zeit ein herrliches Revier im Reinhardswaldgatter betreute. Dort hatten die Besatzungsmächte den Rotwildbestand zwar auch dezimiert, aber längst nicht so stark wie in der freien Wildbahn. Irgendwelche hohen Tiere der Amis sollen da aus Eigennutz ihre Hände darüber gehalten haben. Dort gab es also noch Hirsche, und da der väterliche Freund von Heinz in seinem Leben schon genug Hirsche geschossen hatte, überließ er diesem oftmals den ihm zugeteilten Abschuß. Obwohl die Entfernung von seinem Revier bis zum Reinhardswald so um die achtzig Kilometer betrug, war Heinz mindestens ein-, meistens sogar zweimal in der Woche zu einem Abend- und Morgenansitz dort und half auch dem schon etwas betagten Herrn beim Kahlwildabschuß und beim Abschuß der sich außerhalb des Gatters befindlichen Sauen. Dafür wurde er auch dann recht häufig mit einem jagdlichen Leckerbissen belohnt.

Wieder einmal saß er bei einem Abendansitz auf seinem Sitzstock in den Huteeichen gegenüber einem angehenden Fichtenstangenholz. Eigentlich galt dieser Ansitz einem noch flott treibenden Einstangenbock, der seinen alten Freund tags zuvor mehrere Male im Liebesrausch umkreist hatte. Leider war dieser unbewaffnet gewesen, und so kam der Bock mit heiler Haut davon. Heinz sollte diesen Kümmerling nun erlegen. Die Blattzeit des spärlichen Rehwildbestandes im Gatter hatte sich witterungsbedingt bis in die Augustmitte hinein verlagert. Aber von dem Liebespaar war den ganzen Abend nichts zu sehen. Kurz vor Ende des Büchsenlichtes trat ein Rudel Rotwild von acht mittelalten Hirschen aus dem Stangenholz, sicherte kurz und begann, unter den weit auseinander stehenden Huteeichen das spärliche Gras zu äsen. Von diesem Junggesellenklub war alles tabu, zumal die jüngeren Hirsche auch noch nicht gefegt hatten. Aber dann, kaum zehn Minuten später, erschien etwas abseits am Fichtenrand noch ein einzelner Hirsch – und was für einer! Ein Klotz von einem Körper, der die übrigen Hirsche des Rudels wie schmalbrüstige Jünglinge erscheinen ließ. Auf dem Haupt hatte er nicht allzuviel, linke Stange Achter, rechts noch ein kleines zusätzliches Ende in der Gabelung; also ein ungerader Kronenzehner, so knapp an der Gewichtsgrenze von vier Kilogramm Geweihgewicht. „Heiliger Hubertus", was hätte Heinz darum gegeben, wenn ihm so ein Methusalem in seinem Revier begegnet wäre. Blitzartig durchzuckte ihn da ein Gedanke, der, so tollkühn er ihm auch erschien, in Sekundenschnelle Besitz von jeder Faser seines Herzens ergriff und ihm augenblicklich eine Entscheidung abnötigte. Warum sollte es nicht möglich sein, diesen Hirsch, wenn nicht lebend, so doch in verendetem Zustand per Auto von hier in sein Revier zu exportieren? Wem schadete er damit? Beides waren Staatsreviere! Der innere Kampf war kurz; es siegten die Passion, der Reiz und der Leichtsinn.

Jetzt wendete der alte Recke, stand breit wie eine Scheibe. Heinz bildete sich damals ein, er müsse das Rasen seines Herzens auf diese achtzig Meter Entfernung vernommen haben, denn ruckartig warf er auf und äugte in seine Richtung. Jetzt oder nie! Wie von einer magischen Geisterhand geführt, backte er an, hielt etwas hinters Blatt und schon war die Kugel raus. Der Hirsch quittierte diese mit einer steilen Flucht nach vorn, stürmte seitlich in das angehende Stangenholz, großes Geprassel – dann Ruhe. Das Junggesellenrudel sauste noch kaum zehn Schritt an Heinz vorbei, dann trat eine unheimliche Stille ein. „Verdammt, was hast du da wieder angestellt!" murmelte der Schütze vor sich hin. Plötzlich bekam er ein flaues Gefühl in der Magengegend, sein Herz raste wie wahnsinnig, die Gedanken überschlugen sich. Hoffentlich war niemand in der Nähe, der die Erlegung mitbekommen hatte. Aber nein, dazu waren die jungen Hirsche zu vertraut. Trotzdem blieb er zunächst in Deckung, bis es richtig dunkel war. Erst dann schlich er zum Anschuß und spähte ins Stangenholz. Kaum zwanzig Schritt entfernt konnte er etwas Helles erkennen. Es war der Hirsch! Mit dem Feuerzeug leuchtete er ihn ab und hätte vor Freude in die Luft springen mögen; er war genau so, wie er ihn angesprochen hatte, ein ungerader Kronenzehner an der obersten Geweihgewichts grenze der Klasse II B, ein wirklich alter Hirsch von fast fünfzehn Jahren. Da er noch recht warm war, machte sich Heinz gleich an die rote Arbeit, sortierte den Aufbruch genau nach einem bereits in seinem Hirn gemachten Transportplan, schlug das Haupt ab und versuchte, möglichst wenig Spuren zu hinterlassen.

Im Forsthaus seines väterlichen Freundes angekommen, blieb ihm noch die schwierige Aufgabe, diesen von seinen Exportabsichten zu überzeugen, ja er mußte ihn ja sogar um die Mithilfe beim Verladen des gesamten Hirsches in seinen PKW bitten, denn allein würde er das unmöglich schaffen. Lange brauchte er nicht auf ihn einzureden, denn der alte Herr hatte für diese Jungenstreiche – wie er sie noch immer nannte – sehr viel Verständnis. Wenn es ihm in diesem Fall auch recht mulmig ums Herz war, so traf er gleich einige Verladungsvorbereitungen für die Hirschbergung, und gegen Mitternacht konnten die Zwei mit dem PKW von Heinz starten. Da es tagelang nicht geregnet hatte, war der Waldboden knochentrocken, und so konnten sie bis an den Verendungsort des Hirsches heran fahren. Trotzdem war es eine verdammte Quälerei, den starken Hirschkörper in den Kofferraum eines Mittelklassewagens zu heben. Nur dank der vorsorglich mitgebrachten Bretter schafften sie es. Da der Wildkörper noch warm und gelenkig war, ließ sich sogar der Kofferdeckel schließen. Geräusch und Gescheide wurden getrennt voneinander in Plastiksäcke gepackt und im Fußteil des rechten Vordersitzes verstaut. Das abgeschlagene Haupt kam auf den Hintersitz, sauber eingewickelt in Plastikfolie und überdeckt mit einigen Decken, so daß es als solches nicht mehr zu erkennen war. Der alte Herr übernahm auf der Rückfahrt durch die Huteeichen die Lotsenfunktion, ging mit der Taschenlampe voraus und erkundete die beste Fahrmöglichkeit. Sie schafften es jedenfalls, ohne große Schwierigkeiten die nächste Schotterstraße zu erreichen. Dort verabschiedeten sich die beiden voneinander. Der alte Herr ging zu Fuß in sein Forsthaus zurück, Heinz machte sich auf die Fahrt in sein achtzig Kilometer entferntes Revier. Unterwegs gab es ab und zu einige kleine Probleme mit den Scheinwerfern. Diese zeigten durch die Last im Kofferraum nun natürlich zu weit gen Himmel, und die entgegenkommenden Autofahrer dachten, Heinz hätte nicht abgeblendet und blendeten ihrerseits wieder auf. Aber auch dies konnte er unbeschadet überstehen und erreichte so knapp vor Morgengrauen seinen Dienstbezirk. An einer günstigen Stelle begann das Ausladen des nunmehrigen Importhirsches, und er mußte eine ungeheure Kraft entwickeln, um das allein zu schaffen. Neben dem enthaupteten Hirschkörper ließ er noch das ganze Gescheide, den Schweiß und die Lunge zurück und richtete damit einen untadeligen Erlegungsort her. Das Geweih, Leber sowie Herz nahm er gleich mit in sein Forsthaus. Das war's dann wohl! Das Wildbret ließ er Stunden später vom Wildhändler abholen. Kaum einer interessierte sich für den Erlegungsort. Heinz hätte sich das ganze Brimborium mit dem Ausladen in seinem Revier sparen können. Das pflichtgemäße Vorzeigen des Hauptes auf dem Forstamt war eine weitere Routinesache. Der damals schon recht betagte Forstamtsleiter hatte von Rotwild sowieso wenig Ahnung und nahm an seiner Freude über die Erlegung solch eines alten und guten Hirsches in seinem Revier regen Anteil. Nicht der Hauch eines Zweifels ist jemals aufgekommen, daß dieser Hirsch nicht in dem angegebenen Revier geschossen, sondern als Exportware per Auto in dieses eingeführt wurde.

Das Kurioseste an dieser Geschichte kommt aber noch. Nachdem einige Kollegen, angrenzende Jagdpächter und sonstige jagdlich angehauchte Personen den Hirsch besichtigt hatten, wollten ihn sehr viele persönlich kennen und schon oft gesehen haben. Einige Klugscheißer schworen Stein und Bein, ihn noch zwei Tage vor der Erlegung gesehen zu haben, ja einer hatte ihn sogar schon anvisiert und nur das plötzliche Umschlagen des Windes oder sonst ein unglücklicher Umstand hatte die sichere Erlegung verhindert. Schmunzelnd hörte Heinz diesem Geschwätz zu, und ihm wurde bald klar, was er in Zukunft von einigen der Redner halten konnte.

Der Leibriemenbock

Viele Menschen haben es so an sich, die Erzählungen von Jägern rigoros als Jägerlatein abzuqualifizieren. Deshalb sollte man diesbezüglich stets mit beweisbaren Fakten aufwarten können. Auch meine nächste Geschichte stützt sich auf übereinstimmende Aussagen der fünf daran Beteiligten, und es gibt nicht den geringsten Grund, Zweifel an deren unverfälschten Echtheit aufkommen zu lassen.

In meinem Dienstbezirk hatte ich ständig zwischen zwei und vier Auszubildende für den Forstwirtberuf zu betreuen. Da ich selbst vier Kinder großgezogen habe und dabei manch vorgefaßte Erziehungsmethode revidieren mußte, konnte ich auch diesen jungen Menschen viel Verständnis entgegenbringen. Die meisten von ihnen waren von Kind an schon der Jagd gegenüber sehr aufgeschlossen, und da fiel es nicht schwer, sie in theoretischer und praktischer Ausbildung noch weiter zu motivieren. Für eine Treibjagd, bei der sie zu Ausbildungszwecken als Treiber fungieren sollten, schwänzten sie manchmal, trotz meiner und ihres Forstwirtschaftsmeisters Mißbilligung, die Berufsschule. Einige von ihnen haben später den Jagdschein erworben und konnten seitdem in den staatlichen Revieren mitjagen. Einmal hatte ich gleich vier solcher Jagdexperten, die einen besonderen Eifer entwickelten. Mitte Juni hatte ich sie beauftragt, die verdämmenden Birken aus einer über zwei Meter hohen Douglasienkultur mittels Kniep und Heppe herauszuhauen. Die Kultur hatte eine Größe von ungefähr zwei Hektar und war mit Maschendraht eingezäunt. Da sie in diese Tätigkeit schon mehrmals eingeführt waren, erübrigte sich eine genaue Einweisung und Beaufsichtigung durch den zuständigen Lehrmeister. Nachdem sie fast ein Drittel der Fläche freigeschnitten hatten, wurde plötzlich ein laufkranker Rehbock vor ihnen hoch und rannte gegen das Drahtgatter. Unwillkürlich erwachte in allen Vieren gleichzeitig der angewölfte und geförderte Jagd- und Beutetrieb. Dieses Tier war krank, das durften sie nicht entkommen lassen! Nachdem sie das Eingangstor, dessen Schließung sie nach Betreten der Kulturfläche für überflüssig gehalten hatten, nun schnell verschlossen, konnte die Rehbockjagd beginnen. Ausgeschwärmt, versuchten die Vier, den Laufkranken in eine Ecke zu treiben, um seiner habhaft zu werden. Das gelang ihnen jedoch nicht. Immer wieder entwischte der Gejagte und nahm Zuflucht in dem dichteren, noch nicht freigeschnittenen Teil der Kulturfläche. Schon wollten sie aufgeben und auf mich und meinen ständig mitgeführten Deutsch-Drahthaar warten, auch glaubte man, der Bock wäre nun doch durch ein Loch im Drahtzaun entwischt, da entdeckte ihn einer in der Tellermulde eines aufgeklappten Fichtenwindwurfstubbens. Dort lag er, niedergedrückt wie ein Hase in der Sasse, um vor jeder Entdeckung sicher zu sein. Aber hier saß er wie in einer Falle und hatte nicht die geringste Chance, seinen Häschern zu entkommen. Todesmutig stürzten sich zwei von ihnen fast gleichzeitig auf ihn und trotz anfänglicher starker Gegenwehr, war sein Schicksal besiegelt. Geduldig wartete nun der Gefangene nach kurzem Aufklagen auf seine Hinrichtung. Nun war es mit dem Mut unserer vier Helden allerdings auch vorbei. Nicht, daß es ihnen am richtigen Werkzeug zum Töten des Bockes gefehlt hätte, nein, sie zweifelten plötzlich an der Richtigkeit ihres Handelns und fürchteten außerdem ein mächtiges Donnerwetter von mir. Nach kurzer Beratung kam man zu dem Entschluß, den Bock zunächst mal an seinem jetzigen Ort zu belassen und Rat und Hilfe einzuholen. In Ermanglung einer Leine oder eines Strikkes, löste einer seinen Leibriemen von der Hose, band ihn dem Opfer um den Träger und befestigte das andere Ende an einer Wurzel. Der Bock machte keine Anstalten zur Flucht und blieb wie ein angeleinter Hund ruhig liegen, auch als sich die siegreichen Vier langsam von ihm entfernten. Unverzüglich schwang sich einer auf sein Moped, um mir die freudige Kunde über den Bockfang zu überbringen. Leider war ich nicht anwesend und auch in den nächsten Stunden nicht erreichbar. Da blieb dem

Überbringer nur noch der Weg zum Forstamt, um dort Rat und Hilfe zu holen. Hier traf er einen jungen, jagdberechtigten Forstbeamten an, der allerdings noch nie in seinem Leben einen Rehbock geschossen hatte. Dies sollte nun sein erster werden, allerdings auf eine andere Art, als er es sich erträumt hatte. Bei seinem Eintreffen auf der Kultur lag der Bock angeleint und ruhig da, machte nicht die geringsten Fluchtversuche. Als er sich von dessen Laufverletzung überzeugt hatte, wurde ihm klar, daß er nun zur Tat schreiten und die arme Kreatur erlösen mußte. Die vier Auszubildenden standen um ihn herum und harrten der Dinge, die da kommen sollten. Das Einfachste und wohl auch Natürlichste wäre es gewesen, den Bock einfach abzunicken. Aber auch das hatte der junge Kollege noch nie gemacht und kannte sich nur theoretisch in dieser Sache aus. Außerdem wollte er sich vor den jagdinteressierten Zuschauern keine Blöße geben. So blieb nur der Fangschuß auf den sitzenden, angeleinten Bock. Dies jedoch widerstrebte ihm noch mehr, wenn er nur an die hämischen, spöttelnden Bemerkungen der anderen Jäger und Kollegen dachte. Also fand er eine andere Lösung und ordnete an, den Bock unverzüglich loszubinden und zur Flucht zu veranlassen. Wenigstens wollte er sagen können, seinen ersten Bock in voller Flucht erlegt zu haben. Sofort war einer der Jungen bereit dazu und nestelte an der Befestigung des Leibriemens. Das war dem Angeleinten dann doch zu viel. Als der Helfer den Riemen kaum von der Wurzel gelöst hatte und ihm nun die Schlinge um den Hals lösen wollte, war er mit einem Ruck auf seinen drei Läufen, um mitsamt des herunterbaumelnden Leibriemens die Flucht zu ergreifen. „Mein Gürtel, mein Gürtel – mach ihm den Gürtel ab!" schrie der Eigentümer des Leibriemens und sah entsetzt sein Besitztum schwinden. Zum Glück flüchtete der laufkranke Bock in den bereits freigeschnittenen Teil der Kulturfläche. Dort kam er am Gatter entlanggehumpelt und suchte verzweifelt ein Loch darin, um zu entschlüpfen. Doch der Jungförster war inzwischen vorgespurtet und erlegte ihn vorschriftsmäßig und sogar – wie geplant – halbflüchtig. Der Leibriemen war noch dran, hatte die ganze Prozedur unbeschadet überstanden und konnte von seinem Besitzer wieder umgeschnallt werden. Die Laufverletzung des Bockes war nach näherer Besichtigung schwerwiegender als zunächst angenommen. An den Wundstellen hatten sich schon einige Maden eingenistet und hätten zu einem qualvollen Tod geführt.

So konnte sich der junge Kollege sein erstes Gehörn an die Wand hängen, und meine vier Auszubildenden hatten ihr erstes jagdliches Erfolgserlebnis.

Der Hundefresser

Das nachfolgend geschilderte kuriose Erlebnis, das inzwischen weit über vierzig Jahre zurück liegt, hat mit Jagd eigentlich wenig zu tun. Aber es scheint mir so originell und einmalig und kann auch Zeugnis ablegen über die damalige wirtschaftliche Not unter der deutschen Bevölkerung, daß ich mich entschloß, es einfach niederzuschreiben. Vielleicht tut es manch prall genährtem Wohlstandsbürger gut, auch einmal an die mageren Nachkriegsjahre erinnert zu werden.

Als außerplanmäßiger Beamter mußte ich oft vertretungsweise in verschiedenen Forstbezirken einspringen und deshalb häufig meinen Standort wechseln. Fast immer hatte ich Glück und landete in Revieren mit reichlichem Wildbesatz, besonders an Rot- und Schwarzwild. So blicke ich heute noch gern an die wunderschönen jagdlichen Erlebnisse im Forstamt Karlshafen zurück. Frei und ungebunden ließ ich keinen Abend- und Morgenansitz aus, so daß meine Schwarzwildstrecke schnell größer wurde. Bei solch einem Morgenansitz vernahm ich bei absoluter Waldesstille das anhaltende Hetzen eines Hundes in einer etwa zwei Kilometer entfernten Buchendickung. Da gab es natürlich kein Halten mehr, runter vom Hochsitz und im Dauerlauf dem Hetzlaut entgegen gestürmt. Die Buchendickung, in der die Hatz stattfand, erwies sich als recht groß und war mit wenig Wegen oder Schneisen durchzogen, so daß ich durch das ständige Hin- und Herspringen darin bald mächtig ins Schwitzen kam. Endlich hatte ich wohl die richtige Position bezogen. Der Laut kam auf mich zu, drehte aber wieder ab. Auf mäßige Schußentfernung flüchtete ein schwaches Stück Rotwild über die tiefbeastete Schneise, unmittelbar dahinter, es mögen keine

zwanzig Schritt gewesen sein, erschien ein großer Hund. Strom-
linienförmig schoß er über die Schneise, hinter dem Kalb her. An
Schießen war nicht zu denken, dafür war er wirklich zu schnell
und die Entfernung zu groß. Aber dieser Hund gab ja keinen
Laut von sich, der Laut kam aus dem eben durchhetzten
Dickungsteil. Dieser Hund jagte also stumm. Da mußte gleich
noch einer kommen. Und tatsächlich verging keine halbe Minute, da hörte ich ihn wieder Laut geben, und dann kam über die
Schneise ein Mischlingshund geflitzt, wesentlich kleiner als sein
Kumpane. Mit tiefer Nase verschwand auch er lautgebend in der
Fluchtrichtung des gehetzten Rotwildes. Also waren, wie vermutet, zwei Hunde am Werk. Kurz und gut, es dauerte mindestens noch eine halbe Stunde, bis ich mich durch ständiges Vor-
und Zurückspringen der angedeuteten Hetzrichtung entsprechend, wieder in eine günstige Warte- und Schußposition bringen konnte. Dann kam das Rotwildkalb, völlig abgehetzt, mit
heraushängendem Lecker und weit aufgerissenen Lichtern auf
dreißig Schritt an mir vorbeigeflüchtet. Nun packte mich doch
der Zorn, und mit voller Konzentration erwartete ich im Halbanschlag den stummen Verfolger. Wie ein Pfeil kam er angeschossen, raste blindlings ins Verderben und rollierte aufjaulend.
Die wohlpräparierte Infantriepatrone hatte wieder ganze Arbeit
geleistet. Obwohl der Schuß an sich kein großes Kunststück
war, fühlte ich doch eine unheimliche innere Befriedigung über
den Tod dieser Reviergeisel. Doch was war das? Der Jagd-
kumpan des erlegten Schäferhundbastards schien den Schuß gar
nicht mitbekommen zu haben. Er hetzte lautgebend weiter auf
der Spur und Fährte von Jäger und Gejagtem. Als er auf die
Schneise herausgestürmt kam und seinen Jagdgefährten so auf
zwei bis drei Meter vor sich liegen sah, machte er eine Vollbremsung, seine Nackenhaare sträubten sich, und er wollte sofort
zurück in die Dickung. Doch da hatte ich ihn schon erwischt,
also lag er gleich daneben. Diese verdammten Köter hatte ich
schon oft Hetzen gehört und dieses Gespann hatte schon viel
Unheil angerichtet. Dadurch war in diesem Revierteil das Wild
sehr unruhig und trat besonders spät aus. Ich war richtig froh,
daß ich alle beide erwischt hatte und nun wieder Ruhe eintreten
konnte. Da es inzwischen schon fast sieben Uhr morgens war
und ich an diesem Tag einige dringende forstliche Tätigkeiten

ausführen mußte, blieb mir zum Beseitigen der Hundekadaver keine Zeit. So zog ich beide etwa zehn Meter in die Dickung und deckte sie notdürftig mit Laub ab. Auf der Schneise markierte ich die Stelle durch Anbringen eines Schalmes an einer Buche mit dem Jagdmesser, damit ich sie jederzeit wiederfand, denn schließlich mußten sie ja vergraben werden.

Im Laufe des Vormittags suchte ich dann die Waldarbeiter des Bezirks auf und gab einem gewissen Hauser, dessen Heimweg in der Nähe des Erlegungsortes der Hunde vorbeiführte den Auftrag, diese an Ort und Stelle zu vergraben. Soweit, so gut. Die Nachfrage bei Hauser, ob er alles wunschgemäß ausgeführt hätte, ergab sich für mich nicht, denn Hauser galt als äußerst zuverlässiger Waldarbeiter.

Nach etwa 10 Tagen, ich hatte die Sache mit den Hunden durch ständig neue Jagderlebnisse schon fast vergessen, pirschte ich abends wieder einmal in diesem Revierteil. Dabei näherte ich mich ohne besondere Absicht auf leisen Sohlen dem „Hundeliquidierungsort". Wenige Meter davor ließen undefinierbare Laute aus der Dickung meine damals noch sehr intakten Lauscher in äußerste „Habachtstellung" bringen. Da war ein Fauchen, Keckern, Zerren und was sonst noch alles zu hören. Genau da mußten doch die beiden wildernden Hunde begraben sein! Langsam und bedächtig schob ich mich in die Dickung und stand nach wenigen Metern vor des Rätsels Lösung. Da balgte sich ein ganzes Geheck von Jungfüchsen um die Überreste der scheinbar ausgebuddelten Hundekadaver. Dabei ging es lustig und recht streitbar zu, denn die sechs bis acht, fast vollständig ausgewachsenen Rotröcke zogen jeweils an verschiedenen Enden der Beute. Die Fähe sah ich nicht. Auch die genaue Zahl der Leichenfledderer konnte ich in diesem Durcheinander nicht feststellen. Mindestens fünf Minuten sah ich diesem amüsanten Schauspiel zu, bis einer dieser Gesellen mir fast über die Fußspitze sprang und nach gehörigem Schreck, unter lautem Keckern die ganze Korona hochflüchtig ins Dickungsinnere mitriß. Meine Zweifel, Hauser hätte meine Anordnung zum Vergraben der Hunde vergessen, bestätigten sich nicht. Als ich näher an den Tummelplatz der Füchse heran trat, sah ich, daß die Kadaver mindestens einen halben Meter unter der Erde gelegen haben mußten, bevor sie von den Jungfüchsen ausgebuddelt worden waren. Irgendetwas fiel mir an dem Schäferhundbastard jedoch sofort auf; ihm fehlten beide Keulen, ein Blatt und, so wie es aussah, auch noch ein Stück vom Rücken. Donnerwetter – die Ausbuddelei sah doch noch ganz frisch aus, sollten die Füchse schon so viel verputzt haben? Was aber besonders auffällig war, die Keulen waren so schön sauber ausgeschält, an der Decke waren keine seitlichen Einrisse, sie sahen wie abgezogen aus. Dies ließ sich trotz der Verschmierung mit Erde noch feststellen. Vom kleineren Hund war noch nicht alles freigebuddelt, so daß ich genauere Feststellungen nicht treffen konnte. Was sollte ich mir da große Gedanken machen? In ein paar Tagen würden die Jungfüchse mit Sicherheit alles beseitigt haben. Also setzte ich meine Pirsch fort, nicht ahnend, daß ich meine hier gemachten Beobachtungen schon bald ins Gedächtnis zurückrufen würde.

Wieder waren über sechs Wochen verstrichen, als ich eines Vormittags bei den Waldarbeitern, inmitten einer großen Kulturfläche, stand. Diese sollten dort einige, die gepflanzten Fichten verdämmende Birkenvorwüchse aushauen. In der Frühstückspause saßen wir zusammen auf einem umgestürzten Buchenstamm, als alle gleichzeitig das wütende Hetzen eines Hundes vernahmen. „Zum Teufel nochmal", dachte ich bei mir, „hört denn das Wildhetzen durch die Hunde der anliegenden Ortschaften überhaupt nicht auf?" Obwohl ich schon einige davon in die ewigen Jagdgründe befördert und sich dies rumgesprochen hatte, hielten sich die Landwirte nicht an meine Anordnungen. Sie nahmen ihren Bello mit aufs Feld und ließen ihn dann unbeaufsichtigt seine Privatjagden ausführen. Anschließend war das Geschrei groß, wenn er von solch einem „Feindflug" nicht mehr zurückkehrte. Die Hatz kam immer näher, und schon sahen wir ein abgehetztes Stück Rehwild über die Fläche flüchten, seitlich in unsere Richtung. Sichtlaut hinterher ein Hund mittlerer Größe von undefinierbarer Rasse. Was gab es da viel zu überlegen? Da sieben wackere Waldarbeiter um mich herumstanden und alles live miterleben konnten, wollte ich es ganz besonders gut und spannend machen. Deshalb zielte ich auch wohl zu sorgfältig und, ganz entgegen meiner sonstigen Gewohnheit, zu lange. Die Kugel erwischte den hetzenden Kö-

240

ter nicht auf dem Blatt, sondern auf der Keule. Schlagartig rutschte er zwar jaulend zusammen, kam aber gleich wieder hoch und versuchte sich in die getroffene Stelle zu beißen. Dadurch rotierte er für die nächsten Sekunden wie ein Kreisel, ich donnerte ihn mit dem zweiten Schuß auf diese kaum vierzig Schritt glatt vorbei. Erst der dritte Schuß beendete sein Wildererleben. Ein Jäger darf bei einem schlechten oder gar Fehlschuß um eine gute Ausrede nie verlegen sein. Ich war es jedenfalls niemals, wurde jedoch im Laufe meines Jägerlebens von vielen Weidmännern häufig um Vielfaches übertroffen. Auch diesmal waren meine Erklärungen wegen der drei abgegebenen Schüsse für alle Beteiligten einleuchtend und als ich ihnen am toten Hund meinen Fehlschuß anhand der undefinierbaren Ein- und Ausschüsse als ausgezeichneten Treffer suggerieren konnte, war ich voll rehabilitiert. Der Wilderer sah recht ruppig aus, so als hätte er schon einige Tage im Wald verbracht. Ein ramponiertes Lederhalsband mit zwei daran hängenden Gliedern einer Kette ließen die Schlußfolgerung zu, daß es sich um einen Hofhund handeln mußte, der sich selbständig von seinen Fesseln befreit hatte, um seinem angewölften Jagdtrieb zu frönen. Ohne lange Aufforderung meldete sich Hauser freiwillig zur Beseitigung des Kadavers. Die zweideutigen Bemerkungen seiner Rottenkameraden habe ich wohl damals nicht richtig gescheckt, sonst wäre meine Erleuchtung sicher schon eher erfolgt.

Am nächsten Morgen fehlte Hauser an seinem Arbeitsplatz, ebenso am darauffolgenden Tag. Aha, dachte ich, Hauser ist wieder auf einem Sauftrip. Er war nämlich das, was man im Volksmund einen Quartalssäufer nennt. Alle sechs bis acht Wochen wurde er von diesem Laster heimgesucht, da half nichts. Hauser blieb dann zwei bis drei Tage der Arbeit fern und ließ dafür seinen Urlaub eintragen. Danach erschien er wieder stillschweigend, etwas verkatert und abgekommen an seiner Arbeitsstelle. Eigentlich hätten wir ihn daraufhin schon längst entlassen können, aber da er sonst ein äußerst zuverlässiger Arbeiter von ungeheurer Vielseitigkeit war, wurde immer ein Auge zugedrückt und das Laster in Kauf genommen. Bei den ersten diesbezüglichen Differenzen mit ihm hatte ich so etwas wie Ursachenforschung betrieben und mich mit seiner Schwester, bei der er mit im Haushalt lebte, unterhalten. Aufgewühlt erzählte sie mir, daß ihr Bruder und sie im Jahre 1945 aus einem Versteck heraus mit ansehen mußten, wie tschechische Soldateska zusammen mit ihren jahrzehntelangen tschechischen Nachbarn, beide Eltern auf dem Hof ihres Bauernhauses bestialisch zu Tode geprügelt und anschließend auf dem Hauklotz mit der Axt buchstäblich enthauptet hatten. Von diesem Augenblick an war in ihrem halbwüchsigen Bruder eine unheimliche Veränderung vor sich gegangen. Die ersten Wochen danach soll er überhaupt kaum Nahrung zu sich genommen und nicht gesprochen haben, zudem wurde er ständig von Weinkrämpfen heimgesucht. Dabei magerte er bis zum Skelett ab, und seine Schwester mußte um seinen Verstand bangen. Als dann der übrig gebliebene Rest der deutschen Dorfbewohner über die Grenze nach Deutschland gejagt wurde, blieben die Geschwister zusammen, und sie kümmerte sich um ihren verstörten Bruder. Einige Jahre später heiratete sie, und er wurde ebenfalls im Haushalt mit integriert. Seit dieser Offenbarung wuchs in mir mehr Verständnis für Hausers Eskapaden, hatte ich doch in meiner oberschlesischen Heimat bestialischen Morde selbst hautnah miterlebt.

Als Hauser auch am dritten Tag nicht zur Arbeit erschien, machte ich mich auf die Suche nach ihm. In etwa kannte ich die Stellen, wo er sich während seiner Sauftour aufhielt. Einmal war es eine baufällige Kamphütte, dann ein halbverfallener Viehschuppen oder aber auch ein überdachter Erdsitz des Jagdnachbarn am Feldrand. Vorher oder gleichzeitig schaffte er rucksackweise die nötigen Spirituosen im Form von Bier und billigem Korn dorthin. Anhand von abgenagten Knochen in der Umgebung seiner jeweiligen Lagerstätte konnte man annehmen, daß er sich auch dementsprechend mit Fleisch versorgt haben mußte. Diesmal fand ich ihn nicht so schnell, denn er hatte seine Stammquartiere gewechselt und sich in eine Wildfutterraufe eingeschoben. Nur eine kleine aufsteigende Rauchwolke in dessen Nähe verriet seine Anwesenheit. Hauser lag auf dem von der Winterfütterung verbliebenem Rest Heu, bedeckt mit einer alten Wehrmachtsdecke und schlief fest. Wahrscheinlich hatte er kurz vor meinem Erscheinen sein Frühstück eingenommen und sich mit Alkohol vollgepumpt. In diesem Zustand schien ein

Wiederbelebungsversuch zwecklos. Das kleine Feuer war vorschriftsmäßig abgesichert, der Boden rundherum verwundet, ein halbgefüllter Kanister mit Wasser stand daneben. Wie schon erwähnt, Hauser war sehr gewissenhaft und so hatte er auch für den Fall eines Übergreifen des Feuers die nötige Vorsorge getroffen. Der Rucksack in der Nähe war prall gefüllt – allerdings mit leeren Bierflaschen – während acht volle Flaschen davon, leicht mit Erde bedeckt, daneben lagen. Auch zwei Flaschen von dem billigsten Fusel der Marke Nordhäuser, der damals gängig war, steckten in der Erde. Eine davon war allerdings dreiviertel geleert, die andere nur noch halbvoll. Also war die Sauferei noch nicht beendet, denn volle Bierflaschen würde Hauser mit Sicherheit nicht heimtragen. Ein halber Laib Brot, nur leicht eingepackt, war auch noch vorhanden. In diesem tummelten sich allerdings schon die Ameisen und sonstiges Bodengetier. Das war jedoch nicht alles. Als ich mir den schlafenden Saufbruder in der Futterkrippe so betrachtete, sah ich über ihm – unter dem Dach – an zwei Nägeln einige Fleischportionen hängen. Zunächst stutzte ich, mußte ich doch annehmen, daß es sich um Wildbret handelte. Doch dann durchzuckte es mich wie ein Blitz aus heiterem Himmel. An dem gänzlich vorhandenem Vorderblatt war noch die Pfote eines Hundes – nein, nicht irgendeines Hundes, sondern die, dessen Träger ich vor drei Tagen in Anwesenheit von Hauser in den Hundehimmel befördert hatte und den er freiwillig vergraben wollte. Auch die übrigen, noch vorhandenen Reste belegten meine Vermutung, waren doch noch eindeutig Hundehaare daran zu sehen. Einige Schmeißfliegen hatten ihre Eier an dem Frischfleisch abgelegt, und es würde sicher nicht mehr lange dauern bis dies in Bewegung geriet. Heiliger Hubertus, Hauser war Hundefresser und beseitigte wie ein Geier alles Aas auf natürliche Weise. Aus der Not geboren, ist diese Eigenschaft an ihm haften geblieben. Jetzt wurde mir auch klar, warum die Keulen des Schäferhundbastards, den er vor einigen Wochen zusammen mit dessen Jagdkumpanen vergraben sollte, nach Ausbuddeln durch die Jungfüchse bereits fehlten und das Fell an den Rändern so sauber aufgeschärft aussah. Diese hatte er also ebenfalls verputzt. Nun erinnerte ich mich, daß er auch damals zwei oder drei Tage der Arbeit ferngeblieben war. Da war mir alles klar, obwohl ich eigentlich eher von selbst darauf hätte kommen müssen. Diesmal weckte ich den Hundefresser nicht, goß nur die Reste aus den beiden Schnapsflaschen aus und füllte sie wieder mit Wasser aus dem Kanister. Das Bier ließ ich ihm, damit er den Rest des Hundefleisches auch gehörig runterspülen konnte. Es war ein Freitag. Am Samstag wurde damals nur sechs Stunden gearbeitet und bis dahin war Hauser nicht mehr flott zu kriegen. Der Vorrat an Fleisch und Flüssigkeit würde ihm noch bis Sonntag reichen, so daß er am Montag wieder zur Arbeit erscheinen würde. Meine Rechnung ging auf. Am Sonntagvormittag schaute ich aus gebührender Entfernung nochmals nach ihm. Er saß am Feuer und hielt einen Spieß mit einem Fleischstückchen daran in die Glut. Deutlich konnte ich durchs Glas erkennen, daß nur noch eine Flasche Bier einen Verschluß aufwies, also noch voll war. Der Vorrat ging zur Neige. Als ich auf dem Weg zum Abendansitz nochmals dort vorbei fuhr, war Hauser verschwunden, alles sauber aufgeräumt und das Feuer vorschriftsmäßig gelöscht.

Bei passender Gelegenheit führte ich dann mit ihm ein ausgiebiges Gespräch. Er, der sonst so verschlossen war und manchmal den ganzen Tag kein einziges Wort mit seinen Rottenkameraden redete, hatte irgendwie Zutrauen zu mir gefaßt. Ohne Umschweife erzählte er mir, daß diese Eigenschaft in der Not der Nachkriegsjahre von ihm Besitz ergriffen hätte. Im Haushalt seiner Schwester durften diese Hundeorgien nicht stattfinden. Also machte er sich jedesmal, wenn er einen Hund ergattert hatte, in den Wald und verputzte ihn allein mit der nötigen alkoholischen Flüssigkeit. So war ich also auch schon zweimal unbewußt zum Auslöser solcher Orgien geworden. Er bat mich ungeniert um weitere Lieferungen von Hund, Fuchs oder Dachs. Als ich ihn darauf hinwies, daß er sich dadurch leicht Trichinen und was sonst noch für Krankheiten einfangen könnte, winkte er nur ab. Je eher er kaputt ging, umso besser wäre es für ihn. Für ihn sei das Leben ohnehin keine Freude, sondern nur Last. Irgendetwas stimmte mit ihm nicht. Wahrscheinlich hatte er das furchtbare Nachkriegserlebnis mit seinen Eltern nicht verkraften können und wird eines Tages daran zugrunde gehen. Ich empfand großes Mitleid und Sympathie für ihn und hätte ihm gern geholfen, wußte aber nicht wie.

Kaum drei Wochen später wurde ich aus dienstlichen Gründen in ein anderes Forstamt versetzt. Meine Verbindungen zur alten Dienststelle rissen langsam ab, neue Eindrücke und Erlebnisse ließen die Erinnerung an Hauser verblassen, obwohl ich oft an den Hundefresser mit seiner gequälten Seele denken mußte. Jahrzehnte später erfuhr ich, daß er seinem Leben selbst ein Ende gesetzt hatte.

Der Gefriertruhenbock

Auch diese Erzählung wollte ich ursprünglich auf eine andere Person ummünzen, um meine bereits angefleckte, weiße Weste, nicht noch mehr zu beschmutzen. Aber nun will ich doch tabula rasa machen und auch diese kleine, längst verjährte Schummelei mit dem Gefriertruhenbock zum besten geben.

Vor mehr als einem Jahrzehnt wurde unser Rehwild noch nach etwas anderen Gesichtspunkten bewirtschaftet als heute. Da gab es noch den sogenannten I-A-Bock, der ein Mindestalter von sechs Jahren aufweisen und dem Hegeziel entsprechen mußte. Es war ungeschriebenes Gesetz, daß man solch einen Bock erst nach der Blattzeit erlegte. Manche Jäger hielten sich daran, andere wieder mißachteten diese Vereinbarung, weil sie meinten, daß ein über sechsjähriger Bock lange genug Zeit zur Vererbung hatte. Wir staatlichen Forstbeamten mußten uns natürlich daran halten, wenn es auch manchem schwer fiel, den Finger bis zum ersten August gerade zu lassen.

Besonders gute Böcke konnte ich in meinem Revier kaum vorweisen, also fiel mir persönlich das Warten bis nach der Blattzeit bisher nicht schwer. Aber, wie das Leben so spielt, ab und zu wächst auch in der ärmsten Gegend einmal ein Kapitalbock heran. Plötzlich ist er da, niemand weiß, woher er kam und nachdem er die ganze umliegende Jägerei in jagdliche Euphorie versetzt hat, verschwindet er wieder auf ebenso rätselhafte Weise.

Meine erste Begegnung mit solch einem Ausnahmebock hatte ich gleich nach Aufgang der Bockjagd in Gegenwart eines amerikanischen Jagdgastes. Wie verzaubert stand er plötzlich, kaum fünfzig Schritt entfernt, mitten auf der Schneise und äugte auf unseren Hochsitz. Als ich ihn im Glas hatte und die wunderbare

Perlung der Stangen sah, durchzuckte es mich freudig und wie unbeabsichtigt stieß ich beim Absetzen des Glases mit diesem recht unsanft an die Hochsitzbrüstung. Augenblicklich war die Schneise leer und der neben mir sitzende Amerikaner, der gerade im Begriff war, seine Büchse in Anschlag zu bringen, schaute mich verdutzt und vorwurfsvoll an. Zum Glück hatte er nicht durchs Fernglas geschaut, und so konnte ich ihm verdolmetschen, daß es kein guter und vor allen Dingen ein junger Bock war und einen solchen wolle er doch nicht etwa schießen. Er gab sich zufrieden, und schon am nächsten Morgen konnte ich ihn dann auf einen wirklichen Abschußbock zu Schuß bringen. Von nun an galten meine morgendlichen und auch die Abendansitze ausschließlich diesem Ausnahmebock.

Schon am dritten Abend stellte er sich wieder vor, zwar etwas weiter, aber gut anzusprechen. Es war wirklich ein guter Sechser mit dicker, imponierender Perlung und pechschwarzen Stangen. So einen Bock aus deutschen Gefilden hatte ich noch nicht an meiner Wand. Nun ging der Kampf gegen den inneren Schweinehund in mir los. Heute noch könnte ich nicht sagen, wer damals als Sieger hervorgegangen wäre, wenn nicht das plötzliche Umschlagen des Windes den Bock vergrämt und mir dadurch eine Entscheidung für dieses Mal abgenommen hätte. Aber so leicht ließ sich mein innerer Schweinehund doch nicht besiegen, der innere Kampf ging weiter. In meiner Phantasie wuchs das Gehörn von Tag zu Tag, und die Perlen waren inzwischen so groß wie Haselnüsse.

Da kam mir wieder einmal der Zufall zu Hilfe und ließ meinen ausgeheckten Plan zur Wirklichkeit reifen. Als ich nämlich ein paar Tage später meinen alten Jagdfreund Hubert besuchte, hing in dessen Waschküche ein frisch geschossener, goldrichtiger Abschußbock, ein alter, kaum vereckter Sechser mit mickrigen Stangen. Diesen hatte mein Freund auf der Morgenpirsch erlegt. Auf meine Frage, ob er mir das Haupt des Bockes im augenblicklichen Originalzustand mal für ein paar Tage ausleihen würde, fragte er zwar nach dem Zweck meines Vorhabens, doch als ich ihm darauf keine nähere Auskunft geben wollte, war er auch so bereit, auf meinen Wunsch einzugehen. Noch am selben Abend saß ich wieder auf dem Hochsitz im Einstandsbereich meines Bockes in der festen Absicht, ihn dieses Mal umzublasen und sein Haupt gegen das des mickrigen Sechsers meines Freundes auszutauschen. Aber er kam nicht. Auch am nächsten Morgen und Abend ließ er sich nicht blicken. Am dritten Tag wurde mein Ersatzbock langsam schmierig und duftete schon etwas. Also mußte er aus dem Kühlschrank raus und trotz anfänglicher Proteste meiner Frau in der Gefriertruhe deponiert werden. Auch in den nächsten Tagen blieben die Ansitze erfolglos. Wahrscheinlich hatte ich den Bock durch mein häufiges Ansitzen vergrämt, und er hatte seinen Einstand gewechselt. Alte Böcke sind da sehr empfindlich. Aber dann sah ich ihn zufällig wieder und zwar in der Mittagsstunde vom Auto aus. Er stand am Rande einer kleinen Blöße und verschwand beim Herannahen wie der Blitz von der Fläche. Diese paar Sekunden hatten mir jedoch genügt, um ihn als meinen alten Freund anzusprechen. Da hatte der alte Bursche also seinen Einstand gewechselt und lebte nun besonders gefährdet in einer Buchen/Lärchendickung unmittelbar an der Reviergrenze. Schon am Abend saß ich dort auf meinem Sitzstock. Der Bock kam wie bestellt, und die Erlegung war keine besondere Heldentat. Meine Vorstellungen wurden jedoch nicht enttäuscht. Es war wirklich ein alter und reifer Bock, der weit über die Normen der hiesigen Gegend herausragte.

Zu Hause angekommen, mußte der hartgefrorene Sechser aus der Gefriertruhe raus und das abgeschlagene Haupt meines Superbockes nahm seinen Platz ein. Bis zum nächsten Vormittag war ersterer dann aufgetaut und konnte vorschriftsmäßig vorgezeigt werden. Ein flüchtiger Blick in den Kofferraum genügte dem dafür zuständigen Beamten, um den mit solch einem unscheinbaren Gehörn ausgestatteten Bock zu beurteilen. So war die ganze Aktion bisher nach Plan verlaufen. Freund Hubert konnte seinen Bock wieder in Empfang nehmen, und ich brauchte nur noch das Ende der Blattzeit abzuwarten, um einen erneuten Umtausch mit einem erlegten Abschußbock vorzunehmen. Erst Anfang September konnte ich ein geeignetes Tauschobjekt erwischen und nun endlich den guten Bock aus der Gefriertruhe holen. Das Staunen unter den Jägern war groß. Wieder gab es Experten, die diesen Bock gesehen haben wollten, nachdem er schon lange bei mir in der Gefriertruhe lagerte. Manche schworen Stein und Bein, daß er in der Blattzeit ihr

Revier betreut und ihnen nur das bekannte Quentchen Glück zu seiner Erlegung gefehlt hatte. Mir schien es auch rätselhaft, wie er sich überhaupt so lange Jahre durchgemogelt hatte. Bei der Trophäenschau, die damals noch eine Pflichtschau war, erhielt er als bester Bock der Ausstellung den silbernen Bruch. In der ersten Zeit danach überkamen mich manchmal Gewissensbisse wegen dieser Mogelei, aber die schwanden nach einem Blick auf die kapitale Trophäe recht schnell.

Der Notwehrluchs

Wie reagierte wohl mancher Jäger auf eine völlig überraschende Begegnung mit einem ausgewachsenen Luchs in seinem Revier? „Kann bei mir nicht vorkommen, hier gibt es keine Luchse", werden Sie sagen! Wahrscheinlich hätte das der junge Dr. forest. Hartmut W. auch geantwortet, bis er am Montag, dem 17. September 1990, seine Meinung gründlich revidieren mußte.

An diesem Tag bestieg er gegen 18 Uhr einen Hochsitz in seinem Pirschbezirk im Forstamt Spangenberg, um einen geringen Hirsch, Kahlwild oder auch eine passende Sau zu erlegen. Es war einer jener verheißungsvollen Abende, deren es in einer Jagdsaison nicht allzu viele gibt und die bei manchem Jäger eine gewisse Vorahnung und Erfolgserwartung auslösen. Doch bei Hartmut tat sich in der ersten Stunde nichts. Plötzlich bemerkte er eine leichte Erschütterung des Hochsitzes, so als ob jemand bedächtig die Hochsitzleiter hochstiege. Da er diese von seiner augenblicklichen Sitzposition aus nicht einsehen konnte, stand er auf, drehte sich zur Seite und schaute aus der Einstiegsluke des Hochsitzes auf die Leiter. Da erstarrt ihm fast das Blut in den Adern. Ein ausgewachsener Luchs klettert zügig die Hochsitzleiter hoch.

Als promovierter Wildbiologe gibt es für ihn nicht den geringsten Zweifel, daß es sich bei dem Emporkömmling um einen Luchs handelt. Viel Zeit zum Überlegen bleibt ihm nicht. Sein nächster Griff gilt der Waffe, um dann mit dieser im Anschlag, Stellung auf dem Hochsitzboden am Leiterende zu beziehen. Schon hat der Luchs dieses erreicht und versucht fauchend und zähnefletschend in die Hochsitzkabine einzudringen. Wahrscheinlich hätten achtzig Prozent der Jäger bei solch einer lebensgefährlichen Situation längst abgedrückt. Nicht aber Hartmut. Er will das Tier zunächst nicht töten und wehrt sich mit mehreren gezielten Fußtritten. Diese zeigen Wirkung, denn nun wendet der Luchs, klettert drei Leitersprossen zurück und springt elegant über die Leiterhandstütze auf den Boden. Danach tut er sich wie ein abgelegter Jagdhund am Leiterfuß nieder. Eine kuriose Situation für den Weidmann. Ein Verlassen des Hochsitzes am Luchs vorbei ist unmöglich. Mehrere Versuche, ihn durch lautes Rufen und Zischen einzuschüchtern und zu vertreiben, schlagen wegen des offensichtlich nicht artspezifischen Verhalten des Luchses fehl. Nun muß doch das Gewehr in Erscheinung treten. Hartmut feuert zwei Kugelschüsse in die Luft ab. Der Luchs springt zwar ein paar Meter zur Seite, zeigt jedoch kein artgemäßes Fluchtverhalten. Langsam wird die Sache brenzlig. Die Dunkelheit rückt näher. Der jetzt in einem Abstand von etwa zehn Metern unter dem Hochsitz in Lauerstellung liegende Luchs ist nur noch schlecht zu erkennen. Hartmut versucht einen zaghaften Abstieg. Wie ein geölter Blitz kommt da der Luchs angesaust und zwingt ihn wieder nach oben. Nun will er es noch ein letztes Mal versuchen und setzt neben dem sitzenden Luchs zwei Kugeln in den Waldboden. Die Reaktion ist dieselbe wie bei den beiden Luftschüssen. Es wird dunkler. Hartmut hat noch zwei Patronen und so nimmt nun die Situation ernstere Formen an. Der Luchs nähert sich wieder der Hochsitzleiter, scheint von den abgegebenen Schüssen völlig unbeeindruckt zu sein, ignoriert lautes Rufen und sonstige Abwehrlaute, klettert abermals die Leiter hoch, jetzt zügiger und entschlossener als beim ersten Mal. Jetzt wäre jede Rücksichtnahme ein Spiel mit der Gesundheit, vielleicht sogar mit dem Leben. Nun bleibt Hartmut nur noch der gezielte Schuß. Der Luchs wird steil von oben getroffen, stürzt von der Leiter und flüchtet mit schlängernden Bewegungen bergab in die Dickung – Ende der Vorstellung.

Nach kurzer Wartezeit baumte der Schütze ab. So ganz wohl war ihm bei der inzwischen eingesetzten Dunkelheit sicher nicht. Eine Patrone hatte er noch im Lauf, von der er bei einem erneuten Angriff sicherlich Gebrauch gemacht hätte. Doch er erreichte ohne Zwischenfall sein in der Nähe abgestelltes Auto. Dort erwartete ihn schon der zuständige Revierbeamte, der ihm gerade zu Hilfe kommen wollte. Dieser hatte die vier Warnschüsse und die undefinierbaren Rufe Hartmuts vernommen, konnte sich jedoch keinen Reim darauf machen. Auf jeden Fall baumte er von seinem Hochsitz ab, um den Grund der Kanonade zu klären. Den fünften und damit gezielten Todesschuß hatte der Kollege gar nicht mehr gehört, weil er sich schon im Auto befand. Nach Erläuterung des Geschehens durch Hartmut, verabredete man sich für den nächsten Morgen zu einer Nachsuche. Nach zwanzig Metern Ausgehen der schweißenden Fluchtfährte wurde der verendete Luchs gefunden. Es war eine etwas abgemagerte Fähe. Die Kugel hatte die Blätter durchschlagen und auf diese kurze Entfernung wenig Zerstörung angerichtet. Bei der Untersuchung vom Mageninhalt fand man diesen fast leer, nur kleine Knochenteile von Mäusen oder Vögeln waren vorhanden. Dieses arme Tier hatte nie das Jagen gelernt. Es wurde wahrscheinlich irgendwo von menschlichen Spinnern haustierähnlich gehalten, und als man seiner überdrüssig wurde, gewissenlos ausgesetzt. Der grausame Tod des Verhungerns war programmiert. So war Hartmuts Notwehrschuß doch die bessere Lösung.

Der Schütze hatte übrigens noch einige amtliche Vernehmungen zu überstehen und mußte manches Protokoll unterschreiben, bevor er die Trophäe für sich in Anspruch nehmen konnte.

Ungewöhnlich für uns, aber üblich in der Heimat des Gastjägers.

Vertraute Feisthirsche.

Verabschiedung des Autors im Kreis seiner Kollegen.

Zwei Pensionäre auf der Jagd.

Der unleidliche Hampel

Manchmal gibt es Jäger, die in betagtem Alter recht sonderbar werden. Fast könnte man sie mit alten Hirschen vergleichen: Stets mürrisch und schlecht gelaunt, meiden sie jeden Kontakt zur Umwelt, sind der nachfolgenden Jagdgeneration gegenüber besonders rechthaberisch und unkollegial und werden nicht selten zu sonderbaren Käuzen oder Einsiedlern.
Solch einen Typen konnte ich während meines Vorbereitungsdienstes im Forstamt Ka. fast ein Jahr lang beobachten und genießen. Er war mit Sicherheit ein menschliches und jagdliches Original, allerdings von der unangenehmen Seite. Schon wenige Tage nach meinem Dienstantritt in der Nachbarförsterei begegneten wir uns an der Reviergrenze. Ohne große Begrüßungszeremonie nahm er mich gleich an wie ein alter Haferkeiler, verbat mir stimmgewaltig die Schwarzwildbejagung in seinem Revier und spuckte Gift und Galle auf alles, was ihm gerade in den Sinn kam. Mir war sofort klar, daß mit diesem Mann nicht gut Kirschen essen war. Deshalb gab ich mich aus Respekt vor dem Alter bescheiden und einsichtsvoll. Sicher war er auch vergrämt, weil man ihn bei der Verteilung der wenigen, lizensierten deutschen Militärkarabiner zur Schwarzwildbekämpfung nicht berücksichtigt hatte und diese lieber den jüngeren, jagdlich motivierteren Kollegen überließ. Die ersten Tage mied ich auch das Revier des Kollegen Hampel – so ähnlich war sein Name – wollte jede Konfrontation mit ihm vermeiden, obwohl ich durchaus berechtigt war, auch in seinem Revier das Schwarzwild zu bejagen oder zu bekämpfen – wie man das zu jener Zeit so unweidmännisch zu sagen pflegte. Mein Vorsatz hielt nicht lange, denn bald reizte mich die Sache umso mehr. So packte ich eines Morgens die „Grenzsteine in den Rucksack" und inspi-

zierte auf leisen Sohlen das mir so lautstark verbotene Territorium. Eine Begegnung mit Hampel schien in dieser Stunde unwahrscheinlich. Er stand kurz vor der Pensionierung, hatte weder Fahrrad noch Motorrad und mußte das recht bergige Revier auf seinen sichtbar lädierten Ständern allein betreuen. Schon auf dieser ersten Morgenpirsch stieß ich mehrmals mit Schwarzwild zusammen, konnte einen schwachen Überläufer erlegen und diesen unbehelligt mit dem Fahrrad zum Forstamt transportieren.

Einmal Blut geleckt, konzentrierten sich meine Morgenpirschen nun häufig auf dieses Revier, zumal in den großen Dickungen reichlich Sauen vorkamen und der jagdliche Erfolg nicht ausblieb. Das Schwierigste daran war der Abtransport des erlegten Stückes. Dieser mußte bis zu einer bestimmten Gewichtsgrenze mit dem eigenen Fahrrad erfolgen. Man stelle sich heutzutage einmal vor, einen Überläufer in mühevoller Kleinarbeit auf das Fahrrad zu hieven, diesen festzubinden und dann kilometerweit zur Ablieferungsstelle zu transportieren. Kein Mensch würde diese Strapazen noch auf sich nehmen, am allerwenigsten ein Großteil der heutigen Jugend. Mir stand damals nur ein klappriges Stahlroß und ein nicht immer funktionsfähiges Motorrad zur Verfügung. Wegen der Transportschwierigkeiten des Vorstehhundes auf dem Motorrad, benutzte ich deshalb fast ausschließlich das Fahrrad. Da konnte der Hund nebenher laufen und wurde dabei vorzüglich durchtrainiert. Bei meinen Ansitzen und Pirschen in Hampels Revier konnte ich feststellen, daß es dort auch eine Unmenge von Schnepfen gab. Es war Frühjahr und ein abendlicher Probeansitz bestätigte mir einen wunderbaren Schnepfenstrich. Das erzählte ich dem Kollegen No., dem ich zur eigentlichen Unterstützung zugeteilt war. Der war begeistert, und da wir inzwischen gute Freunde waren und Vertrauen zueinander hatten, holte er unter den Dielen des alten Schweinestalles einen gut verpackten Drilling nebst Doppelflinte vom Kaliber 16 hervor. Beide Waffen waren in gutem Zustand. Mir gab er die Doppelflinte und zehn Schuß Munition, leider nur mit der Schrotstärke 3,5 mm.

Am nächsten Abend band ich die auseinandermontierte Flinte, sorgfältig in Säcke verpackt, an die Querstange des Fahrrades, schulterte den Karabiner und mitsamt des Drahthaars ging es zum Schnepfenstrich. Fahrrad und Hund wurden in Rufweite meines gewählten Standes in der Dickung abgelegt. An diesem Abend hätte ich fünfzig Schuß los werden können. Um mich herum quorrte und puitzte es unaufhörlich, und in kurzer Zeit waren meine zehn 3,5 mm Patronen verballert. Der Erfolg war mäßig, denn nur drei der Langschnäbel stürzten ab und konnten nach Eintritt der Dunkelheit vom Drahthaar apportiert werden. Weil es so schön und aufregend war, wurde die Aktion in den nächsten Tagen gleich mehrmals wiederholt. Dabei haperte es allerdings an den nötigen Patronen, obwohl Kollege No. alle Schrotstärken vom Kaliber 16 aus sämtlichen Ecken heraus-gekramt hatte. Aber für eine letzte Großoffensive reichte es noch.

Durch meine lebhaften Erzählungen über den einmaligen Schnepfenstrich in Hampels Revier, war der Kollege No. so aufgeheizt, daß es keiner großen Überredungskunst bedurfte, ihn zu einer Teilnahme an dieser letzten Schnepfenbejagungs-aktion zu veranlassen. Hampel hatte von der allabendlichen Ballerei offensichtlich noch nichts gemerkt – glaubten wir! Wie zwei Wilddiebe schlichen wir in sein Revier. Die Fahrräder wurden an der Reviergrenze zurückgelassen. Nur meinen Vor-stehhund nahm ich mit und leinte ihn etwa dreißig Meter hinter meinem Stand im Dickungsinneren an. Kollege No. bekam den besten Stand, hundert Schritt von mir entfernt. Er hatte ja auch noch mehr Patronen vom Kaliber zwölf für seinen Drilling als ich mit meiner letzten 16er Reserve. Wie erwartet, gab es eine lustige Knallerei. Einen derartig guten Schnepfenstrich hatte ich bisher noch nicht erlebt. Er war mir auch später nie wieder vergönnt. Als ich gerade im Begriff war, meine letzten Patronen in die Lager zu stopfen, sah ich auf zweihundert Schritte den Kollegen Hampel mit flatterndem Lodenmantel angewetzt kommen. Durch einen vorher vereinbarten Pfiff verständigte ich Kollegen No. und mit ein paar Sätzen verschwanden wir beide in der Dickung. Mein angeleinter Hund wedelte mir mit seinem Stummelschwanz freudig entgegen. Doch schon kam Hampel angekeucht. Kurz vor meinem Stand verhoffte er und lauschte. Dann wurde sein Körper von einem Hustenanfall geschüttelt und seine, durch ständiges Zigarrenrauchen malträtierte Lunge und Kehle beförderten einige losgelöste Einzelteile dieser Organe in die Freiheit. Das war meinem noch recht jungen DD wohl doch zu viel. Er fing an zu knurren und als er ins Lautgeben übergehen wollte, konnte ich ihm gerade noch rechtzeitig mit der Hand den Fang zuhalten. Man stelle sich einmal vor: Zwei bewaffnete und wildernde Forstbeamte nehmen Reißaus vor einem unbewaffneten Kollegen. Mein Vater sagte immer: „Ein Kollege ist ein Mensch, vor dem du dich in acht nehmen mußt!" Bei Hampel war dieser Spruch bestimmt angebracht, denn er hätte uns bei Kenntnis der Dinge mit Sicherheit ans Messer geliefert. So mußten wir noch fast eine halbe Stunde in Deckung bleiben, bis er bei völliger Dunkelheit den Heimweg antrat. Am schreckenden Rehwild konnten wir gemeinsam den jeweiligen Standort unseres abziehenden Kollegen feststellen. Als sich die Laute immer weiter entfernten und leiser wurden, wußten wir, daß die Luft wieder rein war und wir mit der Nachsuche beginnen konnten. Rund um den Stand von Kollegen No. apportierte der Hund vier Schnepfen, bei mir leider nur zwei. Dafür hatte ich aber wegen der groben Schrotstärke eine passende Entschuldigung für einige Fehlschüsse.

Am nächsten Vormittag erstattete Hampel auf dem Forstamt schriftliche Anzeige wegen Wilderei in seinem Revier gegen Unbekannt. Als Corpus delicti fügte er eine abgeschossene Schrotpatronenhülse Kaliber 16 der Marke „Auerhahn" bei. Wahrscheinlich hatte ich diese schon vor längerer Zeit verloren und er war so quasi über sie gestolpert. Natürlich mied ich nach dieser Vorstellung eine Zeitlang diesen, von angeblichen Wilderen verseuchten Revierteil bis sich die Angelegenheit etwas beruhigte. Auch konnte man jegliche ungeklärten Schüsse bedenkenlos der damals oft wildernden Besatzungsmacht in die Schuhe schieben, was wir natürlich ausnutzten.

Anfang September kam in der Mittagszeit ein Bote des Forstamtes zu mir und veranlaßte mich, in dessen Auftrag in das Revier Hampels zu fahren, um dort im Gatter der Abteilung 223 ein darin befindliches Rotwildkalb mit meinem Dienstkarabiner zu erlegen. Unverzüglich machte ich mich auf den Weg. Irgendeiner näheren Standortbeschreibung bedurfte es nicht, kannte ich doch inzwischen das Revier besser als der zuständige Revierinhaber. Schon aus einer Entfernung sah ich das von Zaunecke zu Zaunecke herumirrende Kalb, immer nach einem Durchschlupf suchend. Der Äser war schweißig, denn die Waldarbeiter hatten schon versucht, es durch die geöffneten Tore zu treiben. Leider war das nicht gelungen, das arme Stück war nur noch mehr in Panik versetzt worden. Um einen sicheren Schuß anbringen zu können, bestieg ich einen Gatterüberstieg und strich am Handlauf an. Da ertönte hinter mir die krächzende Stimme des Revierleiters Hampel: „Kollege, in meinem Revier schieße ich das Wild selbst tot, geben Sie mir das Gewehr, ich werde das Stück selbst erlegen!" Sprachs und streckte auch schon die Hand danach aus. Natürlich hätte ich sein Ansinnen ablehnen können, ja ich war gar nicht befugt den Dienst karabiner an andere weiter zu geben. Aber ich zögerte keine Sekunde, überreichte ihm schmunzelnd das gewünschte Objekt mit der vorschriftsmäßigen Meldung: „Gewehr durchgeladen und gesichert, Fleckschuß auf hundert Meter!" Hampel griff hastig danach, suchte einen Zaunpfosten zum Anstreichen und donnerte den ersten Schuß auf das sich ständig bewegende Ziel vorbei. Auch der zweite Schuß verfehlte das Kalb. Da hielt ich es für geboten, ihn darauf aufmerksam zu machen, daß nur noch zwei Schuß im Magazin wären und ich keine weiteren Patronen bei mir hätte. Das nahm er mürrisch zur Kenntnis, pirschte daraufhin am Gatter entlang näher an das pendelnde Stück heran und verpaßte ihm nach langen Zielübungen einen sauberen Keulenschuß. Nun rutschte das gequälte Tier auf den Vorderläufen weiter und zog die Hinterhand nach. Der Keulenschütze hüpfte bis auf zwanzig Schritt heran und erlöste es endlich mit einem Schuß durchs Rückgrat. Danach überstieg er den 2,20 Meter hohen Zaun trotz seiner vierundsechzig Jahre wie ein Eichhörnchen und eilte seiner Beute entgegen. Als ich herantrat, hatte er bereits seinen Nicker gezückt und brach auf. Jegliche Mithilfe meinerseits lehnte er ab. Als die unbeschädigte Leber zum Vorschein kam, strahlte er übers ganze Gesicht. Da konnte ich mir die hämische Bemerkung von wegen der zerpflasterten Keule nebst Rücken, aber der Unversehrtheit von Leber und Geräusch für den Schützen, nicht verkneifen. Hampel wußte schon, was ich damit meinte, ignorierte es aber vollkommen. So als hätte er Angst, ich könnte ihm einen Teil des ihm zustehenden kleinen Jägerrechts streitig machen, packte er das Geräusch einschließlich Lunge und Milz hastig in seinen Rucksack. Nun lag in der Nähe des Geschehens am Waldrand eine Gastwirtschaft, die „Waldesruh". Hampel war dort eigentlich nie eingekehrt, jedenfalls war das bisher keinem von uns bekannt. Deshalb war ich umso erstaunter, als er mir den Vorschlag machte, in der Waldesruh auf die Erlegung des Kalbes noch ein Glas Bier zu trinken. Solchen Vorschlägen stand ich zur damaligen Zeit sehr aufgeschlossen gegenüber, wenn ich auch bei der bekannten Knausrigkeit von Hampel meine Erwartungen nicht sehr hoch schrauben konnte. Also begaben wir uns in besagte Kneipe. Ich hatte einen mächtigen Durst und ließ mir den gespendeten Schoppen gut schmecken, zumal der Spender mir ja auch vier meiner wohlpräparierten Patronen verschossen hatte. Es war später Nachmittag und noch keine weiteren Gäste im Lokal. Gänzlich unerwartet tauchte nach einer halben Stunde der Kollege Ke. von der Nachbarförsterei auf und ließ sich grinsend an unserem Tisch nieder. Wenige Minuten später erschien auch noch Kollege No. und mit ihm ein gut betuchter Holzhändler aus der Umgegend. Es war anzunehmen, daß der geschäftstüchtige Wirt das unerwartete Zusammentreffen telephonisch arrangiert hatte.

Nun ging's rund, und Hampel mußte unter oft zweideutigen Bemerkungen nebst Gelächter seiner Zuhörer, die Erlegung des Rotwildkalbes erzählen. Der nötige Alkohol hatte scheinbar seine Zunge gelöst, denn unter uns saß ein ganz anderer Mensch, als der, den wir alle bisher kannten. Doch leider währte dieser Zustand nicht lange und sollte bald ins Gegenteil umschlagen. Man war ja in jener Zeit noch nicht so gut genährt wie in der heutigen und besonders als junger Mann fast ständig etwas hungrig. So machte unversehens einer den Vorschlag, doch die Leber von dem erlegten Kalb vom Wirt für uns braten zu lassen. Auch diese Sitte war durchaus üblich, obwohl mir selbst die gebratenen Wildlebern bereits bis zur Halskrause standen. Als Hampel diesen Vorschlag vernahm, war er mit einem Schlag nüchtern, zog den neben seinem Platz abgestellten Rucksack demonstrativ näher an sicher heran und lehnte die verlangte Opfergabe brüsk ab. Die Stimmung war dahin. Unmittelbar danach stand er auf, schulterte sein bewachtes Objekt und nahm schwankend Kurs in Richtung Pissoir. So nüchtern war er offensichtlich doch nicht mehr. Noch einmal gab es schallendes Ge-

lächter, als wir den schweißdurchtränkten Rucksack auf seinem Rücken in Anblick bekamen. Wahrscheinlich war die Schweißeinlage defekt, so daß der ausgelaufene Schweiß nun auch ungehindert am Hinterteil des Lodenmantels heruntertropfen konnte. Hampel merkte offenbar nichts davon. Als er nach einer auffallend langen Zeit wieder ins Lokal gewankt kam war ihm anzumerken, daß er mit der Pinkelei wohl nicht richtig zurecht gekommen sein mußte. Der Hosenstall war noch halb geöffnet, und an der beiderseitig benäßten Breecheshose war unzweifelhaft festzustellen, daß der Urinstrahl nicht nur die dafür vorgesehene Pinkelrinne erwischt hatte. Nun war die Zeit, ihn schnellstens nach Hause zu schaffen. Zum Glück erschien die Gattin des anwesenden Holzhändlers und war damit einverstanden, ihn schnellstens mit ihrem Auto heim zu fahren. Ohne sich zu verabschieden und ohne seine Zeche zu begleichen, verschwand Hampel und verschaffte sich damit wie üblich einen seiner unrühmlichen Abgänge. Aber damit war die Angelegenheit keineswegs zu Ende!
Die Stimmung im Lokal stieg wieder an, andere Gäste kamen hinzu und mit jedem Schluck Alkohol wurden die Sorgen kleiner und die Welt schöner. Als die Holzhändlergattin nach angemessener Zeit von ihrem Taxiauftrag zurückkehrte, waren wir gerade in Hochstimmung. Da bat sie alle für einige Minuten um Gehör, um das eben Erlebte zu schildern. Danach muß Hampel beim Aussteigen aus dem Auto vor seinem Forsthaus die Leber des Rotwildkalbes aus dem Rucksack entglitten und an den Straßenrand gefallen sein. Weder sie, noch der Aussteiger haben zunächst etwas gemerkt. Sie schaute ihm noch nach, wie er umständlich das Vorgartentürchen öffnete, um dann energisch an der Haustür zu läuten. Erst dann fuhr sie weiter, um an der nächsten Querstraße zu wenden. Als sie zurückkam, sah sie gerade noch im Scheinwerferkegel, wie ein starker Hund auf der Straße vor Hampels Forsthaus einen großen Fleischbrocken in den Fang nahm und damit in aller Eile das Weite suchte. Das konnte nur die Leber sein, und schadenfroh brach die ganze Korona in schallendes Gelächter aus. Selbst die Fahrerin stimmte mit ein, hatte ihr der angetrunkene Fahrgast doch mit seinem beschweißten Lodenmantel nebst Rucksack den Beifahrersitz gehörig versaut. Es war noch keine halbe Stunde nach dieser

lustigen Schilderung vergangen, da läutete das auf dem Schank-
tisch stehende Telephon. Der Wirt rief mich herbei, am anderen
Ende der Leitung hörte ich die sich überschlagende Stimme
Hampels. In rüder Weise beschuldigte er uns, ihm seine Wild-
leber gestohlen zu haben. Wenn diese nicht innerhalb von zwanzig Minuten wieder in seinen Besitz gelänge, werde er den
Diebstahl zur Anzeige bringen. Von den Anwesenden nahm
natürlich keiner das Gequassel ernst, im Gegenteil: Es trug eher
zur weiteren Erheiterung bei. So kurz nach Mitternacht erschienen in der Gastwirtschaft zwei Polizeibeamte in voller Montur,
um die Angelegenheit mit dem Leberdiebstahl aufzuklären. Da
hatte dieser linke Vogel von Kollege doch tatsächlich noch mitten in der Nacht Anzeige erstattet! Kurz und gut, die Sache
konnte dank der Zeugenaussage der Holzhändlergattin schnell
aufgeklärt werden, und die uns persönlich gut bekannten Ord-
nungshüter zogen in bestem Einvernehmen ab. Trotzdem blieb
ein fader Nachgeschmack bei uns allen zurück und jeder ahnte,
daß sich die Distanz zu diesem lieben Kollegen in Zukunft noch
weiter vergrößern würde.
Da ich auch weiterhin meine Pirsch in Hampels Revier fortsetzte, war eine erneute Auseinandersetzung mit ihm eigentlich
schon vorprogrammiert. Diesmal hatte ich mir allerdings ausdrücklich die Erlaubnis des Regierungspräsidenten eingeholt.
Hampel tobte und machte eine Gegeneingabe. Das half ihm
nicht viel, denn unter dem Deckmantel der Schwarzwildbekämpfung hatte ich auch bei ihm freie Büchse. Trotzdem
vermied ich, so gut es ging, jegliche Konfrontation mit ihm.
Manchmal tat er mir leid, denn schließlich war er ja der Revierinhaber und nun jagte ein Fremder darin, ihm hatte man kein
Gewehr gegeben. Es war eine verzwickte Zeit damals!
An einem verregneten Oktobertag war ich schon am frühen
Nachmittag auf den Läufen und hoffte, daß es den Sauen ebenso
ergehen würde. Hampels Revier war für solch einen stillen
Pirschgang besonders geeignet. Da brach das Schwarzwild sehr
gern auf den verschlungenen Graswegen. Auch diesmal stand
ich nach dem Durchpirschen einer Kurve unversehens vor einer,
mitten auf dem Weg brechenden Sau. Es war ein schwaches
Stück, stand mitten im Gebräch, der Hund hinter mir hatte
schon die Sauwitterung in der Nase und wurde unruhig, also

mußte ich schnell handeln. Tödlich getroffen flüchtete es nach dem Schuß rechts den Hang hoch in die lückige Buchendickung. In derselben Sekunde fuhr mir das blanke Entsetzen in die Glieder. Aus dem Gebräch in der Wegesmitte flitzten plötzlich drei bunte Frischlinge hinter dem totwunden Stück her. Heiliger Hubertus, das mußte mir passieren! Wie war es nur möglich, daß es um diese Jahreszeit noch Frischlinge von der Stärke eines Kaninchens gab und daß diese mickrige Überläuferbache überhaupt beschlagen worden war und noch im Herbst zum Frischen kam. Doch bei dieser augenblicklichen Überpopulation des Schwarzwildes schien alles möglich. Vorsichtig pirschte ich mit entsichertem Karabiner der Schweißfährte nach. Schon nach dreißig Schritt sah ich vor mir die verendete Sau liegen, hörte zudem die tappenden Geräusche der Frischlinge im trockenen Laub – tapp, tapp, … tapp, tapp, tapp …. Als einer so auf zehn Schritt an mir vorbeirollte und kurz verhoffte, schoß ich mitten auf den kleinen Kerl. Er zerfiel fast in zwei Teile. Dann trat ich an die verendete Bache heran. Es war wirklich ein kümmerliches Stück. Bei späterer Gewichtsermittlung brachte sie noch nicht mal 30 Kilogramm auf die Waage. Zwei Frischlinge waren also noch übrig und irrten mutterlos herum. Mir war saumäßig zumute bei diesem Gedanken. Ich mußte versuchen, die beiden noch zu erwischen. Deshalb brach ich die Bache noch nicht auf, sondern setzte mich daneben auf dem Waldboden in der Hoffnung, nochmals Anlauf von den verlassenen Kreaturen zu haben. Nach einer halben Stunde war es wieder zu hören, das monotone Tapp, tapp … tapp, tapp, tapp …, ein Frischling war im Anmarsch. Aber mein neben mir liegender Hund erhob sich geräuschvoll und vergrämte ihn dadurch. In all die Spannung drang plötzlich der Hilferuf eines Menschen an mein Ohr und zwar der eines Mannes. „Hilfe, Hilfe hopp, hopp – Hilfe – hopp, hopp!" Das war doch die Stimme Hampels? Beim folgenden Hilferuf war ich mir ganz sicher – er war es. Na, der hatte mir gerade noch gefehlt! Als sich diese Notrufe in kurzen Abständen mehrmals wiederholten, blieb mir nichts anderes übrig, als zur Hilfe zu eilen, obwohl ich mir nicht ganz sicher war, ob es nur eine Finte von Hampel wäre. Aber es war keine, denn so fünfzig Meter vor dem Anschuß der Bache saß Hampel am Rande des Grasweges mit verzerrtem Gesicht, gestützt auf seinen Krückstock. Anstatt froh zu sein, daß ich ihm helfen wollte, empfing er mich wieder lautstark mit Vorwürfen über die wilde Schießerei in seinem Revier. Aber das nahm ich kaum zur Kenntnis, wir alle kannten ja inzwischen seine Liebenswürdigkeit. In barschem Ton befahl er mir, ja er bat nicht, sondern schlug seinen gewohnten Befehlston mir gegenüber an, ihn zu stützen, damit er bis zum nächsten fahrbaren Weg humpeln könne; er wäre hier in eine vom Gras überwachsene Fahrspur getreten und hätte sich dabei wohl den Knöchel gebrochen. Das konnte ja heiter werden! Hampel verlagerte sein ganzes Gewicht auf mich, und mir schien es fast, als mache es ihm Freude, mir die gesamte Last seines Körpers aufzubürden. Während des Abschleppens lamentierte er weiter. Ich war nahe daran, ihn einfach abzuschütteln. Dann hätte er mich sicher wegen unterlassener Hilfeleistung verklagt. So blieb mir nichts anderes übrig, als ihn bis zur besagten Straße zu schleppen. Das waren immerhin über zwei Kilometer, und ich war schweißgebadet, als wir bei inzwischen eingesetzter Dunkelheit dort ankamen. Unter einer Schirmfichte ließ ich ihn zurück und machte mich auf den Weg zur bekannten Waldesruh, wo Hampel erst kürzlich seinen unrühmlichen Abgang hatte. Der telephonisch herbeigerufene Arzt, auch ein Jäger, war innerhalb einer halben Stunde zur Stelle. Hampel wurde in sein Auto verfrachtet. Der Doktor nahm ihn zur Untersuchung in seine Praxis mit. Müde und abgespannt sammelte ich Hund und Fahrrad ein und fuhr in mein Quartier. Aber bei aller Müdigkeit fand ich keine Ruhe. Das Abendbrot schmeckte nicht. Ich empfand ein Schuldgefühl, das ich in anderen Situationen nicht kannte. Den hilflosen Frischlingen die Mutter wegzuschießen grenzte fast an Mord. Noch nie war es mir bisher passiert, und auch für mein späteres Jägerleben kann ich ehrlich bekennen, daß bei meiner erzielten Strecke von mehreren hundert Sauen, keine einzige führende Bache mehr dabei war. Als ich mich ins Bett legte, war an Schlafen überhaupt nicht zu denken. Immer wieder hörte ich unterschwellig das Tapp, tapp... tapp... tapp ... der Frischlinge, die ihre verendete Mutter suchten. Müde und zerschlagen stand ich schon lange vor Morgengrauen auf und radelte zum Erlegungsort der Bache, ähnlich einem Mörder, den es ja immer wieder zum Tatort ziehen soll. Den Drahthaar nahm ich mit, ließ ihn aber diesmal beim Fahrrad zurück. Am Anschuß angekommen, mußte ich noch eine Zeitlang auf das Tageslicht warten. Als es einigermaßen ging, schlich ich auf allen Vieren der verendeten Bache entgegen. Nach wenigen Metern war es wieder da, das Tapp, tapp ... tapp, tapp ... von einem oder beiden Frischlingen. Verdammt, da hatte ich sie doch verscheucht, weil es in der Dickung noch nicht hell genug war und ich so auch nicht schießen konnte. Wieder setzte ich mich neben die frühreife Saumutter und wartete mit entsichertem Karabiner auf das weitere Anlaufen der Frischlinge. Nervlich war ich stark mitgenommen. Jedes winzige Geräusch ließ mich zusammenfahren, und manchmal gaukelte mir sogar eine hüpfende Maus im trockenem Laub Halluzinationen vor. Endlich, es war inzwischen neun Uhr vormittags, vernahm ich wieder das beschriebene monotone Tappen, es kam näher, wurde lauter und da ich längst im Anschlag war, konnte ich den armen kleinen Waisenknabe auf kurze Entfernung liquidieren. Es war nun wohl zwecklos, noch auf den letzten Frischling zu warten; so brach ich die Bache auf und zog sie hangabwärts an den Weg. Der zwangsläufig erlegte Nachwuchs war noch nicht verwertbar und landete unter einem Reisighaufen.

Bei der Erlegung des dritten Frischlings spielten Glück und Zufall eine entscheidende Rolle. Als ich nachmittags die Bache auf dem Fahrrad durch Hampels Revier zum Forstamt transportierte, begegnete ich einem älteren, ehemaligen Waldarbeiter auf seinem alltäglichen Spaziergang. Sofort erzählte er mir, daß eben ein ganz kleines Schwein hier durchs Altholz gekommen sei. Schnell ließ ich mir die Stelle genau beschreiben und stürmte mit dem Drahthaar an der Leine in die angegebene Richtung. Und wirklich, der Mann hatte recht. Schon nach zehn Minuten Dauerlauf sahen wir das Schweinchen so auf hundert Schritt vor uns planlos herumirren. Es war ständig in Bewegung. Ich konnte weder schießen, noch läuferisch mithalten. So schnallte ich kurzentschlossen den DD und nach kurzer Hatz stellte er den Frischling. Wie schon erwähnt, es war ein noch junger Hund mit wenig Erfahrung, der gerade die Grundausbildung hinter sich hatte. Er packte nicht zu, zumal dieses kleine Ferkel sich schon wie ein altes Stück gebärdete und zur Gegenwehr überging. Erst als ich näher kam und den Rüden anfeuerte, packte er zu – den Rest erledigte ich mit meinem Nicker. Das war das Ende des Dramas, das sich in der Stille des Waldes abgespielt hatte. Natürlich behielt ich dieses Erlebnis für mich und brauchte lange Zeit, um es zu verarbeiten. Einen Tag danach wurde mir die Vertretung von Hampels Revier übertragen. Er würde für die nächsten vier Wochen ausfallen. Der Knöchel war zwar nicht gebrochen, aber stark lädiert und geschwollen. Mir war es recht. Wie das Leben so spielt – für diese Zeit war der Friede wieder hergestellt.

Noch ein kleines Präsent hielt Hampels Revier für mich bereit, das war die kuriose Erlegung eines meiner besten Keiler. Mitte November war eines morgens eine hauchdünne Neue. In einem Buchenaltholz stieß ich dabei auf eine Mords-Saufährte. Sie führte am Weserhang entlang in halber Richtung auf eine Fichtendickung zu. Sofort umschlug ich diese, konnte aber kein Einwechseln feststellen. Auch bei der nächsten Dickung gab es Fehlanzeige. Da wurde mir die Sache doch zu dumm. Ich griff zurück und ging der Saufährte im Altholz einfach weiter nach. Nach ungefähr hundert Schritt sah ich etwas unterhalb von mir den hochgeklappten Wurzelteller einer Windwurfbuche. An sich nichts Besonderes, aber da war dicht an den Teller geschmiegt ein dunkler Klumpen – Heiliger Hubertus – da sitzt ja ein Keiler – und was für einer! Da gab es nichts mehr zu überlegen, die Büchse an den Kopf und in dieser Zehntelsekunde, als er sich erhob und startete, erwischte ihn die Kugel am Halsansatz. Er schnellte vor und rollte, sich immer wieder überschlagend, den Weserhang hinunter, bis fast an die unten verlaufende Teerstraße. Nach dem Aufbrechen brauchte ich ihn nur noch einige Meter weiter zu ziehen und zu verladen. Das war wirklich eine Kuriosität. Der Keiler muß ständig im Altholz hinter den Wurzeltellern von Windwurfbuchen gesessen haben. Anhand von mehreren Kesseln, auch an anderen Windwürfen, war das leicht feststellbar. Warum er mich bis auf fünfzig Schritt anlaufen ließ, obwohl er mich schon lange vorher gesehen oder wahrgenommen haben mußte, blieb mir ein Rätsel.

Das war Hampels Abschiedsgeschenk. Ich habe ihn nie wieder gesehen und auch nichts mehr über ihn vernommen. Er hat die Dienstgeschäfte nach seinem Unfall nicht wieder aufgenommen, ging verbittert, unleidlich und mürrisch – so wie sein ganzes Leben verlaufen war – in Pension und verschwand damit noch zu Lebzeiten in der Versenkung.

Hunde, die man nie vergißt

Zur weidgerechten Jagdausübung ist die Führung eines zuverlässigen Hundes unerläßlich. Doch nicht jeder Jäger hat die Begabung, einen solchen auch richtig abzuführen und die angewölften oder andressierten Leistungen ein ganzes Hundeleben lang zu konservieren. Auch ich mußte in meinem Jägerleben diesbezüglich viel Lehrgeld zahlen. Stets war ich von dem Ehrgeiz besessen, einen Spitzenhund zu präsentieren. Wie oft mir das gelang, kann ich an den Fingern einer Hand abzählen. Die meisten kamen über das Mittelmaß nicht hinaus. Sie wechselten schnell in andere Hände, wo sie dann oft von den Besitzern zu angeblichen Spitzenhunden hochgejubelt wurden. Hunde unter Mittelmaß wurden bei mir nicht alt. Nach einem bis eineinhalb Jahren habe ich sie meist eigenhändig in die ewigen Jagdgründe befördert. Das mag hart klingen, und mancher Leser dieser Zeilen wird entsetzt nach dem Tierschutz rufen. Doch noch heute halte ich mein Handeln diesbezüglich für das einzig Richtige. Im Gegenteil bin ich der Meinung, daß jeder Hundeführer mit un- oder halbtauglichen Hunden so hätte verfahren müssen. Dann wäre das heutige Image unserer Jagdgehilfen wesentlich besser. Bei manchen Jagden sieht man leider Krücken herumlaufen, die das Pulver einer Patrone nicht wert sind. Aber Herrchen, Frauchen und wahrscheinlich die Kinder haben sich an das liebe Hündchen so gewöhnt, daß es bis an sein Lebensende durchgehätschelt wird. Richtige Jagdfreuden wird der Besitzer mit diesen Hunden nie haben. Deshalb sollte man sie auch bei den heutigen Winterjagden hinter dem Ofen lassen. Dort stören sie den ganzen Jagdablauf mit Sicherheit nicht. Doch ich wollte ja von Spitzenhunden erzählen, an denen man leider dann oft die nachfolgenden Artgenossen mißt und dabei nicht immer gerecht verfährt. Einer meiner Spitzenhunde, der diese Bezeichnung verdiente, war ein kurzgebliebener Rauhhaardackel mit Namen „Strolch", ein unscheinbares Würstchen, aber schon im Welpenalter fiel uns sein überaus pfiffiges Gesicht auf. Mein Vater, der auch Forstbeamter war, hatte ihn eigentlich für sich selbst gekauft. Doch bald merkte er, daß ich rein närrisch auf diesen Hund war. So machte er ihn mir kurzerhand zum Geschenk, zumal er ja noch einen Langhaardackel hatte.

Was mir dieser Hund im Lauf seiner sieben Lebensjahre für jagdliche Freuden bereitet hat, kann ich gar nicht alles beschreiben. Weit über achtzig Sauen auf Einzeljagden habe ich ausschließlich ihm zu verdanken, abgesehen von dem vielen Raubwild, an dessen Erlegung er den Hauptanteil trug. Auch bei vielen Nachsuchen auf Rot-, Schwarz- und Rehwild hat er sein Können unter Beweis gestellt. Noch eine besondere Eigenschaft dieses Hundes ist erwähnenswert. Es war sein unbedingter Gehorsam. Ich habe noch nie einen Dackel erlebt, der einen solchen Appell hatte. Mit einem einzigen Kommando oder Pfiff konnte ich eine Hetze an gesundem Wild unterbrechen, auch ließ sich Strolch aus jeder Fuchsröhre rufen, ob befahren oder nicht. Schon mit vier Monaten durfte er mich auf meinen Reviergängen begleiten. Auf seinen kurzen, krummen Läufen trottete er mit wackelnden Behängen hinter mir her. Doch schon damals nahm er von jeder Spur oder Fährte Notiz, beschnüffelte sie intensiv und wurde sichtlich erregt. Nach einigen Kilometern mußte ich ihn dann natürlich auf den Arm nehmen und tragen. Aber lange hielt er es dort nicht aus. Er fing an zu strampeln und wollte wieder runter. Dort gab es Interessantes zu entdecken. Mit sechs Monaten brachte er das erste Rudel Rotwild auf Schwung und jagte es weit über die Reviergrenze hinaus. Da das Rudel diese kleine kläffende Wurst nicht für voll nahm und oft verhoffte, konnte ich vorspuren und Strolch in Empfang nehmen. Damals war von Appell natürlich noch keine Rede. In dieser Entwicklungsphase mußte ich höllisch aufpassen und ihn immer wieder zum Gehorsam ermahnen. Zunächst half das nicht viel, er buchste mir immer mal aus. Seine Hetzen wurden von einem wunderbaren klaren und anhaltendem Geläut begleitet. Sie waren lang und ausdauernd. Auch kehrte er von jeder Hatz mit einer stoischen Sicherheit an den Ausgangspunkt zurück.

Eines Vormittags, ich war mit dem Aufmessen von Stammholz beschäftigt und hatte Strolch auf meinem Mantel frei abgelegt, muß der Bursche wohl Wind von einer Rotte Sauen aus der angrenzenden Dickung bekommen haben. Wahrscheinlich hatte der Haumeister und ich diese beim Herumhantieren mit den Meßkluppen und unserem lauten Gerede locker gemacht. Jedenfalls vernahmen wir plötzlich Strolchs Standlaut in der Dickung und gleich darauf ging die Post ab in Richtung des Nachbarforstamts. Da wir unsere Arbeit nicht unterbrechen konnten, mußte ich den Hund zunächst seinem Schicksal überlassen in der Hoffnung, daß er auch diesmal sicher zurückkehren würde. Aber dem war nicht so. Es wurde Mittag und von Strolch noch immer keine Spur. Langsam wurde ich unruhig. Mit dem Fahrrad fuhr ich in die zuletzt vernommene Flucht- und Hetzrichtung und suchte mit dem Glas alle Wege ab. Dabei begegnete mir ein Waldarbeiter des Nachbarforstamtes. Auf die Frage, ob er einen kleinen Dackel gesehen hätte, berichtete er mir, daß vor etwa drei Stunden eine Rotte Sauen in der Nähe ihres Holzeinschlagplatzes vorbeigetrollt wäre. Mindestens zehn Minuten später sei ein kleiner, schwarzer Hund lauthals auf der Fährte der Sauen hinterher gekommen. Es hätte recht lustig ausgesehen, mit welch giftigem Laut dieses kleine Etwas eine ganze Rotte Sauen in die Flucht zu schlagen schien. Mir war gar nicht wohl zumute, wußte ich doch, daß die Rotte und somit auch der Hund eine vielbefahrene Straße überqueren mußten. Zunächst blieb mir jedoch nichts anderes übrig, als die Suche nach Strolch zu unterbrechen und nach Haus zu fahren. Dort wartete verabredungsgemäß ein Holzhändler zur Holzabnahme auf mich. Dieser hatte für meine augenblickliche Situation viel Verständnis und in kurzer Zeit brachten wir die Holzangelegenheit über die Bühne. Als ich mich gerade aufs Fahrrad schwingen wollte, läutete das Telefon. Am Apparat die Frau des Nachbarkollegen W. mit der herzlichen Bitte, ihre hirschrote Kurzhaardackelhündin zum Decken in die etwa 15 Kilometer entfernte Försterei S. zu fahren. Ihr Mann läge mit einem gräßlichen Hexenschuß im Bett und könne die Fahrt nicht wagen. Zu diesem Zweck sollte ich auch sein kleines Motorrad benutzen. Es wäre deshalb so dringend, weil bei der Läufigkeit der Hündin heute wohl der letzte „empfangsfreudige" Tag wäre. Also mußte ich umdisponieren, radelte zum Forsthaus des kranken Kollegen und ließ mir dort die nötigen Instruktionen geben. Die läufige Hündin wurde in einen Rucksack gepackt, dieser auf die Schulter geschwungen, mein Fahrrad gegen das Leichtmotorrad vertauscht und schon schnurrte ich die Waldwege entlang in Richtung Deckstation.

Natürlich hatte ich kleine Umwege zur Suche nach meinem verlorenen Strolch von vornherein einkalkuliert. Diana war mir wohlgesonnen. Als ich die schnurgerade verlaufende, sogenannte Kasseler Schneise überquerte, sah ich auf dieser in etwa 2.000 Meter Entfernung einen winzigen schwarzen Punkt, der sich deutlich von der hellen Kalkschotterdecke abhob. Vor Aufregung würgte ich den Motor ab. Ein Blick durchs Glas bestätigte mir meine Vorahnung – es war der vermißte Strolch. Er kam in meine Richtung getrottet und schien recht abgekämpft zu sein. Freudig brauste ich ihm entgegen. Die Begrüßung seinerseits war nicht überschwenglich. Nur ein leichtes Schwanzwedeln zeugte von einer stillen Freude, mich wiederzusehen. Wahrscheinlich erwartete er wieder ein fürchterliches Donnerwetter des Alten wegen der eigenmächtigen Hatz, aber das blieb diesmal aus. Nun gab es ein kleines Problem. Bei Fahrten mit meinem Motorrad saß Strolch stets auf dem mit einer Decke überzogenen Benzintank und fühlte sich dort äußerst wohl. Bei dem Leichtmotorrad meines Kollegen war der Tank nicht waagerecht, sondern in fast senkrechter Stellung angebracht. Die Beförderung eines Hundes auf dem Benzintank war also nicht möglich. Kurz entschlossen packte ich Strolch und stopfte ihn mit zu der läufigen Hündin in den Rucksack. Eine Zeitlang verhielten sich die beiden recht ruhig. Mein Sauhetzer hatte ja auch einen recht erschöpften Eindruck gemacht. Aber die Ruhe währte nicht lange. Strolch schien plötzlich seine Männlichkeit entdeckt zu haben und nun begann ein wüstes Rumoren im Rucksack auf meinem Rücken. Was half's, ich mußte anhalten und bugsierte Strolch aus dem Rucksack. Aber der wollte gar nicht raus und hüpfte an mir hoch, er wollte wieder rein. Ja, ist denn das die Möglichkeit: Der Bursche ist kaum 8 Monate alt und hat schon solch lüsternde Gefühle! Da ich keine andere Transportmöglichkeit sah, mußte er wieder in sein enges Liebesnest. Nur verschnürte ich den Rucksack diesmal so, daß er mit

Moderne Massenstrecke nach einer Stöberjagd mit über 100 Schützen. Der Anblick des mit großkalibrigen Waffen zerfledderten Rehwilds ist unästhetisch.

Damals waren Massenjagden nicht üblich, und Rehwild war auf Gesell-
schaftsjagden tabu.

Zwischenmahlzeit im Wald.

Kopf und Vorderläufen aus diesem herausragte. Außerdem schulterte ich den Rucksack jetzt nach vorn vor meinen Bauch und hatte dadurch den spitzen Galan unter Kontrolle. Ab und zu mußte ich zwar noch energisch dazwischenfahren, trotzdem kamen wir drei wohlbehalten in der Försterei S. an. Der Revierleiter und Besitzer des Deckrüden war schon ein recht betagter Herr. Er empfing uns mit seinem Hund an der Gartentür und warf gleich einen mißbilligenden Blick auf meinen Strolch. Den sollte ich bloß nicht aus dem Rucksack lassen. Also mußte der arme Kerl drin bleiben. Ich ließ ihm nur so viel Spielraum, daß er grade den Kopf rausstecken konnte und hing dann wie erwünscht Strolch im Rucksack an den Gartenzaun. Bei näherem Betrachten mußte ich feststellen, daß der Deckrüde auch schon kurz vor der Pensionierung stehen mußte. Sein ganzes Gebaren und Liebeswerben war so lahm und ungeschickt, daß ich schon an seiner Potenz zu zweifeln begann. Da kam ich aber bei dem Kollegen Sch. schlecht an. Nun mußte ich mir minutenlange Lobhudeleien über den Deckrüden anhören. Von meterlangen Stammbäumen, Prüfungen usw. usw. war die Rede. Nur von Praxiseinsätzen und diesbezüglichen Erfolgen war wenig zu hören. Manche fanatischen Hundebesitzer nehmen die Beleidigung ihrer Ehefrau nicht so übel wie das geringste kritische Wort über ihren Hund. In der Zwischenzeit war der hochgelobte Deckrüde über ein Vorspiel nicht hinausgekommen. Meist umtänzelte er die empfangsbereite Hündin, kratzte mit den Läufen den Grasboden auf, schwang sich ab und zu mal auf, fiel aber auf der anderen Seite wieder runter. Kollege Sch. meinte, wir sollten uns etwas zurückziehen und die Hunde bei ihrem Liebesakt nicht stören. So entfernten wir uns ungefähr 50 Meter außerhalb des Gartens.
Plötzlich hörten wir auf der Liebeswiese ein kurzes, giftiges Knurren, dann ein schmerzhaftes Aufheulen des alten Deckrüden und schon kam dieser mit eingezogener Rute auf uns zugestürmt. Zunächst glaubten wir, die Hündin hätte ihn abgebissen, aber weit gefehlt! Bei einem Blick dorthin mußten wir entsetzt feststellen, daß mein Dackel Strolch gerade dabei war, den Liebesakt mit der Hündin zu vollziehen. Obwohl ich noch schnell zum Tatort lief, war nichts mehr zu retten. Der Akt war schon beendet, die Hunde hingen fest. Ich hörte im Hintergrund

das wilde Fluchen des Kollegen Sch., sah wie er seinen Zucht-
rüden unter den Arm klemmte und in der Haustür verschwand.
Mich würdigte er keines Blickes mehr. Auch später noch, wenn
wir uns mal bei Jagden oder sonstwo trafen, hat er mir kaum die
Hand gegeben. Irgendwie kam eine unterdrückte Schadenfreude und sogar etwas Stolz, ob dieser schnöden Behandlung durch
den Hundebesitzer in mir auf. Nun stand ich da vor den hängenden Hunden und mußte warten. Wie war dieser Teufel von
einem Hund bloß aus dem aufgehängten Rucksack gekommen?
Wir hatten ihn bei unserer angestrengten Unterhaltung völlig
vergessen. Wahrscheinlich hatte er das lahme Liebesspiel des
Hundeopas mit einer ohnmächtigen Wut im Bauch mit ansehen
müssen. Dann muß es ihm gelungen sein, die Rucksackschnüre
zu durchbeißen und den müden Vorkoster in die Flucht zu
schlagen. Bei der inzwischen voll aufgeheizten Hündin hatte er
keine Schwierigkeiten mehr. Ich weiß heute nicht mehr, wie
lange ich auf das Entflechten der Hunde habe warten müssen.
Auf jeden Fall verlief die Rückfahrt mit den beiden im Rucksack
wesentlich friedlicher als die Hinfahrt. Dem Kollegen W. habe
ich natürlich alles gebeichtet. Er nahm die Sache von der humor-
vollen Seite, meinte nur, wir hätten uns ja in diesem Falle die
Fahrt nach S. sparen können. Die Hündin warf sechs Welpen.
Vier davon waren hirschrot, zwei waren schwarz gezeichnet.
Alle Welpen ließen sich gut verkaufen. Sie sind über fast alle
alten Bundesländer verteilt. Leider weiß ich nicht, was aus ihnen
geworden ist.
Im Laufe der Zeit wuchsen Strolch und ich zu einem richtigen
Team zusammen. Die Sauen hatten sich unheimlich vermehrt.
Überall riefen die Bauern um Abhilfe. So wurden dann einige
wenige Forstbeamte mit deutschen Karabinern bewaffnet, einige legal, wieder andere übten die Jagd schon illegal aus. Rückblickend muß ich heute sagen, daß diese Zeit für einen passionierten Jäger ein paradiesischer Zustand war. Im Durchschnitt
schoß ich damals in der Woche zwei bis drei Sauen. Strolch hatte
schnell begriffen, daß die primäre Bejagung dem Schwarzwild
galt und spezialisierte sich in kurzer Zeit auf diese Wildart.
Manchmal hatte ich den Eindruck, daß er die Sauen schon auf
kilometerweite Entfernungen in der Nase hatte. Wenn Strolch in
einem Treiben nach wenigen Minuten wieder auf meinem Stand

erschien, konnte dieses sofort abgeblasen werden; dann waren keine Sauen drin. Nur bei hoher Schneelage war es mit seinen kurzen Läufen recht beschwerlich für ihn. So mußte er einmal bei einer solchen Jagd den ganzen Tag über auf meinem Stand bleiben. Es fiel ihm unheimlich schwer, und er benahm sich dementsprechend mürrisch und beleidigt. Nach Beendigung des letzten Treibens stapften Jäger und Treiber im Gänsemarsch durch den hohen Schnee dem Sammelplatz entgegen. Strolch hatte ich mit seinem Hinterteil so halb in meinen Parker vor die Brust geklemmt und hielt ihn mit einer Hand fest. Unser Rück-marsch führte an einer etwa ein Hektar großen Buchen/Lärchendickung vorbei. Plötzlich wird der Hund in meinen Armen lebendig. Er wühlt und strampelt wie wild, hebt den Windfang hoch, zittert am ganzen Körper. Nun fängt er auch noch an Laut zu geben und versucht, sich meinen Armen zu entwinden. Irgendwas hat er in der Nase. Sollte sich hier eine Rotte Sauen eingeschoben haben? Aber diese Dickung hatten wir doch schon am Vormittag im ersten Treiben mitgenommen. Einer inneren Eingebung folgend, setzte ich Strolch nicht gerade behutsam in den Schnee. Lauthals pflügt er sich im wahrsten Sinne des Wortes durch diesen und verschwand in der Dickung. Die ganze Korona hatte das Theater mit dem Hund natürlich mitbekommen, hielt an und harrte der Dinge, die da kommen sollten. Plötzlich rief ein Treiber, der etwas zurückgeblieben war: „Ein Hund gibt Standlaut!" Ich hatte noch nichts gehört. Die schneebehangenen Äste schirmten wie Dämmplatten jedes Geräusch ab.

Schnell stürme ich ein Stück zurück in die Nähe des zurückge-bliebenen Treibers. Tatsächlich, was bei dieser Schneelage so einige Meter fürs Ohr ausmachen. Jetzt höre ich es auch, den Standlaut – nein das Totverbellen meines Strolchs. Diese Arie kenne ich ganz genau und weiß sofort Standlaut und Tot-verbellen mit einer traumwandlerischen Sicherheit zu unter-scheiden. Nun hält auch mich nichts mehr. Fernglas und Ziel-fernrohr einem Kollegen in die Hand gedrückt, Kapuze überge-stülpt und rein geht es in die verschneite Dickung, dem ununter-brochenen Totverbellen entgegen. Als der Hund mich kommen hört, verstärkt er wie üblich das Verbellen nochmals um einige Phonstärken. Dann entdecke ich ihn. Wie ein kleiner Herkules steht er da, hat die Vorderläufe besitzergreifend auf einen dunklen Klumpen gesetzt und bellt erhobenen Hauptes seinen ganzen Tagesfrust aus sich heraus. Wahrscheinlich will er es diesmal besonders gut machen und mir zu verstehen geben, daß es ohne ihn halt doch nicht geht. Der dunkle Klumpen entpuppt sich als eine zweijährige Bache. Sie ist noch warm und hat einen Brenneckeeinschuß im hinteren Teil des Kastens. Dieser hatte sich mit Weißem vollkommen zugesetzt. Die Sau hatte überhaupt nicht geschweißt. Ein Ausschuß konnte ich nicht entdecken. Die Herkunft der verendeten Bache konnte erst am nächsten Tag mit Sicherheit geklärt werden. Danach hatte ein Kollege im zweiten Treiben auf 40 Meter eine Sau dieses Kalibers mit dem Drilling beschossen. Erst mit der Kugel und dann mit dem Flintenlaufgeschoß. Die Kugel hatte gefehlt, die Brennecke das Stück zu weit gefaßt. Ein vom Jagdleiter beauftragter Forstanwärter mußte die Fährte der Bache am nächsten Tag rückwärts ausgehen und kam genau zu den Anschüssen des Kollegen. Letzterem kann man zugute halten, daß trotz Schnee nicht die geringsten Pirschzeichen am Anschuß und auch nicht die nächsten 100 Meter zu sehen waren. Dies hatten mehrere Jäger und Kollegen überprüft und die Sau für gefehlt gehalten. Der erste, winzige Schweiß hatte erst nach etwa 400 Metern eingesetzt. Bis zum Verenden mußte das Stück eine Entfernung von über einem Kilometer zurückgelegt haben. Strolch auf meinen Armen mußte die verendete Bache auf 80 Meter in der Dickung gewittert haben. Wahrscheinlich durch den erhöhten Platz, den er dabei einnahm, war er den anderen Hunden gegenüber im Vorteil, denn diese hatten überhaupt nicht reagiert. Auch die Windrichtung mußte gestimmt haben. Natürlich standen Hund und Herr jetzt wieder mal ganz prima da. Diesmal war eine ganze Jagdgesellschaft Zeuge von Strolchs Können. Am Abend wurden viele alte Jagderlebnisse mit diesem Hund wieder aufgewärmt und mit jedem Bier wurde Strolch immer größer, bis er symbolisch die Form eines Bernhardiners einnahm.

Unser Zusammengehörigkeitsgefühl verstärkte sich von Tag zu Tag. Da ich damals noch nicht verheiratet war, behielt ich Strolch Tag und Nacht in meiner Nähe. Nachts hüpfte er manchmal aus seinem Körbchen zu mir ins Bett. Das gab dann oft Schwierigkeiten mit der Quartierwirtin. Auch meine Eheschließung änderte an dem Zusammengehörigkeitsgefühl mit Strolch, nichts. Als unser erstes Kind geboren wurde, saß er stundenlang vor dem im Garten abgestellten Kinderwagen und bewachte dessen Inhalt. Dann kam der verhängnisvolle Sonntagvormittag, an dem ich meinen treuesten und liebsten Jagdgefährten fast eigenhändig erschossen hätte. Am Tag zuvor kam mein Bruder, der auch ein passionierter Jäger war, zu Besuch. In der Nacht begann es zu schneien und am nächsten Morgen war Wald und Flur mit einer wunderbaren Neuen bedeckt. Das war das richtige Wetter für eine kleine Sauhatz. Tatsächlich hatten wir bald eine Rotte von drei bis vier Überläufern in einer schmalen Buchen/Fichtendickung ausgemacht. Wir waren leider nur zwei Schützen, mein Bruder und ich. Deshalb postierte ich diesen unterhalb der Dickung auf einen der Hauptwechsel, während ich von der entgegengesetzten Seite den Hund schnallte und auf dem Weg flankierend mitging. Es dauerte keine fünf Minuten, da war Strolch an die Rotte geraten und gab wütenden Standlaut.

Leise schiebe ich mich etwas näher an den Kampfplatz heran, bis ich einigermaßen Einblick in die lückige Dickung habe. Keine Sekunde zu früh, denn schon geht der Standlaut in Hetzlaut über und kommt genau in meine Richtung. Nun bricht es schon kurz vor mir, ich gehe in Anschlag, ein Überläufer trollt auf kaum 30 Schritt parallel zum Weg an mir vorbei, dahinter Strolch mit anhaltendem Hetzlaut. Schnell eine Lücke gesucht und der Schuß ist raus. Die Sau sackt hinten kurz zusammen, kommt wieder hoch und die Hatz geht weiter. Verdammt – die Kugel sitzt hinten, wahrscheinlich weidwund. Nun heißt es spurten. Auf dem Weg renne ich hinterher. Der Hetzlaut geht in Standlaut über. Ich greife vor, warte ab. Aus dem Standlaut wird wieder Hetzlaut, verstummt jetzt ganz. Da bricht es erneut, kaum zwanzig Schritt vor mir, in der Dickung. Die Sau kommt halbspitz auf mich zu, wendet etwas nach rechts. Jetzt bekommt sie die zweite Kugel mitten auf den Kasten. Sicher ist sicher. Nach dem Schuß höre ich mit Entsetzen ein kurzes Aufheulen meines Hundes, sehe, wie er hinter der beschossenen Sau in den Schnee purzelt, sich aufrafft und mit ersticktem Laut den kranken Überläufer verfolgt. Also kann es nicht so schlimm sein. Doch es ist schlimmer als ich denke. Schon nach wenigen Metern hört der Hetzlaut von Strolch ganz auf. Kein üblicher Standlaut oder Totverbellen folgt. Da hält es mich draußen nicht mehr, rein in die Dickung zum letzten Anschuß. Da sehe ich die Bescherung. Sau und Hund schweißen mächtig, das ist ganz deutlich voneinander zu unterscheiden. Vom Hund liegen sogar Deckenfetzen und Wildbret am Anschuß. Heiliger Hubertus – was habe ich da bloß angerichtet! Mühelos kann ich den beiden Schweißfährten folgen. Schon nach 30 Schritt sehe ich Strolch im Schnee liegen. Er hebt den Kopf und äugt mich traurig an, so als wolle er sich entschuldigen, daß er die Sau nicht zur Strecke bringen konnte. Doch diese sehe ich kaum 20 Schritt weiter verendet liegen. Bis dahin hatten seine Kräfte nicht mehr gereicht. Nun kniee ich neben meinem verwundeten Jagdgefährten und begutachte seine Verwundung. Ein Splitter oder der Kern des Geschosses hat ihm den linken Schenkel zerfetzt. Schnell wickele ich ihn in meinen Mantel und trage ihn zum abgestellten Auto. Mein Bruder kommt uns entgegen. Er hat von dem ganzen Drama nichts mitbekommen und auch keinen Anblick gehabt. Zum Glück war auch der Tierarzt an diesem Sonntagmorgen anzutreffen und so hat er den armen Strolch unter meiner Assistenz in stundenlanger Kleinarbeit wieder zusammengeflickt. Am Nachmittag konnten wir dann alles nochmals rekonstruieren. Der Hund mußte bei Abgabe des zweiten Schusses auf der gegenüberliegenden Seite des Einschusses an der Sau gehangen haben. Das Geschoß hatte ihn dann beim Austreten aus dem Körper der Sau erwischt. Was war ich glücklich, daß nicht noch mehr passiert war. Nach diesem Vorfall mußte Strolch lange Zeit pausieren. Er lag ungeduldig in seinem Körbchen in der Küche und jedesmal, wenn er merkte, daß ich in den Wald aufbrach, schleppte er sich winselnd bis an die Haustür. In kurzer Zeit hatte er sich trotz Halskrause die Fäden der Wunde selbst gezogen und leckte nun ständig an dieser herum. Der Tierarzt wußte auch keinen Rat mehr. Trotzdem bildete sich bald von den Rändern der verletzten Stellen her wildes Fleisch, und man merkte richtig, wie dieses von Tag zu Tag den Knochen mehr umwucherte. Nach etwa sechs Wochen war alles wunderbar verheilt. Er humpelte schon hinter mir her. Das linke Bein jedoch war um einiges kürzer geworden; er hinkte. Dieses Hinken beschränkte sich jedoch auf die langsame Gangart. Sobald er bei einer Hatz den Schnellgang einschalten mußte, siegte die

Passion und von einer Behinderung konnte keine Rede mehr sein. Meine Befürchtungen, daß er von nun an mehr Respekt vor den Sauen haben würde, bestätigte sich nicht. Eher das Gegenteil war der Fall. Das fröhliche Jagen in den hessischen Wäldern konnte weitergehen. Jagderlebnis reihte sich an Jagderlebnis. Es war eine der wunderbarsten Zeiten in meinem Jägerleben bis zu dem Tag, an dem das Schicksal wieder mal zuschlug – diesmal endgültig.

Gute Hunde werden nicht alt – sagt man. Bei meinem Strolch sollte das leider zutreffen. Als er kaum sein siebentes Lebensjahr überschritten hatte, verbrachte ich meinen Urlaub, wie fast jedes Jahr, während der Hirschbrunft in meinem Elternhaus im Reinhardswald. Ich sollte bei der Erlegung eines Abschuß-hirsches durch meinen Vater zugegen sein. Der Hirsch, ein alter Achter mit starken Stangen, kam im Morgengrauen hinter dem Kahlwild über eine Brandschneise gezogen und erhielt auf 160 Meter von meinem Vater die Kugel. Mit vorgestrecktem Träger flüchtete er in die nächste Dickung. Genauere Schußzeichen konnten wir wegen des hohen Grases nicht sehen. Wir hörten noch wildes Geprassel in der Dickung, und dann war Ruhe. Nach der üblichen Wartezeit fanden wir am Anschuß etwas Schweiß und Knochensplitter. Der Scheiß erwies sich bei näherem Betrachten als Wildbretschweiß. Etwas niedergeschlagen und mit bangen Zweifeln traten wir den Heimweg an. Erstmal mußte der Hirsch drei Stunden Ruhe haben, dann kam die Nachsuche mit Strolch. Ich war zuversichtlicher als mein Vater, denn ist der Hirsch nur etwas krank und behindert, so würde er meinem Hund nicht entgehen, auch wenn die Hetze durch drei Forstämter gehen sollte. Mein Vater behauptete, gut abgekommen zu sein, nur hätte er sich in der Entfernung getäuscht, so daß die Kugel etwas tief sitzen könnte.

Endlich war die Wartezeit um, und gegen 11 Uhr wanderten wir mit Strolch zum Anschuß. Heiliger Hubertus, da stand ja der Hirsch genau am Anschuß, ich glaubte meinen Augen nicht zu trauen. Doch mein Vater hatte schon das Glas hoch und erkannte einen ähnlichen Achter, der aber etwas jünger als der Beschossene zu sein schien. Nun ging er auch noch flüchtig ab, genau in der Fluchtrichtung des kranken Hirsches. Hoffentlich ließ sich der Hund durch die frische Witterung nicht beirren. Mein Vater stellte sich nun auf die andere Seite der Dickung, um zu beobachten oder dem eventuell noch lebenden Hirsch die Fluchtrichtung abzuschneiden. Nun konnte ich mit der Suche beginnen. Wunderbar arbeitete der Hund die Fährte aus. Aber er war das freie Suchen kurz vor mir her gewohnt und so befreite ich ihn vom Riemen. Er hatte den kranken Hirsch schon in der Nase. Wie ein Pfeil schoß er davon und nach wenigen Sekunden ertönte auch schon sein Standlaut. Vorsichtig pirschte ich näher, aber da prasselte es auch schon von mir weg. Das konnte nur der Hirsch sein. Er flüchtete ja in Richtung auf den Stand meines Vaters, da bestand noch Hoffnung. Doch es fiel kein Schuß. Schnell raus aus der Dickung und dem Hetzlaut des Hundes gefolgt. Auf der Schneise traf ich mit meinem Vater zusammen. Er berichtete mir hastig, daß er den kranken Hirsch gesehen hatte, jedoch wegen zu großer Entfernung nicht habe schießen können. Der Hirsch hatte einen Vorderlaufschuß, und mein Dackel war ganz dicht gefolgt.

Rock aus, Hut ab, das sind längst geübte Griffe, und weiter geht es mit voller Kraft dem Hetzlaut nach. Nach 200 Metern wieder Standlaut, bald bin ich dran – und da sehe ich auch schon im Fichtenbaumholz den Hirsch. Mit gesenktem Haupt steht er dem ununterbrochen bellenden Hund gegenüber. Ein herrliches Bild. Nur wer schon mal etwas Ähnliches erlebt hat, kann es sich vorstellen. Ehe ich jedoch einen Schuß anbringen kann, geht die Reise weiter. Jetzt nimmt der Hirsch die nächste Buchendickung an, da kenne ich den Hauptwechsel. So schnell, wie es die Lungen hergeben, auf die nächste Schneise vorgelaufen und Aufstellung genommen. Dort ist jedoch die Jagd schon durch, also eine Schneise weiter vor. Da prasselt er auch schon heran. Aber Diana hilf, das Korn tanzt nur so in der Gegend herum. Ich reiße mich zusammen, es muß gehen. Schon habe ich Kimme und Korn zusammen, da überfällt der Hirsch auf 70 Schritt die Schneise. Raus ist der Schuß, und ich habe das Gefühl, irgendwie getroffen zu haben. Ohne die Wirkung des Schusses abzuwarten, stürme ich weiter, um dem Hirsch vielleicht nochmals die Fluchtrichtung abschneiden zu können. Jetzt bin ich im Buchenaltholz, da muß er durchkommen, und da höre ich ihn auch schon. Er hört sich an wie eine fauchende Lokomotive, mein Schuß muß ihn an der Drossel getroffen haben. Mir geht es nicht viel besser, mein einziger Gedanke ist der Hirsch, ich handle wie im Fieber. Als der Hirsch jetzt auf 60 Meter an mir vorbeiflüchtet, versuche ich wieder meinen vom Laufen ausgepumpten Körper zu beherrschen, aber dieser Schuß geht vorbei. In Sekundenschnelle bin ich wieder im Anschlag, mit aller Energie gezielt, und diese Kugel erwischt ihn. Ich sehe zwar kein Zeichnen, der Hirsch flüchtet weiter, aber ich weiß, daß dieser Schuß gesessen hat. Jetzt werden seine Fluchten taumelnd, er wird immer kürzer, stolpert und bricht endlich, sich halb überschlagend, zusammen. Mein Strolch ist sofort dran, und jetzt ertönt die schönste Musik für Jägerohren, das Totverbellen des Hundes durch den bunten Herbstwald. Erschöpft, aber mit dankbarer Freude ob solchen Erlebens trete ich an den Hirsch. So findet mein Vater uns, der der Hetze nicht so schnell folgen konnte. Strolch wird gelobt und gestreichelt und scheint sich seiner Hilfeleistung bei der Erlegung bewußt zu sein. Wie vorausgesehen, sitzt der erste Schuß meines Vaters hoch am Vorderlauf, hatte den Knochen zerschmettert und den Brustkern tief gefaßt. Mein erster Schuß auf der Schneise war durch die Drossel gegangen, daher das laute Röcheln. Der letzte Schuß hinterm Blatt hat ihn dann endgültig zur Strecke gebracht.

Nach dem Aufbrechen begaben wir uns auf den Weg zum Nachbarkollegen, um dessen Gespann für den Transport des Hirsches zu holen. Strolch trollte scheinbar uninteressiert hinter mir, während mein Vater und ich eifrig über die Erlegung des Hirsches debattierten. Bei der Ankunft in der Nachbarförsterei mußten wir feststellen, daß Strolch fehlte. Bald fuhren wir mit dem Gespann denselben Weg zurück, und da sahen wir an einer Kanalröhre Strolch im Kampf mit einem Fuchs. Der Kampf schien allerdings schon vorbei zu sein, denn der Hund schlug sich den Fuchs tüchtig um die Behänge. Nach ein paar Stockschlägen verendete er. Hoffentlich war der Fuchs nicht von der Tollwut befallen, er sah vollkommen gesund aus und war gut im Kern. Doch auch zu Hause ließ mich dieser Gedanke nicht mehr los. Ich nahm den Fuchskadaver und brachte ihn zur Untersuchung zum Kreistierarzt. Hätte ich damals schon gewußt, daß das Ende meines braven Hundes so oder so besiegelt war, so wäre ich über seinen heldenhaften Tod am nächsten Tag leichter hinweggekommen. Dieser Tag war wieder ein Sonntag. Mit einem alten Jagdfreund meines Vaters machten wir einen Vormittagsbummel an der Feldkante des Reviers. In unserer Begleitung befanden sich Strolch und der Langhaardackel „Watz" meines Vaters. Ungefähr 300 Meter vom Feld entfernt lag eine kleine Fichtendickung von knapp einem Morgen Größe. Sie war durch Naturverjüngung entstanden und daher bürstendicht. Da wollten wir mal sehen, ob wieder die Sauen dort drinsteckten. Diese hatten in den letzten Tagen den umliegenden Wiesen und Feldern unerwünschte Besuche abgestattet. Ich stellte also Freund B. an den bekannten Wechsel und ließ von der anderen Seite beide Hunde in die kaum mannshohe Dickung. Es vergingen kaum fünf Sekunden, da ertönte schon der wütende Standlaut von Strolch, und auch Watz war lautgebend an Sauen. In freudiger Erwartung klopfte mein Herz, gleich mußten sie kommen.

Doch da, was war das? Strolch klagte plötzlich anhaltend, dazwischen war das Blasen und Quieken einer ungewöhnlich starken Rotte zu hören. Die ganze Dickung war plötzlich in Bewegung geraten, jede Anflugfichte schien zu wackeln, alles stürzte sich auf die Hunde. Das Klagen meines Hundes ging mir durch Mark und Bein, ich mußte versuchen, ihm zu helfen. Einen Schuß in die Luft abfeuernd, war ich mit ein paar Sätzen in der Dickung. Ich trat neben Frischlinge, da blies kaum 2 Meter vor mir ein wütend Stück. Überall bewegte es sich. Nun war mein Hund verstummt, ich konnte ihn nicht finden. Die Sauen dachten gar nicht daran, das Feld zu räumen. Was war nur mit meinem Hund? Eine dunkle Ahnung befiel mich. Aber was half's, ich mußte versuchen, ihn aus der Dickung zu rufen, und sprang wieder zurück. Kaum war ich draußen, da kam buchstäblich etwas aus der Dickung geflogen und schlug 10 Schritt vor mir auf den Boden. Ich sah, daß es ein Hund war, aber Strolch war es nicht, sondern Watz, der sich nun wieder taumelnd erhob. Hinter seinem Blatt schoß es rot heraus. Ein Keiler hatte ihm durch einen Hieb diese Wunde beigebracht und dabei durch die Luft geschleudert. Bei jedem Atemzug pfiff es nur so aus der Lunge. Gerade wollte ich ihn zwischen Wurzelanläufe betten, da ertönte schon wieder das markerschütternde Klagen Strolchs in der Dickung. Dazwischen hörte ich das wütende Blasen der Sauen, die den scheinbar wehrlosen Hund wieder angriffen.

Ohne Überlegung sprang ich dazwischen und brachte die Sauen durch einen blinden Schuß auseinander. Mein Hund war wieder verstummt, ich konnte ihn auch diesmal nicht finden.

Durch meinen letzten Schuß in der Dickung und mein Dazwischenspringen schienen sich die Sauen nun endlich in Bewegung zu setzen. Ich hörte sie unter lautem Spektakel in Richtung auf Freund B. abziehen. Schon knallte es zweimal kurz hintereinander und gleich darauf nochmals. Ich sprang aus der Dickung, um eventuell auch noch einen Schuß anbringen zu können, aber der Zauber war schon vorbei.

Auf dem Anschuß bei B. lagen zwei Sauen, einen angeblich sehr starken Keiler hatte er vor lauter Aufregung gefehlt. Ich sah kaum hin, denn mich plagte die Ungewißheit um das Schicksal meines Hundes. Im Stillen hatte ich noch die Hoffnung, daß ihm nicht viel passiert sei. Er war doch ein alter Kämpfer und hatte gerade mit Sauen große Erfahrung. Trotz seines großen Kämpferherzens war er immer recht vorsichtig. Natürlich war er schon des öfteren vom Tierarzt zusammengeflickt worden, hatte es aber jedesmal gut überstanden. Mit ein paar Sätzen war ich wieder an der Stelle, wo ich das letzte Klagen vernommen hatte. Da hörte er mich wohl kommen und wimmerte ganz leise. Endlich fand ich ihn und meine furchtbare Ahnung bestätigt. Das Gescheide hing aus dem Bauch und hatte sich schon zwischen den Fichtenästen verwickelt, das linke Vorderblatt war abgerissen, der ganze treue Kerl vollkommen verstümmelt. Ich beugte mich über ihn und streichelte seinen Kopf, der einzige Teil des Körpers, an dem ich keine Verletzungen feststellen konnte. Noch einmal versuchte er, sich aufzurichten, aber es ging nicht mehr. Langsam trat ein glasiger Ausdruck in seine Augen. Längst hatten sich auch meine Augen mit Tränen gefüllt, ich ließ ihnen freien Lauf und schämte mich nicht.

Freund B., der inzwischen herangetreten war, verstand mich und wendete sich stumm ab. Noch nie bin ich so traurig von einer Jagd heimgekehrt wie an diesem Sonntagmorgen. Meinen toten Hund hielt ich in den Armen, während B. den schwerverwundeten Watz trug.

Dann haben wir Strolch unter einer alten Eiche gegenüber dem Forsthaus das Grab gegraben. Hier ruht er nun und wird wohl von allen, die ihn kannten, niemals vergessen werden. Nur wer selbst einmal einen so treuen Kameraden verloren hat, mit dem man durch so viele gemeinsame Erlebnisse verbunden war, wird mich verstehen können. Ich war untröstlich und habe mir viele unbegründete Vorwürfe gemacht. Aber schon zwei Tage später habe ich der Jagdgöttin für diesen schönen Tod meines Hundes gedankt. Inzwischen war nämlich amtlich festgestellt, daß der von meinem Strolch am Tag der Hirscherlegung gewürgte Fuchs im höchsten Grad tollwütig war. Sofort erschien der Kreistierarzt, um den Hund zur Tötung abzuholen. Aber den braven Strolch hatte sein Schicksal bereits ereilt. Er war den Tod gestorben, der seiner würdig war. Ich war sehr froh darüber. Der Hund meines Vaters wurde übrigens dank der Hilfe eines Tierarztes wieder einigermaßen hergestellt.

Den Winter ohne meinen liebsten Jagdkameraden zu verbringen, war für mich eine schlimme Zeit. An allen Ecken und Enden machte sich sein Fehlen bemerkbar. Die Pirschgänge verliefen recht lustlos, die Jagderlebnisse und vor allen Dingen die gewohnten Jagderfolge auf der Einzeljagd, verringerten sich um ein Wesentliches, ganz besonders beim Schwarzwild. Ich mußte schnellstens einen geeigneten Nachfolger für Strolch finden. Durch Vermittlung eines Jagdfreundes wurde mir eine einjährige Rauhhaardackelhündin aus einem berühmten bayerischen Zwinger angeboten. Die Hündin war aus weltbekannter, sehr häufig prämierter Zucht und hatte ellenlange Papiere vorzuweisen. „Nixe" gefiel mir auf Anhieb, und so nahm ich sie ohne lange Umschweife. Den Sommer über machte ich mit ihr Gehorsamsübungen, legte viele Schleppen und ließ sie ab und zu mal eine Hasenspur ausarbeiten. Auch bei der Ausbildung auf der künstlichen Schweißfährte mit anschließendem Totverbellen an der ausgestopften Rehdecke, stellte sie sich gar nicht so dumm an. Immer wieder ertappte ich mich dabei, sie mit ihrem Vorgänger Strolch zu vergleichen. Da schnitt sie natürlich nicht so gut ab. Man sollte solche Vergleiche jedoch tunlichst unterlassen. Im Frühherbst ließ ich Nixe dann das erste Mal an Sauen. Es waren zwei Überläufer, die ich beim Morgenansitz in eine kleine Dickung wechseln sah. Ich setzte sie nach einigen Stunden auf deren Fährte und war gespannt, wie sie sich anstellen würde. Doch die Hündin machte ihre Sache recht gut, es fehlte ihr nur noch das nötige Gift. Trotz meiner lautstarken

Unterstützung blieb sie in respektvoller Entfernung vom Kessel der Sauen, und es dauerte recht lange, bis sich diese in Bewegung setzten. Die anschließende Hetze mit anhaltendem Spur- und sogar Standlaut stimmte mich zuversichtlich. Dann kam jedoch eine dicke Enttäuschung. Eines morgens Anfang November hatte der Winter eine erste Kostprobe gegeben und uns eine leichte Schneedecke beschert. Unbeabsichtigt kam ich mit Nixe an einem alten, kaum befahrenen Fuchsbau vorbei. Donnerwetter, da führt ja eine nagelfrische Fuchsspur in die eine Röhre rein und an den beiden anderen beiden nicht wieder raus. Also meine Dame, heute haben wir Fuchspremiere, so dachte ich. Doch daraus wurde zunächst nichts. Da half kein gütliches Zureden, kein Anhetzen und auch keine energischen Töne. Madam steckte zwar interessiert den Kopf in die Röhre, aber das war auch alles. Dann legte sie den Rückwärtsgang ein und schaute mich nur blöd an. Mich packte der Zorn. Wieder kam das Messen an Strolch. Der wäre da schon mit acht Monaten reingefegt wie der geölte Blitz und hätte den roten Teufel rausgebracht, daß nur so die Fetzen geflogen wären. Ja, und dann tat ich etwas, das mit den heutigen Tierschutzbestimmungen auch nicht in Einklang zu bringen ist und dem Leser dieser Zeilen mit Sicherheit mißfallen wird. Ich suchte mir drei dicke Steine. Dazu brauchte ich mindestens eine halbe Stunde. Dann schob ich die sich sträubende Hündin in die Eingangsröhre des eingeschlieften Fuchses, packte einen der drei gefundenen Steinbrocken und verschloß damit hinter ihr die Röhre. Dasselbe tat ich mit den anderen zwei Ausgangsröhren. Danach setzte ich meinen Reviergang fort. Ich weiß, ich weiß, diese Radikalkur findet nicht allseitige Zustimmung, man kann damit mehr Schaden als Nutzen anrichten. Auch mich plagten unterwegs einige Gewissensbisse. Es konnte allerdings nicht viel passieren. Luft hatte Nixe ja genug, denn so dicht schlossen die Steine die Röhren nicht ab. Sie mußte eben nur die drei bis vier Stunden bis zu meiner Rückkehr im Bau aushalten.

Die Arbeit ging mir an diesem Morgen trotzdem nicht so recht von der Hand. Immer wieder mußte ich an die eingeschlossene Hündin denken. Sie hatte auch keine Chance sich auszugraben, denn die Röhre, in der sie steckte, war mit starken Wurzeln umflochten. Endlich war ich mit dem Holzaufnehmen fertig,

und schnurstracks ging es zum Bau zurück. Es waren inzwischen über drei Stunden vergangen. Dort erwartete mich eine wirklich freudige Überraschung. Hatte ich erwartet, daß Nixe noch ängstlich hinter dem dicken Stein am Röhrenausgang kauern würde, so vernahm ich schon zehn Meter vor dem Bau ein wütendes Gekläffe, Gebeiße und Gepolter da unten. Ja, ist denn das die Möglichkeit? Wer weiß, wie lange das schon so turbulent da zugeht? Vorsichtig entfernte ich die Steine von den drei Röhren und stellte mich schußbereit, etwa 15 Meter vom Bau entfernt, auf. Es verging eine halbe Stunde, ja sogar eine ganze, das Rumoren und Gekläffe da drinnen konnte ich sogar jetzt bis zu meinem Stand vernehmen, aber Reinecke sprang nicht. Wie oft bei Jagden, läßt die Aufmerksamkeit bei den Schützen mit zunehmender Zeitdauer nach. So erging es diesmal auch mir. Der Fuchs sauste plötzlich wie ein Pfeil aus der Röhre. Die Schrecksekunde bei mir brachte ihm mindestens zehn Meter Fluchtdistanz ein, bis ich angebackt und gezielt hatte. Nun erhielt er auch noch beide Schrotladungen spitz von hinten auf die Keulen. Er sackte kurz zusammen, quälte sich aber weiter. Inzwischen war auch Nixe kläffend aus dem Bau gestürmt und dem kranken Fuchs hinterher. Als Letzter folgte ich im Dauerlauf. Nach kaum hundert Metern hatte die Hündin ihn erreicht und wollte sich gleich wütend auf ihn stürzen. Aber da bekam sie erstmal tüchtig Schmisse und ging auf Distanz. Der Fuchs konnte nicht mehr weg. Mit einem Stockschlag auf die Nase machte ich ihn kampfunfähig. Nun konnte Nixe ihn nach Herzenslust beuteln und ihm vollends den Garaus machen. Das war ein herrliches Erlebnis für uns beide, und die Hündin hatte die brutale Feuertaufe mit Glanz und Gloria bestanden.
Von diesem Tag an wurde sie eine meiner besten Bauhunde und dem verstorbenen Strolch in dieser Beziehung absolut ebenbürtig. Den Winter über schoß ich in meist einsamer Baujagd eine große Anzahl von Füchsen. Damals waren die Fuchsbälge noch was wert und ein lukratives Zubrot für einen jungen Jäger. Nixe war inzwischen so jagdgeil auf Füchse, daß ich sie bei den winterlichen Treibjagden von jedem Bau im Treiben fernhalten mußte, sonst räumte sie diesen erst einmal aus. Schwierig wurde es nur, wenn sie an einen Dachs geriet. Zweimal mußten wir sie nach solch einer Eskapade mühevoll ausgraben. Das erstmalige,

kompromißlose Einbunkern bei der ersten Fuchsbegegnung hatte ihr nicht geschadet, sondern das erhoffte Gegenteil bewirkt. Trotzdem möchte ich diese Methode nicht weiterempfehlen. Es gibt nur ein Entweder – Oder.

Auch an Sauen hatte sich die Hündin hervorragend gemacht, ebenso wie auf der Schweißfährte. Ich war richtig froh und glücklich, eine so würdige Nachfolgerin für Strolch gefunden zu haben. Wahrscheinlich wären wir im Lauf der Jahre ein wunderbares Team geworden. Aber das sollte uns leider nicht vergönnt sein. Nixe war auch in der Nachbarschaft bei Erwachsenen und Kindern unheimlich beliebt und weilte oft dort. Eines Tages kehrte sie von solch einer Stippvisite jedoch nicht mehr zurück. Eine intensive Suchaktion begann. Wie mir die Kinder erzählten, hatte sie eine Frau in ihr Auto gelockt und war damit abgebraust. Nixe fuhr liebend gern Auto und konnte den Lockversuchen dieser Diebin wahrscheinlich nicht widerstehen. Natürlich konnten die Kinder weder Autonummer noch Fabrikat beschreiben. Polizeiliche Anzeige, Zeitungsinserate und was sonst noch alles, brachten keinen Erfolg. Auf solch dumme wie niederträchtige Weise verlor ich also einen meiner wahrscheinlich besten Hunde.

Ein befreundeter Arzt hatte einen Deutsch-Kurzhaarvorstehhund-Zwinger. Er überredete mich, auf einen Vorstehhund umzusteigen und einen Welpen aus seiner Zucht auszubilden und zu führen. Nach reiflicher Überlegung fand ich den Vorschlag gar nicht so schlecht, zumal zu jener Zeit noch Hühner und sonstiges Niederwild in den Feldfluren reichlich vorhanden waren. So wurde ich Besitzer einer Deutsch-Kurzhaar-Vorstehhündin. Global gesehen hatte ich mit der Hündin einen guten Fang gemacht. Sie war schon mit zehn Monaten auf der Derby-Prüfung Suchensiegerin und auch die VGP schaffte sie im ersten Feld spielend mit einem ersten Preis. Ihr hatte ich im Herbst recht viele Einladungen auf Niederwild zu verdanken. Trotz aller Vorzüge, die sie zweifelsohne über einen Durchschnittshund herausragen ließen, hatte sie doch eine Schwachstelle, die sich mit meiner Idealvorstellung von einem Gebrauchshund nicht vereinbarte. Diese sogenannte Schwachstelle war ihre Raubzeugschärfe. Dabei fehlte ihr der kompromißlose Kampfeswille. Sie stellte zwar jede streunende Katze, aber deren Abwürgen war eine wenig ehrenvolle Tortur. Es fiel mir nicht leicht, mich von ihr zu trennen, doch sie kam in ein wundervolles Niederwildrevier in Südhessen und hat den neuen Besitzer, mit dem ich noch jahrelang in jagdlicher Verbindung blieb, recht viel Freude und Erfolg bereitet.

Lange konnte und wollte ich nicht ohne Hund bleiben. Längst hatte ich festgestellt, daß sich mein Herz und meine Sympathie den Vorstehhunderassen zugewandt hatte. Mir machte die Ausbildung, trotz manchem Ärger und Enttäuschung, unheimlichen Spaß. Ausschlaggebend hierfür war sicher auch das freundschaftliche Verhältnis zu den angrenzenden Feldpächtern, deren Fluren uneingeschränkt zu meiner Verfügung standen. So kam es, daß im Lauf der nächsten Jahre etliche Vorstehhunde durch meine Hände gingen und nach bestandener VGP den Besitzer wechselten. Ich will gern zugeben, daß dies für mich auch einen schönen, kleinen Nebenverdienst bedeutete. Im Unterbewußtsein suchte ich unter allen Zöglingen wieder mal so einen richtigen Allroundhund. Bei vielen, von mir abgeführten Vorstehhunden, hatte es oft an der brutalen Schärfe gefehlt. Ich meine damit nicht nur die Raubzeug-, sondern vor allen Dingen auch die Mannschärfe. Damals waren Hunde mit dieser Eigenschaft unheimlich gefragt, im Unterschied zu heute, wo man diese absichtlich rausgezüchtet hat und sich neunzig Prozent unserer Hunde ihre Schlafdecke ohne Gegenwehr unterm Weidloch wegholen lassen. Es dauerte lange, bis ich einen DD-Zwinger in Niedersachsen ausmachte, deren bisherige Nachkommen die von mir gewünschten Eigenschaften in sich vereinten. Mit dem Besitzer war ich schnell einig. Nachdem ich ihm versprochen hatte, den Hund auf alle Fälle sämtliche Prüfungen durchlaufen zu lassen, ließ er mir unter den sechs Welpen freie Wahl. Schon immer habe ich mir bei einem Welpenkauf viel Zeit genommen und diese stundenlang beobachtet, ehe ich mich für einen entschied. Diesmal dauerte es besonders lange, bis ich überzeugt war, einen absoluten Kopfhund erwischt zu haben. Es war ein kräftiger Rüde, den ich auf den Namen „Axel" taufte.

Recht bald merkte ich, daß sich mein langes Suchen gelohnt hatte und ich wieder mal einen guten Griff gemacht hatte, zunächst was die Schärfe anbetraf. Dazu provozierte ich ihn natürlich bei jeder sich bietenden Gelegenheit. Außerdem hatte er

288

einen lockeren Hals mit einer tiefen, dunklen Stimme. Also endlich mal wieder einen naturveranlagten Totverbeller. Mit der Schärfeausbildung muß ich es im Lauf der Zeit wohl etwas übertrieben haben, denn der Hund wurde mir fast zu scharf. Er war derart auf mich fixiert, daß er glaubte, mich ständig beschützen und verteidigen zu müssen. Selbst meine Frau, die ihn häufig fütterte, abliebelte und ausführte, akzeptierte er nur während meiner Abwesenheit. Eines Vormittags hatte ich mit Axel im Wasser an der lebenden Ente geübt. Es war kurz vor der HZP und da exerzierten wir alle Prüfungsfächer täglich durch. Die VJP hatte er schon mit voller Punktzahl hinter sich gebracht. Es war eine Wonne, ihn im Wasser hinter der Ente arbeiten zu sehen. Selbst auf der Schwimmspur ohne Ente war er laut, was dem Richterkollegium auf der HZP und VGP sehr imponierte. Am besagten Vormittag waren wir beide reichlich naß geworden. Deshalb legte ich Axel neben dem Küchenofen ab. Meine nassen Sachen hängte ich auf eine Stange am Ofen zum Trocknen auf. Damals waren die holzgefeuerten Küchenöfen in den Forsthäusern ringsum mit einer solchen Schutzstange versehen, an der man bequem seine Sachen aufhängen und trocknen konnte. Wegen einer dienstlichen Verabredung mußte ich nochmals für etwa zwei Stunden ins Revier fahren. Als ich danach etwas hungrig zurückkehrte und mich auf ein schmackhaftes Mittagessen freute, eröffnete mir meine Frau, daß wohl heute das Mahl ausfallen müßte. Axel säße vor meinen aufgehängten Klamotten und ließe sie nicht an den Herd. Jedesmal, wenn sie es versuchte, finge er an zu knurren und nähme eine nicht gerade freundliche Haltung ein. Selbst hingeworfene Leckerbissen änderten nichts daran. Sonst konnte sie sich in der Küche frei bewegen, nur in die Nähe meiner aufgehängten Sachen durfte sie nicht kommen. Das führte dann doch wohl etwas zu weit und nach einigen freundlichen, wie auch energischen Dressurakten hatte er begriffen, daß er mich und meine Sachen gegenüber den Familienangehörigen nicht zu verteidigen brauchte.

Die erste unangenehme Begegnung mit der Schärfe des Hundes hatte ich ausgerechnet mit einem amerikanischen Soldaten. Eines Abends war ich auf dem Heimweg vom Ansitz. Zu jener Zeit ging man noch viel zu Fuß, zumal auch die Waldwege für die fahrenden Luftverpester noch nicht richtig ausgebaut waren.

Axel hatte ich neben mir an der Leine. Am Waldrand stießen wir auf einen Trupp biwakierender, amerikanischer Soldaten. Als ich mich zwei sitzenden Besatzern näherte, stand einer von diesen auf und kam mit den Worten auf mich zu: „Kamerad, have you fire?" Er hatte die Zigarette schon in der Hand und streckte mir diese entgegen in der Hoffnung, daß ich nach einem Feuerzeug in der Tasche greifen würde. Diese Geste des Amis muß Axel gründlich mißverstanden haben. Ohne Vorwarnung schnellte er vor und packte dessen vorgestreckten Arm etwas oberhalb des Handgelenkes. Gottseidank hatte er nur den Stoff der dicken Tarnjacke gefaßt, doch er hielt ihn so fest, daß ich einige Mühe hatte, den käsebleich gewordenen Freiheitsverteidiger aus dem Gebiß des Hundes zu befreien. Feuer für seine Zigarette, die sowieso schon auf dem Waldboden gelandet war, wollte er nicht mehr haben und machte sich fluchend aus dem Staub.

Die nächste Begegnung mit den Besatzern hatte Axel wenige Wochen später bei einer Waldtreibjagd. Mein Nachbarschütze flickte einen aus dem Wald ins Feld flüchtenden Hasen an. Mit schlenkerndem Hinterlauf suchte dieser das Weite und war bald unseren Blicken entschwunden. Nach Abblasen des Treibens setzte ich Axel auf die Wundspur. Lauthals arbeitete er diese aus und war nach einigen hundert Metern auch nicht mehr zu sehen. Nach etwa zehn Minuten wurde er in 500 Meter Entfernung sichtbar. Er hatte den Hasen im Fang und kam auf uns zu. Dabei mußte er eine, damals wenig befahrene Landstraße überqueren. Als er so zwanzig bis dreißig Meter vor ihr war, kam ein Jeep mit zwei amerikanischen Soldaten angefahren. Als die beiden Amis den Hund mit dem Hasen sahen, machten sie eine Vollbremsung und stürmten ihm entgegen, um ihm die Beute abzunehmen. Inzwischen war der größte Teil der Jagdgesellschaft am Waldrand erschienen und sah dem kommenden Schauspiel amüsiert entgegen. Axel hatte den Transport des Hasen sofort gestoppt, diesen abgelegt und nahm nun eine unmißverständliche, mir wohlbekannte Haltung gegenüber den beiden Soldaten ein. Die beiden schien, in Anbetracht der drohenden Haltung des Hundes, der Mut zu verlassen. Einer griff in die Hosentasche und warf ihm Kekse oder etwas ähnliches zu. Aber daran störte sich Axel nicht. Nun gingen die beiden Amis auseinander und näherten sich dem Hund von zwei Seiten. Da kam die erste Attacke von Axel auf den linken Angreifer. Der machte noch schnell eine Kehrtwendung, wurde aber trotzdem in Höhe der Kniekehle am rechten Bein erwischt. Noch mit einem Fetzen Stoff im Fang sauste Axel zum Hasen zurück, um den anderen Ami, der diesen gerade aufnehmen wollte, in die Flucht zu schlagen. Erst nach unserem Gelächter und Gefeixe merkten die beiden Soldaten, daß sie von einer Vielzahl von Jägern beobachtet wurden. Sehr schnell bestiegen sie ihren Jeep und brausten davon. In stoischer Ruhe nahm Axel den Hasen wieder auf und brachte ihn.

Wie kompromißlos der Hund bei der Verteidigung meiner Person und Sachen war, mußte selbst mein Bruder eines Tages feststellen. Er weilte des öfteren bei mir zu Besuch. Zusammen mit Axel verband uns manches gemeinsame Jagderlebnis. Manchmal, wenn ich nicht abkömmlich war, gingen die zwei auch allein los und hatten keinerlei Kompetenzschwierigkeiten. Mein Bruder wurde in solchen Fällen von Axel voll als Herr und Gebieter akzeptiert. Die Sachlage änderte sich allerdings schlagartig, wenn ich wieder dabei war. So auch an diesem Vormittag, als wir gemeinsam die Leitersprossen eines Hochsitzes ausbessern wollten. Wir stellten unsere Gewehre gemeinsam an eine Eiche, entledigten uns unserer Röcke und legten auch diese dazu. Ohne Aufforderung ließ sich Axel bei den abgelegten Utensilien nieder und döste vor sich hin. Nach getaner Arbeit wollte mein Bruder seinen Rock und Gewehr holen, während ich noch an der Sitzbank des Hochsitzes herumhämmerte. Aber da hatte er wohl die Rechnung ohne Axel gemacht. Bis auf fünf Schritt ließ er ihn herankommen, dann stand er auf und nahm eine drohende Haltung ein. Da mein Bruder diese Drohgebärde des Hundes schon oft erlebt hatte, wohl aber nicht glauben wollte, daß diese nun auch ihm gelten könnte, versuchte er es mit freundlichem Zureden, dann energischen Worten, was jedoch alles nichts half. Ich mußte erst kommen und meine Sachen in Besitz nehmen, dann war alles in Ordnung. Axel war ein ausgesprochener Kopfhund, der sich nicht nur bei seinen Artgenossen rigoros durchsetzte, sondern auch keine Demütigung von fremden Menschen hinnahm.

Bei einer Hühnerjagd löste er sich ausgerechnet auf einem Schwaden von frisch zusammengerechten Klee. Der Bauer sah das und stürmte mit erhobenem Rechen auf den Hund zu. Der sah den Anstürmenden, unterbrach sein Geschäft. Hätte ich ihn in dieser Sekunde nicht energisch niedergetrillert und der Mann nicht gleichzeitig mit dem Zuschlagen gezögert, so wäre es ihm wohl schlecht ergangen. Natürlich war der Bauer zu verstehen, denn wer hat schon gern Hundekot zwischen dem Viehfutter. So habe ich mich dann auch entschuldigt und die Exkremente eigenhändig aus dem Kleeschwaden entfernt.

Das Forstrevier, welches ich seinerzeit betreute, konnte Rotwild leider nur als Wechselwild vorweisen. Oftmals jedoch steckten sich gerade die starken Wanderrudel in einer Buchendickung am Südhang. Schon oft hatte ich mir diesen Hang, von dem überaus passionierten Waldarbeiter Josef Z. mit wechselnden Erfolgen, durchdrücken lassen. Diesmal sah ein Mopedfahrer solch ein Rudel im Morgengrauen auf seiner Fahrt zur Arbeit einwechseln. Zufällig begegnete ich diesem Mann im Lauf des Vormittags, und er erzählte mir aufgeregt davon. Es sei eine ganze Herde gewesen, alle ohne Hörner. Abendansitz würde nichts bringen, dazu waren die Tage im November schon zu kurz. Blieb wieder nur eine kleine Privatjagd mit Josef und Axel. Die Chancen waren nicht schlecht, denn ich kannte inzwischen die Gepflogenheiten dieser Wanderrudel und auch die bevorzugten Wechsel. Nach genauen Instruktionen an Josef, übergab ich diesem den angeleinten Hund und hieß ihn zu warten, bis ich die Dickung umschlagen und den beschriebenen Stand eingenommen hatte. Dieser war am Ende eines Buchenaltholzstreifens mit gutem Schußfeld nach beiden Seiten. Wenige Minuten nach der verabredeten Zeit des Angehens von Josef, hörte ich schon den Stand-, dann Hetzlaut von Axel. Das Geläut kam näher, also hielt das Rudel den vorausgeahnten Wechsel ein. Schon kamen die ersten Stücke aus der Dickung getrollt: Alttier, Schmaltier und zwei Kälber. Leider über 150 Meter weit weg. An Schießen war zunächst nicht zu denken, ich konnte einfach keinen sicheren Schuß anbringen. Dann plötzlich – ich hatte die Hoffnung schon aufgegeben – blieb das Rudel kurz vor Verlassen des Altholzes stehen, äugte zurück nach dem Geläut des Hundes. Das letzte Kalb stand frei und quittierte die Kugel mit einer steilen Flucht nach vorn. Na, das hat ja nochmal prima geklappt, und das Kalb kann nicht weit sein. Jetzt kommt Axel lauthals auf der Fährte des Rudels und verschwindet im angrenzenden Stangenholz.

Kaum eine Minuten später ertönt sein tiefes, ruhiges Totverbellen. „Ob das alles war?" denke ich bei mir, von einer
ganzen Herde kann da wirklich keine Rede sein. Noch lausche
ich dem Verbellen des Hundes, da bricht es plötzlich, kaum
fünfzig Schritt vor mir, aus der Dickung heraus. Ein ganzer Pulk
kommt hochflüchtig durch das Altholz, mindesten zehn Stück,
alle zusammen auf einem Haufen; kein einziges Stück bekomme
ich frei. Herrgott, ich suche und fummle mit dem Gewehr herum
und werde keinen Schuß los. Da scheint ein Stück den Anschluß
verloren zu haben, ein Spießer, kaum lauscherhoch. Der ist
richtig. Der Schuß macht Spaß und läßt ihn wie einen Hasen
rollieren. Nach dem Schuß auf den Spießer ist Axel mit seinem
Totverbellen verstummt, aber nur wenige Sekunden später, geht
die Musik schon weiter. Genug für heute, denke ich, besichtige
kurz den erlegten Spießer und strebe dem verbellenden Hund
entgegen. Noch habe ich diesen nicht erreicht, da höre ich von
dort das Aufbrüllen des Treibers Josef in höchster Not, währenddessen der Laut von Axel für kurze Zeit verstummt. Was ist denn
da schon wieder los? Josef wird doch wohl nicht versucht haben,
an das erlegte Stück heranzutreten? Leider war dem aber so.
Unbekümmert war er auf das Totverbellen zugegangen, um die
Beute näher in Augenschein zu nehmen. Aber dazu kam er nicht.
Axel ging sofort zum Angriff über, biß aber nicht zu, sondern
kehrte nach kurzem Ausfall auf ihn gleich zum Kalb zurück, um
das Verbellen fortzusetzen. Wahrscheinlich wird der Hund Josef,
der ihn ja noch vor wenigen Minuten an der Leine geführt, und
von dem er am Frühstücksfeuer so manche Wurstpelle bekommen hatte, in letzter Sekunde erkannt und deshalb nicht zugebis-
sen haben. Trotzdem hielt sich Josef an meine Warnungen und
machte keinen weiteren Annäherungsversuch, und das war gut
so. Erst als ich Axel gelobt und abgeliebelt hatte, war für ihn der
Fall erledigt und der passionierte Josef konnte unbekümmert an
dem erlegten Stück herumhantieren.
Ähnliche Vorfälle, die aber zum Glück immer glimpflich ablie-
fen, habe ich trotz eindringlicher Vorwarnungen, leider noch oft
erleben müssen. Manche Jäger oder Treiber wollten sich hierbei
geradezu als Helden aufspielen nach dem Motto, ich kenne den
Hund, mir wird er bestimmt nichts tun. Immer war der schnelle
Rückzug das Vernünftigste das der Betroffene tun konnte.

Anläßlich einer Abendpirsch, der Hund schlich unangeleint zwei Meter hinter mir her, verschwand er plötzlich mit ein paar Sätzen in der Dickung. Ich hatte das gar nicht so schnell mitbekommen und wollte ihn gerade ärgerlich zurechtstauchen, da gab er auch schon, kaum zehn Meter vom Dickungsrand entfernt, Standlaut. Nun hatte er mir für diesen Abend hier die ganze Pirsch versaut. Etwas ungehalten machte ich mich schußfertig. Doch der Standlaut ließ nicht nach, war auch irgendwie anders als sonst. Einmal glaubte ich dazwischen eine menschliche Stimme zu hören. Schritt für Schritt näherte ich mich mit entsicherter Büchse dem Standlaut. Dann bot sich mir ein Bild, bei dessen Erinnerung ich noch heute ins Schmunzeln gerate. Da stand ein Mann mit halb heruntergelassener Hose, hielt diese mit beiden Händen fest und starrte gebannt, wie die Maus auf die Natter, dem verbellenden Hund entgegen. Nur seine großen Ohren wackelten. An diesen Ohren erkannte ich ihn auch gleich. Es war ein Holzhändler aus der hiesigen Gegend. Nachdem ich Axel abgenommen hatte, zogen wir uns zunächst mal diskret zurück. Anschließend erzählte mir Herr G., daß er im Nachbarschlag nach zwei vermißten Kiefernstämmen suchen wollte. Unterwegs habe er ein menschliches Rühren verspürt und sich deshalb in der Dickung einen geeigneten Lösungsplatz gesucht. Dabei wurde er von Axel überrascht und verbellt, jedoch nicht im geringsten attakiert. Auf welche Witterung der Hund so spontan reagiert hatte, konnte ich nicht ergründen. Die ganze Sache wäre auch unter uns geblieben, hätte Herr G. nicht selbst davon in der ganzen Gegend herumerzählt. So wurde sie ruchbar, noch etwas dazugelogen und in jeder Kneipe zur Erheiterung der Gäste zum besten gegeben.
Niemals wieder habe ich solch einen rabiaten Raubwildwürger besessen oder abgeführt. Selbst der größte Bolzer hatte nicht die geringste Chance. Rücksichtslos stürzte er sich auf angeschweißte Füchse und würgte sie in Sekundenschnelle ab. Manchmal kam er selbst stark lädiert zurück. Zu jener Zeit fuhr man noch viel auf dem Fahrrad. Auch ich besaß eines. Axel lief meistens unangeleint neben mir her. Die Straßen hatten nur wassergebundene Schotterdecken mit zahlreichen Schlaglöchern. So konnten auch die wenigen Autos nur in gemäßigtem Tempo daherschleichen. Als ich einmal mit meinem Drahtesel

durch einen kleinen Ort fuhr und Axel wie gewöhnlich daneben hertrabte, kam es zu einem kleinen Eklat. Etwa in der Mitte des Dorfes saß eine ältere Frau auf einer erhöhten Eingangstreppe und strickte. Neben ihr thronte eine schwarzweiße Katze, so ein richtiger alter Bolzer. Ja, und dann ging alles viel zu schnell, um das drohende Unheil noch verhindern zu können. Axel muß irgendwie die Katze gesehen oder von ihr Wind bekommen haben. Auf jeden Fall war er mit zwei Sätzen an der Treppe. Die Katze sah keine Fluchtmöglichkeit mehr oder wollte ihr Territorium verteidigen und sprang ihm voll entgegen. Noch in der Luft erwischte sie Axel; es gab ein jämmerliches Aufjaulen, ein Gekreische der alten Dame, nochmals ein letzter Röchler und der Fall war erledigt. Da ich den Tatort mit dem Fahrrad bereits passiert hatte, legte ich die Ohren an und trat weiter in die Pedalen. Natürlich war das nicht richtig, weder von meinem Hund, noch von mir. Am Ende des Dorfes hörte ich Axel hinter mir herkeuchen, die Katze im Fang. Hinter der ersten Kurve hielt ich an und nahm ihm diese ab. Zunächst wußte ich nicht, ob ich ihn loben oder tadeln sollte. Dann entschied ich mich für keins von beiden und dafür, den Hund nur noch angeleint durchs Dorf zu führen. In einem unbeobachteten Augenblick warf ich die tote Katze im hohen Bogen in ein etwa 30 cm hohes Getreidefeld und radelte weiter. Nach 200 Metern drehte ich mich nach Axel um, der Bursche war weg. Aber ich sah ihn schon ankommen, die Katze wieder im Fang baumelnd. Hatte er doch seine Beute vermißt, diese gesucht und wiedergefunden. Nun mußte ich sie doch auf dem Gepäckträger deponieren und mit nach Hause nehmen. Diesmal wäre eine Schelte des Hundes unangebracht gewesen, war er doch einer der zuverlässigsten Verlorenbringer, der schon im ersten Feld die Bringtreueprüfung mit Bravour abgelegt hatte.

Längst war es in der hiesigen Gegend bekannt geworden, daß Axel ausgezeichnet auf Schweiß arbeitete. So blieb es nicht aus, daß ich zu vielen Nachsuchen gebeten wurde, oft jedoch erst dann, wenn andere Hunde schon vorher ihr Glück ohne Erfolg versucht hatten. Jeder Schweißhundführer kennt das sicher zur genüge. Der Hund arbeitete mit einer unheimlichen Ruhe, fast wie ein Hannoverscher Schweißhund, diesem in der Perfektion wahrscheinlich jedoch nicht gleich kommend, in der Hetze und dem Niederziehen jedoch überlegen seiend.

Gegen Ende der Hirschbrunft wurde im Reinhardswald von einem hohen Jagdgast morgens ein starker Hirsch angeschweißt. Außer ein paar winzigen, undefinierbaren Deckenfetzen war am Anschuß nicht viel zu finden. Der führende Forstbeamte blieb bei seinen Angaben, daß der Hirsch die Kugel durch ein bocksprungähnliches Zeichnen quittiert und dann hochflüchtig die anschließende Dickung angenommen hatte. Da es sich bei dem Schützen um ein sogenanntes „hohes Tier" handelte, wurden für die Nachsuche um 11 Uhr alle Forstbeamten des Forstamtes bestellt. Auch ich durfte daran teilnehmen, zumal ich turnusmäßig meinen Urlaub im Forsthaus meiner Eltern im Reinhardswald verbrachte. Die Nachsuche selbst sollte ein älterer Kollege aus dem Nachbarforstamt mit seinem Hannoverschen Schweißhund durchführen. Trotzdem nahm ich natürlich auch meinen Hund mit; man konnte ja nie wissen. Die recht große Fichtendickung wurde umstellt und die Riemenarbeit mit dem Spezialhund begann. Zufällig bekam ich meinen Stand in der Nähe des Einwechsels von dem kranken Hirsch zugewiesen. Axel lag angeleint neben mir und beobachtete interessiert die Vorgänge am Anschuß. Allzu großes Interesse schien der Schweißhund nicht zu haben, verschwand aber dann doch mit seinem Herrn in der Dickung. Alles wartete gespannt auf das Signal „Hirsch tot" des Schweißhundführers, aber nichts tat sich. Nach einer Stunde erschienen Herr und Hund wieder am Dickungsrand und nahmen die Nachsuche, vom Anschuß her, wieder auf. Wieder verging fast eine Stunde, wieder kam der Schweißhundführer mit seinem Hund aus der Dickung und schüttelte den Kopf. Dann folgte eine große Debatte zwischen Forstamtsleiter und Schützen, danach wurde die Nachsuche abgeblasen. Einer inneren Eingebung folgend, untersuchte ich nochmals den Anschuß. Da war wirklich nichts zu sehen, und auch Axel zeigte keine allzu große Begeisterung. Kein Schweiß, die winzigen Deckenfetzen – doch das kleine Knorpelstück, das ich etwas abseits vom Anschuß entdecken konnte, machte mich stutzig. Der Schweißhundführer redete von einem kleinen Kratzer – sollte der Hirsch doch mehr abbekommen haben? Kurz entschlossen bat ich den Jagdleiter, es doch mal mit meinem

Hund versuchen zu dürfen. Ich wollte nicht die Wundfährte ausarbeiten, nur die Dickung in freier Suche durchstreifen, da mein Hund ein absolut zuverlässiger Totverbeller sei. Da hatte ich junger Dachs aber den Schweißhundführer in Rage gebracht. „Wenn Ihr Hund den Hirsch findet, schieße ich meinen Schweißhund tot," giftet er mich an. Die Einwilligung zu einer Nach-Nachsuche gab mir der Forstamtsleiter daraufhin nicht, aber das „hohe Tier" hatte mein Anliegen auch mitgekriegt und bat mich nun sogar darum. Die abgestellten Schützen waren inzwischen alle auf dem Marsch zum Treffpunkt in der Nähe des Anschusses, während ich mir mit Axel nochmals die Dickung vornahm. Es dauerte keine zehn Minuten, da war er an einem Hirsch. Standlaut – Hetzlaut – wieder Standlaut – Hetzlaut, so ging es zunächst in wechselnder Folge. Die Dickung war durch einzelne Schneebruchnester recht lückig, da bot sich mir die Chance, näher an den Hirsch heranzukommen. Beim nächsten Standlaut war es soweit. Bis auf zwanzig Schritt konnte ich mich herankämpfen, sah den Hirsch vollkommen frei, wie er mit gesenktem Geweih den immer wilder angreifenden Hund abzuwehren versuchte. Dieser tanzte giftig um sein Opfer herum, wollte es jetzt von der Flanke her anspringen, doch wieder wehrte ihn der Hirsch mit dem Geweih ab. Es war gar nicht so einfach, einen sicheren Schuß anzubringen, ohne den Hund dabei zu gefährden. Ich hatte ja diesbezüglich schon meine Erfahrung. Plötzlich begann ich zu zweifeln, ob das wirklich der kranke Hirsch sei. Stark und alt kam er mir vor, doch die Enden konnte ich bei dem ständigen Hin und Her nicht genau zählen. Die Beschreibung des Gastes und Forstbeamten waren doch recht ungenau. Dieser Hirsch zeigte jedenfalls auf dem gesamten Körper beiderseits keinerlei Verletzungen. Das konnte ich auf die kurze Entfernung, durch dessen ständigen Positionswechsel, deutlich feststellen. Die Zweifel verstärkten sich noch, als ich sah, mit welchem Elan der Hirsch den scharf angreifenden Hund immer wieder abwehrte. Wahrscheinlich war ich damals noch zu unerfahren oder zu anständig, wollte nichts verkehrt machen und zögerte mit dem Fangschuß. Jahrzehnte später habe ich anläßlich einer Nachsuche auf einen guten Hirsch nicht so lange gefackelt und diesen, vor dem am angeblichen Wundbett geschnallten und hetzenden Hannoverschen Schweißhund, auf

traumhafte Entfernung mit Trägerschuß erlegt. Der Meister-
schuß, der mehr ein Zufallsprodukt war, brachte mir keinen
großen Beifall ein. Es war nämlich nicht der angeschweißte
Hirsch, sondern ein völlig gesunder, mittelalter Zwölfer. Aber
zurück zum Tatort. Jetzt wurde ich sämtlicher Zweifel entho-
ben, denn der Hirsch hatte von mir Wind bekommen und nach
einer blitzschnellen Wende stürmte er krachend davon. Sofort
war Axel wieder dran, versuchte ihn an den Keulen zu packen,
rutschte aber ab und überschlug sich. Doch nichts hielt ihn auf.
Nachdem er sich meiner Unterstützung sicher war, ging die
Hatz weiter. Noch einmal stellte sich der Hirsch dem Hund für
einige Sekunden am Dickungsrand, dann ging die Hetze durchs
Buchenaltholz. Dort wieder Standlaut – ein Schuß mit dumpfen
Kugelschlag, Würgelaute des Hundes, gefolgt von erst abge-
hetztem, dann gleichmäßig einsetzendem Totverbellen. Jetzt gab
es keinen Zweifel mehr, der Hirsch war zur Strecke gekommen.
Das hätte ich natürlich schon in der Dickung erledigen können,
ja, wenn ich mir ganz sicher gewesen wäre, daß der gestellte
Hirsch auch wirklich der kranke war. Mit gemischten Gefühlen
rannte ich dem Totverbellen entgegen. Als ich das Buchenaltholz erreichte, sah ich schon von weitem den verbellenden Axel
vor dem gestreckten Hirsch sitzen. In respektvoller Entfernung
stand der Forstbeamte, der den Jagdgast zu Schuß gebracht und
nun wohl selbst dem gestellten Hirsch den Fangschuß angetragen hatte. Er kannte meinen Hund und wußte, daß er sich ohne
mein Beisein nicht näher heranwagen durfte. Erst nach erwarte-
ter Belobigung und Abliebelei war der Weg zur genauen Besichtigung des Hirsches frei. Nun setzten auch gleich die üblichen
Debatten über das Drum und Dran bei der Erlegung ein. Daraus
war zu entnehmen, daß die Schützen nach dem Abblasen der
Nachsuche auf dem Weg zum Sammelplatz waren, als der Standlaut von Axel in der Dickung einsetzte. Vernünftigerweise
machten sie sofort wieder kehrt und nahmen die alten Stände
ein. Der Hirsch kam ausgerechnet dem erwähnten Kollegen, der
ihn ja schon kannte. Ohne lange zu fackeln, setzte er dem vom
Hund gestellten Geweihten die Kugel auf den Trägeransatz.
Nun begann das Suchen nach der ersten Kugel. Der Fangschuß
auf den Träger war einwandfrei festzustellen, da gab es keinen
Zweifel. Das Geschoß steckte noch im Wildkörper, ein Aus-

schuß war nicht zu finden. Der Hirsch wurde gedreht und gewendet – nichts. Langsam wurde die Sache spannend. Das Gesicht des Forstamtsleiters und vor allen Dingen das des Schützen wurde lang und länger. Mir fiel es sichtlich schwer eine kleine, hämische Freude zu unterdrücken. Wie gut, daß ich in der Dickung nicht geschossen hatte, sonst würden die spöttischen Blicke und Bemerkungen der Umstehenden mir gelten. Aber nicht lange, denn die Lösung des komplizierten Falles blieb ausgerechnet dem jüngsten Teilnehmer an der Nachsuche, einem jungen Forstanwärter, vorbehalten. Dieser übernahm bereitwillig das Aufbrechen des Hirsches für den schon etwas betagten Schützen. Als er das Kurzwildbret anfaßte, um es vorschriftsmäßig abzuschärfen, hatte er auch damit gleich des Rätsels Lösung in der Hand. Die Brunftrute war kurz vor den Brunftkugeln durchschossen. Wenn es auch ein glatter Durchschuß war, so hatte das Geschoß die Brunftrute an dieser Stelle doch vollkommen zertrümmert und geteilt. Daher die winzigen Deckenfetzen und kaum wahrzunehmenden Knorpelteile am Anschuß und das absolute Fehlen von Schweiß. Auch das seltsame Zeichnen nach dem Schuß fand wohl damit eine Erklärung. Mit diesem Schuß wäre der Hirsch einem elenden Ludertod ausgesetzt, das war die Meinung aller Teilnehmer an dieser doch noch erfolgreichen Nachsuche. Der Brunftrutenschütze bekam einen dicken Bruch überreicht, und über den miserablen Schuß wurde nicht mehr viel geredet und wenn, dann wurden diesem hohen Jagdgast viele Entschuldigungen zugestanden. Darum war auch er nicht im geringsten verlegen. Der Schweißhund wurde übrigens nicht erschossen. Wahrscheinlich ist der kranke Hirsch bei der Nachsuche vor dem Schweißhund ständig hin und her gezogen und hatte somit viele Widergänge gemacht. Hätte der Führer den Schweißhund geschnallt, wäre er mit Sicherheit auch an den Hirsch gekommen. So jedoch war es eher einem glücklichen Zufall zu verdanken, daß ich meinen Hund dabei hatte und die Erlaubnis zur freien Suche bekam. Nach diesem Erfolgserlebnis wurde der Nachsuchenradius für mich und Axel um einige Kilometer erweitert.

Aus dienstlichen Gründen übernahm ich dann einen Forstbetriebsbezirk in Nordhessen. Das Forsthaus lag fast mitten im Wald, nur ein Schienenbus führte unmittelbar an ihm vorbei. Es war die sogenannte Kanonenbahn. Mit Zugführer und Schaffner dieses Verkehrsmittels hatte ich schnell ein stillschweigendes Abkommen getroffen. Sie fuhren jeden Morgen fünf Minuten vor sieben Uhr am Forsthaus vorbei und meiner Bitte, die Morgenzeitung aus dem Zug zu werfen, entsprachen sie gern, solange die obere Behörde der Bundesbahn keine Einwendungen hatte. Das klappte auch ganz vorzüglich, und der Schaffner warf mir also jeden Morgen die Zeitung aus dem Fenster des fahrenden Schienenbusses. Ich mußte nur immer 50 Meter bis zur Abwurfstelle laufen, um diese zu holen. Das wollte ich aber schnell abstellen. Warum sollte Axel diesen Transport nicht übernehmen, zumal ich ihn ohnehin jedesmal mitnahm? Nach kaum einer Woche hatte er begriffen, um was es ging, und von diesem Tag an wartete er schon gespannt, bis der Zug kam und die zusammengerollte Zeitung herausflog. Meine Begleitung war fortan nicht mehr nötig. Manchmal saß er schon zehn Minuten vor Eintreffen des Schienenbusses in respektvoller Entfernung und brachte mir dann die Zeitung bis an den Frühstückstisch. Natürlich sprach sich das schnell herum. Von nun an hingen sämtliche Reisenden, meistens Schüler und Berufstätige, an den Zugfenstern und amüsierten sich über das interessante Schauspiel.

In diesem einsamen Forsthaus fiel Axel noch eine besondere Aufgabe zu, das war die Bewachung des Hauses. Er meldete tags, und vor allen Dingen in der Nacht jedes Geräusch. Es war natürlich meistens Wild, Füchse, Dachse, Rehwild und Hasen, die Nacht für Nacht um das einsame Forsthaus herumschlichen. Anfangs störte mich das und ich sauste bei jedem Laut ans Fenster, aber in kurzer Zeit hatte sich die ganze Familie daran gewöhnt. Bald konnten wir sogar am Tonfall des Lautgebens erkennen, um welche Wildart es sich jedesmal handelte.

Zwischenzeitlich waren viele Interessenten an mich herangetreten, die Axel käuflich erwerben wollten. Besonders ein Fabrikant war derart interessiert, daß er mir eine, für die damalige Zeit, horrende Summe bot. Aber ich ließ mich nicht beirren, obwohl ich das Geld gut hätte gebrauchen können. So einen Allroundhund hatte ich schon lange gesucht und endlich gefunden. Er hatte nicht nur sämtliche Prüfungen mit voller Punktzahl durchlaufen, sondern in der Praxis schon unheimliche Lei-

300

stungen vollbracht. Außerdem wäre es nicht gut, wenn ein so scharfer Hund in falsche Hände geraten würde. Er war bei mir diesbezüglich so fest im Griff, daß ein unbedachter Angriff auf einen Menschen nicht zu befürchten war. Axel war mit einem gesunden Appetit gesegnet und fraß auch unbedenklich alles, von der Apfelschale bis zum Heringskopf. Dadurch nahm seine Leibesfülle von Monat zu Monat zu, und er wurde übermäßig stark im Gebäude. Aus lauter Liebe habe ich ihm diesen gesunden Appetit auch gegönnt und fütterte ihn unbekümmert weiter, meist mit Pansen und Schlachthausabfällen. Das war wahrscheinlich einer meiner gröbsten Fehler, der sich bald bitter rächen sollte.

Der Oktober stand vor der Tür, die Hühnerjagden waren im vollen Gange, Axel im Großeinsatz. Fast täglich waren wir irgendwo eingeladen. Man kann es sich heute gar nicht mehr vorstellen, wieviel Rebhühner es in den Fünfziger Jahren noch in vielen Revieren im nordhessischen Raum gab. Mit dem damaligen Pächter des Revieres Vollmarshausen bei Kassel verband mich eine innige Freundschaft. Er lud mich mit meinem Hund für zwei Tage zur Hühnerjagd ein. Wir waren nur vier, zeitweise fünf Schützen mit zwei Vorstehhunden. In diesen zwei, recht heißen Tagen schossen wir genau 99 Hühner. Hätten wir es nur dabei belassen, vielleicht wäre alles anderes gekommen. Aber da fing ein Schütze am Abend des zweiten Tages mit der Provokation an. Laßt uns noch eins schießen, damit die Hundert voll wird. Wir ließen uns überreden, obwohl ich merkte, daß Axel fix und fertig war. Er hatte die beiden Tage unermüdlich gearbeitet, vorgestanden wie im Bilderbuch und kein krankes Huhn verloren gegeben. Leider war ich damals in den Anforderungen an meine Jagdhunde recht rücksichtslos, so auch an diesem Tag. Wieder dirigierte ich den Hund in ein Kartoffelstück, wieder scheuchte ich ihn in das nächste Rübenfeld – und da geschah es! Plötzlich fing er an zu wackeln, fiel hinten zusammen und blieb liegen. Obwohl ich sofort bei ihm war, konnte ich nicht mehr helfen. Noch einmal streckte er sich, wollte nochmals hoch, fiel wieder zusammen und war verendet. Das ging alles so schnell, daß die anderen Jäger und ich es gar nicht fassen konnten. Ich nahm den schweren Hund auf den Arm, wollte in meiner Verzweiflung noch schnell zum Tierarzt fahren, aber es hatte keinen

Sinn mehr, seine Lichter waren schon gebrochen. Es war ihm ergangen, wie vielen Millionen Menschen in der heutigen Zeit – Herzinfarkt durch zu viel Streß und enormes Übergewicht. Diese Diagnose stellte anschließend ein herbeigerufener Tierarzt. Die Hauptschuld am Tod meines geliebten Jagdkameraden hatte ich mir wohl selbst zuzuschreiben, da nutzten auch die teilnehmenden Worte der Jagdfreunde nichts. Ich verlangte einfach zu viel von meinen Hunden – nun hatte ich die Quittung dafür erhalten.

Erneut begann die Suche nach einem Jagdgefährten. Viele Vorstehhunde aller Rassen gingen durch meine Hände, wurden von mir ausgebildet und durch sämtliche Prüfungen geführt, dann verkauft, weil sie einfach meinen Idealvorstellungen nicht entsprachen. Mit der Zeit wurde die konsequente Ausbildung der Vorstehhunde immer schwieriger. Der Besatz an Niederwild nahm von Jahr zu Jahr rapide ab, und so mußte man manchen Kilometer über Feld und Flur zurücklegen, um den Hund an Hühner zu bringen und das angewölfte Vorstehen zu fördern. So habe ich im Laufe der Jahre auch einige Tausend Fahrkilometer zurücklegen müssen, um überhaupt in geeignete Niederwildreviere zu kommen und dort üben zu können. Es dauerte fast drei Jahre, ehe ich wieder mal an einen Spitzenhund geriet. Diesmal war es ein Pudelpointer aus einem fast unbekannten Zwinger. Der Welpe wurde mir von der Besitzerin für einen Spottpreis fast aufgedrängt. Zunächst konnte ich mich nicht dazu entschließen, weil mir der Zuchtwart auf meinen Anruf mitteilte, daß diese Verbindung entgegen seines Anratens zustande gekommen wäre und der Deckrüde zuchtmäßig überhaupt nicht zu der Hündin paßte. Doch die Besitzerin hatte sich nicht daran gehalten, und so bestand das Produkt ihrer Eigenwilligkeit aus fünf putzigen Welpen. Obwohl ich noch keine feste Zusage gemacht hatte, brachte sie mir eines Tages gleich zwei davon. Es war wirklich ein Sonderangebot; einen nur sollte ich zum Vorzugspreis bezahlen, der andere war Zugabe, weil sein Körperbau nicht ganz stimmte. Tatsächlich mußte die angewölfte Kuhhessigkeit selbst einem Laien sofort auffallen. Schweren Herzens ließ ich mich auf diesen Handel mit dem Hintergedanken ein, den kuhhessigen Burschen beim Auftreten weiterer körperlicher oder geistiger Mängel sofort in den Hun-

dehimmel zu befördern. Aber es kam wieder mal ganz anders. Nicht der dafür vorgesehene mißgebildete, sondern der körperlich einwandfreie Schönling mußte diese Reise auf Nimmerwiedersehen nach einem dreiviertel Jahr antreten. Mir tat er keinen Augenblick leid, denn neben seiner ausgesprochenen Blödheit war er noch im höchsten Grade schußscheu. Als ich dies der Züchterin telephonisch mitteilte, gab sie kleinlaut zu, daß auch den übrigen drei Welpen aus dieser Verbindung das gleiche Schicksal drohte. Dies trat dann auch wenig später ein. Ganz anders vollzog sich die Entwicklung des Gezeichneten. Alles, was die Natur ihm an körperlicher Schönheit vorenthalten hatte, gab sie ihm hundertfach in seinen geistigen Fähigkeiten zurück. Die Klugheit dieses Hundes grenzte fast an den Intelligenzquotienten eines menschlichen Hirns. Wahrscheinlich hatte er alles von seinen hirnlosen Wurfgeschwistern mitbekommen. So leicht ist mir die Ausbildung eines Vorstehhundes noch nie gefallen und noch nie hat sie mir so viel Freude gemacht. An einem einzigen Vormittag habe ich ihm das Bringselverweisen beigebracht und zwei Tage später das Totverbellen am Stück, wenn kein Bringsel zur Hand war. Er machte beides mit einer absoluten Perfektion. Es gab nichts, was dieser Hund nicht in ganz kurzer Zeit begreifen konnte. Rabiate Raubzeug- und Mannschärfe wie Spitzenleistung in Nasenarbeit waren selbstverständlich. Auch seine körperlichen Mängel begannen sich mit zunehmenden Alter langsam zu bessern. Trotzdem wurde er niemals ein ausgesprochen schöner Hund und bekam bei der Formbewertung auch nur ein „genügend", war also für eine Zucht nicht geeignet. Es machte mir nichts aus, denn auf einen Schönheitspreis hätte ich keinen großen Wert gelegt.
Zwischendurch wurde mir nach dem plötzlichen Unfalltod eines passionierten Jägers, von dessen Witwe ein einjähriger Deutschkurzhaarrüde angeboten. Sie bat mich dringend darum, ihr beim Verkauf desselben behilflich zu sein, sie wolle nur den Welpenanschaffungspreis. Mehr aus Gefälligkeit gegenüber dem mit mir gut befreundeten Verstorbenen fuhr ich hin, um mir den Hund anzusehen. Was ich allerdings da zu sehen bekam, übertraf meine kühnsten Erwartungen. Ein Hund wie aus dem Bilderbuch, mit tiefer Brust, kurz und kompakt, wunderbar in Haar und Zeichnung – alles in allem – ein Prachtkerl. Selten

hatte ich einen schöneren Hund gesehen, hier stimmte äußerlich alles und der Formwert mußte mit „hervorragend" beurteilt werden. Nach Einsicht in die Papiere und das Prüfungszeugnis von der bereits mit einem Ia Preis abgelegten Jugendsuche, war ich mit der Erblasserin schnell einig. Kurz entschlossen nahm ich den Rüden gleich mit. Man merkte ihm richtig an, wie froh er war, wieder einen Herrn gefunden zu haben. Die Gewöhnung der beiden Hunde aneinander dauerte doch etwas länger als erwartet. Beide zugleich wollte ich bei der Ausübung meines Dienstes nicht mitnehmen. In dieser Beziehung hatte ich schon meine negativen Erfahrungen gesammelt. So war dann derjenige, den ich im Zwinger lassen mußte, immer tödlich beleidigt. Große Hilfsdienste leistete mir der routiniertere Pudelpointer bei der Vorbereitung des Kurzhaarrüden für dessen anstehende HZP und VGP, die dieser auch dann mit einem Ia und Ib Preis hervorragend bestand. Nun hatte ich nach jahrelanger Durchschnittsware gleich zwei Spitzenhunde zur Verfügung. Der Bessere und der Klügere war zweifelsohne der Pudelpointer. Dem Kurzhaar fehlte der letzte Schliff, es haperte noch etwas mit der Mannschärfe, so daß die Einstufung als Spitzenhund noch nicht gerechtfertigt schien.

Mitte Oktober folgte ich einer Jagdeinladung eines Jagdfreundes zur zweitägigen Niederwildjagd in die Mainebene. Natürlich nahm ich beide Hunde mit und ließ sie abwechselnd arbeiten. In einem riesigen Rübenschlag wurde von mehreren Schützen eine sehr starke Kette Hühner beschossen, wovon fünf getroffen in die Rüben fielen. Zwei, an der Suche nach den gefallenen Hühnern arbeitende Vorstehhunde, fanden leider nur zwei davon. Einer der beteiligten Schützen, ein etwas älterer Herr mit gepflegtem Äußeren, bat mich mit meinen Hunden um Hilfeleistung. Natürlich war ich gern dazu bereit, wollte mich vorher aber nicht aufdrängen, da ja schon genügend Hunde an der Nachsuche beteiligt waren. Diesmal war der Pudelpointer dran. Innerhalb weniger Minuten fand er alle drei fehlenden Hühner, wobei er das Geläuf eines geflügelten Huhnes fast hundert Meter in den Rüben ausarbeitete, es dann griff und sauber apportierte. Etwas Glück war natürlich auch dabei. Von diesem Zeitpunkt an hielt sich der ältere Herr, der mich um Mithilfe gebeten hatte, stets in meiner Nähe auf und beobachtete interessiert die

Hundearbeiten. Auch am zweiten Tag war es nicht anders. Beide Hunde hatten hervorragende Arbeiten gezeigt, und ich war richtig stolz auf sie. Gegen Jagdende nahm mich besagter Herr beiseite und ohne lange Umschweife bot er mir für den Kauf des Pudelpointers eine Summe, die ich in meinen kühnsten Träumen nicht erwartet hätte. Obwohl ich ihn auf den schlechten Form-wert des Hundes aufmerksam machte, ließ er sich nicht von seinem Angebot abbringen. Das hätte er längst gesehen und sei völlig nebensächlich im Verhältnis zu den gezeigten Leistungen des Hundes. Auch habe er einen ähnlich aussehenden Pudel-pointer im vorigen Jahr bei einem Autounfall verloren und er sowie seine ganze Familie wären über dessen Verlust immer noch nicht hinweggekommen. Am liebsten würde er den Hund gleich heute mitnehmen und mir einen Scheck ausstellen. Bei allem Verständnis, das ging mir dann doch zu schnell, zumal ich an einen Verkauf dieses Hundes überhaupt noch nicht gedacht hatte. So verblieben wir, nach Austauschen unserer Adressen und Telephonnummern, bei einer angemessenen Überlegungs-frist. Zuhause besprach ich die ganze Verkaufsangelegenheit mit meiner Frau. Trotzdem kamen wir zu keiner endgültigen Ent-scheidung. Ehrlicherweise muß ich zugeben, daß der gebotene Preis unwahrscheinlich verlockend war, andererseits würde mir die Trennung von diesem Superhund ungemein schwerfallen. Die nächsten Tage ließ ich verstreichen, ohne bei dem Kaufinter-essenten anzurufen. Vielleicht würde sich die Sache von selbst erledigen. So ähnlich kam es dann auch.

Vor einiger Zeit hatte ich mich um eine neue Revierleiterstelle beworben und ausgerechnet in diesen Tagen erhielt ich die Nachricht, daß meiner Bewerbung stattgegeben sei und ich in drei Monaten das neue Forsthaus am Rande einer Kleinstadt beziehen könnte. Fast zwangsläufig mußte ich jetzt in Bezug auf die beiden Vorstehhunde eine Entscheidung treffen. Zwei große Hunde konnte ich in der neuen Umgebung nicht oder schwer-lich halten. Während sich in meinem Inneren ein stiller Kampf um das Schicksal dieser beiden abspielte, erhielt ich eine telepho-nische Einladung des PP-Interessenten zu einer exklusiven Jagd in seinem Revier am Niederrhein. Um es kurz zu machen – seine ganze Familie war gleich vernarrt in meinen Pudelpointer. Er bekam das Zimmer und Körbchen seines Vorgängers – keinen

Zwinger wie bei mir, sondern ein richtiges Hundezimmer in der Villa. Den ganzen Tag sollte er mit dem Revierjäger unterwegs sein. Bei einem Jahresabschuß von über 60 Stück Rehwild erwarteten ihn viele jagdlichen Aufgaben. So nahm ich nach zwei wunderschönen Jagdtagen Abschied von einem meiner Spitzenhunde, aber nicht für immer, denn jedes Jahr wurde ich zu den Herbstjagden eingeladen und es gab ein herzergreifendes Wiedersehen. Dann war ich für zwei oder drei Tage wieder der unangefochtene Chef dieses Hundes. Deshalb habe ich den Verkauf auch nie bereut, denn er hat dem Besitzer viele jagdliche Freuden bereitet.

In der Folgezeit konnte ich mich nun ganz dem Kurzhaar widmen und ihm den letzten Schliff beibringen. Große Probleme gab es dabei nicht, nur die Ausbildung zur Mannschärfe mußte ich bald aufgeben. Da war einfach nicht mehr drin. Es fehlte die Veranlagung, die man bei fast allen Hunderassen im Lauf der letzten Jahre kontinuierlich rausgezüchtet hatte. Trotzdem dachte ich nicht an einen Verkauf oder Hundewechsel, bis ein Erlebnis mit einem Überläufer meine Sympathieskala für den Kurzhaar mächtig sinken ließ. Im Morgengrauen hatte ich aus einer Rotte von sieben oder acht Überläufern dem letzten, kurz vor dem Einwechseln in eine Dickung, gerade noch die Kugel antragen können. Es mußte alles verdammt fix gehen, und so merkte ich schon im Schuß, daß ich etwas weit hinten abgekommen war. Den Kujel warf es unter kurzem Aufklagen zunächst um, dann rappelte er sich wieder hoch und war in der Dickung verschwunden. Am Anschuß die für einen Keulenschuß üblichen Schußzeichen. Das gibt eine prima Nachsuchenarbeit für den Kurzhaar, dachte ich so bei mir und freute mich schon darauf. Der hatte noch nicht viel Erfahrungen mit Sauen und könnte nun seine Schärfe beweisen. Die Wundfährte arbeitete er vom Anschuß an ganz wunderbar aus. Das hatten wir ja schon zigmal auf der künstlichen Fährte geübt, und es bereitete ihm, auch ohne nennenswerten Schweiß, nicht die geringsten Schwierigkeiten. Noch in der Dickung mußte sich die kranke Sau von der Rotte getrennt haben und war, entgegen aller jagdlichen Regeln, durch das angrenzende Kiefernaltholz in Richtung Feld gewechselt. Na, das konnte ja heiter werden, die wird doch nicht das freie Gelände angenommen haben? Das hatte sie auch nicht, jedenfalls bis jetzt noch nicht. Bis zum Feldrand sind es nun kaum mehr als fünfzig Schritt, der Kurzhaar liegt fest im Riemen und will los. Das kranke Stück muß unmittelbar vor uns sein, aber wo? Der Feldrand ist mit einigen Weidenbüschen bewachsen, doch längst nicht so dicht, daß ein Stück Schwarzwild darin Deckung finden könnte. Aber da, dreißig Meter weiter links noch im Wald, ein Reisighaufen. Wahrscheinlich hat der Bauer die auf sein Land überhängenden Äste der Randkiefern abgesägt und auf einen Haufen geworfen. Den Reisighaufen lasse ich nicht mehr aus den Augen. Steigt daraus nicht so etwas wie Dampf auf? Fast bin ich mir jetzt sicher, daß die Sau in diesem, kaum ein Meter hohen Berg aus Ästen, steckt. Leise ziehe ich den Mantel aus und lege ihn ab, der kann mir bei einer längeren Hetze nur lästig werden. Danach nehme ich den Hund von der Wundfährte ab und wir zwei machen einen großen Bogen, um das ins Auge gefaßte Objekt von der Feldseite her anzugehen. Das hat natürlich auch seine taktischen Gründe. An der Feldgrenze endet die Staatsjagd und obwohl gegenseitige Wildfolge vereinbart ist, möchte ich das kranke Stück doch lieber in den Wald zurückdrücken und dort zur Strecke bringen. Es würde mir unnötige Telephonate pp ersparen. Bis auf zwanzig Meter bin ich jetzt von der Feldseite an den Reisighaufen herangekommen, kann aber immer noch nichts Verdächtiges feststellen. Der Hund zieht wie wild und zittert vor Jagdgeilheit am ganzen Körper. Das beseitigt meine letzten Zweifel und so streife ich ihm lautlos die Halsung ab. Wie ein Berserker stürzt er vor und kompromißlos mitten in das Zielobjekt hinein. Im selben Augenblick ein wildes Gegrunze, ein Aufklagen des Kurzhaars, der Reisighaufen fliegt auseinander, der Hund mitten drin, rappelt sich auf und kommt schutzsuchend auf mich zugestürmt. Die kranke Sau hinter ihm her. Aber – Heiliger Hubertus – die kann ja gar nicht mehr, rutscht nur noch auf den Vorderläufen und schlägt in diesem beklagenswerten Zustand meinen Spitzenhund in die Flucht. Ich kann es gar nicht fassen, möchte am liebsten dem Hund anstelle dieses mickrigen Überläufers den Fangschuß geben. Jetzt rutscht er kaum fünf Schritt an mir vorbei, hat mich hinter einer Kiefer überhaupt nicht zur Kenntnis genommen. Der Kurzhaar wird nun in meiner unmittelbaren Nähe mutiger und umtanzt lautgebend die immer wieder angreifende Sau. Natürlich hätte ich längst – Herr Grasmüller möge mir verzeihen – dem Drama mit einem Schuß ein Ende bereiten können. Aber nun wollte ich es wissen, ob mein sonst so schneidiger Hund mit dem kranken, schwachen Überläufer allein fertig wird. Um es gleich zu sagen, er schaffte es nicht. Zuletzt waren die Rollen dann doch wieder vertauscht, denn nun saß die erschöpfte Sau auf den Keulen und wehrte den nun giftiger werdenden Hund geschickt ab. Das wäre wahrscheinlich noch recht lange so weiter gegangen. Aber nun hatte ich die Nase voll. Der Schuß hinter den Teller beendete das würdelose Schauspiel. Ich war restlos enttäuscht von meinem so hochgelobten Superhund, das hatte ich nicht erwartet. Zum Glück waren bei der Nachsuche keine Zeugen zugegen, sonst hätte mein Image in puncto Hundeausbildung einen gehörigen Knacks bekommen. Die erste Kugel saß übrigens, wie vermutet, auf der linken Keule und hatte die rechte auch noch durchschlagen. Wirklich, keine Meisterleistung von Jäger und Hund, aber es gibt solche Tage, an denen alles schiefgeht.

Von nun an suchte ich jede Gelegenheit, um den Kurzhaar an Sauen zu bringen. Bei den Jagden scheute ich keine Dickung, um beim ersten Standlaut eines Hundes mit meinem Kämpfer zur Stelle zu sein. Der Einsatz lohnte sich. Von Tag zu Tag wurde er besser und würgte sogar, allerdings unter Mithilfe eines Terriers einen laufkranken Frischling. Sobald er jedoch allein auf sich gestellt war, ließ sein Schneid mächtig nach. Das größte Spektakel machte er immer bei der Verfolgung einer flüchtenden einzelnen Sau oder einer Rotte. Solange diese auf der Flucht waren, spielte er den Helden und rückte ihnen ganz dicht auf die Schwarte. Aber wehe, wenn sie verhofften oder gar zum Gegenangriff übergingen, dann hielt er sich lieber in respektvoller Entfernung und wartete auf Verstärkung. Wenigstens wurde er auf diese Art niemals von einer Sau geschlagen, denn bei hochläufigen Hunden ist die Gefahr besonders groß. Nach und nach reifte in mir der Entschluß, den Kurzhaar wegen seiner nicht gerade idealen Sauschärfe zu verkaufen. In meinem neuen Dienstbezirk gab es reichlich Schwarzwild und dafür brauchte ich einen absolut saufesten Hund. So landete der bildschöne Kurzhaar-Vorstehhund in der Nähe von Trier in einem sehr guten Niederwildrevier mit reichlich Fasanen und Wasserwild.

Hier war er richtig und vor den Sauen sicher. Auch mit diesem Käufer stand ich noch viele Jahre in Verbindung und habe auch dort viele schöne Stunden auf der Jagd verbringen dürfen. Über den Hund war er stets des Lobes voll und hatte nicht die geringsten Schwierigkeiten mit ihm.

Meine hundelose Zeit währte allerdings nicht lange. Diesmal war es ein eineinhalbjähriger Jagdterrier, den mir ein Jagdfreund während einer feuchtfröhlichen Runde regelrecht aufschwatzte. Er könne mit diesem nicht fertigwerden, und so sollte ich mal mein Glück versuchen. Der Versuch dauerte allerdings nur vierzehn Tage, dann hatte auch ich die Nase voll von diesem quirligen, übermotivierten Nervenbündel, das mir durch seine unorthodoxen Jagdausflüge bald mein ganzes Revier wildrein fegen würde.

So kehrte ich wieder in den Kreis der Vorsteh-Hundemänner zurück. Die Frühjahrs- und Herbstzuchtprüfungen, die ich teils als Hundeführer, teils als Richter mitmachte, gaben mir häufig Aufschluß über die Leistungsbeschaffenheit der einzelnen Zuchtzwinger. Dann versuchte ich immer aus der leistungsstärksten Zucht einen Welpen zu erwerben, was mir auch in den meisten Fällen gelang. Trotzdem vergingen wieder einige Jahre der Stagnation mit vielen sogenannten Durchschnittshunden, bis mir, dreizehn Jahre vor der Pensionierung, nochmals ein großer Wurf gelang. Es war ein Deutsch-Drahthaarvorstehhund aus einem bekannten nordhessischen Zwinger, den ich schon einige Jahre beobachtet und ins Auge gefaßt hatte. Dieser Hund, der auch nicht die Form eines Modellathleten hatte und im Formwert über ein „gut" nicht hinaus kam, wurde mein ständiger und letzter vierbeiniger Jagdbegleiter bis zu meiner Pensionierung. Mit einer Selbstverständlichkeit durchlief er fast alle Prüfungen schon im ersten und zweiten Feld als Suchen- oder Prüfungssieger. Ihm hatte ich in seinen ersten Lebensjahren noch viele Einladungen auf Niederwildjagden zu verdanken. Leider schrumpften von Jahr zu Jahr die Niederwildbesätze immer mehr zusammen und parallel dazu die Ausbildungsmöglichkeiten für Vorstehhunde. In fast allen Belangen ähnelte „Gringo" dem schon erwähnten Pudelpointer. Aber bei ihm fehlte im Unterschied zum PP die Mannschärfe, mit dieser war es in der Zwischenzeit jedoch endgültig vorbei. Durch das ständige, hautnahe Beisammensein mit Gringo, ergab sich im Lauf der Jahre eine blinde Verständigung zwischen uns. Die hervorstechendsten Eigenschaften waren neben der herausragenden Feld- und Wasserarbeit das Verlorenbringen und die bei mir so hochgeschätzte Raubzeug- und Sauschärfe. Durch seine enorme Schnelligkeit holte er auch jede flüchtige Rotte ein, fuhr dann wie der Teufel dazwischen und brachte die Sauen auseinander. Dadurch kamen sie meist einzeln vor die Schützen, der Erfolg war größer und die Jagdfreude geteilter. Natürlich ging es für Gringo nicht immer unblutig ab. Er mußte oft vom Tierarzt zusammengeflickt werden. Zum Glück wurde er nur einmal richtig gefährlich verletzt. Danach mußte er wochenlang mit geschientem Vorderblatt und Halskrause herumhumpeln. Als meine Pensionierung näherrückte, war es auch mit ihm soweit. Durch die vielen harten Anforderungen, die ich all die zwölf Jahre an ihn gestellt hatte, waren seine Kräfte verbraucht und ließen von Tag zu Tag nach. Nur einmal noch, an einem schwülen Augustabend seines letzten Lebensjahres, mußte er seine Zuverlässigkeit und sein Können unter Beweis stellen.

An diesem besagten Abend hatte ein Jagdgast im Beisein seines siebzigjährigen Onkels einen bestätigten III-B-Hirsch, einen dünnstangigen Achter, auf kaum 70 Schritt beschossen. Als die beiden Hirschjäger bei mir eintrafen, war es kurz vor Eintritt der Dunkelheit. Angeblich mußte der Hirsch eine saubere Kugel haben, hatte auch gut gezeichnet und konnte demnach nicht weit liegen. Man kennt ja diese Angaben und Beteuerungen und weiß, wie leicht sie wie Seifenblasen zerplatzen können. Mein Hund war schon abgefüttert und lag träge im Zwinger. Er war stets ein guter Fresser und mit zunehmenden Alter wurde er, ähnlich wie oft bei alten Menschen, immer gefräßiger. Wegen der inzwischen einsetzenden Dämmerung war es auch nicht möglich, noch einen anderen Hund zu holen. Also mußte der alte, vollgefressene Gringo nochmals ran. Das bißchen Totverbellen würde er schon schaffen – dachte ich – aber es sollte ein hartes Stück Arbeit für Hund und Herr werden. Nun mußte alles schnell gehen. Am Anschuß, den weder Schütze noch Beisitzer genau bestimmen konnten, war nicht viel zu finden. Das Licht war schon zu schlecht. Am heruntergetretenen Gras konnte ich erkennen, daß die beiden Hirschjäger, trotz gegenteiliger Beteuerungen doch schon eine kleine Nachsuche im Umkreis und sogar im angrenzenden jungen Stangenholz unternommen hatten. Immer wieder kann man als Hundeführer solche Mätzchen erleben und muß sich zähneknirschend damit abfinden, wenn erst nach erfolglosem Herumsuchen nach einem brauchbaren Hund gerufen wird. Nun stand ich da: Anschuß nicht feststellbar und vertrampelt, kein brauchbares Schußzeichen zu entdekken, Hund mit dickem Bauch, einbrechende Dunkelheit, unheimliche Schwüle. Besonders wegen letzterer wurde mir klar, daß der Hirsch in den nächsten Stunden zur Strecke kommen mußte, wollte man sein Wildbret vor Verhitzung bewahren. Deshalb setzte ich Gringo, ohne lange zu zögern, am ungefähren Anschuß an und schickte ihn auf die Reise. Wir drei warteten gespannt auf sein Totverbellen.

Die ersten fünf Minuten war kein Laut zu hören, nur ab und zu einmal das leise Knacken eines gebrochenen Ästchens im Stangenholz. Im Umkreis von hundert Metern lag der Hirsch nicht, sonst hätte ihn der Hund schon gefunden und verbellt gehabt. Dies sagte ich auch den zwei Jägern, und sie machten daraufhin recht betroffene Gesichter. Minuten später sah ich plötzlich, wie Gringo auf etwa dreihundert Meter mit tiefer Nase eine Äsungsschneise in der Dickung überquerte und Kurs auf eine angrenzende Buchendickung im Nachbarrevier nahm. Wieder vergingen bange Minuten, die einem in solchen Situationen wie Ewigkeiten vorkommen. Dann endlich der erlösende Standlaut in etwa einem Kilometer Entfernung. Jetzt war er am noch lebenden Hirsch, und damit war dessen Schicksal besiegelt. So war es bisher immer, nur machte ich mir diesmal wegen des vollgefressenen, alten Hundes bei dieser Schwüle doch einige Sorgen. Würde er das durchhalten und den Hirsch an Ort und Stelle bannen können? Und er schaffte es wie in alten Zeiten. Jeden Ausbruchsversuch wußte er mit der Routine eines alten Profis zu verhindern, das konnte ich aus seinen ständig wechselnden Lautvariationen schließen. Dummerweise hatte ich zu der vermeintlichen Totsuche nicht einmal ein Gewehr mitgenommen, ein Umstand, der für einen Hundeführer eigentlich unverzeihlich ist. Also schnappe ich mir schnell das des Schützen, ein Drilling mit separater Kugelspannung, und stürme dem Kampfplatz entgegen. Dort geht es nun mächtig rund. In den

Buchenrauschen ist es natürlich schon wesentlich dunkler als im Freien. Das Kampfgetümmel tobt hin und her. Ich kann mit dem Gehör mehr vernehmen, als mit den Augen sehen. Jetzt bin ich dran – wieder ein Ausbruchsversuch des kranken Hirsches, ein dunkler Klumpen kaum zehn Schritt vor mir, der Hund ist noch nicht dran – also draufgehalten und abgedrückt. Verdammt, der Schuß geht nicht los, mit dieser ungewohnten, separaten Kugelspannung komme ich in der Aufregung nicht zurecht. Endlich habe ich den Mechanismus begriffen. Dieselbe Vorführung noch einmal, wieder ein grober Richtungsschuß – wahrscheinlich vorbei! Danach geht die Post ab, doch der Hund ist schon wieder dran und stellt den Hirsch. Schlagartig wird mir klar, daß ich in der Hektik gar nicht an weitere Patronen gedacht habe. Die eine, die sich im Lauf befand, ist verschossen. Raus aus der Dickung – den Drillingsbesitzer lautstark um Patronen angebrüllt. Der kommt angekeucht, als ob er schon wunder was geleistet hätte, übergibt mir drei Patronen, und schon bin ich wieder am Ball. Der ganze Zauber wiederholt sich noch zwei- bis dreimal, ohne daß ich wegen des Hundes einen Schuß anbringen kann. Der Hirsch ist als solcher nur ab und zu schemenhaft zu erkennen. Von Ansprechen kann bei dieser Dunkelheit keine Rede mehr sein. Endlich wieder ein Fluchtversuch des Hirsches – ein Krachen, kaum sechs Schritte an mir vorbei – der dunkle Habitus – mitten draufgehalten und da haut's ihn im Feuer zusammen! Ich hatte ihm das Rückgrat durchschossen – Glück gehabt – der Hund blieb unbeschädigt. So lagen wir dann einige Minuten, Hund und Herr, alle beide fix und fertig, letzterer mit keinem trockenen Faden mehr am Leib, ersterer mit qualvollem Würgen im Hals, bis ein Wall der halbverdauten Abendmahlzeit aus seinem Rachen brach. Danach schien es ihm besser zu gehen, denn nun beschnupperte er die Beute und wollte sogar mit dem Totverbellen beginnen. Aber, bei allem Diensteifer, das wollte ich vom guten, alten Gringo doch nicht mehr verlangen. So legte ich ihn nach gehörigen Lobesworten ab. Nun besah ich mir erstmal mit Hilfe eines Feuerzeuges den Hirsch. Die zwei Hirschexperten konnten draußen noch etwas schmoren. Es war der dünnstangige Achter, er war also richtig. Nach der ersten Kugel mußte ich lange suchen, bis ich Ein- und Ausschuß endlich im kleinen Gescheide entdeckte. Mein erster

Fangschuß muß gefehlt, der zweite dann das Rückgrat zertrümmert haben. Der Hirsch hätte sich mit dem ersten Schuß noch lange gequält, wäre im Lauf der Nacht irgendwo verendet und dann bei dieser Schwüle verhitzt. Ich war richtig vergrämt über so einen saumäßigen Schuß und gab das den beiden Hirschjägern auch zu verstehen. Als Ausdruck meiner Mißbilligung ließ ich mich und Gringo mit dem Geländewagen unverzüglich heimfahren und überließ den beiden das Bergen und Versorgen des Hirsches allein. Das war also Gringos letzter, großer Einsatz. Es gäbe sehr vieles über ihn zu erzählen, die Schilderungen könnten viele Seiten füllen, doch würden sie in vielem den bereits erwähnten Taten einer meiner Spitzenhunde ähneln, und das wäre dann nicht mehr so spannend.

Ein halbes Jahr nach meiner Pensionierung wurden die Gebrechen des Hundes immer schlimmer. Daran konnte auch die tierärztliche Kunst nichts ändern. Als ich sein Leiden nicht mehr mit ansehen konnte, entschloß ich mich, ihm durch einen Kollegen den „goldenen Schuß" geben zu lassen. Wir hatten uns das gegenseitig versprochen, weil wir schon immer die Meinung vertraten, daß ein Jagdhund sein Leben nicht durch eine Spritze auf irgendeinem Behandlungstisch im Sprechzimmer eines Tierarztes beenden sollte, sondern dort, wo er sein Leben lang geweidwerkt hatte, und dann mit einem guten, schlagartig tötenden Schuß, ehrenvoll durch Jägerhand. So ließ ich dann am Wiesenrand bei einer Jagdhütte ein Grab ausheben und brachte Gringo eines Morgens, als es wirklich nicht mehr ging, in dessen Nähe. Dann nahm ich Abschied von ihm, von einem Jagdkameraden, der mich über zwölf Jahre fast täglich begleitet hatte. Ich glaube, er wußte, daß es ein Abschied für immer sein würde, aber in diesem Fall nur eine Erlösung für ihn war. Noch einmal krampfte sich mein Herz zusammen, als ich den Todesschuß meines Kollegen aus weiter Ferne vernahm. Da wußte ich, jetzt ist es vorbei, auch ein Lebensabschnitt ist mit diesem Schuß zu Ende gegangen. Wegen meines inzwischen geänderten Geläufs wird es mir nicht mehr möglich sein, nochmals einen Jagdhund auszubilden und zu führen. Freunde haben Gringo dann begraben und ihm ein schönes Hundegrab hergerichtet. Manchmal stehe ich davor, lege einen frischen Bruch darauf und halte ihm für einige Minuten die Totenwache.

Nachtrag

Schon vor dem Erscheinen hat dieses Buch bei einigen hochran-
gigen forstlichen Verwaltungsbeamten für Unruhe gesorgt –
und dies nicht etwa wegen des tatsächlichen, sondern wegen des
vermuteten Inhalts.

Horst Gabriel hat grobes Fehlverhalten bei der Jagdausübung
stets scharf kritisiert, dabei verschonte er auch nicht der jagdlichen Praxis entfremdete Spitzenbeamten mit Kritik. Ob nun
deswegen oder aber wegen des vermuteten Inhalts die Anweisung erging, Horst Gabriel künftig von allen Staatsjagden aus-
zuschließen und bereits ausgesprochene Einladungen zurück-
zuziehen, kann und will der Verlag J. Neumann-Neudamm
nicht bewerten. Vielleicht wird uns sein nächstes Buch, an dem
er zur Zeit arbeitet, darüber Aufschluß geben.

Allerdings freuen wir uns für Horst Gabriel, daß Privatwald-
besitzer und Pächter ihm ihre Reviere geöffnet haben. Verdient
hat es dieses jagdliche Urgestein allemal, insbesondere weil sich
Horst Gabriel zeitlebens auch für die Belange der Privatjäger
stark gemacht hat.

Wie sehr Horst Gabriel von der nordhessischen Bevölkerung
geschätzt wird, verdeutlicht der Beitrag eines jagdlichen Laien in
der Hessisch-Niedersächsischen Allgemeinen Tageszeitung vom
16. Oktober 1993: 'Volltreffer. Wilde Schweine haben einige
Landwirte in Pfieffe schon manches Mal zur Weißglut gebracht.
Sie werden nun ein wenig aufatmen. Vier der Schwarzkittel
nämlich haben zum Umpflügen eines Ackers keine Gelegenheit
mehr: Wie ein Meisterschütze schoß er vier sehr schnell laufende
Wildschweine von einem Platz in einer dichten Schonung von
einer Wegekreuzung aus in wenigen Minuten. Dank und Anerkennung an Herrn Förster Gabriel. Manchen Sie weiter so!'

314

315